国家社科基金
后期资助项目

新秩序的肇启

中国与布雷顿森林体系的诞生

(1940—1946)

张士伟◎著

The Creation of a New Order

China and the Birth of the
Bretton Woods System
(1940-1946)

人民出版社

国家社科基金后期资助项目
出版说明

后期资助项目是国家社科基金设立的一类重要项目,旨在鼓励广大社科研究者潜心治学,支持基础研究多出优秀成果。它是经过严格评审,从接近完成的科研成果中遴选立项的。为扩大后期资助项目的影响,更好地推动学术发展,促进成果转化,全国哲学社会科学工作办公室按照"统一设计、统一标识、统一版式、形成系列"的总体要求,组织出版国家社科基金后期资助项目成果。

全国哲学社会科学工作办公室

目　　录

绪　论 ··· 1

第一章　美英计划的提出与中国各界的反应 ·············· 32
　　第一节　废约前中国社会对国际货币问题的看法 ·········· 32
　　第二节　美英战后国际货币计划的出台 ······················ 39
　　第三节　中国政府对美英计划的最初反应 ··················· 47
　　第四节　中国社会关于美英计划的大讨论 ··················· 55

第二章　中国主动提出战后国际货币计划 ················ 67
　　第一节　专业群体的研讨与政府对策的提出 ················ 68
　　第二节　中国战后货币计划初稿的提出 ······················ 76
　　第三节　中美两国对基金组织份额的最初看法 ············· 84
　　第四节　中国战后国际货币计划的出台 ······················ 94

第三章　华盛顿技术专家会谈前后的中美交涉 ········ 104
　　第一节　中美在战后国际货币问题上的初步接触 ········ 104
　　第二节　中国代表参加华盛顿技术专家会谈 ·············· 109
　　第三节　中国战后国际货币计划的修订及美英反应 ····· 118
　　第四节　中国6亿美元份额问题的出现 ····················· 131

第四章　中国与联合宣言的发布 ···························· 140
　　第一节　美英及美苏谈判与中国立场的强化 ·············· 140
　　第二节　中国对于建立国际货币基金组织联合宣言的态度 ··· 146
　　第三节　中国支持关于建立国际复兴与开发银行的联合宣言 ·· 158
　　第四节　中国各界对于联合宣言的评价 ···················· 168

第五章　中国为《布雷顿森林协定》注入本国主张 ··· 177
　　第一节　从大西洋城到布雷顿森林 ··························· 177
　　第二节　布雷顿森林会议上中美围绕份额的交涉 ········ 192

第三节　中国代表团在布雷顿森林会议上的其他努力 …………… 211
　　第四节　国内外对于中国参加布雷顿森林会议的反应 …………… 224

综　论 ………………………………………………………………… 236

附录一　中国战后国际货币计划 ………………………………………… 301
附录二　中国代表团在布雷顿森林会议上的致辞与声明 ……………… 310
附录三　布雷顿森林谈判中国代表团名单、职务与会议责任 ………… 316
附录四　布雷顿森林会议各国代表团团长及其职务 …………………… 324
附录五　中国参与布雷顿森林谈判大事记 ……………………………… 328

参考文献 ………………………………………………………………… 339
后　记 …………………………………………………………………… 353

绪　　论

在全球化时代,国际货币基金组织与世界银行的一举一动常常吸引着人民的目光,甚至茶余饭后,人们也会交流一些有关两大机构的有趣知识,如国际货币基金组织的总裁一般由欧洲人担任,世界银行行长则由美国人担任,对于美国和英国在两大机构创建时的双雄争斗津津乐道。由于两大机构是战后国际经济体系的重要支柱,人们往往会认为,这一安排表明美欧特别是美英是构建战后国际经济秩序的主要力量。[①] 事实是否如此？美欧之外的国家,比如中国是否只是国际经济秩序构建过程中的一般参与者,对其形成并无多少贡献？欲回答这个问题,须将镜头拉回到80年前华盛顿、伦敦、重庆等地的会议桌上,打开尘封已久的文件袋,看看各国政要与财经要人为战后秩序做了哪些擘画,在合作与碰撞之中孕育出怎样的理想和希望。

一、研究意义

因促成了战后国际经济体系(即布雷顿森林体系)的建立,二战后期的布雷顿森林谈判(Bretton Woods Negotiations)一直受到人们的关注。众所周知,在1944年7月召开的布雷顿森林会议上[②],44个国家讨论通过了《布雷顿森林协定》,为国际货币基金组织与国际复兴开发银行的建立奠定了法律基础。但人们常常忽略的是,各国关于《布雷顿森林协定》的谈判与协商

[①] 有趣的是,尽管欧洲人包揽了国际货币基金组织总裁一职,但他们当中从未出现过一位英国人。

[②] 布雷顿森林会议(Bretton Woods Conference),因会议举办地而得名,会议官方名称为联合国家货币金融会议(United Nations Monetary & Financial Conference)。民国时期针对"Bretton Woods"一词的翻译较为多样,计有布里敦森林、布利顿森林、布里顿森林、布律顿森林、布列敦森林、布莱敦林、布莱敦森林、布黑敦森林、布锐顿林、不列敦森林、不列屯森林、勃莱顿森林、勃莱顿伍兹、勃莱顿伍慈、勃莱顿伍治、勃莱登森林、勃来吞林园、白莱登森林、柏莱顿森林、柏莱顿林集或卜莱顿森林等21种译法。为尊重历史,本书凡直接引用时均保持原貌,不作改动。

并不仅仅发生在布雷顿森林会议上。① 自美国出台怀特计划,并将其出示于英国、中国与苏联起,联合与联系国家②就围绕战后国际货币计划展开了各种探讨,既包括美国所召集的四次国际多边会议(华盛顿技术专家会谈、大西洋城预备会议、布雷顿森林会议和萨凡纳会议),也包括美国与各国尤其是英国、苏联和中国等大国展开的双边协商。这些会谈共同推动了布雷顿森林方案的形成和完善,促成了《布雷顿森林协定》的形成和通过。因此,欲评价某一国在布雷顿森林体系构建过程中发挥的作用,须细致研究该国对于布雷顿森林谈判全程的参与,而不能仅看它在布雷顿森林会议上的表现。从这个意义出发,本书使用的布雷顿森林谈判一词是指战时反法西斯盟国(联合与联系国家)围绕战后国际货币计划(如美国怀特计划、英国凯恩斯计划等)展开的各种谈判、交涉和讨论,它最终创立了布雷顿森林两大机构即国际货币基金组织与国际复兴与开发银行,宣告了布雷顿森林体系的诞生。

目前,西方学术界对于布雷顿森林谈判的研究已经出现新的趋势,且有席卷全球之势。西方传统研究认为,布雷顿森林体系由美英两国创建,其他国家的作用无足轻重,这一以美英为中心的研究范式由美国学者理查德·加德纳(Richard Gardner)于20世纪50年代开创,并深刻影响了学术界其后数十年的研究。尽管如此,该观点在近年来遭到越来越多的挑战。随着

---

① 怀特的助手、美国财政部首席经济学家伯恩斯坦(Edward M. Bernstein)称,在布雷顿森林会议召开前的2年时间里,所有重要的问题都得到了讨论,并获得解决。参见Stanley W. Black, *A Levite among the Priests: Edward Bernstein and the Origins of the Bretton Woods System*, Boulder: Westview Press, 1991, p. 47。关于"解决"的说法虽有夸大,但布雷顿森林会议召开前的2年时间里,盟国一直就各国关切的货币事务进行协商与谈判则是事实,它们是布雷顿森林谈判的重要组成部分。类似的说法亦可见于Raymond F. Mikesell, "Negotiating at Bretton Woods 1944", Raymond Dennett & Joseph E. Johnson ed., *Negotiating with the Russians*, Boston: World Peace Foundation, 1951, p. 102。

② 联合国家(United Nations)此时指签署了《联合国家宣言》(Declaration by United Nations)的国家联盟,与法西斯轴心国集团相对。作为国际机构的联合国(United Nations)则是成立于1945年10月。两者虽共用同一英文名称,但含义不同。值得注意的是,在民国文献中,联合国家常被称为联合国,本书在引用史料时皆保留原貌,请读者注意鉴别。联系国家(Associated Nations)一词是美国的创造,指没有签署《联合国家宣言》但与美国关系良好的国家,他们已同轴心国断交但尚未对其宣战,大多分布在拉丁美洲,如玻利维亚、哥伦比亚、智利、厄瓜多尔、巴拉圭、秘鲁、乌拉圭、委内瑞拉,以及位于亚洲的伊朗等国。参见To Cordell, February 26, 1943, BWC1496-02, Bretton Woods Conference Files, IMF Archives(凡是以BWC开始编号的档案文献皆藏此处,不再另行标注)。民国时期常将该词译为协约国、协作国或协同国等。为与一战的协约国集团区分,且与"联合国家"名称保持一致,本书直译为联系国家。

全球化的推进,多学科交流的深入展开,以及研究资料的不断拓展,人们发现美英之外的国家,特别是当今的新兴经济体如中国、巴西、墨西哥、印度等国,也在布雷顿森林谈判中扮演了重要角色,其他国家如比利时、古巴、捷克斯洛伐克、希腊和挪威等国代表所扮演的角色,亦超出了他们的国力所及。① 美国学者埃里克·罗威(Eric Rauchway)提出,所谓布雷顿森林体系是美英事业的说法言过其实(overstated),会议记录清楚显示出穷国在为本国利益而战。②

尽管新研究已经兴起,一批有代表性的成果纷纷涌现,但中国的角色仍没有得到很好的诠释。迄今为止,新研究虽认为中国积极参与布雷顿森林会议并在其中扮演了重要角色,但对于中国的具体贡献则语焉不详。对国内学者而言,从全球视野出发,以多边资料为基础,打破中国史与世界史的樊篱,推进针对中国参与布雷顿森林谈判历史事件的研究,将极大地助推这股研究热潮向纵深发展。挖掘这段几乎被世人所遗忘的奋斗往事,不仅有利于改变传统研究以西方为中心的叙事范式,在国际学界发出来自中国的声音,亦能为我国当代对外交往提供历史的有益借鉴。

二、学术前史

有关布雷顿森林谈判的研究与讨论跨越历史学、经济学、国际政治经济学、法学等多个学科,是一个典型的跨学科主题,不同学科的研究者们都有精彩的创见问世。有关布雷顿森林谈判的学术争论,从20世纪40年代起,直到今天都处于非常活跃的状态,产生了一大批有代表性的学术成果。对于美国和英国在其中扮演的角色,学者已多有论述,但对于中国的作用则长期语焉不详,相对系统的研究付之阙如,可以说这是一段被遗忘的历史。③

---

① Kurt Schuler & Andrew Rosenberg, *The Bretton Woods Transcripts*, New York: Center for Financial Stability, 2012, p. 23.
② Annie Lowrey, "Transcript of 1944 Bretton Woods Conference Found at Treasury", *New York Times*, October 26, 2012, Section B, p. 1.
③ 尼古拉斯·拉迪称,中国加入和最初卷入关键的国际金融组织的故事可谓众所周知。但他指的是中华人民共和国恢复在国际货币基金组织与世界银行中的席位这一故事,而非指20世纪40年代中国参与布雷顿森林谈判的历史。参见 Nicholas R. Lardy, "China and the International Financial System", Michel Oksenberg, *China Joins the World: Progress and Prospects*, Washington D. C.: Council on Foreign Relations, 1999。有时甚至官方机构也搞不清楚具体状况,如2004年,世界银行纪念布雷顿森林会议召开60周年,其官网文章称中国在会议上扮演了积极角色,并获得国际货币基金组织第五多的份额。前半句属实,后半句则错的厉害。参见 http://external.worldbankimflib.org/Bwf/60panel4.htm,2021年4月24日访问。

（一） 西方学术界关于布雷顿森林谈判的传统叙事

实际上，从布雷顿森林会议之后到冷战结束以前，最可能也是最有条件研究这一问题的是西方学者，不仅美国多家档案馆保存了与中国参加布雷顿森林谈判相关的核心档案，而且参与布雷顿森林谈判的中国代表有不少长期留驻美国，比如孔祥熙、郭秉文、席德懋、宋子良、李国钦、张嘉璈、蒋廷黻、贝祖诒、胡世泽以及当时作为中国代表团顾问的阿瑟·杨格（Arthur N. Young）[①]等人，大量的私人文件也都留在了美国。西方学者起步的确较早，且最初对中国的评价相当正面。早在1944年9月，美国知名学者奥斯丁·格雷（Austin Grey）即称，在布雷顿森林会议上，中国获得了西方过去从不愿承认的地位，不仅在政治与军事上名列四强，在经济与金融上亦被承认为四强之一，原因在于中国为打败日本作出的贡献，及其巨大的经济潜力。[②] 遗憾的是，这种情况并没有持续太久，在国民党败退中国台湾、冷战在全球兴起之后，西方有关中国参与布雷顿森林谈判的叙事走向另一个方向。如加拿大学者埃里克·赫莱纳（Eric Helleiner）所称，"毫无疑问，学术界对于中国在布雷顿森林谈判作用的忽视，在很大程度上是1949年后中国大陆停止作为布雷顿森林体系一部分的产物"。[③]

1. 加德纳开创布雷顿森林谈判研究传统叙事及其影响

理查德·加德纳是西方最早系统研究布雷顿森林谈判的学者，对于布雷顿森林体系的缘起，他开创了以英美关系为中心的研究与分析范式，奠定了战后布雷顿森林史传统叙事模式，深刻影响了后世学者。二战结束以后，加德纳从美国来到英国牛津大学攻读博士学位，虽然他的研究内容涵盖了大西洋宪章、租借、基金和银行、美国对英贷款和国际贸易组织等，但他始终聚焦于美英合作重构多边贸易体系的努力，研究资料主要包括公开出版文献及怀特（Harry White）与克莱顿（William Clayton）的私人文件。他围绕国际货币基金组织、关贸总协定诞生过程中的英美外交，认为两国构建多边贸易体系的努力并不成功，其原因在于两国没有关注经济不发达国家的需要，也没能及时处理二战参战国战后初期的过渡问题。虽然美英失和的悲剧最

[①] 又译为杨爱德，美国人，1929年至1947年任中国政府与中央银行金融顾问，系民国时期聘用时间最长的外国顾问之一。
[②] Austin Grey, "The Monetary Conference and China", *Far Eastern Survey*, Vol. 13, No. 18 (September 6, 1944), p. 166.
[③] Eric Helleiner, *Forgotten Foundations of Bretton Woods: International Development and the Making of the Postwar Order*, Ithaca: Cornell University Press, 2014, p. 186.

终得以避免,但仅是因为冷战才得以如此。① 加德纳的叙事并没有给中国留出任何位置。虽然该书于1969年及1980年两次再版,但叙事框架未变,作者始终秉持着"布雷顿森林机构由美英两国谈判缔造,其他国家的作用无足轻重"的观点,完全忽视了中国的参与,是西方中心论的典型反映。

  20世纪70年代,英美国家关于二战的档案纷纷解密,使得学者们可以进行新的研究,很多领域都诞生了修正学派,但在布雷顿森林谈判的研究方面,学者们的叙事仍是以英美两国为中心。他们的研究不仅没有催生修正学派的出现,反而强化了加德纳的观点,其中尤以英国学者阿曼德·V.道麦尔(Armand V. Dormael)最为著名。② 道麦尔大量使用了英国内阁与外交部档案、凯恩斯(John Maynard Keynes)、摩根索(Henry Morgenthau, Jr.)③与怀特文件,其中一些为首次使用。他这么做一是出于兴趣和热情,二是此前关于该主题的研究存在诸多矛盾之处,迫切需要厘清。道麦尔在其叙事中提到中国,但只是把中国当作叙事中的一个名词、客体或单纯的他者,并没有论述其作为。这并不稀奇。20世纪50年代在美国所发生的关于"谁丢失了中国"的讨论,便是将中国当作无主观能动性的客体的典型事例。

  应当注意的是,此时并非所有学者都忽视了中国,个别学者注意到了中国代表团在布雷顿森林会议上的表现,观点以"面子说"为主。编辑《摩根索日记》的美国学者约翰·布鲁姆(John M. Blum)看到,中国在布雷顿森林会议上最担心面子,但怕什么来什么,最终在份额④问题上面子尽失,孔祥熙在会议上一无所获。⑤ 另一位美国学者阿尔弗雷德·伊克斯(Alfred E. Eckes)对于中国在会议上争取更多份额的努力做出更多分析,但明显受到布鲁姆的影响,认为中国、法国与印度在份额问题上的争执主要涉及面子问题,中国坚持6亿美元份额,以配得上其在大联盟中的政治地位与高级合伙

---

① Richard N. Gardner, *Sterling-Dollar Diplomacy: Anglo-American Collaboration in the Reconstruction of Multilateral Trade*, Oxford: Clarendon Press, 1956.
② Armand V. Dormael, *Bretton Woods, Birth of a Monetary System*, London: MacMillan Press, 1978.
③ 摩根索是罗斯福政府时期的财政部部长,1934年1月至1945年7月在位,民国时又称毛根韬、毛部长。为尊重历史,本书凡直接引用时均保持原貌,不作改动。
④ "份额"(Quota)一词取自国际货币基金组织官方用语。其他文献也有使用"配额"译名的,参见交通银行总管理处编译:《国际货币基金与国际银行文献》,重庆:中华书局,1945年,第183页。民国时期另有多种译法,常见的有"摊额""派额""分摊额""成分""分配额""分担额"或"定额"等。为尊重历史,本书凡直接引用时均保持原貌,不作改动。
⑤ John M. Blum, *From the Morgenthau Diaries, Years of War, 1941–1945*, Boston: Houghton Mifflin Company, 1967, p. 267.

人身份。① 实际上,有充足的档案文献证明,中国着眼的是战后的经济重建与世界地位,实非用面子可以解释。显然,布鲁姆和伊克斯没有正视中国在会议上所扮演的角色,他们实际上从反面佐证了西方一直以来的主流认知。这种情况在霍思菲尔德(J. Keith Horsefield)编辑出版《国际货币基金组织档案文献》以后也没有发生改变。作为国际货币基金组织官方历史学家,霍思菲尔德本人的叙事并不带有偏向性,他对中国在布雷顿森林谈判中的努力多有肯定,如中国对更大份额的争取、在延缓货币平价上的坚持交涉等,但他的观点长期没有引起学者们的重视。②

20世纪90年代,中国恢复在国际货币基金组织和世界银行中的席位已届10年,且在两大机构内的份额不断提高;冷战结束亦给学术研究带来了新的机会。让人不解的是,就布雷顿森林谈判而言,西方学术界的主流观点几乎没有发生变化。剑桥大学的一篇博士论文明显反映了这一状况。论文主要阐述了中国台湾与国际货币基金组织的关系,在第一章中回溯了国际货币基金组织的建立,并谈到中国所发挥的作用。作者认为,鉴于战时环境,中国在国际货币基金组织中的地位源于一个特殊待遇,即美国赋予中国的大国地位。③"由于中国高度依赖美国的金融援助,中国选择在所有方面同美国财政部保持一致……对于中国来说,确定不切实际的固定汇率,加入国际货币基金组织一点都不明智",④并借用英国经济学家莱昂内尔·罗宾斯(Lionel Robbins)的话称:"苏联和中国的份额远超其身份可以达到的程度,他们可以轻而易举地从国际货币基金组织借到大量的钱,但从经济角度看,他们(对于国际货币基金组织)几乎没有什么贡献。"⑤

这一观点仍然受到加德纳传统叙事的影响,忽视中国在布雷顿森林谈判中所扮演的角色,且非孤例。1993年,芝加哥大学出版社编辑出版了有关布雷顿森林体系的论文集,这是西方主流学界反思布雷顿森林体系的重

---

① Alfred E. Eckes, Jr., *A Search for Solvency: Bretton Woods and the International Monetary System, 1941-1971*, Austin: University of Texas Press, 1975, reprinted in 2012, p. 145.
② J. Keith Horsefield, *The International Monetary Fund, 1945-1965*, Vol. 1: *Chronicle*, Washington D. C.: International Monetary Fund, 1969.
③ Fei-ju Beatrice Yang, *The Relationship between the Republic of China and the International Monetary Fund, 1945-80*, Doctoral Thesis for M. Litt. Degree, Cambridge University, 1996, pp. 1, 8-9.
④ Fei-ju Beatrice Yang, *The Relationship between the Republic of China and the International Monetary Fund, 1945-80*, p. 27.
⑤ Georg Schild, *Bretton Woods and Dumbarton Oaks: American Postwar Planning in the Summer of 1944*, Ph. D Dissertation submitted to the University of Maryland, College Park, 1993, p. 290.

量级成果。尽管中国赴布雷顿森林会议代表团团长孔祥熙的形象在该书封面上颇为显眼,但书内只字未提中国。① 尽管冷战已经结束,有关档案资料在美国和英国早已解密,但作者并没有使用它们,因而结论很难令人信服。由此可见,要改变人们由来已久的看法,资料仅仅是条件之一,后续仍有大量的工作需要去完成。

2. 中国参与布雷顿森林谈判的往事被忽视

尽管如此,自20世纪70年代中美接触且关系走向正常化后,国外学术界对于战时中美经济关系的研究渐成热潮,有数种关注二战期间及战后初期中美商业和贸易关系的研究值得注意。瓦格(Paul A. Varg)研究了二战期间与战后初期的中美关系,认为在日本侵华之际,美国为保护在华经济利益,在与中国正式结盟之前,就与中国形成了事实上的同盟关系。② 阿龙森(Lawrence Aronsen)研究了二战前后美国商界对中国市场的乐观态度,以及这种乐观态度在中国内战爆发和马歇尔使命终结以后的转变。③ 基于罗斯福与杜鲁门图书馆的档案文献,科斯格罗夫注意到中美经济关系在二战期间发生的实质性转变,研究了包括美国在华治外法权的终结、中国战后工业化问题及中美商约等内容。虽然他提到了中美经济协调问题,但研究的中心是中美商业关系的调整与重新确立,并没有关注中国对布雷顿森林谈判的参与。④ 20世纪90年代,华人学者魏楚雄在美国出版专著,细致考察了二战前后的中美经济关系,研究内容包括善后救济和中美商约,落脚点为美国自由资本主义经济的对华实践,他同样也没有提及布雷顿森林谈判。⑤ 2017年,波肯(Felix Boecking)以二战期间中国的海关与关税为研究对象,探讨中国对外贸易问题,研究了关税政策与中国民族主义、战争的关系。⑥ 因为种种原因,这几位研究者将重心放在中美关系的演变及中国民族主义的兴起方面,没有注意到中国对于布雷顿森林谈判的参与,更没有挖掘这一

---

① Michael D. Bordo & Barry Eichengreen, *A Retrospective on the Bretton Woods System: Lessons for International Monetary Reform*, Chicago: The University of Chicago Press, 1993, pp. 195-198.
② Paul A. Varg: *The Closing of the Door: Sino-American Relations, 1936-1946*, East Lansing: Michigan State University Press, 1973.
③ Lawrence Aronsen, *Postwar Perceptions of the China Market: A Study of American Business Attitudes, 1943-1949*, A Thesis for the degree of Master of Arts, Simon Fraser University, 1974.
④ Julia Cosgrove, *United States Foreign Economic Policy toward China, 1943-1946*, New York: Garland Publishing, Inc., 1987.
⑤ George C. X. Wei, *Sino-American Economic Relations, 1944-1949*, Westport: Greenwood Press, 1997.
⑥ Felix Boecking, *No Great Wall: Trade, Tariffs, and Nationalism in Republican China, 1927-1945*, Cambridge: Harvard University Asia Center, 2017.

事件的意义。

当人类社会步入21世纪，虽然离布雷顿森林谈判的年代越来越远，但研究者似乎更为关注布雷顿森林谈判的细节。其中，斯泰尔（Benn Steil）的研究颇具典型性。作为美国外交关系委员会国际经济部主任，斯泰尔重新审视了布雷顿森林谈判的关键参与者。他认为，美国财政部对战后国际秩序有四个基本信念——解体英帝国，将德国变为农业国，由国际货币基金组织给一些国家发放短期贷款以复兴全球贸易，同时在战后秩序中与苏联保持合作。结果事与愿违。此外，他特别考证了怀特是否为苏联间谍的问题，且在此问题上着墨甚多，使之成为本书论证的核心问题。[1] 尽管如此，斯泰尔依然延续了传统叙事的看法，认为除美国、英国，在一定程度上还有加拿大外，其他国家在布雷顿森林体系创建过程中并不重要，没有发挥多大的作用。这一点恰如他的同事弗里德森（Martin S. Fridson）所言，斯泰尔"没有就布雷顿森林大胆提出原创性解释"[2]。因此，斯泰尔的《布雷顿森林货币战：美元如何统治世界》一书在美国和中国的流行颇令人困惑。[3] 如果不考虑学术创新，本书受到欢迎，可能是因为其货币战主题，特别是对怀特是否为间谍这一问题的追索迎合了大众兴趣。

由此可见，对于中国在布雷顿森林谈判中扮演的角色，传统叙事在观点上较为一致，如中国为换取美国援助和支持而依附于美国，不能切实维护本国利益；中国在会议上同美国的争执不过是为了追求面子；等等。总体上，看法较为消极，分析较为片面，基本是负面认识。在这种认识的影响下，大部分学术研究并不关注中国与布雷顿森林谈判的关系，以致如今公众甚至专业人士对中国在布雷顿森林体系构建中所扮演的角色知之甚少，认识极

---

[1] Benn Steil: *The Battle of Bretton Woods: John Maynard Keynes, Harry Dexter White, and the Making of a New World Order*, Princeton: Princeton University Press, 2013. 中译本参见[美]本·斯泰尔著，符荆捷等译：《布雷顿森林货币战：美元如何统治世界》，机械工业出版社2014年版。

[2] Martin S. Fridson, "The Battle of Bretton Woods: John Maynard Keynes, Harry Dexter White, and the Making of a New World Order by Benn Steil", *Financial Analysts Journal*, Vol. 70, No. 1 (January/February 2014).

[3] 该书中文版的销量比英文版还要多。斯泰尔认为，这是因为中国人喜欢布雷顿森林的故事，他们将如今的美国看作20世纪40年代的英国。在未来50年内，来自世界各地的代表有可能聚集在中国一个偏远省份的豪华酒店，设计一个新体系以管理全球经济。当然，斯泰尔相信，中国在能够做到这一点之前，还面临着很多障碍，当下美元的地位难以撼动。Greg Rosalsky, "75 Years Ago the U.S. Dollar Became The World's Currency. Will That Last?" July 30, 2019, https://www.npr.org/sections/money/2019/07/30/746337868/75-years-ago-the-u-s-dollar-became-the-worlds-currency-will-that-last, accessed on May 30, 2021.

为匮乏。

(二) 历史参与者的叙事存在局限性

有关中国与布雷顿森林谈判的历史参与者众多,重要的有时任中国政府金融顾问①阿瑟·杨格、美国财政部部长助理怀特、英国财政部顾问凯恩斯和中国财政部部长孔祥熙等人,他们均在不同场合对中国参与布雷顿森林谈判产生过重大影响。

1. 杨格对于中国角色的评价

在诸多历史参与者中,杨格有关中国参与布雷顿森林谈判的论述深刻影响了后世学者。杨格长期(1929～1946年)任国民政府金融顾问,深度参与了中国政府内外金融事务的决策,非常熟悉中国的财政与金融事务。他在20世纪60年代出版的书中大量使用了当时人们无法看到的档案,成为人们了解中国战时财政金融状况的权威论著。② 在当时中国台湾与大陆地区缺乏此类研究的情况下,其观点更是得到了广泛的传播,影响力巨大。

在《中国及其援手》一书中,杨格认为:"(对于未来的国际经济秩序)中国各界形成共识,战后需设定过渡时期以利中国经济复兴。1943年6月,在华盛顿的中国专家指出了这一点,但他们并没有努力争取。美国财政部从未认真考虑中国方案。"③在另一本更为专业的书中,他说,美国财政部没有拿中国方案当回事。在华盛顿扩大性会谈④中,中国代表宋子良与席德懋没能将汇率灵活性引入货币平价设定中。对于布雷顿森林会议上过渡时期的设定,遭受入侵的国家被授予必要的灵活性等成绩,杨格将之揽到自己、贝祖诒和英国代表罗伯特逊(Dennis H. Robertson)身上。⑤但是,档案中记录的故事与此截然不同。

普林斯顿大学收藏的怀特文件中有一封信,同样的信在罗斯福图书馆中也有收藏。1943年9月14日,摩根索致信孔祥熙,称美国专家将特别考

---

① 关于杨格的职务,学界有不同的提法,如财政顾问、财经顾问或美籍顾问等。本书采用的"金融顾问"(Financial Adviser)一词出自《联合国家货币金融会议中国代表团报告》第269页,369～1401(1),中国第二历史档案馆(凡是以396开始编号的档案文献皆藏此处,后文不再另行标注)藏。
② 杨格个人保存有完整度非常高的档案,包括会议记录、备忘录和信件等,这些档案是中国长期没有公开的。杨格还从罗斯福图书馆挖掘到相关的美方档案,特别是摩根索日记,使其著作具备充分且独有的文献基础,对于当时的人们理解中国形势具有非同一般的意义。
③ Arthur N. Young, China and the Helping Hand, 1937-1945, Cambridge: Harvard University Press, 1963, pp. 378-379.
④ 即本书所指华盛顿技术专家会谈。
⑤ Arthur N. Young, China's Wartime Finance and Inflation, 1937-1945, Cambridge: Harvard University Press, 1965, p. 311.

虑"中国和类似处境的国家"的需求。杨格认为,事实上美国财政部并没有这样做,中国被迫在布雷顿森林会议上施压以求改变。① 1974年2月,杨格在家中接受詹姆斯·福克斯(James R. Fuchs)采访(杜鲁门总统图书馆口述史项目)时又忽略了这封信,"许多年以后,我到位于海德公园的罗斯福图书馆查阅摩根索日记与财政部文件,只找到一封感谢中国人的简单信件,显然(中国)方案没有得到考虑就被束之高阁"②。杨格在书中及采访中所说信件实为两封不同的信件,为读者增添了疑惑。关于中国份额,杨格认为,苏联份额原本为10亿美元,孔祥熙同意中国份额由6亿美元削减为5.5亿美元,以增加苏联份额。③ 杨格的论述抛开了孔祥熙这一做法的背景,很容易使人误解为这是孔祥熙的主动行为,认为这是中国以主动让步来帮助美国解决会议困难,从而得出错误的结论。

杨格认为,中国非常清楚本国需求,国内各界对布雷顿森林谈判具有共识,但美国没有认真考虑中国方案,中国代表也没有努力争取本国利益。他将中国最终在布雷顿森林会议上取得的成绩归功于自己和贝祖诒,几句话轻描淡写地将中国对于布雷顿森林谈判的参与一页翻过,埋藏于历史长河之中。显然,其中一些论述颇有问题。他反复提到美国财政部不重视中国方案,但没有使用具体的史料来论证,也没有交代美国只重视本国计划、对他国方案概不重视的事实;他承认中国各界取得共识,但并没有详说共识是如何产生的、影响如何,对于政府研讨与决策、国内共识对于谈判的影响等具体内容没有交代;对于中国坚持本国利益与美国展开的交涉尤其是争取高份额的努力闭口不谈,反而强调中国在基金组织份额、汇率调整等重要问题上主动向美国靠拢。④ 除此之外,他强调自己在布雷顿森林会议上发挥的作用,这并不够全面和客观。因此,对于杨格的叙事,需要先打一个问号。

2. 凯恩斯与怀特对于经济落后国家的看法

除了杨格之外,凯恩斯与怀特轻视经济落后国家的言论曾得到广泛引用,加剧了人们对于经济落后国家构建布雷顿森林体系能力的质疑。比如,凯恩斯不止一次地说过,(美英之外)其他国家参与(布雷顿森林会议)是"猴子大会(monkey house)的一部分……这样(罗斯福)总统可说44个国家已经同意了基金组织与国际银行";"已经邀请的21个国家并没有什么可贡献的……在怀特博士召集的起草委员会——稍后将在大西洋城开会——

---

① Arthur N. Young, *China's Wartime Finance and Inflation, 1937-1945*, p. 407.
② James R. Fuchs, *Oral History Interview with Arthur N. Young*, February 21, 1974, p. 110.
③ Arthur N. Young, *China's Wartime Finance and Inflation, 1937-1945*, p. 311.
④ Arthur N. Young, *China and the Helping Hand, 1937-1945*.

中,苏联、中国、巴西、墨西哥和古巴对于国际金融一无所知";"哈里·怀特称古巴代表团将是静悄悄的代表,给大家带来上好雪茄是他们参会的主要意义";等等。① 如果单看这些言论,自然会得出经济落后国家并无多大作用的结论。

对于历史研究来说,望文生义或断章取义都是大忌。对于凯恩斯与怀特的言论,我们不能忽视的是其背景与动机问题,即怀特与凯恩斯在说这番话时,是在怎样的背景之下,他们说这些话的目的是什么,为什么在这样的场合说出这样的话语。实际上,只要我们稍做考察就会发现,怀特对于经济落后国家非常重视,比如古巴。他在布雷顿森林会议闭幕大会上甚至表扬了古巴代表的贡献。② 这个贡献肯定不是古巴代表带来了上好雪茄。所谓的"带雪茄"的功能定位,不过是怀特敷衍英国人的策略,毕竟在设计战后国际货币机制方面,英国才是美国财政部的主要对手。更具讽刺意味的是,凯恩斯本人于1943年10月曾建议了一份(联合宣言)起草委员会名单,包括"美国、英国、苏联、中国、巴西、墨西哥、加拿大、澳大利亚、法国、荷兰、比利时和希腊"等12国,③苏联、中国、巴西、墨西哥这些遭他批评"对国际金融一无所知的国家"赫然在列。

实际上,凯恩斯在不同场合发表互相矛盾的看法并非罕见之事。比如,他在写给英国财政部同事的信中,对于包括中国在内的很多国家大加鞭挞,无情讽刺,但在其他一些场合则完全是另一种面貌。1943年9月初,中国将战后国际货币方案递交英国,凯恩斯看后致电中国驻美代表席德懋,情不自禁地写道:"我可以说我非常赞叹备忘录所展现的智慧和技术水平吗?"尤其是备忘录的某些内容与英国清算同盟所倡导的路线一致,且是英国人在进一步思考之后倾向于遵循的。凯恩斯称,虽然美英尚没有就方案达成一致,但目前正在传播中的各项计划——盖着不同国家的印记,终将安然地综合成一项单一的文件。他告诉席德懋,非常期待返回华盛顿与中国代表面谈。④ 这不是凯恩斯的客套话,否则他没必要一而再再而三地谈到这个问题。11月下旬,他在伦敦同中国财政部驻英代表郭秉文讨论对华贷款时,不自觉地谈到这一问题。郭秉文在给孔祥熙的信中说:"在华盛顿时,凯恩斯收到了中国关于国际货币组织的复本。在他看来,备忘录准备充分,包含了绝佳的想法。为过渡时期货币复原设定条款以及创建一个筹备委员

---

① Eric Helleiner, *Forgotten Foundations of Bretton Woods*, pp. 223, 225.
② Eric Helleiner, *Forgotten Foundations of Bretton Woods*, p. 225.
③ To White, 11th October 1943, BWC1500-07.
④ To Mr. Hsi Te-mou, 27 October, 1943, 396(2)-923.

会的建议,在他与美国财政部的讨论中也都考虑到了。"①这显示出中国对于该问题的看法在某种程度上具有普遍意义。

那么,凯恩斯的言论前后为什么有这么大的反差?自然还是功用问题。一方面,作为当时世界上最为伟大的经济学家,凯恩斯从来都能一针见血地指出世界经济中存在的弊端。比如,他曾撰写《和会的经济后果》一书,毫不留情地批判《凡尔赛条约》,针对大萧条提出切实可行的应对办法,对中国的战后国际货币方案赞誉有加等,坚守了学者良知。另一方面,与中国代表谈话时,他正代表英国政府与美国谈判,非常欢迎那些与英国立场一致的看法,而中国方案就包含这样的内容,自然得到他的欣赏。到1944年美国召集多边会议讨论战后国际货币机制时,大部分亚洲与美洲国家开始支持美国方案,甚至英国自己也被迫放弃本国方案,此时的凯恩斯自然不再希望这些国家参与讨论,以避免削弱英国讨价还价的能力。比如,遭他贬斥"对国际金融一无所知"的那些国家主要来自亚洲和美洲,罕有西欧、中欧或英联邦国家,其意即在提名一些欧洲国家如荷兰、比利时和希腊参会。② 这反映的是英国心态的焦虑——凯恩斯不满于英国在设计战后国际机制上权重的下降,以这种方式表达了出来。

从深层次看,布雷顿森林谈判期间,凯恩斯是英国财政部顾问,作为英国政府代言人,他有责任为英帝国的利益贡献才智。捍卫英帝国的利益意味着他必须牺牲自己从纯经济角度考虑问题的立场,这束缚了他作为经济学家理智思考并发声的自由。因此,在对美谈判时,凯恩斯贬低他国作用也成为非常自然的事情。伟大的经济学家与走向帝国末路的英国捆绑在一起,是凯恩斯言行常常矛盾的主要原因。

3. 中国代表的布雷顿森林叙事

参与布雷顿森林谈判的中国代表人数众多,包括了政界、经济界、银行界与学术界的精英人物,他们参与布雷顿森林谈判的往事曾受到不同程度的关注。

关于行政院副院长兼财政部部长孔祥熙与布雷顿森林会议的关系,在中国台湾地区有几本书和文章有所提及,且都是正面肯定,观点高度一致。

---

① Telegram Received from London, dated November 21, 1943, box 78, Arthur N. Young Papers (AYP), Hoover Institution Archives, Stanford University, CA, USA(凡杨格档案皆藏此处,后文不再另行标注)。

② To Sir David Waley, 30 May 1944, Donald Moggridge, *The Collected Writings of John Maynard Keynes*, Vol. 26, *Activities 1941-1946, Shaping the Post-War World: The Bretton Woods and Reparations*, London: Macmillan Press, 2013, pp. 42-43.

瑜亮的《孔祥熙》传记是较早问世的,全书对孔祥熙有很高的评价,认为他在布雷顿森林会议上积极活动,为中国争取到了四强地位。① 郭荣生同样强调孔祥熙在争取第四席位上的努力。② 两者的论述与观点基本无差,但从档案看,显然过誉,孔祥熙据理力争的是份额数量而非第四席位。追随孔祥熙长达20年的副官李毓万曾撰文回忆孔祥熙,对于他在布雷顿森林会议上争取中国四强之一地位的行动赞誉有加。③ 他的这个观点在"中研院"近史所的"口述历史"项目中亦有表达。④ 吴相湘的文章简略记载了孔祥熙参加布雷顿森林会议争取份额的经过,但重心放在了孔祥熙所担负的其他使命之上。⑤ 以上著述有三个特点:其一,论述简单,文字简洁,基本上几句话带过,缺乏细节;其二,观点高度一致,对孔祥熙在布雷顿森林会议上的举动大加赞扬;其三,缺乏档案材料的支撑,有人为扬名之感。因此,对于孔祥熙在中国参与布雷顿森林谈判问题上发挥的作用,还有待发掘档案资料予以具体考察。

直接且经常性参与布雷顿森林谈判的中国代表,共有郭秉文、席德懋、李国钦和宋子良四人。可惜的是,他们都没有留下日记或回忆录,个人档案亦不知所踪。因此,人们多不知他们四人在布雷顿森林谈判中的贡献。这四人中,郭秉文虽为中国财政部驻英代表,但常常被孔祥熙委任为首席谈判代表,赴美国参加国际会议。宋晞曾撰文回忆郭秉文的公务活动,称赞他关于国际货币合作的主张,却忽略了他在布雷顿森林会议上的活动。⑥ 席德懋体型清秀似书生,性格谦虚爽直,做事精明干练,井井有条。⑦ 早在1934年5月,他就得到孔祥熙的信任,先被任命为财政部币制研究委员会委员,⑧后任财政部驻美代表,对于货币问题极为精通,对布雷顿森林谈判出力甚多,但其与谈判相关的文字却几乎不见于已有叙事。姚崧龄所撰回忆席德懋的文章中,仅回忆了他在国际货币基金组织与世界银行成立之初的活动。⑨ 关于

---

① 瑜亮:《孔祥熙》,香港开源书店1955年版,第166～167页。
② 郭荣生编著:《民国孔庸之先生祥熙年谱》,台湾商务印书馆1981年版,第189～190页。
③ 李毓万:《为国尽瘁之孔祥熙先生》下,《传记文学》第32卷第4期,第123页。
④ 郭廷以、李毓澍、陈存恭、张玉法:《孔祥熙与我:李毓万先生访问纪录》,台中李毓万宅邸,1965年11月,《口述历史》第1期(1989年10月),第181～182页。
⑤ 吴相湘:《孔祥熙任劳任怨》下,《传记文学》第46卷第2期,第90页。
⑥ 宋晞:《郭秉文先生于抗战时期对于国家的贡献》,《传记文学》第32卷第1期,第41页。
⑦ 夏陶麐:《席德懋先生印象记》,《银行通讯》1947年新第22期,第28页。
⑧ 《令:钱字第321号》,《财政日刊》1934年第1846期,第2页。
⑨ 姚崧龄:《记席建侯先生》,《传记文学》第14卷第4期,第50～52页。

李国钦①和宋子良,现存著述就更少。张源曾为李国钦作小传,详述这位"钨"字的发明者如何精通矿业和数学,但完全没有提及他参加布雷顿森林谈判的经历。② 关于宋子良的描述就更少。③ 有记载称其人"矮黑粗胖,慷慨好义,身材个性一如水浒中之宋江"。④ 但有关他参加布雷顿森林谈判的叙事极少。尽管如此,这些文字本身表明他们在历史上曾作出过重大贡献,幸而《传记文学》杂志予以刊登,弥补了部分遗憾。以上文字,或受限于出版地主要在港台地区,影响范围较小,或受限于文字本身散落于各种更为综合性的叙事当中,限制了人们的集中阅读和理解,增加了整体理解与把握的难度。

综上,由于学术研究的不足,我们目前对于中国参与布雷顿森林谈判的认知多是来自于当年亲历者极为有限的叙述,叙述的内容显然受到叙事者自身立场和认知的影响。事实上,一方面,西方此类论述非但没有扭转传统认知的错误观点,反而为此类研究提供了第一手的论据,可谓差之毫厘,谬以千里。另一方面,中国台湾出版的有关传记作品仅停留在歌功颂德的层次之上,缺乏历史细节,说服力低下。因此,要挑战学界形成已久的传统叙事,显然还有大量的工作要做。

(三) 战后中国学术界话语权的缺席

如中外史学家所共同承认的,当今世界的许多问题,源头都可追溯到第二次世界大战。⑤ 当今国际秩序中的若干关键经济问题,如汇率浮动问题、自由贸易问题、发展中国家的发展问题等,概莫例外。正是在战火纷飞的硝烟中,美国、英国和中国等国家设计并成立国际货币基金组织与世界银行,重新规范了世界经济运行的框架,建立了对战后世界影响深远的布雷顿森林体系。直到今天,布雷顿森林两大机构仍然在世界经济体系中发挥着重

---

① 李国钦,美籍爱国华人,生于湖南长沙,精于锑钨事业。抗战期间多次帮助中国在美采购军火,充当借款中间人,在美国宣传中国抗战。参见严如平、熊尚厚主编:《民国人物传》第 8 卷,中华书局 1996 年版,第 355~361 页。
② 张源:《李国钦小传》,《传记文学》第 40 卷第 4 期,第 28 页。
③ 一个有趣的事实是,席德懋与宋子良两人系翁婿关系。1942 年 1 月中旬,在驻美大使胡适、前驻美公使施肇基、李国钦等人见证下,年届不惑的宋子良迎娶席德懋次女席曼英(Maying Hsi)为妻,后者曾与张爱玲同窗。不过,当时国内新闻界对席曼英的身份并不清楚,甚至多有误报。参见《宋子良在美结婚》,《中央日报》(重庆)1942 年 1 月 18 日,第 3 版。
④ 《宋子良舌战何应钦》,《海涛》1946 年第 16 期,第 9 页。
⑤ John Ferris, Evan Mawdsley ed., *The Cambridge History of the Second World War*, Vol. 1, *Fighting the War*, Cambridge: Cambridge University Press, 2015, p. 5. 徐蓝认为,时至今日,世界仍然生活于由战胜国主导建立的国际秩序之中。牛军主编:《历史的回声:二战遗产与现代东亚秩序》,人民出版社 2015 年版,第 301 页。

要作用。而中国战时参与布雷顿森林谈判,在经济领域谋求持久和平,力图铲除滋生战争的土壤,推动战后秩序更趋合理化,是中国为赢得大战与和平所作出的贡献。考虑到这一点,有必要总结学术界关于中国抗战与战后秩序的研究成果。

1. 中国抗战贡献长期被国外学者忽视

在很长时间内,国外学者很少提及中国抗战的贡献,中国在战时扮演的角色经常被扭曲,中国关于抗战的研究并没有改变这一状况。20世纪60年代,杨格指出,中国对于大战极具意义的贡献并没有得到充分承认。他认为,中国人民所经受的战争苦难和付出的巨大代价是统计数字无法反映的。中国一再拒绝与日本议和,使西方在战争中获得了巨大的优势,西方对此应心存感激和敬意。① 杨格的呼吁并没有引起西方的重视,陷于冷战漩涡的西方学界沉湎于"谁丢失了中国"的讨论中,强调国民党政权的腐败与无能,指责杨格过于同情而不是内省远东事务,忽视盟友对于中国的意义,② 持续歪曲或无视中国的抗战贡献。直到冷战结束后20余年,西方学界迎来拉纳·米特《被遗忘的盟友》一书的出版,才开始正视中国抗战的贡献,但针对经济方面的讨论依然不多。③

战后中国学术界话语权的旁落体现在两个方面。其一,长期以来,国际社会集体忽视中国在大战中的主动性,中国学者在有关世界反法西斯战争的研究中缺少话语权。其二,在国际经济层面,中国学者主要关注争取外援、废除不平等条约和订立商约等问题,缺少对于中国参与国际经济事务的关注。这是非常遗憾的一件事,即便因为种种原因,过去中国学者在资料方面受到较多限制,但也不至于出现完全无视的状况,但事实恰好相反。20世纪90年代中期,数种以布雷顿森林谈判或战时中美关系为研究对象的学术专著出版,影响广泛,但都没有涉及中国与布雷顿森林谈判这一主题。④这种情况的出现与战后中国与世界形势的发展密切相关。

首先,冷战的出现是重要原因。胡德坤指出,中国战场是亚洲主战场,也是世界反法西斯主战场之一,但由于受冷战的影响,战后七十年来,中国

---

① Arthur N. Young, *China and the Helping Hand, 1937-1945*, pp. 417,420.
② Chalmers Johnson, "Review", *The Journal of Asian Studies*, Vol. 23, No. 4 (Aug., 1964).
③ 2015年,美国学者伯特考察了战时中美关系,通过联合国的创建及一系列国际会议阐释了中国大国地位问题,但没有涉及任何有关布雷顿森林会议的内容。参见 Sally K. Burt, *At the President's Pleasure: FDR's Leadership of Wartime Sino-US Relations*, Boston: Brill, 2015。
④ 参见王在帮:《霸权稳定论批判——布雷顿森林体系的历史考察》,时事出版社1994年版;任东来:《争吵不休的伙伴:美援与中美抗日同盟》,广西师范大学出版社1995年版;王淇:《从中立到结盟:抗战时期美国对华政策》,广西师范大学出版社1996年版。

在世界反法西斯战争中的重要地位和作用受到西方的漠视,没有得到应有的尊重,成为"被遗忘的盟友",这是不公正的。① 步平认为,战争结束后,由于冷战局面的形成,国际社会对中国抗日战争的评价有弱化和矮化的倾向。②

其次,国共两党在海峡两岸的对立影响到学术界对抗战史的研究,继而对国际学术界的认知产生消极影响。赵文亮梳理了相关学术史,认为20世纪80年代以前我国学者忽视了对中国抗战的研究,无人对这一关系到中国国际地位的重大问题进行全面的分析和论述。具体来说,中国大陆学者只讲解放区的抗日战争,对国民党正面战场否定多肯定少;中国台湾学者虽然对国民党正面战场作了不少研究,但是限于一党之私,诬蔑共产党游而不击,实际上贬低了中国战场在全球战争中的作用。这就给国外贬低和歪曲中国抗战地位和作用的学者一种印象和"反证"——中国人承认他们在第二次世界大战中并没有起多大作用。③ 中国的抗战作用在国际上被人轻视,不能说与中国内部这一相互贬抑毫无关系。④ 严雄飞等人亦认为,中国针对第二次世界大战历史解释权的薄弱,是导致西方学术研究成果中,中国战场至今未得到与欧洲战场同等地位认可的重要原因。⑤

2. 改革开放以来大陆学者对中国抗战贡献的研究

针对中国抗战的国际贡献,大陆学者更为重视政治、战略、军事与外交层面的研究,在抗击与战胜日本侵略、支持盟国先欧后亚大战略、支持周边国家抗战、在构建联合国及追求世界持久和平过程中发挥的作用等方面取得成绩,而较少从经济方面论述。⑥

20世纪80年代,中国学者集中撰文驳斥西方贬低中国抗战的观点,强调中国战场是第二次世界大战的主要战场,中国军民是抗击日本法西斯的主力军。1980年,刘思慕等人认为中国抗战具有不同于西方的特殊性,作

---

① 胡德坤:《论中国抗战在世界反法西斯战争中的地位与作用》,《光明日报》2015年8月5日。
② 步平:《大国地位的确立与中国抗战史研究》,《人民日报》2015年11月16日。
③ 赵文亮:《20余年来中国学术界关于中国抗战在二战中的地位和作用问题的研究》,《抗日战争研究》2007年第3期。
④ 王建朗:《抗战研究的方法与视野》,《抗日战争研究》2016年第1期。
⑤ 严雄飞、邓昭、严徐:《世界反法西斯战争中国贡献的公正解读》,《湖北工业大学学报》2018年第3期。
⑥ 徐蓝曾有专文论述二战与战后秩序问题,包括联合国与布雷顿森林体系的缘起,但具体到中国对战后秩序的贡献,则仅涉及联合国。参见牛军主编:《历史的回声:二战遗产与现代东亚秩序》,第301~351页。

为亚洲大陆上同日本侵略者斗争的主要战场,中国有力地支援了世界人民反法西斯战争,①掀起了研究的热潮。1985年,齐世荣在第16届国际历史科学大会上称:"中国战场在亚洲始终是主要战场,中国人民抗战对于战胜日本法西斯有十分重要的作用;延缓了太平洋战争的爆发,促进了盟国在太平洋战场上的反攻,为缅甸反攻战做出贡献。"②此后,他多次强调这一观点,并对学术界产生重要的影响,学者们纷纷从各个角度予以论证。如陶文钊认为,中国坚持抗战,抵制了国际上的绥靖主义逆流,推动了美国、英国等国家改变政策。在整个反法西斯战争中,在战略上隔绝法西斯轴心国,使盟国战场连接在一起,中国战场发挥了关键的作用。③于江欣认为中国抗战从一开始就具有世界性意义。④

不难发现,学术界对于战后秩序规划与构建的关注严重不足,目前主要聚焦于中国在地区性秩序的形成和在联合国的创建中发挥的作用。如赵志辉认为,二战时期作为世界大国,中国曾"首倡建立反法西斯军事同盟"。遗憾的是,他的论述主要围绕中国与战后亚洲新秩序的关系展开,没有涉及全球秩序。⑤陈新生等人认为,战争后期,中国作为东方人民的代表,以维护世界持久和平为根本出发点,对构建战后国际体系与秩序框架,提出了具有建设性的想法,发挥了不可替代的重要作用。⑥该文主要围绕联合国的创建而展开,基本没有提及全球秩序的其他方面。

近年来,学术界有关二战史研究的新进展表现在:不仅提出中国作为第二次世界大战东方主战场的著名论断,还进一步将历史学与国际政治学研究相结合,把视野拓展到大战后所建立的战后国际秩序上,认为战时中国崛起不仅表现为问鼎世界政治大国,在经济方面也颇有建树,突出反映在中国主动并积极参加布雷顿森林谈判上,这是一个相当重要且亟待阐释的领域。胡德坤指出,布雷顿森林体系的建立与联合国的创建一样,同为战后世界秩序的标志之一。⑦中国抗战推动了世界反法西斯联盟的建立,在战后国际

---

① 刘思慕、王振德、侯成德、马新民:《中国抗日战争及其在第二次世界大战中的地位和作用》,《世界历史》1980年第2期。
② 齐世荣:《中国抗日战争在第二次世界大战中的地位和作用》,《历史研究》1985年第4期。
③ 陶文钊:《反法西斯战争与中国的大国地位》,《理论参考》2015年第9期。
④ 于江欣:《中国东方主战场在世界反法西斯战争中的战略地位》,《炎黄春秋》2018年第7期。
⑤ 赵志辉:《中国与战后国际秩序的构建》,《近代史研究》2013年第6期。
⑥ 陈新生、吴鑫:《中国在构建战后国际秩序中的努力》,《学习时报》2015年10月19日。
⑦ 胡德坤、韩永利:《中国与世界反法西斯战争》,《世界历史》2005年第3期。

新秩序的构建中发挥了重要作用。① 徐蓝认为,第二次世界大战彻底打破了旧国际秩序,代之而起的是美国、苏联、英国、中国等战胜国建立并为其主导的新国际秩序;她把以国际货币基金组织、世界银行和关税及贸易总协定为三大支柱的国际经济秩序,与以联合国为中心的国际政治秩序相提并论。② 以布雷顿森林体系为代表的战后国际经济秩序,虽然存在大国强权政治的烙印,但是它在维护世界整体和平、促进社会发展方面还是具有很大的历史进步性。③ 并特别指出,尽管那时的中国仍然贫弱,但也积极参与了战后国际经济秩序的建设,成为布雷顿森林体系的创始国之一。④ 王建朗强调,在追求大国地位问题上,抗战后期国民政府不乏主动作为,对于自身在战后的地位,建立新的国际组织,并确保四大国在国际组织中的优势地位等问题,中国都曾进行认真的思考。此外,中国将自己视为东方民族及世界弱小民族的代表,努力争取战后国际关系朝着平等与正义的方向发展。⑤ 此言不虚。

由于盟国对战后秩序的规划与构建是着眼于赢得和平,因此在国际经济领域实现金融稳定与贸易增长,奠定持久和平的局面,也是战时盟国的主要目标之一。中国对于布雷顿森林谈判的参与及对布雷顿森林体系的塑造,也是中国为赢得战争胜利与持久和平所作出的贡献。遗憾的是,最新研究仅仅强调了它的重要性,对于中国如何塑造了布雷顿森林体系,尚无研究成果系统和明确地予以说明。

3. 中国台湾学术界的研究

长期以来,台湾地区学术界对本书主题的热情不高,他们较为关注代表权问题。原因在于,国民党败退台湾后,在国际社会失去代表中国的资格。尽管直至1980年它在美国的支持下占据着国际货币基金组织和世界银行内的中国席位,但根本无力维持居世界第三的地位,先后为法国、西德和日本等国超越,在基金组织内的投票权(国际地位)一度降到第17位。⑥ 随着

---

① 胡德坤:《中国抗战推动世界反法西斯战争进程》,《历史研究》2015年第4期。
② 徐蓝:《试论第二次世界大战后国际秩序的建立与发展》,《世界历史》2003年第6期。
③ 徐蓝:《近现代国际关系史研究近况》,《外国问题研究》2016年第1期。
④ 徐蓝:《500年世界历史变迁与"百年未有之大变局"》,《世界历史》2020年第6期。
⑤ 王建朗:《大国意识与大国作为——抗战后期的中国国际角色定位与外交努力》,《历史研究》2008年第6期。
⑥ 戴乾定:《参加国际货币基金组织前后》,《中国金融家》2010年第2期。排在美国、英国、联邦德国、法国、日本、沙特阿拉伯、加拿大、意大利、印度、荷兰、比利时、澳大利亚、巴西、委内瑞拉、伊朗和西班牙等16国之后。参见 Annual Report of the Executive Board for the Financial Year ended April 30,1979, Washington D. C. : International Monetary Fund,1979,pp. 146-148。

中国在国际社会声望日隆,国民党政权的"中国代表权"问题越来越突出,吸引着台湾学者的研究兴趣。① 然而,这并非本书阐释的重点。

20世纪80年代,台湾学术界开始关注二战前后国际经济秩序的变化,最初是国际货币基金组织的建立,后来集中于美国罗斯福政府的对外经济政策。1980年,林赐文以美英两国的活动为中心研究了国际货币基金组织的建立,明显受到国外研究的影响;②台湾著名学者施建生注意到了凯恩斯对于战后世界经济计划的贡献,重点介绍了他的国际清算同盟计划及英美交涉情况。但在一些方面存在问题,如施建生称凯恩斯为布雷顿森林会议的灵魂,这一点恐怕连凯恩斯本人也不会赞同。正是在布雷顿森林会议上,凯恩斯的诸多主张被弃于一边,美国取代英国成为世界经济秩序的主导者。与会人士和媒体对于凯恩斯其人的追捧,不过是一种名人效应的外溢。值得注意的是,施建生提到了参加布雷顿森林会议的中国代表团,但没有做更多的论述,且在代表团人数的论述方面存在一定问题。③

还有学者从理论方面研究美国罗斯福政府有关布雷顿森林谈判的决策。根据艾里逊(Graham T. Allison)决策模式理论,淡江大学张雅堂认为,罗斯福政府在建立以美国为主的布雷顿森林体系时,财政部的组织文化与能力比国务院更能领导金融政策,加上财长摩根索与罗斯福个人关系良好,使得财政部在布雷顿森林体系的决策过程中拥有完全的主导权。④ 胡陇凯从政府部门组织架构的角度出发,进一步比较了国务院与财政部在对外经济关系上的权力及成就。⑤ 他认为,对于战后国际金融外交政策,罗斯福放任政府组织部门与决策官僚相互竞合,呈现各项主张与备选方案,并与英国方案竞争,最后做出最符合其理念与美国国内经济发展利益,同时顾及国际现实的战后国际金融外交政策。⑥ 范育瑄则考察了美国对于世界银行的构建历程,并认为美国成功说服英国同意接受美方提出的方案。就主导者而言,美国财政部比国务院更加有影响力及主导权。摩根索比国务卿赫尔

---

① 代表性成果参见王仁宏:《如何保持我在国际货币基金与世界银行之会籍》,《台大法学论丛》1979年第8卷第2期。
② 林赐文:《国际货币基金成立过程之研究》,台湾政治大学硕士论文,1980年。
③ 施建生:《凯恩斯对战后世界金融的策划》,《台湾经济研究月刊》2006年第29卷第8期。
④ 张雅堂:《罗斯福政府在创建布列敦森林体系决策过程之研究(1941—1944)》,淡江大学美洲研究所硕士学位论文,2011年。
⑤ 胡陇凯:《罗斯福政府内部组织争夺战后金融外交政策掌控权之研究》,《淡江国际与区域研究半年刊》2013年第2卷第1期。
⑥ 胡陇凯:《美国倡建国际货币基金之决策过程》,淡江大学美洲研究所博士学位论文,2014年。

（Cordell Hull）更能直接影响罗斯福的决策。[1]

简而言之，在布雷顿森林体系构建问题上，中国台湾学者的研究对象以英美国家为主，并在理论分析方面有所推进，部分弥补了学术界的不足，但遗憾的是，他们鲜少提及中国对布雷顿森林谈判的参与。

综上所述，中国参与布雷顿森林谈判，在战后国际经济秩序中嵌入对重建与发展有利的内容和规则，同样是中国对于大战胜利与持久和平作出的重要贡献。这一点正得到越来越多的学者的肯定，受到更多的积极关注。对于西方来说，那个广袤的国家（中国）在二战中扮演的角色，长期以来都被无视、贬低或误读，但在最近20年出现了更好的理解。[2] 这种新看法的出现固然与西方对于中国的正视有关，亦与我国学术成果的持续输出密切相关，我们目前仍处于这一过程中。从档案中挖掘细节，从全球视野中强化中国抗战对于战后国际经济秩序的意义，将极大地提升人们对于中国抗战在世界反法西斯战争中地位的认知。

（四）近年国内外研究新趋势

自进入21世纪以来，特别是最近10余年，世界发生了许多变化，出现了诸多新情况。一方面，多边体系的规则屡屡遭到破坏，世界经济越来越不稳定，"开放的世界秩序对每个国家的未来都至关重要……如果各国和各地区的政策不是相互促进，而是相互冲突，则最终每个国家都是输家"，[3]这种情况令人不安，人们怀念当年各国坐在一起，合作构建战后秩序的场景；另一方面，中国的快速崛起为世界瞩目，以西方为中心的研究无法解释这种变化，更无从探讨以中国为代表的新兴经济体在当年扮演了怎样的角色，迫切需要回顾过去，以解开这些国家迅速发展的密码。在国际关系学界，甚至出现了要把非西方的历史经验纳入国际关系理论构建的"全球转向"。[4] 在这种情况下，针对中国与布雷顿森林体系缘起的研究，国内外学术界均出现了重要的进展，这突出表现为相对于传统研究出现的新趋势。

1. 赫莱纳的开创性研究

康威（E. D. Conway）的著作几乎与斯泰尔的同时出版，但主旨与其有很大的不同。斯泰尔的研究延续了传统研究的做法，以美英为叙事中心，而

---

[1] 范育瑄：《美国在建立世界银行决策过程之角色（1941—1944）》，淡江大学美洲研究所硕士学位论文，2016年。
[2] John Ferris, Evan Mawdsley ed., *The Cambridge History of the Second World War*, Vol. 1, pp. 4-5.
[3] 朱民：《创造一个合作性的国际秩序》，《北京日报》2020年11月23日。
[4] 刘德斌：《回归抑或超越：百年变局下国际关系的新脉动》，《探索与争鸣》2022年第8期。

康威则批评了这一做法,提出人们对于另一个大国苏联的关注太少,为此他还特意选了有苏联代表的照片作为书的封面。康威著作的意义在于撕开了传统研究的口子,引导人们将注意力转向参与布雷顿森林谈判的其他国家。而且,他不止注意到苏联,还注意到参加会议的中小国家,并提出一个非常重要的论断,即在会议的许多场合,较小的、贫弱的经济体如拉丁美洲国家、印度和中国的努力经常受到忽视。①

引起西方重新"发现"中国抗战的是英国牛津大学著名学者拉纳·米特(Rana Mitter)。他的《被遗忘的盟友》一书在英美两国甫一出版便引起轰动。米特以相对过去更为广阔的时间和空间背景思考中国抗战,探求"中国抗战在世界史中的地位"。② 米特关注的是中国抗战整体,对于抗战期间的中外关系则关注不多。在此之前,美国学者格瑞·刘易斯(Greg Lewis)从大战后期中美经济分歧入手,研究了陈光甫、孔祥熙与中美经济关系的失败,分析了两人的个性、思想与做法对于中美关系的影响,认为在布雷顿森林会议期间,美国因国民政府在经济上的失败而变得更为强硬,③但对于中国在布雷顿森林谈判中的表现并未涉及多少。

在米特著作出版后的第二年,加拿大学者埃里克·赫莱纳出版了他历时10余年完成的专著《布雷顿森林被遗忘的基石——国际发展与战后秩序的构建》,跳出"美英共同创建布雷顿森林体系"论断的束缚,批判了西方学术界所持有的传统观点。赫莱纳援引了35种档案资料,立论扎实,因此尽管他对传统观点多有批判,但其思想经受住了质疑与挑战,产生了广泛的影响力。作为国际政治经济学家,赫莱纳一开始同样认为美英之外的国家在布雷顿森林体系创建的过程中没有发挥多大的作用,但有两件事改变了他的看法。其一,在10余年搜集资料的过程中,他逐渐发现非英美世界在布雷顿森林谈判中所扮演的角色并非如传统观点所定性的那样可有可无;其二,他引入了国际政治经济学的国际发展视角,发现非英美世界有极大的主动性和积极性去推动美英两国重视国际发展内容,并体现于布雷顿森林谈判之中。

---

① E. D. Conway, *The Summit: Bretton Woods, 1944, J. M. Keynes and the Reshaping of the Global Economy*, New York: Pegasus, 2014, p. 263.
② Rana Mitter, *Forgotten Ally: China's World War Ⅱ, 1937 - 1945*, New York: Houghton Mifflin Harcourt, 2013.
③ [美]格瑞·刘易斯:《陈光甫、孔祥熙与中美经济关系的失败》,杨天石、侯中军编:《战时国际关系》,社会科学文献出版社2011年版,第307页。

对于中国,赫莱纳认为,传统研究对中国作用的忽视让人意外。① 中国非常积极地参与了布雷顿森林会议和大西洋城起草会议,为会议带来了人数第二多的代表团,中国代表积极地参加了讨论,一名中国官员还是起草会议四名副主席之一。另外,之前中国政策制定者就针对美国官员展开了关于战后国际金融秩序的游说活动,这项活动甚至包括一份关于战后国际金融机构的中国方案,内容翔实,标注日期为 1943 年 6 月。该计划是作为 1943 年春已经公之于众的美英计划的替代者而出现的。中国是仅有的四个出台此类替代方案的国家之一。② 美国著名经济史学家巴里·艾肯格林很好地总结了赫莱纳这部专著的成就:该书永远影响到了学者们对于布雷顿森林的重新解构,③在美欧亚学术界产生了持续的学术影响力,成为学术史上无法绕开的跨学科经典之作。

2. 全球史与跨国史研究方法的引入

在赫莱纳的影响下,全球史与跨国史研究方法被迅速应用于布雷顿森林谈判的研究之中,在传统研究的硬壳上打开了缺口。2014 年 9 月,位于荷兰的罗斯福研究中心(Roosevelt Study Center)组织"联合国家与战后全球秩序:正视布雷顿森林"国际学术研讨会,指出有关布雷顿森林会议认知的三大误区,特别强调它不是仅与美英相关的事务(strictly Anglo-American affair),正视了其他与会国家特别是苏联、中国与印度等国在会议中的作用。多边与跨国视野的引入,为透视作为复杂事件的布雷顿森林会议提供了新的视角。④

在这种情况下,中国在布雷顿森林会议中所扮演的角色,逐渐成为学者们关注的兴趣所在。2015 年,美国加州大学戴维斯分校埃里克·罗威关注到穷国在布雷顿森林会议上的机遇,因为美国需要穷国的支持,以战胜英国,这使穷国有了讨价还价的能力。这与赫莱纳的思路一致。罗威考察了中国对于布雷顿森林谈判的态度,认为 1943 年春中国国共两党都表达了对国际合作的支持,中国需要得到特殊的对待,以便于战后重建与工业化的实

---

① [加]埃里克·赫莱纳著,张士伟译:《布雷顿森林被遗忘的基石——国际发展与战后秩序的构建》,人民出版社 2019 年版,中译本"序言"。

② Eric Helleiner, *Forgotten Foundations of Bretton Woods: International Development and the Making of the Postwar Order*, pp. 193-199.

③ Barry Eichengreen, "Review", *Journal of Interdisciplinary History*, Vol. 45, No. 3, Winter 2015.

④ Conference Report: "The UN and Post-war Global Order: Bretton Woods in Perspective", Roosevelt Study Center, Middelburg, Netherlands, https://networks.h-net.org/node/28443/discussions/59083/conference-report-un-and-post-war-global-order-bretton-woods, accessed on April 10, 2021.

现。他看到,以中国为代表的此类国家有一个共同点,即诉求很多,但可拿出用以交换的东西很少,主要以支持美国的形式表现出来。但他在具体论及布雷顿森林谈判时又回到美英叙事范式上去了,没有提及中国参与谈判的情况。① 英国牛津大学的凯瑟琳·申克(Catherine R. Schenk)认为,虽然布雷顿森林会议上中国代表的影响力有限,但"中国的官员、部长及银行家们活跃于会议之中,且得到盟国的支持……中国的专家影响到布雷顿森林机构的设计"②。不过,申克的研究仅限于中国对布雷顿森林会议的参与,对于之前的谈判并未涉及。

2017年,《全球视野下的布雷顿森林会议与战后世界秩序》在美国出版,这是2014年荷兰国际会议的成果。时隔三年,论文多经过重要修改,特别是针对亚太国家在布雷顿森林谈判中扮演的角色提出了新的看法:经济落后国家认为,除了稳定汇率的职能,国际货币基金组织亦应具备其他职能,如关注发展内容。印度和中国是国际发展的关键鼓吹者,澳大利亚和新西兰则在迫使跨大西洋大国(美国和英国)承认这一问题重要性的过程中扮演了关键角色。③ 2019年底,又有一本关于布雷顿森林体系缘起的书风靡欧美世界,书中既包含了传统的以英美为中心的研究,也有在新的全球视野下,关注法国、澳大利亚及落后国家经济发展问题的研究。④ 这些研究已经对社会认知产生了积极的影响,专栏作家霍洛维兹撰文称:"(在布雷顿森林谈判中)美国竭力追求本国利益的同时,也努力协调英国、中国、苏联和其他国家的关切。"⑤金艾美的最新研究显示,要重视一般国家在国际秩序变迁中的作用。在布雷顿森林体系的构建过程中,作为弱国的中国成功影响到主导国美国,在战后秩序中打上了中国的烙印。⑥

---

① Eric Rauchway, *The Money Makers, How Roosevelt and Keynes Ended the Depression, Defeated Fascism, and Secured a Prosperous Peace*, New York: Basic Books, 2015.
② Catherine R. Schenk, "China and the International Monetary Fund, 1945–1985", Kazuhiko Yago, Yoshio Asai, Masanao Itoh eds., *History of the IMF: Organization, Policy, and Market*, Tokyo: Springer, 2015, p. 275.
③ Michael Franczak, "'Asia' at Bretton Woods: India, China, and Australasia in Comparative Perspective", Giles Scott-Smith & J. Simon Rofe ed., *Global Perspectives on the Bretton Woods Conference and the Post-war World Order*, New York: Palgrave MacMillan, 2017.
④ Naomi Lamoreaux and Ian Shapiro, editors, *The Bretton Woods Agreements: Together with Scholarly Commentaries and Essential Historical Documents*, New Haven: Yale University Press, 2019.
⑤ Richard Hurowitz, "What We Can Learn Today From a 1944 Meeting That Reshaped the Entire Global Economy", *Time*, July 1, 2019.
⑥ Amy King, "Power, Shared ideas and Order Transition: China, the United States, and the Creation of the Bretton Woods order", *European Journal of International Relations*, first Published August 24, 2022.

值得注意的是,最近10年西方的相关研究并不全是新研究,反映传统观点的著作仍然不时问世,显示出新旧转换之路还有很长的一段路要走。如美国学者彼得·莫雷拉2014年出版的摩根索传记作品,依然受到布鲁姆的影响。他在解释孔祥熙将5000万美元份额转让给苏联时称,孔祥熙焦虑于挽回面子,希望中国宣布少拿一些份额,苏联就可以多一些。即便如此,因为苏联不同意,孔祥熙的建议被摩根索拒绝。① 这个解释没有脱离"面子说",且逻辑上匪夷所思。重要的是,该书谈到法国时,认为其份额减少意味着威望的损害(loss in prestige),中国的类似行为是为了挽回面子(saving face),对两国的评价截然不同,却没有解释两国的行为到底有何不同。东西方区别对待的意味非常明显。

由此可见,西方学术界有关布雷顿森林谈判的研究,目前呈现出两个显著特点:其一,研究的新趋势已经形成,且在某些层面,如国际发展上已取得重要成果,跨国(国际)史及国际政治经济学研究方法的引入给研究注入了新的活力;其二,传统研究并未消亡,它与新型研究呈现出一种共存与胶着的状态。与传统研究相比,学术界针对非英美世界与布雷顿森林体系缘起的新研究,囿于语言和资料的限制,尚有待深入;但是,包括本书在内的新研究已经展开,并将持续产生新的研究成果,已是学术界不争的事实。

3. 国内新研究

近年来,国内一些年轻学者注意到该领域出现的新趋势,并有扎实的成果问世。主要表现在两个方面:其一,新的研究相继涌现。2013年,本人在研究二战与国际经济秩序的转换之时发现,从战后急需重建与复兴的现实出发,中国促使各国尤其是发达国家在创建战后国际经济组织(国际货币基金组织、世界银行和关贸总协定)的过程中考虑经济不发达国家的利益,将不发达国家的工业化作为战后世界经济发展的重要内容。中国集大国与不发达国家的身份于一体,为战后国际经济组织的成功创建作出了特殊贡献。② 而后,金中夏注意到了出席布雷顿森林会议的中国代表团,认为中国代表团参会的很多细节都反映出当时中国政府的积极贡献;他特别注意到,为了捍卫和提高国家的国际地位这一中华民族的共同目标,中国共产党人默默地与国民政府合作并贡献才智。该文于2015年7月被西方著名智库

---

① Peter Moreira, *The Jew Who Defeated Hitler, Henry Morgenthau Jr., FDR, and How We Won the War*, New York: Prometheus Books, 2014, p. 240.
② 张士伟:《中国与战后国际经济组织的创建》,《近代史研究》2013年第1期。

国际货币金融机构官方论坛(OMFIF,The Official Monetary and Financial Institutions Forum)译为英文,广为传播,在西方社会产生了较大影响。① 在金中夏研究的基础上,孙艳芳指出中国全程参与了布雷顿森林体系的创立:"虽然中国在当时的世界政治经济格局中明显处于弱势,但其作为参会国,在相关事项的讨论和条文修正中提出了建设性意见,为战后的国际货币合作安排做出了不可磨灭的贡献。"②王丽梳理了中国与国际货币基金组织的建立及初步运行之间的关系;③高作楠研究了中国代表团在布雷顿森林会议上的活动,与美国保持充分合作,在摊额和股额等核心权益问题上顾全大局,展示了进退有度、通情达理的大国风范。④ 其二,与之相伴随,西方一批经典著作相继得到翻译出版,推动了相关研究的进行。⑤ 因为前文对此多有阐释,此处不再赘述。

西方学界的研究仍以美英收藏的文献为主要资料,在资料和语种的广泛性方面受到很大的限制。因此,只有全球范围,特别是欧美世界之外的学者广泛参与,才有可能推动这股学术新趋势由涓涓细流流淌为滔滔大河。中国学者应特别重视中国在布雷顿森林谈判中所扮演的角色。胡德坤指出,国际二战史学界出版的著作基本上不写或很少写中国的抗战,这和战时美、英、苏等反法西斯国家公认中国是反法西斯四大国之一的地位形成了强烈的反差。中国本身对抗日战争与世界反法西斯战争的关系研究有待继续深入。⑥ 中国与布雷顿森林谈判之间的故事,何尝不是如此? 近些年来,甚至一些西方学者都在呼吁,"是时候全面、完整地重新诠释这场旷日持久的抗日战争以及中国在二战中所发挥的关键作用"⑦。牛军的批评更是醍醐

---

① 金中夏:《翻阅尘封的档案——纪念出席布雷顿森林会议的中国代表团》,《中国金融》2014年第18期;Jin Zhongxia, "The Chinese Delegation at the 1944 Bretton Woods Conference, Reflections for 2015", July, 2015, Company Number:7032533。
② 孙艳芳:《布雷顿森林体系与中国》,《中国外汇》2021年第21期。
③ 王丽:《重建战后金融体系的努力:国民政府与国际货币基金组织》,《史林》2015年第1期。
④ 高作楠:《参与构建战后国际货币金融秩序:中国与布雷顿森林会议》,《民国档案》2018年第2期。
⑤ 以下在不同年代对西方世界产生广泛影响的著作均为近年引入国内出版:[美]理查德·加德纳著,符荆捷等译:《英镑美元外交:当代国际经济秩序的起源与展望》,江苏人民出版社2014年版;[美]本·斯泰尔著,符荆捷等译:《布雷顿森林货币战:美元如何统治世界》;[美]埃里克·罗威著,余潇译:《货币大师:罗斯福和凯恩斯如何结束大萧条,打败法西斯,实现持久的和平?》,中信出版社2016年版;张嘉璈著,余杰译:《通胀螺旋:中国货币经济全面崩溃的十年,1939—1949年》,中信出版社2018年版;[美]阿瑟·杨格著,余杰译:《抗战外援:1937—1945年的外国援助与中日货币战》,四川人民出版社2019年版。
⑥ 胡德坤:《中国二战史研究与反法西斯大国地位不相称》,《北京日报》2015年6月15日。
⑦ 步平:《大国地位的确立与中国抗战史研究》,《人民日报》2015年11月16日。

灌顶:几十年来,不仅外国人在第二次世界大战的解释中往往忽略了中国所发挥的重要作用,而且在很长一段时间里,大陆的很多中国人也不清楚,中国的抗战到底对世界历史和中国历史产生了何种影响。中国人如今已经走到了全球舞台的中心,持续对世界产生影响。唯其如此,中国人就更需要从过去那段历史中挖掘对今天有意义的内容,汲取有益的经验和教训。①

综上所述,关于布雷顿森林谈判研究的学术新趋势在最近10年内出现,绝非偶然。《布雷顿森林协定》是充分调和各国主张,所有参与方都参与讨论并达成一致的产物,这个过程表现为众多国家共同参与的布雷顿森林谈判。如果只重视美英两国的观点,难免会有失偏颇,无法理解其他42个国家对这一谈判进程的参与,从而陷于西方中心论的窠臼之中。因此,在全球视野下,超越美英合作或竞争的维度,关注美英之外的国家与布雷顿森林谈判的历史,拂去档案的尘埃,推进关于布雷顿森林谈判研究的进行,是非常有必要且可行的。对于国内学者来说,给了中国参与布雷顿森林谈判的历史更多关注,对于增进我们的研究,以及启发当下的生活和对外交往都同样重要。考虑到前述拉纳·米特、埃里克·赫莱纳的成果仅仅是开启了新研究的历程,从传统叙事中打开缺口并不意味着颠覆了传统研究的理论与范式。因此,作为美英世界之外的研究者,不能单纯指望西方学术界来"重新发现"中国在全球历史发展中的贡献,而是应该在扎实的档案资料的基础上,做出有说服力的成果,助推这股学术研究大潮的磅礴进击。唯有如此,才能够弥补过去常常被忽视的薄弱环节,打破"西方中心论"的限制,破除西方对中国脸谱化的片面评价,从而推动抗战叙事融入二战叙事的具有中国特色的学术体系的出现。

三、研 究 目 标

本书基于丰富的多边资料,着力还原当年中国与布雷顿森林谈判的故事,意在对以英美为中心的传统叙事发起挑战。就战时中国与国际秩序的关系而言,目前关于中国与联合国的创建,中国与世界反法西斯联盟的建立,已有相对成熟的成果予以阐释,对于中国与战后国际金融秩序的建立则长期语焉不详。在布雷顿森林谈判中,中国的努力并非可有可无,在一系列关键问题上也并非美国的附庸。从现有档案文献看,二战后期,中国积极地

---

① 牛军:《一个复杂的故事——评〈被遗忘的盟友:中国的第二次世界大战(1937—1945)〉》,《国际政治研究》2014年第4期。

参与了布雷顿森林谈判，提出了完整的战后国际货币方案，并且关注到美国忽视但对世界经济发展极其关键的复兴问题。中国不仅积极参加了布雷顿森林谈判，为布雷顿森林体系的建立作出了重要贡献，而且在谈判中达成的若干成就，为遭受战火的国家完成战后重建和实现经济发展提供了条件，而在谈判中提出的若干思想，则成为战后经济落后国家寻求发展的重要理论基础。

关于中国与布雷顿森林体系的缘起，主要存在以下问题：即中国积极参与布雷顿森林谈判，有哪些具体表现？在哪些方面做出重要贡献？在全球历史发展的维度上有何意义？中国在谈判过程中得到了什么？如何看待中国大国地位在国际经济领域的确定？布雷顿森林谈判中所反映的中美关系是怎样的？从全球视野来看，当时的中国民众如何参与这一进程，怎么看待他们的努力？包括美国在内的各国对于在大战中崛起的中国是什么看法？如何认识中国代表团在布雷顿森林谈判中发挥的作用？对于当代中国外交有何启示？等等。

综合以上问题，本书的研究目标如下。

首先，严格根据原始文献构建叙事，系统梳理20世纪40年代中期中国参与布雷顿森林谈判的全过程，尤其注意挖掘过去常为人所忽视的历史细节，提高认识的准确度。目前，学术界关于中国参与创建布雷顿森林体系的叙事极其匮乏，部分成果关注到中国对于布雷顿森林会议的参与，但对于布雷顿森林谈判全局则存在盲人摸象、认知混乱等现象。对于过去人们本就关注较少的内容，如中国政府与社会各界从热议国际货币问题到提出本国方案，主动参与一系列多边与双边会谈，再到与盟国共同发表联合宣言，最后参加布雷顿森林会议，讨论并签署《布雷顿森林协定》等，缺乏系统连贯的阐释。本书对这一历史进程的考察主要关注两点内容：其一，中国政府与社会各界对于战后货币问题的认知与关切；其二，中国从哪些方面追求并实现这些关切，在哪些方面为布雷顿森林体系的创建作出贡献，以及可以这样做的基础与原因。

其次，在构建叙事的基础上，厘清已有论著存在的谬误，推翻"中国在布雷顿森林体系构建过程中贡献甚微"的传统观点，在一定程度上纠正西方中心论的叙事模式。传统研究以理察德·加德纳、阿瑟·杨格、约翰·布鲁姆和阿尔弗雷德·伊克斯为主，他们对中国在这一历史进程中所扮演的角色，或者完全忽视，或者存在歪曲或片面的评价，在学界针对该问题已经出现新研究的情况下，传统研究的结论颇有修正的必要，需要且应该从更广泛的层面上评价中国当年的构想与作为。

最后，引入全球视野，发掘社会力量对于谈判的参与和影响，修正对于中国所扮演角色的已有认知。中国参与布雷顿森林谈判不独为政府专享，因为经济问题的专业性与开放性，社会舆论在中国拟订方案、发表宣言、参加会议等重大节点上无一不发挥了重要的建言与监督作用。经济学专业群体与职能官员之间的交流更是贯穿谈判始终，他们之间的互动有力地支撑了中国对于谈判的参与。显然，社会力量是中国参与跨国交流及多边谈判不可忽视的推手。这也使中国对于布雷顿森林谈判这一历史进程的参与具有了超出时代的意义。

以经济学专业群体为代表的社会人士广泛参与谈判进程，并不单单出现在中国，在当时的英美等国同样如此。由此也就不难理解国外研究布雷顿森林谈判的知名学者多数不是专业史家出身了。如奠定布雷顿森林谈判传统叙事研究框架的理查德·加德纳是法学家、经济学家和外交官，并持有律师执照；道麦尔是退休商人（律师）、半路出家的业余历史学者；斯泰尔是经济学家；康威是报社记者和编辑；赫莱纳则是国际政治经济学者。由于研究背景的不同，他们使布雷顿森林谈判研究呈现出万花筒式的多元面貌。但不能否认的是，他们对于该问题的分析多是着眼于宏大框架，对于历史细节的考察常常落在了趣味之上，对于能够影响历史走向的一些重要脉络关注不够，而这恰恰是历史学者可以一展所长的地方，专业史家不应在这场学术盛宴中缺席。

四、主 要 资 料

基于上述原因，本书不仅重视政府或国际组织的档案材料，私人文献与报刊资料同样不可或缺。有关中国参与布雷顿森林谈判这一主题的研究，具备跨学科、跨领域和跨国家的性质。与之有关的研究材料，中美两国都有收藏，且非常散乱。本书使用的主要资料分为三类：原始档案、私人文献与报刊资料等。

（一）原始档案

本书使用的主要原始档案来自国际货币基金组织档案馆藏布雷顿森林会议文件，美国国家档案馆藏布雷顿森林协定档案及怀特编年档案，中国台北"国史馆"藏国际货币金融会议档案，南京中国第二历史档案馆藏财政部与中央银行档案，以及上海市档案馆相关文献等。这些档案之中涉及布雷顿森林谈判的文献非常丰富。值得一提的是，上海市档案馆保存了名为《联合国金融财政会议议事录》的英文文献，共有14个档号，合计1805页，内容包括布雷顿森林会议三大委员会及其小组委员会的会议记录、大会日志、各国代表名录、新闻公告及部分国家所提修正案,与美方所存有关档案一致,较好地补充了国内档案馆的不足。遗憾的是,与中国相关的内容不多。①

与布雷顿森林谈判直接相关的原始档案,存在一多一少两个特点。一多是指与会谈本身相关的材料非常多,像华盛顿技术专家会谈、大西洋城会议、布雷顿森林会议及萨凡纳会议等多边会议的资料,在美国国家档案馆与国际货币基金组织档案馆都有丰富的馆藏文献。特别是近年来,布雷顿森林会议和大西洋城会议记录先后出版,首次将与会国代表在会议上的发言与辩论完整呈现给公众。② 特别是布雷顿森林会议的一些材料上有凯恩斯的评论,弥补了《凯恩斯选集》的不足。埃里克·罗威称,这就如同发现了麦迪逊关于宪法辩论的新注释,为历史记录增加了色彩和细节。巴里·艾肯格林(Barry Eichengreen)也称,它们提供了不同于历史学家加工过的布雷顿森林故事。③ 这些文献极大地补充了2008年出版的罗斯福文件中有关布雷顿森林会议的部分,以及1948年美国国务院出版的布雷顿森林会议文献等内容。④ 一少是指在这些会议档案中,与中国代表团的活动有关的记录很少。必须承认,中国代表在会议上发声较少,有时少到甚至连美国代表都感到不满的程度,⑤但这并不意味着中国是布雷顿森林谈判中的隐身者。纵观布雷顿森林谈判全程,参与多边会谈只是中国争取自身利益的一种方

---

① 《联合国金融财政会议议事录》,档案号 Q320-1-1406(……1419),上海市档案馆藏。
② 2010年,美国财政部经济学家兼纽约著名智库金融稳定中心(Center for Financial Stability)高级研究员科特·舒勒(Kurt Schuler)在财政部图书馆的偏僻角落发现了布雷顿森林会议材料,虽然不全,但非常丰富,之前这些资料从未与公众见面。舒勒马上意识到这些档案的重要价值,他与同事用了一年多的时间整理这些文件,成稿882页。参见 Kurt Schuler & Andrew Rosenberg, *The Bretton Woods Transcripts*。需要说明的是,舒勒并非首先发现这些会议材料的人,只是这些材料在美国财政部图书馆躺太久了,以至于为馆员所遗忘。另外,美国国家档案馆、国际货币基金组织档案馆和上海市档案馆也保存有布雷顿森林会议记录部分原件或复制件。舒勒后来又编辑出版了大西洋城会议文件,参见 Kurt Schuler & Gabrielle Canning, *Just Before Bretton Woods*: *The Atlantic City Conference*, *June 1944*, New York: Center for Financial Stability, 2019。
③ Annie Lowrey, "Transcript of 1944 Bretton Woods Conference Found at Treasury", *New York Times*, Oct. 26, 2012.
④ George McJimsey, *Documentary History of the Franklin D. Roosevelt Presidency*, Vol. 40, *the Bretton Woods Conference*, *1944*, Bethesda: LexisNexis, 2008.
⑤ 1944年7月6日下午,伯恩斯坦对怀特说,可以请中国代表支持一下第一委员会第二小组委员会的工作,迄今为止他们没有在会议上说过一句话。怀特则称,他们在帮我们的忙,他们认为不说话即是帮忙。参见 Fund-Russia Quota, July 6, 1944, p. 2, box 8, Records of the Bretton Woods Agreements(RBWA), RG56, General Records of the Department of the Treasury, National Archives Ⅱ, College Park, MD, USA。

式,且不是最重要的方式。中国更多地将其利益诉求放在了中美双边会谈之中。① 研究中国对于布雷顿森林谈判的参与,只能从散落于中国台湾、大陆和美国各地的资料中细致爬梳。这些资料位于不同的类别或目录之中,内容上既有重复,又有互补。因此,任何只言片语都不能忽视,需要仔细比对、校准和考证,对于重要人物的发言或指示,还要仔细揣摩其背景和动机,是否有夸大之处,如此才能最大可能地避免释错材料。综之,本书资料有很强的多边性、可对照性及中英文并列等特点。

(二) 私人文献

除了原始档案之外,私人文献亦是本书的重要资料来源。本书所引私人文献包括当事人保存的政府文件、个人日记、通信与回忆录等。中国当年参与这一历史进程的人物很多,但留下与之相关私人文件的仅有孔祥熙、阿瑟·杨格、顾翊群、王世杰、张嘉璈和卫挺生等人。美国斯坦福大学胡佛研究所档案馆藏杨格档案和孔祥熙档案、美国普林斯顿大学图书馆藏怀特文件、美国罗斯福总统图书馆摩根索日记和摩根索文件都是本书重要文献来源。特别是杨格保存了可与官方档案相媲美的海量文献,大大弥补了官方档案的不足;作为孔祥熙的得力助手,顾翊群时任财政部次长,后来担任中国驻国际货币基金组织首任执行董事②。他详细记录了布雷顿森林会议的主要议题、中国代表的表现,以及中国对于《布雷顿森林协定》应采取的对策。立法委员卫挺生素与孔祥熙交好,以中国代表团顾问身份参与布雷顿森林会议,他在个人自传中除说明中国代表团的活动外,还记录了自己的主张。有两个人的日记丰富了我们对于这一段历史的认识。作为参事室主任,王世杰在日记中多次记到国民政府对于布雷顿森林方案的讨论;作为代表团的一员,张嘉璈在日记中详细记载了代表团每天开会的情形,虽然其1944年日记因种种原因而不得见,但幸而部分内容被收录到他的年谱中,亦能派上用场。另外,《传记文学》发表的若干回忆性文章涉及本书主题,丰富了我们对于那个时代的认识。

遗憾的是,参与布雷顿森林谈判的核心人物,如郭秉文、席德懋、宋子良和李国钦,没有留下相关的私人文献等。其他一些重要人物,由于战后辗转于中国大陆、台湾地区与美国等地,他们个人保存的重要文件大多散佚,与

---

① 中国代表团在会议上发言不多的原因还有:其一,技术方面的原因,重要问题需要充分的时间去做研讨;其二,一些问题在漫长的谈判中得到解决。参见《联合国家货币金融会议中国代表团报告》,第262~263页,396~1401(1)。
② 执行董事(Executive Director)为现行官方说法,简称"执董"。民国时期称执行干事。本书凡直接引用时均保持原貌。

布雷顿森林谈判相关的部分几乎不可见。如孔祥熙档案散存于美国三地，至今尚未全部开放，已开放者目录混乱，不易查找；①有关他的诸种个人传记则基本忽略了与布雷顿森林谈判有关的内容。② 保存于哈佛大学的蒋廷黻文件主要与战后事务相关，公开出版的《蒋廷黻回忆录》中关于战时的情况仅有一章，且完全没有提到他参加布雷顿森林会议的往事。③ 前驻美大使、担任代表团顾问的胡适曾在会议现场发表有关中国抗战的演说，但翻遍他的年谱长编初稿、文集及日记，均不见记载。④ 杨格日记也恰恰缺失了与布雷顿森林谈判相关的部分。⑤ 否则，我们对于当年中国代表团的行动将有更为直观和丰富的认识。

（三）报刊资料

除了原始档案与私人文献以外，当年的报章及专业期刊论文也是本书使用的重要资料。借助它们，尤其是不同立场的评论与社论，可以一窥当年中国社会各界及不同的政治力量对于中国参与布雷顿森林谈判的态度、意见和期望。如前文所述，中国参与布雷顿森林谈判，虽以国民政府为主，但社会各界以各种方式普遍参与讨论、在谈判过程中予以密切关注和有力监督、不同群体之间的密集交流，都对国民政府施政产生了实质性影响，使这一事业达到了国民政府难以企及的高度。他们是这一历史进程不可缺少的参与者，因此，这些资料对于本书的写作如同原始档案与私人文献一样不可或缺。

---

① 马琳：《美国三校藏孔祥熙档案述评》，《近代史研究》2019年第6期。
② 瑜亮所著《孔祥熙》是首部记载其生平较为详细的传记，全书307页，但有关布雷顿森林会议的内容不足一页。参见瑜亮：《孔祥熙》，第166～167页。
③ 蒋廷黻著，谢钟琏译：《蒋廷黻回忆录》，台北传记文学出版社1984年版。
④ 参考欧阳哲生编：《胡适文集》第12册，北京大学出版社1998年版，第732～799页，胡适关于抗战的部分演讲收录于此处；胡颂平编：《胡适之先生年谱长编初稿》第5册，台湾联经出版事业公司1984年版，第1853～1854页；曹伯言整理：《胡适日记全集》第8册，台湾联经出版事业公司2004年版，第196页。
⑤ China Diary, 1927-1947, box 113, AYP.

第一章　美英计划的提出与中国各界的反应

自清季被迫纳入以西方为中心的世界体系以来，中国被迫接受并适应这个体系，长期徘徊于体系的边缘地带，必须遵循由别人确定的这个世界的基本规则。① 对于国际秩序的调整与重构，中国基本没有发言权。当然，中华民族从未放弃寻求改善自身国际地位的机会，并渐次取得一些积极的成绩。如中国参加第一次世界大战，曾冲破了帝国主义外交，在某些方面取得重要成绩，最新研究对此给予了高度评价。② 但这些积极的作为没有发展成进一步的突破，中国与西方列强的关系依然不平等，中国的国际地位一直没有得到根本性的改善，亦是事实。可以说，这种情况一直延续到第二次世界大战全面爆发以后。1943年初中美中英新约的订立，可看作中国国际地位提升的重要节点。至少在国际法层面，中国与西方列强取得了形式上的平等，在国际事务上开始有一定的发言权。

第一节　废约前中国社会对国际货币问题的看法

废除不平等条约以前，尽管中国长期处于国际体系的边缘，却与主要资本主义国家建立了密切的联系。当然，这种高度国际化的联系并非如中国所愿。在不平等条约体系的束缚下，中国处于极端弱势地位，饱受西方国家的殖民与掠夺之痛，因而长久以来，中国即有变革国际秩序的愿

---

① 王建朗：《世界秩序变迁中的中国》，《北京日报》2017年9月18日，第15版。
② 徐国琦评价称，第一次世界大战使中国走向世界，这表现在利用一战作为实现国家复兴的踏板，并借此机会实现新的国家认同，收复国家主权，以及寻求建立一个更加平等的对外交往的基础。中国对一战的参与标志着中国开始踏上实现国际化的漫长征途。参见徐国琦著，马建标译：《中国与大战：寻求新的国家认同与国际化》，四川人民出版社2019年版，第323~324页。马建标认为，凡尔赛华盛顿体系依然带有鲜明的"帝国主义"烙印，西方列强在会议上推行的霸权主义外交强烈地刺激了中国精英的民族感情，使得这一时期的民族运动勇敢地对帝国主义外交说不，并欲把帝国主义外交与军阀统治捆绑在一起，作为一个"旧秩序"整体一并摧毁。参见马建标：《冲破旧秩序：中国对帝国主义国际体系的反应(1912—1922)》，社会科学文献出版社2013年版，第278页。

望。20世纪30年代,全球大萧条与大国货币战对中国所造成的冲击尤其严重,表现在汇价的实际上升及通货紧缩、金融业的持续恐慌和工商业的大量破产等,这使国际货币与经济问题成为中国政府与社会各界关注的首要问题。政府职能官员与专业群体针对中国与国际经济秩序的关系做了相对全面与深入的讨论,主要表现在以下五个方面。

一、强调独立货币主权的重要性

由于国际货币战给中国带来了严重的损害,因此中国各界对于货币战极为关注,深刻认识到独立货币主权对于中国经济发展的重要性。经济学家赵丕善认为,货币战即汇率战,汇率下跌的国家凭着价格优势向汇率相对较高的国家廉价倾销商品,增加本国出口;反之,与该国有利害关系的国家会主动降低汇率,较对手更低,从而在杜绝廉价商品涌入的同时,推动本国商品侵入他国。货币战对中国的消极影响极大,入超激增,华侨汇款减少,随之而来的是金银大量流出,产业竞争力下降,金融市场动荡,物价下落,工商业者遭受极大打击。[①] 有人认为,货币战为英美日三大帝国主义对中国货币权的争夺战,如果要避免沦为其掠夺的对象,中国必须有独立的货币与稳定的币值。[②] 国际法学家李勋一针见血地指出,依"中国今日的情势,除非将不平等条约一一废止……将其地位跻于国际平等,国民经济才得脱离帝国主义的笼罩,文化和教育也得脱离侵害的羁绊……才能提高中国国际地位"。[③]

大萧条后,稳定币值对中国而言仍为一大难题。受聘于国民政府的美国经济学家甘末尔(Edwin Kemmerer)认为,中国可实行虚金本位制,但一个强有力的中央政府是实施的前提,显然这在当时并不现实。美国另一位经济学家索尔特(Arthur Salter)认为,"中国纸本位不可行而金本位难于实行,故应继续维持银本位"。由于美国在全球范围内大肆收购白银,导致中国难以维持银本位,如果勉强维持,也只是有利于偿付外债,而不利于对外贸易。反复权衡利弊后,中国驻国联代表处官员宋选铨认为中国应放弃银本位,以实行纸本位改良国际贸易为上策。[④]

[①] 赵丕善:《国际货币战与中国经济关系》,《行健月刊》1934年第5卷第5期,第54页。
[②] 古今:《国际货币战与中国货币的前路》,《社会新闻》1935年第13卷第3期,第131页。
[③] 李勋:《中国近百年来之国际地位与国际法》,《社会杂志(上海)》1931年第2卷第4期,第10~11页。
[④] 宋选铨:《世界经济复兴与中国(续六卷三期)》,《外交月报》1935年第6卷第4期,第61~62页。

无论哪种方式,离开独立的货币主权,实难办到。

二、国际体系影响中国复兴

对于深陷资本主义世界体系的中国而言,国内与国际紧密相连,相互影响。国际体系既关系到中国的国际地位,也关系到中国的经济发展,是影响中国走向复兴的关键因素。农学专家郭垣的认识比较有代表性,他指出中国货币问题的根源在外不在内,中国受到国际体系的消极影响。英国放弃金本位制度,开辟了国际货币战的局面。这对使用银币的中国来说危害极大。后来即便实施了币制改革,许多问题仍然得不到解决。郭垣指出:"非中国变为一完全独立自主的国家,她的货币政策是难达到她的理想境地的。"[1]

著名学者马寅初明确看到中国经济深受国际体系的影响。由于大萧条,南洋华侨汇款骤减,国际收支严重失衡;美国大举收购白银,导致中国白银大量流出,经济基础动摇。中国既不愿意受日本统治,就应"团结一致,努力奋斗",以求国家强盛。[2] 经济学家朱伯康认为,理想的国际秩序要建立于王道而非霸道之上,要抑强扶弱,各国工业均衡发展,不要有农业国依附于工业国的弊病。"对于工业落后的民族应该以国际的资本与技术帮助他建立工业,仅在经济上取合法报酬,不伤及他国主权。"世界各民族均在自由平等的原则下互通有无。[3] 指出了问题的实质,也点明了中国在国际上的奋斗目标。

1941年,有学者注意到当时世界并存不同的经济秩序蓝图,并呼唤国际经济机构的建立,认为这对中国摆脱国际体系的负面影响是一个机遇。两个相互竞争的蓝图分别为纳粹德国的"日耳曼经济帝国"计划与美英的"世界资源共同经营"计划。前者指德国冯克计划而言,意在强化德国对于欧洲的征服,强迫各国服从德国的利益。而后者则分裂为两派:一派意图恢复自由企业制度,使国际贸易从1919年所加的一切编制与限制中得到解放;另一派则赞成"对于一切必要的生产与分配的元素,如原料、市场、外汇和信用等,加以更多的国际统制"。他们看到,"这些统制不应由个别国家奉某一国内商人、工业家、银行家团体之命令而执行……应由各国代表所组织的某种国际政府去执行……把落后的区域开放给全世界的资本、劳工与

---

[1] 郭垣:《国际货币问题与中国》,《外交月报》1936年第9卷第4期,第36页。
[2] 马寅初:《国际经济大势与中国之危机》,《陆大月刊》1937年第3卷 第1期,第4~6页。
[3] 朱伯康:《战后世界经济新秩序》,《反侵略》1942年第4卷第4期,第63页。

管理人才,共同经营全世界的原料……它需要有国际银行的设立"。① 显然,后一种做法对中国有利。

三、对国际合作的复杂态度

中国若在既有国际体系中求得发展,还须在国际合作事宜上有所抉择。但由于不平等条约体系的存在,中国在国际合作问题上处处受到掣肘。

一方面,中国政府对于国际合作抱有热忱。1933 年,财政部部长宋子文赴伦敦参加世界经济会议,称"中国挟与世界各国合作,共觅解决世界经济危局的方法"。这是由于中国经济与其他国家互补性强,"他国生产过剩,而中国则生产不给,发展不足";中国对外贸易,"以其人口计之,仍属甚微";中国天然资源极为丰富,人民勤劳,如能得外资开发,必然有助于世界经济的发展。②

英美法三国货币协定的签订及后续发展,使欧美国家重燃对于国际合作的兴趣,③中国亦加强了与西方世界的联系。1936 年 5 月 18 日,美国财政部部长摩根索公开宣布,美国将大额收购中国白银,以帮助中国维持其货币的美元价值。④ 日本发动七七事变前后,接替宋子文任财政部部长的孔祥熙正在美国访问,他得到美国政府的保证,"在经济事业上予以同情之合作……已使中美两国友谊关系益为密切"。《华盛顿邮报》称,"美国当局闻中国国力之增强及政局之稳定,均极感欣慰……中国之复兴,实为东亚唯一之和平保障"。⑤

另一方面,经济学家对于国际合作普遍抱持不信任的态度。《国闻周报》编辑马季廉清晰地看到,"各国资本家一面想打破现状,互谋世界经济的复兴,可以谁也不愿牺牲自己的利益,放弃既得的权益,于是所谓经济合作的商谈,显然少有成立的可能"。⑥ 对于中国极为关键的白银问题的解决,在国际范围就是有希望也是极为渺茫。⑦ 他的看法在当时得到不少人的支持,他们认为,对国际合作不要抱什么希望。1933 年 5 月,经济学家谢劲键称:"自九一八事变以来,我国外交政策依赖国联,依赖英美,弄得现在

---

① 《战后世界新秩序问题(特稿)(续本刊第七期)》,《革命与战争》1941 年第 8 期,第 160~162 页。
② 《中国经济地位》,《每周评论》1933 年第 70 期,第 11 页。
③ 姜解生:《国际经济会议之重提》,《中华月报》1937 年第 5 卷第 8 期,第 39~40 页。
④ U. S. to Support China Currency, *The Shanghai Evening Post and Mercury*, May 19, 1936, pp. 1, 8.
⑤ 《世界舆论:美报论中国复兴与东亚和平》,《时论(南京)》1937 年第 56 期,第 51~52 页。
⑥ 《国际经济合作问题》,《中国世界经济情报》1937 年第 1 卷第 7 期,第 1 页。
⑦ 马季廉:《国际货币战与中国的肆应》,《国闻周报》1936 年第 13 卷第 3 期,第 5 页。

东北四省已非我有,华北河山,岌岌不保,政治上依赖国际势力之惨败,既已如此,今在经济上……应努力于产业发展,以求生产增加,而作长期抵抗的准备。对于国际经济会议,根本就不要作什么梦想!"①

然而,事实证明,国际合作对中国非常必要。战后中国经济建设,"对内为生产力之现代化……对外为在和平合作之下,对于经济先进各国技术工具之利用,及对经济落后之东方各国各地区经济上之持携并进"。为此,中国欢迎外资输入,以加速国内产业现代化的进程;中国不能采取闭关政策,而要以积极的态度与经济发达国家开展贸易;中国经济的发展繁荣对各国有利,"国际间能与中国经济之开发有助力者,间接亦在为其本身谋利益";中国战后重建,将尽量利用外资弥补逆差;为确保对外贸易的通畅,中国将全力确保货币内外价值的长期稳定,避免实施通过变更币值夺取市场的政策。同时,因为地理上较为接近,中国对远东各国各地区的经济发展与前途"应甚表关切",本着正义的观念,以和平方式增进彼此利益。② 正因为此,在不平等条约废除以后,中国社会迅速打消了对于国际合作的疑虑,以更自信的面貌参与国际体系。

四、工业化的实现需要经济统制与外资

大萧条之后,经济建设的重要性日益为人们所重视。利用国家的力量,排除外国的不利干扰,引进外国的资本与技术,兴办工业,实现工业化,推动国家走向自给自足,进而实现民族的完全独立,渐成为全社会与政府一致期盼的目标。

宋选铨称,利用外资发展工业已是共识,区别在于投资方式是以直接投资还是以间接投资为主,以及各种工业的轻重缓急等问题。③ 经济学家郭士不无深刻地谈到,中国经济受国际经济的影响是很大的,中国经济出现恐慌,是帝国主义者操纵了中国财政的缘故。"中国新产业的发展在目前有充分可能的机会和条件,要能应用政治力量将重要产业部门放在国家统制之下,以调节全部经济的缓急需要……按建国大纲实业计划做去,中国经济将来必然复兴。"④经济学家周清缉认为,中国原为农业社会,经济组织力薄

---

① 谢劲键:《国际经济会议之将来及其对于我国经济之关系》,《中国经济(南京)》1933年第1卷第3期,第23~24页。
② 捷琼:《时论:中国与国际经济》,《银钱界》1940年第4卷第9~10期,第771~772页。
③ 宋选铨:《世界经济复兴与中国(续六卷三期)》,《外交月报》1935年第6卷第4期,第62~63页。
④ 郭士:《中国产业复兴问题》,《南风月刊(上海)》1931年第1卷第2期,第93、119~120页。

弱不堪,若与外国资本组织对抗,必遭失败;中国实业需要国家保护,如提高关税,"因此统制经济,不但应实行,而且必须实行",中国经济方可安稳复兴。① "宋子文欧游归国后,始觉现代国家,一切皆建筑在国民经济基础上。自救问题,舍掉了发展国民经济,是再没有第二个有效办法。复兴问题,成为朝野一致论列的核心。"接受外资发展中国实业,在当时确为一迫切需要。有人认为,一些小国如瑞士、瑞典、荷兰等,"对中国无政治及领土野心,实利用外资之最好对象也"。②

抗日战争全面爆发以后,中国对于经济问题愈发重视,重建工业对中国来说几乎形同国策。1939年1月30日,国民党中央执行委员会第五次全体会议在宣言中明确表示:"经济建设,不仅为抗战胜负所系,亦为建国成败所关。必当……实行统制经济,调节物质之生产消费。"③经济学家饶喆民称,在战后经济中,第一要点为避免通货膨胀,为达到此目的,"则政府自可采用较急进的一切手段,甚至于统制一切必要的货品,计口授粮,亦无不可"。④ 经济学家程绍德认为,国际问题中经济因素至关重要,"吾人今后若不能达成一民族经济自给自足之单位,即无法与人谈自由平等"。除对内力谋各种经济开发外,对外亦应确立三项原则:(1)谋取国际贸易的直接自营;(2)关税税率与外汇汇率均能自定标准;(3)利用外国生产技术与机械。"关乎此,方可以中国本位经济,与世界各国经济专家,谈国际经济问题。"⑤

五、对中国大国地位的期盼

此时中国社会对于国家未来命运的认识并非全然悲观,人们对于中国大国地位的获得始终抱有希望。1939年,唐伯原在演讲中提到路透社的一则新闻,"欧美经济学家谓未来的世界将为三大国所支配,一个是美国,一个是苏联,另一个是中国或日本",显然,中日战争的结果将决定未来世界的面貌。中国应该重视农业,毕竟"我国是以农立国的,人民的85%以上是农民",同时分散建设工业,稳定法币,⑥这样才能赢得对日本的战争,继而

---

① 周清绶:《中国经济复兴问题》,《行健月刊》1933年第3卷第1/2期,第48页。
② 孙寿:《中国复兴问题的前途》,《北平周报》1933年第43期,第11、14页。
③ 宋瑞楠:《中国的工业重建运动》,《中美周刊》1941年第2卷第22期,第5页。
④ 饶喆民:《战后中国复兴问题》,《国民公论》1941年第1卷第1期,第20页。
⑤ 程绍德:《战后国际经济问题与中国》,《经济汇报》1943年第7卷第6期,第1页。
⑥ 杨文烈、徐启明:《国际经济与中国之将来:唐伯原先生在读书会演讲辞》,《兴业邮乘》(浙江兴业银行总行内刊)1939年第94期,第2~3页。

成长为世界性大国。

1941年初,中国正值抗战的艰苦时刻,美国尚未参战,有关战后秩序的构想尚未出炉,但依然有学者对中国的未来表达了乐观的态度。著名政治学家崔书琴称,在国际贸易上,"我们虽然还未能与多数国家发生十分密切的关系,但在列强眼里,我国的经济地位并非不重要。我们的天然资源非常丰富,我们的人力无穷,只要我们能开发、能利用、能实行高度的工业化,则我国对世界的贡献一定是很大的……对日战事结束以后,实施新的经济建设方案,则我国的经济地位更可增进……我们并无使人不安的野心,我们的目的只是在建设一个自由而繁荣的中国而已"①。

中国的奋斗,不仅要在经济上达到自给自足的状态,在政治上更要恢复自由平等、独立自主的国际地位。建设是重要内容,振兴实业与提倡国货将是中国唯一出路。② 实际上,中国完全有建设成为世界大国,为国际秩序贡献力量的能力。到1940年底,中国"单独抗战已三年有半,使侵略国经济、军事和政治力量削弱至三四等国家,证明中国天赋物资与人力资源的丰富"。站在世界经济与和平的立场,中国抗战"不是单为中国的独立自由,更为世界和平而战",中国有挽救世界和平的愿景。中国抗战胜利,"一方面可以建设新的中国,一方面可以指导世界和平计划彻底实施……中国以其大量的资源、人口与智仁勇的民族精神",担负起重建世界政治经济新体系的使命。③ 一句话,这表达出中国对于未来国际秩序的无限期待,并尝试在其中扮演积极的角色。

综合而论,废约前中国各界针对战后秩序的期待有二:其一为短期目标,即恢复经济主权,利用国家的力量摆脱危机,并推动工业化的实现,这在当时讨论较多。其二为远期目标,即建设一个自由而繁荣的中国,营造有利的国际秩序并在其中占据一席之地,实现民族复兴,这在当时更多地代表了一种憧憬。他们当时并不知道中国将很快废除不平等条约,更不能想到中国将迅速加入有关战后秩序的讨论之中。反过来说,1943年初,中国废除不平等条约,成为国际体系中平等的一员,的确为一个多月后参加布雷顿森林谈判奠定了基础。中国专业群体对于国际货币的讨论,亦为中国参与谈判提供了智慧储备,为及时赶上英美进度提供了良好的条件。

---

① 崔书琴:《三十年来中国的国际地位》,《东方杂志》1941年第38卷第1期,第23~24页。
② 宋毓岷:《国际经济斗争与中国革命》,《统一评论》1935年第1卷第3期,第8~9页。
③ 张白衣:《一九四〇年世界经济:中国将负起重建世界经济新体系的任务》,《时事月报》1940年第23卷第6期,第92~93页。

第二节　美英战后国际货币计划的出台

盟国中首先考虑战后国际计划的是英国,其计划首先针对德国,其次转向美国,以期赢得战争并捍卫既有国际经济地位。

一、反击德国:凯恩斯提出反建议

有关二战后世界经济秩序方案的规划与设计,德国走在了世界前列,这并不奇怪。1940年春,纳粹德国在欧洲大部分地区建立起政治、经济和军事控制体系,她不仅要在政治和军事上取得胜利,还要在经济上赶超反法西斯国家,为战争谋取财源,为此,亟须设计一套机制以确立其优势地位。战前,德意志帝国银行行长沙赫特(Dr. Hjalmar Schacht)曾出台一整套歧视性贸易措施,发行特殊货币"艾斯克"马克(Aski Marks),应用于支付国际贸易逆差。"艾斯克"马克不与黄金联系,只能用来购买德国商品,因而是一种受到限制的货币。沙赫特利用德国的特殊地位,向其他国家开放市场的同时,迫使他们接受"艾斯克"马克,借此将他们纳入马克经济圈。[①] 通过这种方式,德国实际上构建了一套完全可控的歧视性经济体系。沙赫特的继任者瓦尔特·冯克(Dr. Walther Funk)将这一做法发扬光大。1940年7月25日,他在柏林召开记者会,宣称将重组德国与欧洲经济,加强德国在世界贸易中的地位。[②] 为此,德国要求贸易伙伴国在各自的中央银行设立特别账户,管理进出口贸易,借此出口商将获得本国货币。冯克认为,只要贸易双方的进出口价值处于平衡状态,就没有兑换货币的必要,从而消除了关税和货币贬值问题。冯克将沙赫特推行的双边清算制度发展成以德国为主导的多边清算同盟,同时,对德国占领区之外的国家或地区,继续保持双边清算制度,这就是所谓的德国"新秩序"。[③] 德国"新秩序"的实质是抛弃最基本的经济规律,以人为管理的方式控制贸易支付,使德国成为欧洲经济秩序的领导者。

冯克"新秩序"出台后,德国宣传机构立即展开了强大的宣传攻势,公开挑战伦敦的世界金融中心地位,在英国及其欧洲盟国中间引发了强烈的

[①] Patrick J. Hearden, *Architects of Globalism: Building a New World Order during World War* II, Fayetteville: The University of Arkansas Press, 2002, p. 8.

[②] 张士伟:《美国与世界经济秩序的变革(1916—1955)》,武汉大学出版社2015年版,第73页。

[③] [英]罗伯特·斯基德尔斯基著,相蓝欣、储英译:《凯恩斯传》,生活·读书·新知三联书店2006年版,第728页。

反响。英国政府遂决定发起反攻,驳斥并推翻冯克的"新秩序"。为此,英国军情五处找到了著名经济学家凯恩斯。① 在凯恩斯看来,德国构建的经济秩序是掠夺性的,不仅没有新意,相反是在开历史倒车,不具有长期实行的可能性。但凯恩斯也看到德国的一些做法,如新货币的创造、对中央银行的强调等内容与过去的实践迥然不同。这给了他以有益的启发。② 凯恩斯迅速行动,1940 年 12 月 1 日拿出了应对德国宣传计划的初稿。

初稿名为"反制德国'新秩序'的建议"。凯恩斯整理了他细致思考战后货币计划后的思路:(1)首要原则是与美国合作。凯恩斯认为英国必须与美国保持合作,但此时还没有得到美国的配合;(2)英国战后须继续实行外汇管制政策。德国冯克计划力求国际收支平衡,本没问题,如果去除武力与强制因素,则是个好方案。他认为英国在战后将面临严重的经济困难,如缺乏黄金以及背负巨额债务等。③ 这些问题必须得到认真的考虑,并予以解决。由此可见,第二次世界大战"根本是两种不同的制度,两种不同的世界观……两种不同的世界政策相斗争",④其结果关系到人类社会的未来。

凯恩斯提出了对英国来说极为重要的数点:(1)英国战后将面临经济困难,常规方式难以顺利度过困难时期;(2)战后计划必须得到美国的支持才能实现;(3)英国战后计划吸收冯克计划的合理部分,这是可行且应当的。英国所要做的是去除德国的武力强制性,在和平的基础上建立起具有同样作用的经济秩序。1941 年 1 月 30 日,方案初稿被送到唐宁街 10 号,受到英国首相丘吉尔的重视。

二、应对美国:英国凯恩斯计划的出台

美国通过《租借法案》以后,凯恩斯作为英国财政部顾问赴美谈判租借事宜,关于战后货币计划的修改暂时停了下来,但是他并没有停止思考。在对美谈判中,凯恩斯对美国的情况有了更多的把握和了解,特别是在近距离接触下,他认识到两国在战后经济秩序原则上存在着巨大的分歧。为解决这种分歧,并捍卫英国的利益,凯恩斯开始设计一套宏大的方案,意图把美

---

① Donald Moggridge, *The Collected Writings of John Maynard Keynes*, Vol. 25, *Activities 1940-1944, Shaping the Post-War World: The Clearing Union*, London: Macmillan Press, 2013, pp. 1, 7.
② 经济学者南能卜律许(F. Nonenbrush)曾言,英国设计的国际清算银行内容无非抄袭德国制度,东施效颦。参见壶公:《战后之国际货币问题》,《中联银行月刊》1943 年第 5 卷第 4 期,第 51 页。
③ Donald Moggridge, *The Collected Writings of John Maynard Keynes*, Vol. 25, pp. 8-9.
④ 朱伯康:《战后世界经济新秩序》,《反侵略》1942 年第 4 卷第 4 期,第 60 页。

国锁进一个让所有国家都达到国际收支平衡的秩序,避开《租借法案》中的贸易歧视问题,同时对赤字国家也没有强迫实施紧缩政策、解决失业或债务羁绊的压力,①从而极大地缓解英国的战后困难,可谓两全其美之策。

1941年9月3日,凯恩斯回到他在提尔顿(Tilton)的庄园,撰写战后货币计划备忘录。同样的主题,但对象国已经发生变化,这次针对的是美国。仅仅用了5天时间,凯恩斯便完成了两篇备忘录的撰写:《战后货币政策》与《关于国际货币联盟的一些建议》。他认为,战后英国将面临严重的经济困难,恢复经济,必须首先重建贸易平衡。通过继续从那些愿意进口英国工业品的国家购买大宗食品和原材料,英国就能稳定和平衡对外贸易。但如果是这样的话,不仅与冯克方案没有本质区别,而且与英国正在实施的排他性的帝国特惠制也很类似。凯恩斯非常清楚,美国支持自由贸易,最反感的便是帝国特惠制。如果这么做,英国不可能得到美国的支持。为了与纳粹德国相区分,同时满足美国的要求,凯恩斯从国际主义的角度出发,提出国际货币同盟计划。在该计划下,一方面,债务国行动的自由受到约束,另一方面,主要的政策调节的功能交由债权国承担,在各国国际收支平衡之外的所有交易——逆差或顺差则统统交由国际清算同盟处理。各国中央银行均在这个国际同盟中拥有清算账户,会员国的中央银行可以用本国货币买卖以应付亏空或盈余,贸易盈余则以同盟货币的形式存放于同盟。每个会员国拥有的同盟货币份额根据它在战前最后5年年均贸易量的一半计算,这是该国可以透支的数量,被称为指数份额(index-quota)。因此,国际清算同盟的透支总额将达到战前国际贸易年均总额的一半,约为250亿美元。银行货币数量需用黄金兑换,但不能反向兑换。凯恩斯意在长远上使黄金与货币脱钩,使各国中央银行对储存黄金失去兴趣,从而以银行货币作为最终的储备。

凯恩斯设计国际清算同盟,目的是使会员国实现收支平衡。由于各国存于同盟中的储备货币是由贸易中出现的顺差或逆差造成的,因此,只要出现这两种情况的国家及时清算,那么就能实现国际收支平衡,同盟的目的便达到了。为了使会员国及时清算,凯恩斯方案的策略是向中央银行施压。他将每年透支额达到该国指数份额1/4以上的中央银行列为赤字银行(Deficiency Bank),该国货币将被允许在年底前贬值不超过5%;如果透支额超过一半,则被列为监管银行(Supervised Bank),其货币必须贬值(不超过5%),多余黄金卖给国际清算银行,并禁止向外国出口资本。方案对一直保

---

① [英]罗伯特·斯基德尔斯基著,相蓝欣、储英译:《凯恩斯传》,第728页。

持顺差的国家亦加以限制,允许其货币升值不超过5%,当该国在银行的账户盈余超过份额的1/4和1/2时,需支付5%和10%的利息。超过份额的资金在年底会被没收,存入公共储备。如果所有的会员国在年底都处于收支完全平衡的状态,那么银行账户中的总和将为零,清算的目的便实现了。①

凯恩斯设计的这套方案非常巧妙。第一,从现实问题出发,他避开了美国对英国歧视性贸易的指责,将问题单纯地指向由贸易逆差或顺差带来的国际收支问题上,将调整失衡的责任交由国际清算银行。这就把贸易问题变成了货币问题,美国的贸易主张将无的放矢。第二,在国际清算银行的设计上,他吸收了一战后由债务国(即英国)承担纠正收支国际失衡的失败做法带来的教训,改由债权国来承担,引导债权国主动调整国际贸易。显然,战后初期的债权国主要指美国。第三,从长远考虑,他避开了战后英国在经济上的虚弱对其世界经济地位的不利影响。拟议中的银行份额以战前贸易数额计算,美英两国必然是份额最多的国家,且英国多于美国,他们将担负银行运行所需的多数资金,也掌握着银行的主导权。第四,在银行的管理制度上,凯恩斯明显倾向于英国和欧洲。在8人组成的理事会中,英帝国的票数有2席,而美国只有1席,如果再算上周边国家,则英帝国与欧洲共有4席,而包括美国在内的西半球只有2席,除去苏联的1席,世界其余地区共享1席。就算未定的1席站到美国一边,欧美力量对比将是4∶3,英国将主导银行的运行,凯恩斯欲使英国在战后继续主导世界经济秩序的心态不言自明。

这个方案迅速被称为凯恩斯计划。1942年1月25日,经四次修订后,凯恩斯计划定稿,正式定名为国际清算同盟(International Clearing Union)计划。凯恩斯更强调"透支"原则,将透支数额提高到400亿美元,明确债权者在重建国际支付平衡上的责任,这是清算同盟最重要的特征。在该原则之下,债务国能够自动地援引"透支"权利获取需要的货币。虽然四易其稿,但凯恩斯的出发点并没有发生变化,仍是要在最大程度上维护战后英国的国际地位与经济利益。在这种情况下,凯恩斯计划很快就成为英国财政部的正式方案。1942年5月1日,英国战时内阁讨论对外货币与经济政策,正式予以认可。会议决定将之发给驻美大使。② 5月7日,战时内阁批准将清算同盟计划作为与美国谈判的基础文件。

---

① Donald Moggridge, *The Collected Writings of John Maynard Keynes*, Vol. 25, pp. 21-40.
② War Cabinet 55(42), Conclusions of a Meeting of the War Cabinet, May 1, 1942, CAB65/26, pp. 55-56. UK National Archives.

三、美国怀特计划的出台

与英国相比,美国提出战后国际货币计划的时间稍晚,但进展迅速。珍珠港事变后,美国财政部部长摩根索迅速将战后事务提上日程,他首先将财政部货币研究司司长哈里·怀特提升为其特别助理——大致相当于助理财政部部长,全权处理财政部一切涉外事务,并充当财政部与国务院之间的联络人。[①] 1941年12月14日上午十时,摩根索在电话里指示怀特起草一份关于建立盟国间平准基金组织(Inter-Allied Stabilization Fund)的备忘录,要求基金组织"在战时给予实际和潜在的盟国以财政援助,打击敌人,并创造一种战后国际货币,奠定战后货币稳定协定的基础"。[②] 摩根索非常重视这一任务,在给总统罗斯福的备忘录中,他称这是美国在国际金融领域推行的新政(New Deal in International Economics)。[③] 怀特之所以可以成为这一使命的不二人选,是因为他此时正负责美国汇兑平准基金(Exchange Stabilization Fund)项目,已经积累了丰富的经验。

在一定程度上说,摩根索要怀特起草的方案,是汇兑平准基金的升级版本。因为经验丰富,怀特很快就拿出了方案。两个星期后,一项名为盟国间货币与银行建议草案的备忘录出台。按怀特的设想,主要任务有两项:第一,确定稳定各国汇率的方式、工具与程序;第二,创建拥有足够权力的国际机构,以提供盟国经济复兴所需要的资本,提供为增加对外贸易而急需的短期资本,且利率要远远低于私营商业银行。这实际上是提出了国际货币基金组织与国际复兴与开发银行[④]的雏形,而当时它们的名字分别叫作盟国间平准基金组织(Inter-Allied Stabilization Fund)和盟国间银行(Inter-Allied Bank)。[⑤]

1942年5月初,怀特完成对初稿的修订,方案名改为"联合及联系国家平准基金组织和国际复兴与开发银行"(Stabilization Fund for United and As-

---

[①] US Treasury Department, *Annual Report of the Secretary of the Treasury on the State of Finances, for the Fiscal Year Ended June 30, 1942*, Washington: Government Printing Office, 1943, p. 335.

[②] Note for the Secretary's Record, December 15, 1941, box 36, RBWA.

[③] Memorandum for the President, May 15, 1942, book 528, part 2, p. 321. *The Diaries of Henry Morgenthau, Jr.* (DHM), Franklin D. Roosevelt Presidential Library & Museum, Hyde Park, NY, USA.

[④] 民国时又称国际复兴建设银行。按照规范,在其酝酿阶段,本书简称为国际银行,在其正式成立后,则简称为世界银行。引文则尊重原文,不作改动。

[⑤] H. D. White, A Suggested Program for Inter-Allied Monetary and Banking Action, December 1941, box 36, RBWA OR BWC604.

sociated Nations and International Bank for Reconstruction and Development)。怀特计划是权利与义务的统一体,在拟议平准基金组织中,资金组成采取份额制,规定总额至少为50亿美元。基金组织将采用新的国际货币——尤尼塔斯(Unitas),含金量137⅐格令,相当于10美元。① 各会员国的份额大小采取了相对复杂的计算方式,在参考黄金存储比例、黄金产量、国民收入、对外贸易、人口、外国投资与债务的基础上,怀特列出了主要国家的份额,各国份额的50%需要一次性付清,其中25%以政府有息证券、12.5%以黄金、12.5%以本国货币形式缴纳。

在基金组织的权力上,当会员国需要稳定汇率时,基金组织有权决定汇率,汇率的变更只有在"实质性纠正根本失衡"并得到80%以上多数票同意时才能实行。需要这个多数同意的事项还有:(1)对非会员国货币超过60天的持有;(2)对任何货币的借贷;(3)以短期证券的形式投资任何一种货币——无论商业层面还是政府层面;(4)为调整债务而出售货币。另外,在有75%同意票的情况下,基金组织将允许会员国从中借出本国货币,最多不超过基金组织持有的该货币的3/4,时限一年左右,年利率低至1%,这甚至低于很多国家本国货币市场的利率。因此,对世界各国很有吸引力。

基金组织面向联合国家和联系国家开放,它们加入基金组织之时必须同意:(1)除了基金组织允许的例外情况,在一年内放弃对会员国外汇交易的所有限制和控制;(2)除了基金组织确定的小范围浮动,以及在所有会员国同意的情况下之外,会员国改变汇率必须征得基金组织的同意;(3)在不经过他国同意的情况下,不接受或不允许来自该国的存款和投资,同时,在任何会员国政府的请求之下,接受其以存储、投资和证券形式表示的所有财产;(4)不参加任何性质的双边清算安排,不建立任何"地理性质的特惠汇率";等等。

在管理上,基金组织将由理事会(Board of Governors)来行使管理权。每个会员国任命一位理事(Governor),主席和执行委员会从理事中选出。执行委员会全面负责基金的日常工作。每一个会员国有100基本票,每增加100万美元的黄金或本国货币就增加一票。据此,美国将获得25.32%的总票数,拉丁美洲为34.47%,英帝国为17.56%,中国为2.26%。国际复兴

---

① 怀特后来解释称,基金组织并不排斥会员国的各种货币,尤尼塔斯仅为其记账单位,它以黄金定价,可以最好地服务于基金组织记账的目的。White to Cox, August 30, 1943, BWC1529-10. 怀特对于尤尼塔斯的设计可谓"明修栈道,暗度陈仓"。如果它真要使用国际货币定价,何以其含金量如此奇怪? 究其根本,美国财政部不过是利用黄金暗渡美元的陈仓,待时机成熟,便可将美元推向前台。

与开发银行行长同时也是基金组织理事会成员,拥有100投票权,相当于总数的1.63%。①

国际银行是怀特计划的另一重要组成部分,它与基金组织的定位不同。正如怀特所说,"基金组织负责防止汇率混乱,完善货币与信贷体系,帮助扩展对外贸易,国际银行负责为联合及联系国家提供巨额资本,以用于经济重建、救济和复兴"。独立的银行方案于1942年12月出台,到1943年3月,内容开始发生较大改变,授权资本由100亿美元增至200亿美元,相当于参加国10%的国民收入,但最初各国只需先行缴纳份额的20%,其中半数为黄金。在原始设计中,银行权力很大,可以发行名为尤尼塔斯的国际货币,服务于各国中央银行。②

由方案可知,怀特提出了日后布雷顿森林体系的核心原则,即美国将是体系的主导者。由于此时怀特并没有看到英国凯恩斯计划,因此他对美国权力的强调完全出自本心。鉴于美国在国际经济体系中的重要地位,设计以美国为主导的体系,于怀特而言是一种非常自然的行为。

1942年5月中旬,美国财政部部长摩根索向总统罗斯福汇报了该计划,强调计划是为了应对战后可能出现的汇率紊乱、货币与信贷系统崩溃等危局,同时国际银行向那些接受美国政治理念和经济领导的地区提供帮助,提供资本用于救济、重建和维持能够增进世界繁荣以及更高生活水准的经济发展。这都是美国发展贸易所需要的。同时,他还强调现在已经是时候公布战后国际经济目标了——当德日等敌国正在欧亚大陆宣扬"新秩序"之时,没有比宣布国际经济新政的行动更能表明美国决心的了。美国应该掌握战后秩序规划的主动权。③ 由此可见,虽然怀特计划规划的是国际经济事务,但从一开始摩根索就赋予其政治使命。除此之外,摩根索还有他自己的考虑——他欲就方案直接与盟国政府展开讨论,从而避开国务院,使财政部掌握在战后货币政策上的发言权。第二天,罗斯福同意了摩根索带来的计划,认为这正是他想要的,但又谨慎地建议他与国务卿赫尔和副国务卿韦尔斯(Sumner Welles)联系并征询他们的意见。④

1942年7月,美国财政部、国务院、经济战委员会、美联储、全国资源规

---

① J. Keith Horsefield, *The International Monetary Fund*, 1945-1965, Vol. 1, pp. 21-25.
② Raymond F. Mikesell, "The Bretton Woods Debates: A Memoir", *Essays in International Finance* (Department of Economics, Princeton University), No. 192, March, 1994, pp. 30-31.
③ Morgenthau to the President, May 13, 1942, box 36, RBWA.
④ John M. Blum, *From the Morgenthau Diaries*, Years of War, 1941-1945, p. 232, Armand V. Dormael, *Bretton Woods, Birth of a Monetary System*, p. 53.

划委员会、陆军航空队和白宫等政府部门召集部际委员会,讨论联合国家平准基金组织与银行。助理国务卿伯利(Adolf A. Berle)建议称,美国应仅与6个国家协商,然后向其他国家通报协商情况。他认为,美国可从英国、加拿大、澳大利亚和巴西等四国获得实际帮助,而出于政治上的考虑,苏联与中国也必须包含在内。这得到了与会者的一致同意,①并于当月21日形成文件,上报罗斯福批准。② 在国务院的支持下,美国财政部决定在战争结束前建立基金组织和国际银行,因此必须立即邀请各国技术专家讨论怀特计划。

怀特、摩根索和罗斯福致力于将所有的战后协定在联合国家内平等呈现。当各国认为美国和英国要主导战后规划时,罗斯福政府将此事与英国和殖民主义区分开,将之放在盟国多边会谈和各民族国家的平等框架下进行。这些设想源于罗斯福并由他推动。③ 中国和苏联的名望及地位也许并不能与他们当前的政治或经济影响力相匹配,但考虑到两国未来的发展,现在的多边协商是重要且必要的。1942年10月,美国助理国务卿伯利对来访的英国驻美大使馆金融参赞奥佩(Redvers Opie)说:"我们认为,让其他国家认为美英两国政府制定一个计划,并要求他们接受或离开,这是不明智的。我们迫切希望联合国家的其他中枢国家,尤其是苏联和中国可以加入(讨论)。"④1943年1月初,美国完全拒绝了凯恩斯所带来的国际清算同盟计划,并告诉英国人,他们已经准备好同来自苏联、中国和其他国家的专家开启会谈。⑤ 美国的步骤分为几步:第一,美国向友好国家政府通报其技术专家正在研究基金组织和国际银行方案,以及涉及的相关经济与财政问题;第二,美国财政部和国务院的代表们将向英国、苏联、中国、加拿大、澳大利亚、巴西和墨西哥等国发起试探性会谈。如果得到这些国家的积极响应,财政部就召集初级会议,拟定正式国际会议所需的日程表和其他必备文件。⑥

美国从一开始就规划与多个盟国同时商讨战后国际货币计划,而不是单独与英国商定以后再将两国共识推销给其他盟国。由此可见,战后主导布雷顿森林谈判研究的传统叙事,拒绝看到谈判的多边性,完全以美英两国

---

① Meeting on the Procedure for Initiating International Consultations on a Stabilization Fund and a Bank for the United Nations, July 10, 1942, BWC1359.
② Letter, July 21, 1942, George McJimsey, *Documentary History of the Franklin D. Roosevelt Presidency*, Vol. 40, p. 1.
③ Meeting in Secretary Morgenthau's Office, July 2, 1942, book 545, pp. 109–113, DHM.
④ Armand V. Dormael, *Bretton Woods, Birth of a Monetary System*, p. 59.
⑤ Armand V. Dormael, *Bretton Woods, Birth of a Monetary System*, p. 67.
⑥ John M. Blum, *From the Morgenthau Diaries, Years of War, 1941–1945*, p. 234.

的合作与斗争为研究主线,是对客观史实的漠视。

第三节 中国政府对美英计划的最初反应

1943年1月,中美、中英分别签订新约,取消两国在中国的治外法权及有关特权,取消《辛丑条约》,终止该条约给予两国的一切权利,等等。在两国影响下,其他在华享有特权的国家也纷纷与中国订立新约,宣布放弃在华特权。这些条约的签订,雪洗了中国人民的百年耻辱,使中国成为国际社会中的平等一员,全国上下自感欢欣鼓舞。① 可以说,废除不平等条约是中国恢复大国地位的重要一步,也是前提条件。在这个前提之下,中国才能自主参与国际秩序的重构。② 因此,在国际社会获得平等身份是中国战时地位提升的新起点。

一、中国入围战后货币计划讨论第一梯队

废除不平等条约之后,盟国规划战后秩序的俱乐部迅速向中国敞开大门。1943年2月1日,美国财政部正式将怀特计划关于基金组织的部分送达中国驻美大使馆,并欢迎中国提出意见。中国由此进入盟国讨论战后计划的第一梯队(First Group)之中。③ 美国欲借此建立国际平准基金组织,以获得足够的资源和权力,使会员国实现货币稳定并便利国际贸易的均衡增长。中国得到的信息是,除了国际平准基金组织之外,战后重建和发展、恢复与救济、国际主要商品的价格稳定还需要其他机构提供资金,因此还会有一个方案。美国之所以选在这个时间谈判,是因为他们将有关国际货币合作的计划视为赢得战争胜利的重要因素。④ 2月3日,中国驻美大使魏道明将美国方案通过航空邮件寄回国内。⑤ 由此,美英方案并非如埃里克·罗

---

① 《中美中英新约成立》,《中央日报》(重庆)1943年1月12日,第2版。
② 曾希濂:《近百年来中国国际地位》,《经纬月刊》1942年第2卷第2期,第163页。
③ 同一梯队的还有英国和苏联,稍晚又有巴西、加拿大、墨西哥和古巴等美洲国家加入。法国被放到了第三梯队,属于最晚知情的那一批国家。参见 No title,1/1/1943,box 36,RB-WA。
④ A. A. Berle, Jr. to H. E. Dr. Wei Tao-ming, February 1, 1943, box 78, AYP。
⑤ 最初送到中国的美国方案英文全文详见"Proposal for a Preliminary Draft of United and Associated National Stabilization Fund", January 1943, box 78, AYP;中文全文详见"驻美大使馆二月三日第二七号电",外交部,数位典藏号:020-049907-0045;或国民政府,数位典藏号:001-084800-00001-001,台北"国史馆"(以下凡带"数位典藏号"字样的档案皆藏此处,不再另行标注)藏。

威所言于1943年4月全球公开之时才为中国知晓。① 不久之后,英国也将国际清算同盟计划提交中国征求意见。在附文中,英国财政部顾问凯恩斯特别总结了该计划,以期引起中国的足够注意。② 据前文所述,该计划在追求汇率稳定、扩展国际贸易等目标上与怀特计划类似,但实施方式非常不同。

美英将其战后货币计划提交中国之时,也是中国开启制定战后经济复员计划之时。随着全球反法西斯战争局势在1942年底趋于稳定,中国也开始重视对于战后问题的考虑。国民党总裁、国防最高委员会委员长兼行政院院长蒋介石指示,国民政府1943年度的行政重心应集中于研究与准备战后复原工作。③ 他之所以这样指示,有非常现实的原因。1943年,中国平均价格水平已经是1937年的60倍,通货膨胀严重恶化,经济形势非常严峻,因此,战后中国货币稳定与复原问题成为战后复原工作的中心问题。④ 中国战后重建将面临极大的困难,实际上是国内外众所周知的事情。1942年4月初,苏联驻英大使迈斯基(Ivan Maisky)在展望战后各国命运时,不仅预测到战后美苏两国的对峙,对于中国亦有老到的判断。他认为,中国将会取得战争的胜利,但在治疗战争创伤和恢复国力方面将面临极大的困难。⑤ 因此,及早谋划重建问题对于中国亦属必要。几乎在同一时间,蒋介石出版了《中国之命运》一书,提出经济建设工作要以孙中山实业计划为准则。⑥ 美英主动与中国协商战后国际货币计划,正暗合了中国的需要,并将中国带入有关战后复员问题国际讨论的舞台之上。

1943年2月7日,中国财政部驻美代表席德懋就基金组织情况向财政部部长孔祥熙作了进一步的汇报。报告称,基金组织总额为50亿美元,其管理与运行拟由联合国家组成的国际货币平准委员会负责。会员国的份额由其黄金和外汇持有额、国际收支和国民收入情况决定。每一会员国可任命一名代表及一位代理,投票权多寡由该国份额数量决定。基金组织理事会的权力和职能非常广泛,包括为会员国确定汇率,控制会员国的外汇交易等。对中国而言,若从会员国冻结外汇中购买外币,条件严格,须间隔数年,

---

① Eric Rauchway, *The Money Makers, How Roosevelt and Keynes Ended the Depression, Defeated Fascism, and Secured a Prosperous Peace*, p. 169.
② Donald Moggridge, *The Collected Writings of John Maynard Keynes*, Vol. 25, p. 206.
③ 罗敦伟:《财政复员问题试论》,《财政学报》第1卷第2期,1943年1月15日,第8页。
④ To John Parke Young, April 7, 1943, Box 78, AYP.
⑤ Gabriel Gorodetsky ed., *The Maisky Diaries: Red Ambassador to the Court of St James's, 1932-1943*, New Heaven: Yale University Press, 2015, p. 426.
⑥ 蒋介石:《中国之命运》,(重庆)中正书局1943年版,第142页。

且限于自用及小额。美国拟议计划的目的是促进战后国际经济合作,复兴战后国际贸易。令中国驻美人员倍感忧虑的是,一旦美国计划照此付诸实施,将造成富国凌驾于穷国之上的状况,前者将获得经济主导的优势,从而使美国宣称的合作不复存在。①

整体而言,虽然在收到美国方案之前中国政府并没有集中讨论战后货币事务,但个别部门仍然有所研议并提出对策。1942年元旦,《联合国家宣言》发表后,财政部迅速研拟美英战时金融合作实践,并提出中国与美英在金融方面的合作设想。首先,从中国实际出发,提供军队、劳工和农矿产品,协同盟国作战,而盟国要向中国提供器材,提供贷款维护法币固定汇率直至战争结束;其次,中国与美英互派经济人员,协调经济政策;最后,对于战后中国稳定金融及复兴经济等事项,应协商办法。② 与此同时,中央银行经济研究处也注意到,除军事上的并肩作战与合作外,"各同盟国之经济应如何配合尤为急切之问题",遂召集"在渝专门委员详加研究",于1月底拟定《我国与同盟国经济配合问题建议大纲》,交中央银行总裁孔祥熙审议。③大纲在金融方面的建议为,我国应要求同盟各国共缔结永久之货币协定,目的为:(1)利用彼此之平准基金,共同维持各国货币对外价值之安定;(2)彻底消灭各国之汇率暗盘,并建议召开预备会议予以讨论。④ 大纲中所列金融目标与美国怀特计划稳定汇率的目标不谋而合,提出时间也较为接近,显示出两国有共同的需求。至当年5月中旬,这些理念都融入外交部《战后国际经济合作之原则及办法大纲修正案》之中。在目标上,除上述以合作稳定各国币值外,还增加"加强经济落后之国家之经济发展""在资金及技术上援助财政困难或经济恐慌之国家""经济先进国家应以资金生产工具及技术,扶助经济落后国家"等内容,⑤为之后的中国提出本国方案做了初步铺垫。从这些文献也可看到,中国拟议的战后国际货币合作方案,既有内向的一面,亦有外向的一面,其目的则是一致的——稳定币值,加快重建与发展,使联合国家宣言中确认的中国大国地位名副其实。因此,很难说孔祥熙甫一接触美国方案时感到突兀,因为他对战后货币金融事务早有准备。

---

① Wire from Mr. Hsi Te-mou, February 7, 1943, box 78, AYP.
② 节略,1942年1月4日,蒋中正总统文物,数位典藏号:002-080109-00001-009。
③ 《中央银行经济研究处呈总裁副总裁》,1942年1月31日,396-12942。
④ 《我国与同盟国经济配合问题建议大纲》,第11页,396-12942。
⑤ 中国第二历史档案馆:《中华民国史档案资料汇编(第5辑·第2编·外交)》,江苏古籍出版社1997年版,第143~145页。

二、驻外代表对美英计划的最初分析

在拿到美国方案的头几天里,中国首先关注的是资金冻结条款。之前,1941年7月26日,美国总统罗斯福颁布第8389号行政命令,由当日市场开始营业时冻结日本在美国的全部资产,断绝美日贸易,同时冻结中国资金。次日,加拿大和英国实施了同样的政策,此后印度、缅甸、南非和澳洲及英属马来亚等纷纷采取平行行动。① 这对中国造成了严重的影响,中国非常担心被美英政府所冻结资产的安全问题。1943年2月8日,席德懋拜访美国财政部,专门就方案关于冻结资产的条款与美方展开交涉。作为联合国家中受此影响最大的国家,中国有充分理由了解美国的动机与目标。怀特称,美国政府掌握着大量黄金,没有任何理由使用属于他国的资金。就美国政府而言,只要中国政府提出要求,他们随时可解除针对中国账户的冻结。而美国方案关于冻结外汇的条款仅与英镑有关,当战争结束,与他国结算资金时,该条款可保护英国的利益,避免其有限的资本大量外流。末了,怀特希望中国尽快就方案提出建议与看法。② 这番话解除了中国在冻结资金问题上的疑惑,中国遂将注意力转移到美国与英国方案的其他内容上。

外交部部长宋子文长期驻美,获知消息后深感此事重大,1943年3月6日,他致电蒋介石报告美国方案内容。与席德懋强调方案经济方面的内容不同,宋子文更多地看到其政治性的一面。在电文中,他称基金组织将设董事会,"投票时各国皆有100权,但所摊款额每达100万美元即加一权"。最为重要的是,"会员国应采取适当措施,以维持基金组织所定其本国货币汇率,并放弃针对会员国外汇交易的一切限制"。简言之,美国意在以国际合作的方式,稳定各国货币价值,以奠定国际经济走向繁荣的基础。在宋子文看来,该问题非常专业,"欲明白中国利害如何,必须组织金融专家详细研讨"③。不仅如此,他还致信正在伦敦的财政部常务次长郭秉文了解欧洲盟国对于战后货币问题的看法。④ 此时英国正召集欧洲国家讨论战后货币事务,郭秉文受邀参加。⑤

---

① 王丽:《杨格与国民政府战时财政》,东方出版中心2017年版,第114页。
② Wire from Mr. Hsi Te-mou, February 9, 1943, box 78, AYP.
③ 《外交部长宋子文呈美国提议设立联合国家平衡基金会方案》,1943年3月6日,数位典藏号:001-084800-00001-001。
④ To P. W. Kwok, March 9, 1943, box 5:18, T. V. (Tzu-wen) Soong Papers, Hoover Institution Archives, Stanford University, CA, USA.
⑤ 《陈维城来电》,1943年3月6日,外交部,数位典藏号:020-010122-0028。

第一章　美英计划的提出与中国各界的反应　　51

　　在宋子文的提醒下,美国的举动迅速引起蒋介石的重视。在蒋介石的指示下,宋子文的电文被转至行政院,并送财政部金融专家,蒋介石令财政部拟具意见再报。3月24日,正在贵阳视察的蒋介石向陈布雷发送特急电报,索要美国国际币制方案。① 第二天,陈布雷连发两电,将方案全文寄出。② 除了安排财政部及参事室专家研讨以外,蒋介石亦指示,"速寄贵阳吴主席研究",陈布雷签注"速办"。③ 吴主席即著名金融专家吴鼎昌,时任贵州省政府主席。蒋介石亲自查看方案,并指示各部门研讨,体现出宋子文的呼吁引起了国民政府高层的重视。

　　驻外代表同样关注到英国方案。1943年4月5日,席德懋从美国致电中央银行业务局局长郭锦坤④,请其择机向孔祥熙汇报英国凯恩斯方案的主要内容。英国计划包含创建世界清算银行或同盟的设想,发明叫班柯(Bancor)的全新国际货币,以黄金定价。成为会员的各国将同意为其货币确定以国际单位标示的汇率,以战前3年的进出口贸易为基础确定其在同盟内的最大贷额。国际收支有盈余的会员国将在同盟内形成债权,该债权将用来主动而不是被动抵销债务国的贷额。当任何会员国超出最大贷额以后,同盟将降低其汇率,并对其国际贸易实施更为严格的控制政策,以阻止资本逃出该国。与美国建立国际货币基金组织的计划相反,英国计划实质上旨在通过对会员国货币实施更广泛和更集中的控制,纠正国际经济关系中的失衡难题。⑤ 虽然只有短短数言,但席德懋对凯恩斯计划的理解准确透彻。

　　4月5日下午3时,中国国防最高委员会在重庆召开第107次常务会议,代主席孔祥熙、于右任等人出席,秘书长王宠惠、王世杰、徐堪等人列席。外交部政务次长吴国桢汇报称,英美两国对于战后金融问题各拟有稳定外汇计划,均主张由国际机构发行新证券,唯英国计划不如美国计划重视黄金。⑥ 对英国计划表达出某种倾向性。事实上,仅从经济层面来看,由于英

---

① 《蒋中正电陈布雷将美方建议国际币制方案全文电告》,1943年3月24日,蒋中正总统文物,数位典藏号:002-070200-00017-080。
② 《陈布雷电蒋中正续陈美国建议联合国平准基金委员会方案初稿内容》,蒋中正总统文物,数位典藏号:002-090103-00004-218、002-090103-00004-219。
③ 《陈布雷签注》,1943年4月2日,蒋中正总统文物,数位典藏号:002-070200-00017-080。
④ 1941年,郭锦坤代席德懋任中央银行业务局长,其名又作郭景琨。参见刘寿林等编:《民国职官年表》,中华书局1995年版,第542页。
⑤ To Mr. K. K. Kwok, April 5, 1943, 396(2)-977.
⑥ 中国国民党党史会:《国防最高委员会常务会议纪录》第5册,台湾近代中国出版社1995年版,第223页。

国计划弱化黄金的作用,强调国际贸易透支原则,确实对中国更为有利,并为当时政府官员与金融专家所注意到。无独有偶,苏联最初也对英国方案更感兴趣,认为它同美国方案相比义务最少。①

美英提出战后货币计划,实有更为宏大的目标,它与世界霸权密切相关。宋子文很快发现,美英关于战后国际货币计划的设计绝非仅局限于国际金融或经济事务,而是两国全球战略布局的一部分。4月13日,他再次致电国民政府,认为"美国方案预定美国及与美合作各友邦可操纵主持国际平衡基金之中心组织,而英国方案则企图使英帝国居于中心地位";面对两国欲主导战后世界的雄心,中国须从三个方面考虑对策:(1)中国若不参加国际平衡基金,则将失去获取大宗长期贷款的机会;(2)英美方案涉及对于国家主权的控制,这是联合国家成立以来首次尝试讨论有关世界秩序的具体计划,与中国将来政治地位息息相关;(3)苏联在平衡基金中心组织中的地位,有可能超出其财政经济状况应得地位。由此,宋子文预测"将来中国在此中心组织所占地位非以政治手腕积极奋斗不可"。因此,特别强调"中国出席此项会议之总代表,不仅须有经济技术且须有政治眼光,秉承钧座之指导,始克胜任"。② 该电报迅速由国民政府军事委员会(该委员会为战时中国实际政治中心③)委员长侍从室转给财政部和参事室共同研讨。

三、国内高层对美英计划的初步分析

同宋子文一样,外交部次长吴国桢亦看到美英方案背后的政治意图,即美方以其黄金存量及国际贸易为世界之冠,欲借方案独掌战后世界经济之枢纽。英方则处处欲求战后经济民主平等化,实则亦有利用各小国作后盾与美平分春色之企图。故就中国经济立场而言,英案为佳,但就政治立场言,则在战争期间与战后,英可能助我之处均少于美。④ 可见,外交部倾向于美国方案。

与外交部人员从政治层面分析不同,吴鼎昌主要从经济层面分析战后货币计划,但结论却与外交部高度一致。吴鼎昌看到,由于中国经济落后,

---

① [俄]M. A. 李普金:《20世纪40年代苏联与世界经济秩序的建立》,《冷战国际史研究》第27辑,世界知识出版社2019年版,第92页。
② 《宋子文自华盛顿来电》,第6039号,1943年4月13日,数位典藏号:001-084800-00001-002。
③ Lloyd E. Eastman, "Nationalist China during the Sino-Japanese War, 1937-1945," *The Nationalist Era in China, 1927-1949*, Cambridge: Cambridge University Press, 1991, pp. 126-127.
④ 《吴国桢呈送英国建议之国际清算联合会序言并分述其与美国所提"平衡基金会"不同各点》,1943年5月4日,数位典藏号:001-084800-00001-007。

无法以一己之力应付经济危机,因此美国计划"不失为大战后解决世界金融问题较完善之方案"。但中国须注意两点:(1)美国方案规定"会员国间货币比率及以各国货币买卖黄金之比率须由基金会确定,以后非经核准不得变更。现在国币汇率为每元合美金 1/20。合适与否,应早做准备"。(2)方案规定,"会员国一经认为情势许可,即放弃一切对于与其他会员国外汇交易之限制管理,即未经基金会之核准不增加其限制",这对中国来说尤为严峻。为避免战后不利局面,政府在战中即应接洽国际贷款,兴办交通(水陆空)、重工业、水利三项巨大国营事业,招揽外汇资源,以资接济。无论如何,中国战后的货币问题,得随世界各国一并解决。吴鼎昌认为参与美英关于战后国际货币计划的讨论,对于中国来说是一大良好机会。① 对于中国这样的"财政货币基础未稳固国家,经此战后国际上必须予以有力之援助,相当之时间,期其整理,同上轨道",将此视为建立稳定的战后秩序的前提条件之一,并建议"我国如拟参加国际会议,必先树立本国之贸易政策,整理金融,必须有决心有准备,否则,出席会议毫无根据,无法引起其他各国代表之重视,财政部似应早作具体之准备"。② 一言以蔽之,参加国际货币合作机制,必须有助于中国改善落后状态,且中国应做好准备。

  吴鼎昌的建议受到蒋介石的重视。4月23日,委员长侍从室给出意见,除了强调吴鼎昌的两项要点以外,侍从室特别提出,财政薄弱的国家在履行他们的责任方面应给予更大的自由度,在加强其货币方面给予更多的合作。为此,侍从室注意到美国计划可能遭到反对:尤尼塔斯以美元定价,与美元无关的货币可能会不喜欢它;美国的权力太大;理事会的权力过大,会影响到会员国的财政金融状况。不过,侍从室认为这几点并不会严重影响到中国,中国应与其他国家合作,以就该计划达成协议。③

  整个4月份,参事室主任王世杰都在思考战后国际货币问题。4月6日,他在日记中写道,美国政府向联合国家提出"联合国平衡基金"方案,其目的在于以使用黄金(不确定)为主要手段稳定战后各国货币汇兑率。"今晚予向蒋先生建言,此举极重要,我宜早定对策"。④ 4月13日、4月18日,王世杰在家专心研究美英计划,并撰写报告。在经过反复研讨以后,4月24日,王世杰完成报告并呈送蒋介石,提出应从三个方面予以注意:

---

① 《吴鼎昌来电》,1943年4月13日,数位典藏号:001-084800-00001-003。
② 《吴鼎昌答复英国所拟国际清算联合会建议书意见九项》,1943年6月5日,数位典藏号:001-084800-00002-003。
③ Memorandum from the Generalissimo's Headquarters, April 23, 1943, box 78, AYP.
④ 《王世杰日记手稿本》第4册,第52页。

其一，不必急于从英美方案中选择其一。尽管从经济方面考虑，英国方案更有利于中国，但中国须兼及政治方面，且英美两方有可能形成折中方案，采取相同立场。因此，对于两国方案，不必表示完全赞同或反对。这一点得到吴鼎昌的支持："英美两国提案，似处于对立之势，意料两案均难得无修正之通过，或当有折衷之案成立……初毋庸对于若何方案，先作左右袒也。"①

其二，对涉及中国利害的基本问题，应提出明确主张，此问题即为分摊额及汇率的确定。美制需要吾人担负之资金，因国民所得无确切统计，甚难估算，但大约不超过2亿美元。此数决定我国在基金局可能借支之数额，最多亦不过超过此数2倍。在英制下，我国之分摊额由贸易总额决定，大致可达6亿美元。但中国应提出照顾经济落后国家利益的办法，将来中国汇率"在始宁偏低勿偏高（即应此计算所得之购买力平价较低）"，以免调整时出现不便。

其三，考虑到中国为工业落后国家，战后经济建设需要大量进口，货币亦不能于战后短时期内完全固定。因此，我国应要求此国际货币计划对新兴的开发中国家及工业已长成国家，作差别处理。对于透支通融及汇率改订两件事，尤应如此，新兴的开发中国家可向国际金融机构透支的额度，在比例上应较其他国家为大；改订货币汇率的幅度与手续，较之其他国家亦应宽泛。关于自由贸易原则，美国政府重要人士曾公开表示，将区别对待工业先进国家及工业落后国家。"我国如要求此种区别适用于国际货币计划方面，当亦不难得其谅解"。

在同美国驻华代办范宣德(John Vincent)的对话中，王世杰也不忘强调战后将有为数不少的国家利用政府的力量管控对外贸易。② 总之，美国方案于中国战后币制、对外贸易以及利用外资从事经济建设诸端，均有莫大影响，代表人选至关重要。因此，"宋部长电请钧座遣派兼具政治经济眼光之大员为总代表一节，事属紧要，拟请钧座早予核定人选"。③ 王世杰的报告经蒋介石裁示后，于5月2日转到财政部。

---

① 《吴鼎昌答复英国所拟国际清算联合会建议书意见九项》，1943年6月5日，第25~27页，数位典藏号：001-084800-00002-003。

② US Department of State, *Foreign Relations of United States (FRUS), 1943, China*, Washington D. C.：Government Printing Office, 1957, p. 849.

③ 《王世杰呈复遵论审议宋部长关于英美国际货币方案之报告》，1943年4月24日，国民政府档案，761-00249，中国第二历史档案馆（下文档案号凡以761开始者皆藏此处，不再另行标注）藏。

国防最高委员会秘书长王宠惠也研究了美英方案。他在原则上赞同中国参加战后国际经济合作事业,并关注中国的战后地位和现实需要。首先,关于机构组织,按照美英方案,中国参加后可占之成分均不能超过总数5%,"似应请英美顾及我国国际政治地位及战后经济之需要,将我国之总额投票权透支通融数量特别规定,尽量提高。如采用英案,我国应单独派一理事,美案我国代表应参加常务董事会"。其次,中国国内通货发行之数日增,沦陷区伪币又极充斥。战后金融制度需要彻底整理,否则虽参加国际组织,外汇汇率难期稳定,财政部对于整理金融上宜早作准备,研究具体方案。最后,苏联参战后,已封存之资金即行解封,我国之封存资金,自应要求于战事结束时,即行交还我国政府,充经济建设之需。①

王宠惠与王世杰的分析非常一致,他们提出了中国的关键利益,明确指出了中国参与战后秩序的主要矛盾,即中国追求大国地位的愿望与经济实力落后之间的矛盾。鉴于份额关系到中国的战后地位,中国应尽量争取更高的额度。与此同时,中国的现实情况是经济落后,主要国土惨遭战争破坏,因此必须考虑战后重建与发展问题,且在战后秩序构建的过程中营造于中国发展有利的制度,使美国和国际组织正视经济不发达国家的发展权利。事实上,其后中国制定战后国际货币方案和参加货币谈判时,就是围绕上述两点来进行的。

总体而言,中国接到美英方案之初,驻外代表与政府各相关部门,如外交部、财政部、委员长参事室和国防最高委员会等部门,迅速动员起来,对于美英方案做了充分的分析,并提出有建设性的对策。主要观点为:中国应赞同并参加国际合作事业,注意争取更大的份额,以确保大国地位,便利战后重建。蒋介石对此较为重视,不仅亲自查看美英方案,②还数次指示相关部门研究,要求财政部负起相应责任。财政部部长孔祥熙成为研议战后国际货币方案的中枢人物。其后,中国提出战后国际货币方案,参与国际货币谈判和参加布雷顿森林体系,都是在孔祥熙的直接领导下进行的。

第四节　中国社会关于美英计划的大讨论

正在中国政府各部门紧张研讨之时,1943年3月5日,美国财政部宣

---

① 《国防最高委员会秘书长王宠惠谨将国际问题讨论会对英美建议稳定世界通货计划之研究结果呈阅》,1943年5月18日,数位典藏号:001-084800-00002-002。
② 1943年4月16日、6月11日,蒋介石两度研究英美金融方案。参见抗战历史文献研究会:《蒋中正日记:1943年》,2015年,第56、84页。

布,正与英国商讨联合国家战后币制及其他有关问题。① 3月13日,英国《经济学者》杂志撰文,称"战后通货问题,极为世人所注意。英帝国与盟国曾举行会议……加以讨论",隐约提到凯恩斯计划。② 货币问题事关民生,这些消息引起社会公众对于战后货币问题的极大兴趣。

一、美英计划的公开

1943年3月15日,英国财政部向美国财政部通报,凯恩斯计划已被泄露于报界,引起社会与议会的极大关注,因而英国政府认为有必要公开这一计划,以正本清源。在摩根索看来,这不可避免地会涉及怀特计划,因此他向罗斯福建议,为避免不必要的麻烦,消除谣言,应先向国会领袖通报怀特计划,并适时向媒体公开此事。③ 但罗斯福认为,盟国尚未开始赢得战争,时机不成熟,应暂缓向社会公开怀特计划。④

4月5日,摩根索向美国国会专门委员会通报稳定战后世界通货计划,⑤不料英国《金融新闻》⑥于同日突然泄密刊登怀特计划全文,迅速引发全球关注。对于计划的曝光,美国财政部部长摩根索大为恼火,但也没有更好的办法。为厘清公众疑惑,4月6日下午,他主动公开了美国财政部战后货币平准基金组织方案,称基金组织资本至少有50亿美元,其中美国担负不超过20亿美元,这一数字与美国正在运营的平准基金数目相当。摩根索称,美国很小心地不去扮演大哥或大款的角色,在美国邀请会谈的37个国家中约10个国家已给予热情回复,并特别提到中国很感兴趣。第二天出版的《纽约时报》公布了方案全文,⑦同日,英国清算同盟计

---

① 朱斯煌主编:《民国经济史》,上海:银行学会编印,1948年,第763页。
② 徐建平、林华清:《国际货币金融会议之经过》,《经济汇报》1944年第10卷第5&6期,第80页。
③ Memorandum for the President, March 17, 1943, BWC1496-03.
④ Taxes, International Stabilization, Occupation Currencies, April 1, 1943, book 622, p. 9, DHM.
⑤ 朱斯煌主编:《民国经济史》,第764页。摩根索在国会领袖前的声明全文,参见 Statement of Secretary Morgenthau before the Senate Committees on Foreign Relations and Banking and Currency and the Special Committee on Post-war Economic Policy and Planning, April 5, 1943, BWC1496-04。
⑥ 英国《金融新闻》(*Financial News*)创办于1884年1月,《金融时报》(*Financial Times*)晚于其4年创刊。两报曾长期分庭抗礼,直到1945年10月合并。合并后的报纸继续使用《金融时报》名称。现仍然发行的《金融新闻》(*Financial News*)创刊于1996年,系周报,与历史上的《金融新闻》并无关系。
⑦ "Text of the Treasury's Proposal for International Fund to Stabilize Currencies", *The New York Times*, April 7, 1943, p. 17.

划亦向世界公布。① 两大计划完全公开化,使联合国家对于战后经济秩序的规划走向前台,在世界范围内掀起一波又一波讨论热潮。两大计划的公开,也使得本属秘密的布雷顿森林谈判成为半公开的外交活动,为社会舆论参与讨论甚至介入决策提供了条件。

此时中国的国际处境与之前大不相同。随着《联合国家宣言》的发布及新约的订立,之前舆论界仅限于理论层面讨论的经济主权、国际合作、战后地位等问题马上成为实际可操作的内容。这首先反映在针对战后国际货币计划的讨论中。《经济建设季刊》第 2 卷第 2 期专门翻译并刊出怀特计划全文,供社会各界,尤其是学术界讨论。后者把它提到与战后世界和平攸关的极端重要的高度,所提各种建议频频出现于报纸和杂志的显著位置。《财政评论》不无感慨地称,"自怀特与凯恩斯计划发布后,举世治货币学者,均集中兴趣于此一课题之研讨"。该杂志为此专门组织了 3 个专辑予以讨论。这使得中国社会短期内形成分析讨论两大计划的热潮,并很快发现"各计划之本身,咸不免有一共同弱点,即其计划之草拟,莫不以其本国经济背景为根据,致令他国视之,每多扞格之处,或于心理上引起主从之感"②,各国舆论都以"二计划未能顾及国际间长期资金之供应为憾"③。因此,中国的讨论特别注意从本国立场分析、批判美英方案并提出适合中国的对策。

据不完全统计,中国社会的声音可分为四类:(1)关于国际合作是否危及国家主权的讨论;(2)翻译介绍西方学者对于两大计划的分析;(3)从理论与实践方面比较两大计划;(4)结合中国现状,分析中国的需求并提出可行对策。以新闻舆论面貌出现的社会讨论非常重要,它们有力地影响了中国政府对于美英计划的考虑、会商与决策,影响到中国对于布雷顿森林谈判的参与。

二、各界普遍赞同国际合作

废除不平等条约对于中国的影响是巨大的。中国社会各界意气风发,经济学家大部分都抱持着积极的态度赞同国际经济合作,认为这是世界和平的必要条件与中国发展的保障。对于中国来说,这种观念的流行并非一件易事,在过去很长一段时间内,中国与外国的交往都伴随着痛苦与无奈,

---

① Salient Points of British Monetary Plan, April 12, Central News Agency, box 78, AYP.
② 《战后国际通货计划特辑》,《财政评论》1943 年第 10 卷第 6 期,第 75 页。
③ 徐建平、林华清:《国际货币金融会议之经过》,《经济汇报》1944 年第 10 卷第 5&6 期,第 84 页。

甚至就在不久前,经济学家对于国际合作还抱着复杂的态度。

此时少部分消极悲观者仍然担心,中国刚刚废除不平等条约,国力远远称不上强大,参加国际合作会重现外国侵蚀中国主权情况的发生。[①] 对此,著名货币史学家彭信威指出,现在一部分人或许认为其本国因国际合作而丧失一部分主权,因而犹豫,这是陈腐的理念。"关于主权一词,公法学者早有讨论,且有新解释的趋势,因为旧的严格的主权论根本不得成立,从前两国间订条约如关税协定等,两国何曾不丧失一部分主权,成立国际联盟、国际法庭、国际仲裁,就得放弃一部分政治主权。金融合作是将来国际经济组织的一部分,自然各国亦须放弃一部分经济主权,但这是各国共同的、平等的、自愿的,如果大家因为放弃这一部分主权,而有益于国际的长久和平,人类生活的长久安定,则是值得的。"[②]"共同、平等、自愿"将之与不平等条约体系下的丧权辱国完全区别开来。

西南联大教授伍启元称,由于过去外国人借助治外法权和其他特权,对中国作各种经济侵略,因而使一般人感受到外国经济压迫的痛苦,恐惧于同外国合作。但他看到,中国人民有与全体人类分担改造世界伟大事业的责任,而战后重建若能得到美英苏的充分合作,则可以事半功倍。"战后我国工业建设、交通建设和农田水利建设所需的全部资本,在最初五年,总数在100亿美元左右……至于技术方面,则我国所需要外国的帮助恐怕较资本还要迫切。"改变中国的落后状态在于工业化能否迅速完成。如果中国能在20年内完成工业革命,则无论外国资本在中国工商业所占的地位多大,中国是永远不会再变成一个次殖民地国家。只要外国愿意与中国作经济合作,向中国投放资本和技术,则中国没有采取保护主义、汇兑统制及外资限制等措施的必要。伍启元提出经济国际主义,批判经济国家(民族)主义,主张中外各国依照《大西洋宪章》的精神共同合作,外国以其资本及技术协助中国。一个强大的中国,一个对苏联和英美充满了同情与友谊的中国,和

---

① 一部分人认为,"以吾国现阶段之经济状况,而醉生梦死,与经济发展之欧美诸国,妄谈经济自由,妄谈世界经济政策大同,则中国经济将永远沉沦于次殖民地经济状况之下矣"。参见钟隐:《论战后国际货币计划》,《财政评论》1943年第10卷第3期,第52页。国际方面也有这种观点,如瑞士称小国的经济自决权应得到保障。美英计划明确要求各国放弃对一部分货币储备的控制,放弃在对外贸易与货币政策上的绝对自主权,限制了其经济独立性,造成种种不便。参见 Swiss Criticism of the Currency Stabilization Plans, October 9, 1943,BWC1342-01。

② 彭信威:《论英美国际通货计画》,《大公报》(重庆)1943年6月15日,第3版。

一个爱好和平并坚守经济国际主义的中国将是世界永久和平的必要条件之一。[①] 彭信威与伍启元代表了主流知识界对于国际合作态度的转变。

从经济自立的角度出发,毕业于苏联莫斯科中山大学的经济学家祝百英指出,中国既已跻身世界之林,绝没有再以此自外之理。战后中国必须参加国际活动,中国货币必须具备国际性条件,稳定国际通货和清算国际贸易的机构都必须积极参加。"正因为我国经济力量尚待发展,不够坚强,所以更需要国际机构的力量协助之,并藉以阻止各国中有危害我国发展的行为。中国不希望美元或英镑单纯的领导,却希望藉美元和英镑的力量,扫除障碍。"[②]中国"既为此次重要交战国之一,又为产业较落后之国家,须援用外力合作以促进发展,吾人固不能竞趋潮流,不顾本国之利益,然亦不能离群独立,故步以自封……吾国金融政策,应具配合迈进之条件,贸易前途,应与金融相表里,庶不致为人所附庸"。[③] 一句话,中国只有参加国际合作,才有可能影响美国或英国,变不利为有利。

部分经济学家从全球视角讨论战后货币问题,且早在废除不平等条约前后,美英计划公开之前就开始了,尤为难得。1942年底,经济学家罗敦伟便提出,财政复员对于重建世界和平最为重要。上次大战结束时,战败国的民生被忽略,战胜国陷于动荡不安,因此本次大战后应成立经济国际组织,中国参与制定"世界和平重建的经济方案",以安定一切战胜国家、战败国家、殖民地民生,做好财政经济的复员工作。[④]罗敦伟支持国际经济合作,认为经济问题尤其是金融问题与世界和平密切相关,这与美英等国的认识一致,西方盟国对于战后世界的规划同样是从经济层面开始的。经济学家余其同称,国际合作是解决战后国际货币问题的基本前提。这个合作非同于1920年的布鲁塞尔和1922年的日内瓦那样空白无力,而是要各国拿出实力来合作。[⑤] 更有理想主义者认为,中国拥有大量的资源与劳力,在参加国际货币会议时,应提出全面经济合作的主张,运用货币制度去开发世界蕴藏的资源,供全体人类消费,实现永久和平的愿望。[⑥]

---

① 伍启元:《经济国际主义还是经济国家主义》,《当代评论》1943年第3卷第23期,第4~6页。
② 祝百英:《战后国际通货计划与我国币制》,《财政评论》1943年第9卷第6期,第4页。
③ 朱其传:《战后国际通货制度与我国金融政策》,《财政评论》1943年第10卷第1期,第25页。
④ 罗敦伟:《财政复员问题试论》,《财政学报》1943年第1卷第2期,第9页。
⑤ 余其同:《国际货币合作之前途与我国立场》,《财政评论》1943年第10卷第1期,第11页。
⑥ 祝世康:《我国对于战后国际货币合作应取之态度》,《四川经济季刊》1943年第1卷第1期,第342页。

三、强调中国的发展需要长期资金

国内外人士大多相信中国有巨大的发展潜力,发展离不开国际参与。学者们最为关注战后中国所需的长期性建设资本问题,而引入稳定的投资也是当时经济落后国家的共同需要。

1943年4月18日,《益世报》(Catholic Social Welfare)社论强调,须格外注意中国的利益,以及孙中山倡导的利用外资的可能性。[1] 余其同称:"中国的中心问题是国内经济建设,凡计划之能配合吾人之目的者,我们可以接受,凡对此有所妨害或无关此旨者,我们不能作任何之牺牲。"中国战后的问题,"在第一阶段重在巩固货币价值、平衡财政、稳定物价,同时维持战时在后方所已开拓之经济基础,重建及修整收复区之事业。次一阶段重在彻底改变国家经济命运的工业建设。所以在开始时需要国际协力维持汇价之安定,次一步则需要自各国获取基本工矿业建设之器材。因之中国在开始时需要一种紧急性之贷款,次一步则需要一种长期性之资金,即是资本输入。仅以谋一时收支之平衡为目的之计划,非中国之所欢迎"。[2]

谷春帆和余捷琼更是直截了当地指出,美英两国计划的一大缺点在于"仅着重保持短期收付的均衡,只管临时汇率变动,而对于战后所应进行之复兴建设,涉及长期资本问题,则未予充分重视"。国际合作应注意到提高各国,特别是落后国家经济水准的建设问题,设置长期性建设基金。[3] "纵使清算同盟本身仅为短期借用融通机构,但亦必须有一长期投资机构与之密切合作……另为设法供给各国(资金)……否则,全部汇兑压力将尽加于短期资金市场,多数残破重建之国家将无以维持其汇率。"[4]因此,"宜有一种国际性之长期投资机构,聚投资国与承受国代表于一个组织以内,研究各国所有之资源才力,分配其出资与承受之数额,与开发之先后缓急。我们希望国际货币计划能够将此种机构布置在内,如其不布置在货币计划之内,则必须及早另作一计划……只有投资计划与货币计划会同考虑,方能见得到国际经济合作之全貌。"[5]

---

[1] To Secretary of Treasury from Adler, April 30, 1943, box 8, Harry White Paper (HWP), Seeley G. Mudd Manuscript Library, Princeton University, NJ, USA.

[2] 余其同:《国际货币合作之前途与我国立场》,《财政评论》1943年第10卷第1期,第14~15页。

[3] 余捷琼:《战后国际货币计划与长期资本问题》,《经济建设季刊》1943年第2卷第2期,第52、56页。

[4] 谷春帆:《战后国际通货计画述评》,《财政评论》1943年第10卷第1期,第8~9页。

[5] 谷春帆:《战后国际金融计划》,《大公报》(重庆)1943年9月5日,第2版。

结合中国平准基金运营的经验、进出口总额、侨汇收入及金银储备数额，经济学家谷春帆计算出中国对于国际基金份额的实际需求。中国战后"第一年须赖基金接济美金2.5亿，第二年须接济4.5亿，第三年须6亿，第四年7亿，即五年长期共需基金供给7.5亿，故中国之认额，至少当有美金4亿元……考虑到汇率之维持，则加倍计算，须达美金8亿元，其所得基金接济限额，最多可达16亿元"。在此期间，"中国须努力平衡其临时收支，增加输出及增加侨汇等其他收入项……归根结底，中国之能否平衡其国际收支，须看外国之能否投资开发，于长期内增加其生产力为断"。① 罗敦伟甚至在第一时间提出了具体方案，主张各国经济均衡发展，设立"世界经济繁荣基金"，总额2000亿美元由参与国按比例分担，繁荣基金管理局则向各参与国发放贷款。理事会由会员国选任，常任理事5～7人，"其分配应按地域及过去本位制度分别存在之国家，每一区域及每一本位制度之国家至少占1人"。投票权，最好采用一国一票制度，万一必须采用分担基金数额为比例的原则时，也应该将其差额缩到极小，最少1票，最多亦不能超过3票。各国不必采取汇兑统制制度，但有权制止不应有的资金流通。② 方案提出后，罗敦伟继续思考并予以完善，后又提出应用共同的力量，稳定各国的通货，而战后国际汇率的稳定，必须运用"各尽所能"的原则，赞同摩根索的"各国分摊额决定办法"的建议，拒绝完全平均主义。③

就已有之美英计划，学者们细致分析了其利弊，将它们能否提供长期资本视为影响中国态度的重要因素。伍启元认为，纯考虑经济因素，英制较美制更为有利：(1)中国所获融通便利在英制为大；(2)牺牲汇率自主权方面，英制为小，如战后初期5年的汇兑变动以从宽许可为原则；(3)废除汇兑统制方面，美制要求较严，英制则在短期内仍可根据实际需要保留；(4)战后初期10年中国当为逆差国，美制会对中国产生通货收缩的作用，英制无此副作用；(5)美制下中国必须缴纳一部分资本（因中国存金不足1亿美元，负担不大），英制下无负担；(6)两制下中国投票权均极微小，但英国在通知中国时，明确声明中国在12人（或15人）理事会中占有一席，较能顾及中国的地位。但他同时又看到，就中国的重建与发展而言，"不应以两大计划

---

① 谷春帆：《美国国际平准基金方案与中国利用外资问题》，《金融知识》1943年第2卷第6期，第29～30页；《"美国国际平准基金方案与中国利用外资问题"正误》，《金融知识》1943年第3卷第2期，第118页。
② 罗敦伟：《如何稳定战后各国通货：对凯恩斯与摩根索建议的商榷》，《财政学报》1943年第1卷第4期，第12页。
③ 罗敦伟：《对战后稳定通货的新建议》，《财政评论》1943年第10卷第1期，第17页。

本身的优劣及对中国的利弊为标准,而应以英美对中国所能供给资本的多少为标准。对能供给资本较多之国家之立场,吾人应特别予以支持"。① 祝世康认为:"货币单位不妨与美国联系,至于贸易清算则容纳英国的计划。但(战后计划)应以开发资源为重心,以实现利用外资之原则,促进国际经济合作,以免再走入互相竞争的覆辙,播下第三次战争的种子。"②

四、战后中国需要过渡时期

很多学者认识到币制与国力的关系,亦承认中国币制的特殊性。美国经济学家彼得·德鲁克(Peter F. Drucker)认为:"在经济上,除少数强大而天赋独厚之国家,可使国外通货附着于本国通货外,其他各国均不可能。除美国、苏联——二十年后中国亦可加入——外,所有工业国家,依赖贸易者实多。"③所以,中国经济发展由弱到强是当时可预见到的事实,相应地,"中国对于贸易汇价等,需要随时谋求与环境协调……中国不能参加一成不变之计划"④。

这表现在战后年代便是中国需要一个过渡时期,以重建币制,恢复经济,奠定发展的基础。"惟我国币制问题,极为复杂。英美既主张此时即着手研究战后通货方案,吾人自须根据我国立场,从事研究该方案之内容,何者为我国所希望,何者为我国所能接受,此外我国国内币制,应如何配合国内通货体系,以改进民生,巩固国防,亦为吾人不得不加以缜密之考究焉。"⑤1943年4月,经济学家郭垣即提出中国需处理好稳定国内物价与稳定货币外汇价的关系:"先使国内物价稳定,然后再及于汇兑稳定,而汇兑之稳定,实为保持物价稳定之一因素。未来的国际币制会议,既以稳定各国通货为目的,应在(1)不妨碍各国国内社会经济就业的安定(2)在促进各国工商业与国际贸易的发展两大原则下,谋取妥善的解决。这是我们自己的立场,也是国际的立场。"⑥他虽没有直接提出过渡时期的概念,但明确了优先稳定国内物价的必要性,这些都是缘于中国的特殊境况。"惟中国素为

---

① 伍启元:《两个战后世界货币稳定计划之分析》,《人文科学学报》1943年第2卷第1期,第131页。
② 祝世康:《我国对于战后国际货币合作应取之态度》,《四川经济季刊》1943年第1卷第1期,第341页。
③ Peter F. Drucker,《凯恩斯与卫脱国际通货计画之比较》,《财政评论》1943年第10卷第6期,第90页。
④ 余其同:《国际货币合作之前途与我国立场》,《财政评论》1943年第10卷第1期,第15页。
⑤ 王象贤:《国际通货计划与我国战后币制》,《虎啸》1944年第1卷第4期,第31页。
⑥ 郭垣:《国际货币制度的将来》,《财政学报》1943年第1卷第4期,第22页。

工业落后国家,抗战发动最先,财政负担最重,战后财政善后与建国程序,由于特殊情势之存在,自不得不采取相当自由之行使权,以遂国策。"①

曾任资源委员会国外贸易事务所所长的郭子勋提出,货币稳定之后才能确定币值,因此需要一个货币澄清期,从而发展了郭垣的说法。他认为:"战后货币必先求其合理,合理才能长久稳定。若战后以政府强力迅速确定币值,固然解决了复杂的问题,但需要高度统制的国家才能做到,否则必不能维持。寻求合理的币值,必须要根据一个较为稳定的物价。战后复员期间,物价必然经历波动后才能稳定,我们要等待这个货币澄清期,根据澄清后的物价,重新计议出一个较为适宜的币值。"这个阶段较为关键的是,"为求货币稳定,切不可以为战事业已结束,便可废除战时管制措施"。② 这个货币澄清期,便是日后中国政府着力强调的过渡时期。余其同更是明确提出,战争结束3~5年内,"绝不能当作平常时期看待,各国之恢复能力,迟速不同,生产调整所经之过程,亦将有长短之分,维持外汇之能力,亦将随时不同"。为使计划顺利,不致引起纠纷,应设定一个缓冲性的试验时期,实施"专以结束战时反常局面为目的"的过渡计划。③ 这对于中国是非常重要的,而知识界的讨论为中国系统提出这一主张提供了强大的理论支持。

上述情况也为美方所注意到。1943年4月,美国财政部驻华代表爱德乐(Sol Adler)向摩根索报告,4月12日《中国时报》(*China Times*)报道称,尽管中国热切地期盼国际合作,但不会忽视本国利益或其经济地位的特殊性。中国将倾向于维持一个稳定的汇率。不过,一旦国际收支恶化,汇率必须可以修订且不受协定的制约。这主要是因为战后中国的经济调整要比工业国家更为复杂,因而强调任何计划的实施都必须考虑不同国家的不同情况。后来这被进一步演化为,中国在战后问题上存在的两个主要且相互对立的趋势,表现在经济领域,特别是货币领域便是:一方面,对于外援确有需求,因而支持国际合作,赞同货币稳定;另一方面,有强烈和坚定的民族主义,倾向于高保护性关税和严格的汇率控制。④ 前者是美国财政部乐于看到的,后者则是它致力于消除的。很自然地,这引起了它的警惕。

---

① 王振寰:《战后国际货币问题与中国》,《大路(泰和)》1943年第9卷第5/6期,第40页。
② 郭子勋:《稳定我国战后货币管见》,《经济建设季刊》1943年第2卷第2期,第31~32页。
③ 余其同:《国际货币合作之前途与我国立场》,《财政评论》1943年第10卷第1期,第13页。
④ Mr. Adler for the Secretary of the Treasury, April 30, 1943, BWC1339-04; Mr. Adler for the Secretary of the Treasury, April 30, 1943, BWC603-10.

五、对发达国家国际责任的认识

知识界在强调弱国利益的同时,亦指出发达国家所担负的国际责任,呼吁各国顾及经济落后国家的发展,贯彻"济弱扶倾"的理念。财政部钱币司币制科科长胡文元撰文称:"凯氏建议以贸易量之大小决定各国在清算银行中的分摊之数,对于一般先进工业国,固极适合,但对正在开发中之落后国家实有失公允……计划书有若干地方,帝国主义之色彩仍极浓厚,以优势力量统治其他民族(不论其为军事上政治上或经济上)之时代已成过去,未来新世界之建立必有赖于国际间每一份子之赤诚合作。如徒知发展贸易,置弱国之经济于不顾,则第一次世界大战后之创痛犹新,不难追溯,欧美前进之经济学者论及重建战后世界经济时,不惜将自由贸易搁置一旁,而多集中其注意力于如何投资开发经济落后国家。此种见解,至为正确。如欲提高全人类之生活水准,除充分利用世界各地之资源外,别无他途可循。"①

照顾经济落后国家的发展,同样是发达国家如美国所应担负的义务。这在当时几乎成为一种普遍性的看法。伍启元认为,英美两国须认识到其所拥有的为领导权而非独裁权,在领导世界享有权力的同时,应履行责任,投资于资本薄弱的国家,协助其完成工业化大业。② 为使经济落后国家充分开发其资源,使其对于国际经济繁荣有更大贡献,"前进国应对落后国供给发展其经济所必需之物资,落后国家为此种物资忍受入超。此举既可提高国际贸易,也系解决战后失业问题之一方法"。③ 当时甚至出现了一些过于理想化的认识。如郑昌镰提出:"目前世界上仍有一部分被压迫被歧视的民族,他们在各方面都不能独立。战后他们的经济状况必须改善,生活标准必须提高。各国如有诚意于相互协力,树立经济的国际法,则应自动放弃经济侵略主义,排除独占,终止剥削。同时能够为了国际的共同利益,不惜牺牲自身的利益,以真诚合作提携的精神,来扶植世界的新经济基础的建立。"④

六、中共对美英计划的关注

值得注意的是,中共也注意到了美英战后计划的提出。在两国计划公

---

① 胡文元:《评凯恩斯国际货币计划》,《财政学报》1943年第1卷第5期,第95~96页。
② 伍启元:《战后世界币制问题》,《金融知识》1943年第2卷第5期,第194页。
③ 余其同:《国际货币合作之前途与我国立场》,《财政评论》1943年第10卷第1期,第12页。
④ 郑昌镰:《论国际通货计划》,《湖南省银行经济季刊》1943年第4期,第56页。

布后,中共两大机关报《新华日报》《解放日报》①对美国怀特计划做了连续报道。1943年4月5日,《新华日报》首次注意到战后国际货币问题。据报载,美国财政部部长摩根索称:"美国之货币平准计划……应由所有参加之各国,分别捐款汇为一世界平准基金,除作贸易用途外,兹将于应付贸易约束时助供外汇之用。"②两天后,又及时介绍了怀特计划。③ 与此同时,在延安出版的《解放日报》也详细报道了美国战后国际货币计划。④ 4月8日,《新华日报》在显著位置报道美国计划要点与目的,称美国已邀请37国专家赴美,与美国技术专家共同商讨计划的可行性问题。⑤

从一开始,中共两大报对于战后货币计划及货币会谈的报道,无论是及时程度,还是报道内容方面,都不亚于同时期国内主要报刊。6月19日,《新华日报》专门发表社论,讨论货币稳定问题,认为最近"与美英就货币计划交换意见,是很可注意的一件事",表明中共已经注意到战后国际货币谈判的重要性。社论认为,为了战后和平与经济发展,中国应在货币问题上与盟国保持密切合作,但前提是必须认清自己的处境、条件与经济能力,才能使战后中国的发展走上独立自主的坦途。⑥ 面对中国参与战后货币安排的重大契机,中共报纸首次提到,应关注本国的国情,致力于独立自主,在此基础上与盟国协商,目的在于促进中国的经济发展。其立场与知识界发出的声音基本一致。

由此可见,中国社会尤其是知识界能够从实际出发,准确地分析国内外形势,厘清中国的实际需求,从而提出合理的对策。那么,这些认识对于财政部和孔祥熙的决策有无影响?当然是有的。第一,孔祥熙重视报刊的作用,有每日阅报的习惯。据身边人回忆,孔祥熙不大看书,但喜欢看报,兼顾中外,《中央日报》每天必读……每天上午要看一二小时;⑦甚至早年孔祥熙每周往来京沪之间处理公务,晚十一时登车,批完公文后仍要取阅中外大小报纸,至午夜一时才去就寝。⑧ 第二,布雷顿森林会议召开时,中国代表团在讨论重要问题时亦受到社会舆论的影响。如中国代表团曾一致认为,中国若再减少份额,势必引起国内舆论反感,应再向美国交涉。由此可见舆论

---

① 《各国共产党机关报》,《解放日报》(延安)1943年4月8日,第4版。
② 《美财长摩根索谈货币平准计划》,《新华日报》(重庆)1943年4月5日,第2版。
③ 《美与三十余国商定互惠商约》,《新华日报》(重庆)1943年4月7日,第2版。
④ 《美财部提出战后国际币制计划》,《解放日报》(延安)1943年4月7日,第3版。
⑤ 《美邀请三十七盟国商战后通货问题》,《新华日报》(重庆)1943年4月8日,第2版。
⑥ 《关于货币稳定》,《新华日报》(重庆)1943年6月19日,第2版。
⑦ 文思主编:《我所知道的孔祥熙》,中国文史出版社2003年版,第245页。
⑧ 李毓万:《为国尽瘁之孔祥熙先生(下)》,《传记文学》第32卷第4期,第124~125页。

施于外交的力量之大。第三,中国决策者及职能官员大量收集了主要报刊登载的文章,以作参考,至今仍能在档案之中看到为数不少的剪报。这说明他们在调研及决策中重视舆论的价值与作用。第四,有些经济学家同时在政府任职,如胡文元、李卓敏①、谷春帆②、伍启元③等人,政府官员也常常参加社会论坛,与学者们讨论公共政策。专业人士与政府官员之间保持着密切的交流与互动,并持续产生影响。最后,在具体的策略与方案内容取舍上,专家意见与政府官员的很多做法存在一致性。比如,彭信威曾提出,英美提案具有崇高的理想,要以国际合作的方式来稳定各国货币的价值,促进国际贸易,提高人民生活水准,使世界人类得免于贫乏,进而消灭战争的原因。我国朝野对于这种大计划,自应特别予以赞助,不要因顾虑不关重要的细节,而贻误大计,细节自然是有办法补救的。④ 他的策略与中国的做法较为一致。而学者们在分析中亦自觉或不自觉地提到,中国应制定方案以维护本国利益,在国际社会发出中国的声音。其后,中国正式提出战后国际货币方案,与其呼吁可谓一脉相承。

不能忽视的是,中国新闻与知识界对于战后国际货币计划的讨论,不仅影响到中国政府的决策,而且对于美国政府有所影响。美国驻华外交官大量收集了中国各界意见,他们看到,绝大多数报刊倾向于认为中国应参加国际合作计划,如中国领袖级的报纸(《大公报》)赞扬美国"努力组织盟国合力奔向世界经济稳定"。但同样不能忽略的是,中国舆论强调,中国不应忽视本国利益。⑤ 由此可见,中国政府对于本国利益的捍卫,有着深厚的民意基础,美国对此早就了解。

---

① 李卓敏,曾任中国善后救济总署副署长,后筹办香港中文大学并任首届校长。参见刘国铭主编:《中国国民党百年人物全书》上,团结出版社 2005 年版,第 884 页。
② 谷春帆,财政学家和邮电学家,曾任重庆邮政总局业务处副处长、联邮处处长等职。参见刘国铭主编:《中国国民党百年人物全书》上,第 1092 页。
③ 伍启元,在学界与民间声望极高,曾主持川康科学考察团经济组,任职中央设计局。参见刘国铭主编:《中国国民党百年人物全书》上,第 652 页。
④ 彭信威:《论英美国际通货计画》,《大公报》(重庆)1943 年 6 月 15 日,第 3 版。
⑤ Chinese Reaction to International Stabilization Fund Proposal, May 3, 1943, box 9, Chronological File of Harry Dexter White (CFHW) RG56, General Records of the Department of Treasury, National Archives II, College Park, MD, USA.

第二章　中国主动提出战后
国际货币计划

　　主动提出战后国际货币计划，作为中国参与构建战后秩序的重要一步，本应在历史研究与叙事中占据重要的位置。遗憾的是，目前学术界仅有极个别论著提及中国方案，总体上缺乏关注与评述。① 甚至就历史文献的编纂而言，中国方案也是被忽略的。如布雷顿森林会议之后，中国交通银行编辑布雷顿森林谈判文献，收录了美国、英国、加拿大等国方案，却唯独没有中国方案。② 霍思菲尔德主编的国际货币基金组织官方文献，收录了美国、英国、法国和加拿大等国方案，以及哈佛大学威廉姆斯（John H. Williams）教授的关键货币计划，但没有中国方案。③ 国外新近出版的《布雷顿森林协定及历史文献》一书，除怀特计划、凯恩斯计划与法国计划外，亦收录了澳大利亚就业协定，但其中依旧没有中国方案的影子。④ 出现以上情况的原因可能有二：第一，中国方案自始至终没有对外公布，社会公众知晓者少；第二，出自发达国家之外的方案，所受的关注本身就少。⑤

　　在这种情况下，甚至中国人自己在记忆方面亦出现偏差。作为历史亲历者的顾翊群后来回忆说："除英美两国所提出方案外，尚有加拿大计划，其内容与美国方案相类似，仅略有修正之处。我国亦曾拟有方案腹稿但未

---

① 20世纪60年代，杨格曾在其专著中提及中国方案中数条与货币复原有关的内容，参见 Appendix Ⅳ, "China's Proposal for International Aid in Postwar Financial Rehabilitation", Arthur N. Young, *China and the Helping Hand, 1937-1945*, pp. 446-447。
② 交通银行总管理处编译：《国际货币基金与国际银行文献》，第15～71页。
③ 参见 J. Keith Horsefield, *The International Monetary Fund, 1945-1965*, Vol. 3: *Documents*, Washington DC: International Monetary Fund, 1969, pp. 3-127。值得说明的是，国际货币基金组织曾在其自编文献中明确提出，中国是少数几个提出方案的国家之一，因此霍思菲尔德应该知道中国方案的存在。参见 IMF: *The First Ten Years of the International Monetary Fund*, Washington DC: 1956, p. 3。
④ 参见 Naomi Lamoreaux and Ian Shapiro, editors, *The Bretton Woods Agreements: Together with Scholarly Commentaries and Essential Historical Documents*, pp. 342-399。
⑤ Kurt Schuler & Gabrielle Canning, *Just Before Bretton Woods: The Atlantic City Conference*, June 1944, p. 8。

经提出。"①此言前一句不谬,后一句则不确。中国不仅拟有方案——前后四易其稿,最后定稿 37 条,而且已明确向美国、英国和苏联等国提出,只是没有像英美那样正式对外公开。② 由于以上诸种原因,美英等国方案反复出现于世人面前,而中国方案则长期不为人知。

令人欣慰的是,近年来学者们开始意识到中国方案的价值。依据英文材料,赫莱纳强调了中国方案在国际发展目标与战后国际金融计划之间的联系,③初步触及中国方案的核心问题,但对于中国为何提出方案,如何提出方案,如何就方案与美英展开交涉等基本问题,赫莱纳并没有给予分析。鉴于它是探讨中国参与布雷顿森林谈判问题的基础,因而有必要针对上述问题展开挖掘和论述。

第一节 专业群体的研讨与政府对策的提出

伴随着社会各界的热议,在财政部的组织下,中国政府各职能部门、主要银行及著名经济问题专家等专业群体纷纷提出他们对于美英方案的认识,并总结出中国应该采取的对策,所有建议最后都由财政部汇总研究。

一、中央银行强调汇率应为重建服务

在财政金融专业机构中,中央银行肩负货币管理工作,一直非常关注国际货币问题。因此,它很快出台分析报告,为中国战后币制重建提前布局。1943 年 4 月 18 日,就黄金、汇率和战后复兴问题,中央银行经济研究处的报告认为:(1)美国极为强调黄金的价值,为债务国制造了困难,将导致贫富分化的加剧。(2)高汇率会导致债务国的财政失衡,延缓战后重建,从而导致复兴面临困难。在这种情况下,中国宜:(1)为国际支付确定弱势单位。该标准单位不必实际铸造或真正发行,它只是一个记账单位。根本原因则是汇率不能高到扰乱一国——其贸易已经失衡且货币大幅贬值——财政形势的地步。但若改变当下设立的汇率,需获得联合国家代表组成的联合控制委员会的同意。同时各国应设立平准基金,由其中央银行或其他类似的机构管理。其总额应由该国国际收支余额和国民收入决定。这样,中国可在避开黄金必要条件或背负额外债务的尴尬境况下加入同盟,同时调

---

① 顾翊群:《危机时代国际货币金融论衡》,台湾三民书局 1972 年版,第 106~107 页。
② 中国方案的最终文本,详见附录一。
③ Eric Helleiner, *Forgotten Foundations of Bretton Woods*, pp. 193-196.

整自身以使其进出口达到平衡状态。(2)中国暂不行使会员权利,履行会员义务。除非其国家预算取得平衡,否则中国应保持怠惰会员身份(inactive membership)。这将为她在国内开展改革赢得喘息之机。① 实际上,第(2)条即提出了后来过渡时期的设想。

二、财政部关注弱国的利益

1943年4月21日,中国财政部出台备忘录。与中央银行不同,财政部专注于中国对于资金的需求。财政部认为,两个计划都没有考虑到工业薄弱国家的发展问题,从长远上看,任何一个方案都对弱国不利。尽管如此,考虑到战后美国将在世界金融领域获得毋庸置疑的领导地位,所以应以美国方案作为讨论的基础。财政部提出六点对策:

其一,各国都应在委员会中有一名成员和一名代理成员,任期三年。各国有100基本票,每向基金组织认缴50万美元则增加1票。在任何情况下,单个会员国都不应拥有超过总数1/8的票数。

其二,基金组织份额可由黄金、会员国货币、会员国政府有息证券及会员国从其他国家获得的贷款组成,总份额为50亿美元,被冻结的外汇可用于份额认缴。

其三,尤尼塔斯价值等同于10美元,其他货币的尤尼塔斯价值以此为标准,且其价值必须获得当事国的同意。

其四,基金组织必须维持以尤尼塔斯表达的各国货币之间的汇率,关注各国经济与金融状况、当下国际贸易和国际收支情况。基金组织应与各国中央银行打交道。

其五,委员会应有权决定会员国货币与尤尼塔斯的汇率,并有义务维持汇率不变。会员国可要求委员会允许其在特定幅度内透支,透支数额取决于该国经济发展需求和国际收支平衡的需要。基金组织必须维持以尤尼塔斯所表达的各国货币之间的汇率。

其六,冻结账户的处理。应区别对待盟国和非盟国。对于盟国冻结账户的处理应无限制。②

基本票的设置、货币价值需得到本国的同意,以及对透支权力的强调,都表明中国财政部关注工业落后国家的利益,意在战后秩序的构建中营造

---

① The British and the American Monetary Plans: Reflections and Recommendations, April 18, 1943, box 78, AYP.

② Memorandum from the Ministry of Finance, April 21, 1943, box 78, AYP.

于中国的工业化建设有利的国际规则。

三、中国政府金融顾问强调重建币制

1943年4月23日,中国政府金融顾问阿瑟·杨格提出长达40页的备忘录,详细分析了美英方案的异同和优缺点、中国国情与需求,并提出中国政府应采取的对策。杨格认为,两大计划对中国极其重要,参加此类组织极为符合中国的利益。相对于"清算同盟",美国方案中的"基金组织"概念及其赋予黄金更具主导性的地位,在心理上更适合中国。

针对中国所需外国援助数额,杨格做了测算。在截止到1937年6月30日的一年间,中国政府总共花费了11.38亿法币,以当时的汇率计算,相当于3.4亿美元。非常粗略地估计,要填补战后第一年的财政缺口,国民政府需要筹集2亿美元的外援,第二年需1亿美元,而且不包括救济和更为紧迫的经济重建工作所需要的资金。而中国能明确获得的份额数量,在英国方案下约6.75亿美元,在美国方案下未知。这一数字大约是中国的战前外汇、黄金和白银总额的两倍。以战前条件计,6.75亿美元的份额足够了。但战后会有新的情况,如此时世界价格水平已经超过战前水平,且在国际货币计划付诸实施前还会上涨。相对于需求来说,战后初期的货币和信贷并不会增加,回收货币,扭转收支失衡,出售6.75亿美元储备的一小部分应该足够了。但相对于需求来说,货币与信贷总额增加了,由于通货膨胀的原因,货币储备会枯竭,国际收支会受到扰乱。

针对过渡时期金融复原工作,杨格建议尽早开始准备必要的战后国内政策。战后中国将极为依赖大规模的外资,如果此类资本由永久性国际协定而非像过去那样受限于对国际借贷不利的环境,则对中国好得多。因此,在杨格看来,这正是中国利益所在。中国应加强参与针对此类计划和政策的讨论,使之考虑中国的利益。货币计划与战后金融复原、商品控制、贸易政策和国际投资的发展密切相关。应针对外援救济和更为紧迫的重建工作及财政平衡的重建提前制定更为具体的计划。因此,中国应参加美国发起的初级会谈,尽早与美英就这些话题展开初步讨论。实质上,两个计划都属于长期性质,但中国更为迫切的需求将是战后初期的金融与经济复兴,这对于中国参加任何战后货币组织都是必要的准备。① 总体上,杨格赞同美英方案,但认为中国应首先关注币制重建问题,应及早筹划,早做准备,这一观

---

① The American and British International Monetary Schemes and their Relation to China's Post-war Financial Problem, April 23, 1943, box 78, AYP.

四、中国银行提出中国应明确观点

1943年4月27日,中国银行副总经理贝祖诒提交备忘录,提出中国应该就战后国际货币计划提出明确的观点。他认为,任何计划都应考虑到战后中国会出现大额收支逆差的情况。中国参与任何国际经济或货币合作组织,都须检视其基本原则,以避免导致国际困难或政治混乱情况的发生。

贝祖诒提出的原则有:该机构不会为某些大国集团所主导;该机构应得到所有参与国政治上的支持,并且永久存在;该机构会员国应占到世界贸易总量的70%;该机构有助于中国战后重建项目;等等。从这几点出发,他认为无论是从国际视角还是中国视角看,中国都无法接受美英方案。在贝祖诒看来,中国必须明确提出其观点,即战后救济和重建必须与货币稳定工作同时推进,不发达国家的经济问题必须得到考虑,原料国须与工业国得到同等考虑,不同地区人们的生活水准应更为均衡。联合国家致力于自由与建设性的大胆政策是必要的,能够"自动地使国际货币计划更容易为中国所接受"。也许一个国际经济委员会不仅要处理货币事务,还要能够处理投资和商品控制问题。除非联合国家的政府与经济思想转向新的视界、道路和观点,能够保证待发达国家利用世界资本与市场开发其资源,否则无论技术机制多么完备,也无法使世界实现免于匮乏的自由,也难实现免于恐惧的自由。[1]

中国银行同其他机构类似,同样关注中国与其他弱国的重建利益。但贝祖诒更进一步,他要求中国明确观点,成为促成后续中国提出本国方案的重要声音。

五、海关总税务司倾向于英国方案

按照《中英新约》附件(一)(戊)款,英国放弃要求任用英籍臣民为中国海关总税务司的任何权利。[2] 1943年5月20日,条约生效;几天后,英籍中国海关总税务司梅乐和(Frederick W. Maze)辞职回国。离职前夕,孔祥熙请他对美英计划提出建议。他认为,中国应谨慎面对目前的美国方案,英国机制更适合中国的需求,更值得中国考虑。原因在于,战后中国将日益实现工业化,其巨大的资源毫无疑问将得到科学开发。随着对外贸易的增长,

---

[1] Memorandum by Mr. Pei Tsuyee, April 27, 1943, box 78, AYP.
[2] 王铁崖编:《中外旧约章汇编》第3卷,生活·读书·新知三联书店1962年版,第1268页。

国家货币将会恢复平稳,贸易活动的增加和繁荣的扩展必将增进区域财富,并提高纸币的购买力。进一步地,中国应该考虑,如果她在世界中的地位与其微不足道的黄金持有额相联系的话,未来中国在国际事务与贸易上的影响力将会受到限制。"根据我对美国计划的诠释,并假定我的理解近似正确,中国应该警惕并抵制美国计划所安排的不利地位。"但为了发展贸易,开发资源,战后中国将需要美国和英国的金融帮助,因此其政府有必要参加两大国同意的金融机制——不管什么形式,或最终面貌为何。两国也许会谈判出一个都可接受的计划,毕竟目前正在进行中。①

作为英国臣民,梅乐和当然支持英国方案,但他指出美国方案重视黄金的作用,确实直击中国缺金的软肋。在相当长的一段时间内,中国坚持同美国交涉,就是要扭转美国所安排的不利地位。

六、中国农民银行提出国际复兴金融公司方案

中国农民银行经济研究处处长梁庆椿走得更远。梁庆椿早年留学美国哈佛大学,回国后任职浙江大学,被誉为天才型经济学教授。1943年5月11日,他和财政部次长顾翊群拿出了名为"国际复兴金融公司"的方案。

国际上关于国际金融公司的讨论由来已久,而梁庆椿相信,欲真正实现国际经济合作,则需先以公司形式成立全面履职的国际金融机构。他设想的国际金融公司致力于世界的永久和平与繁荣,将从事战后救济、扩大生产、稳定货币等工作。公司资本必须使用新的国际货币科斯马尼塔(Cosmoneta 或 Cosmona),它相当于纯金若干格令(10或100格令)②。作用有三:首先是稳定汇兑。在战后过渡时期,各国有权确定本国货币与科斯马尼塔的比值,并有义务保持汇率稳定在一定的范围内。其次是发挥银行职能。吸收存款、发放贷款,投资、发行债券和承购包销等。最后是发展国际福利事业,资助战后救济、对反对国实施经济制裁、信息研究与交换等。

与美国的设想类似,公司资本由各国认缴构成,包括两种股份:普通股和优先股。普通股只面向国家银行,优先股面向工业、贸易、船运和其他公共性质的金融机构。会员国份额的确定不取决于借贷需求与支付能力,而是基于国家银行的财政状况。份额部分由本国货币、政府债券、国际收支余额组成,包括属于美国租借的或被冻结的尚未使用的款项与黄金等。在管

---

① Letter from Sir Frederick W. Maze, May 7, 1943, box 78, AYP.
② 需要注意,这一数字与美国对于国际货币单位含金量的设计不同,它不是为了同美元挂钩而设计的。

理方面,各会员国有一名理事及两名副理事,他们由国家银行任命,行长由理事选举产生。因为公司是各国而非资本的组织,各会员国享有同等投票权。公司执行委员会则由美英中苏四大国的理事组成。①

看得出来,梁庆椿和顾翊群特别注意弱化黄金的作用,这一点与凯恩斯计划有相近之处;在管理上追求各国平等,明显是照顾经济落后国家的利益。

七、四联总处重视国际地位与重建援助

1943年5月15日,四联总处秘书长刘攻芸提出,中国可以同意两个方案的总体目标——毕竟它们比较相似。除此之外,刘攻芸看到,对于中国尤感兴趣的国际投资与重建援助问题,两个方案都没有提及。鉴于拥有或出产黄金的国家可获得额外的购买力,因而关于黄金的条款于中国而言多有不利。中国本不应接受此类条款,然而,如果在投票权、份额和重建援助上获得让步,中国可以同意。关于份额,中国应要求考虑人口数量与国土面积等要素。同样,决定投票权时还应考虑政治因素。在过渡时期内,中国应保留不受干扰地决定本国币值的权利。相比较而言,(清算)同盟方案对于债务国更为宽松,因此也更有利于中国。在经过过渡时期和制定初始发展性资本条款后,中国没必要害怕国际贸易与商业领域中存在的竞争。②

概言之,四联总处关注的是中国的国际地位,以及战后初期的重建利益。

八、私营银行界的观点

1943年5月21日,四行储蓄会行长、中国银行界北派领袖钱永铭提出他对美英方案的看法。他从中国战后需求出发,认定战后中国将需要国外物资以重建国家。为此,中国应在汇率问题上享有更多自主权,这样她可随形势需要调整汇率,并利用在关税政策及对外贸易政策上的自由,保护幼稚产业和帮助进口外国原料以重建国内经济。为了平衡预算和稳定汇率,中国要注意竭力减轻对于进口原料的依赖。

有鉴于此,英国方案首先进入钱永铭的视线,但他认为英国方案还应从5个方面予以改进:(1)决定信贷份额的因素,除对外贸易额外,还要考虑人

---

① An Outline for a Proposed International Reconstruction Finance Corporation, May 11, 1943; Memorandum of Dr. Y. C. Koo Reproposed International Reconstruction Financial Corporation, May 1943,box 78,AYP.

② Memorandum by Dr. S. Y. Liu,May 15,1943,box 78,AYP.

口、自然资源和重建需求等要素;(2)当会员国的贷方余额超出其份额25%后,它应被允许贬值10%而不是5%;(3)每年向储备基金缴纳1%的费用,条件应为贷差余额超出会员国份额的50%而不是25%;(4)理事会在分配代表时应更为民主;(5)英国方案没有考虑战后重建与资本流动问题,应予以重视。

美国方案则应从8个方面予以改进:(1)除了黄金、货币与政府证券以外,基金组织也应考虑人口、自然资源和重建需求等因素。(2)该计划应更具灵活性,如基金组织运营的前三年或前四年应作为试验阶段。关于重大决定,3/5而不是4/5的多数即可通过。(3)会员国可在10%幅度内调整汇率而无须得到理事会批准,国际机构运营的前三年可视情况调整汇率,汇率调整只需理事会3/5而不是4/5的多数票。(4)为减轻债务国的负担,他们应就借款向基金组织支付利息,向理事会支付一定的交易费用。(5)不能维持预算平衡的国家应有权确定关税税率,及实施其他措施以管理进口和出口事务。(6)应提及战后重建中的投资问题。(7)单个国家不应有"可以否决或通过决议"这么大的投票权。除了票数以外,应该限定一个决议通过与否必须经过至少3个国家的同意。(8)向基金组织缴纳的黄金份额,应基于各中央银行所持有的实际数额而定。[①] 钱永铭偏重于支持经济落后国家的经济利益与国家权力。

1943年5月21日,上海商业储蓄银行董事长陈光甫亦提出建议,支持中国参加国际合作,认为中国将会从中受益。第一,虽然美英计划各有其目的,但无论是为了避免货币的竞争性贬值,还是创造更好的国际经济环境,对于中国都是有利的。第二,虽然中国几乎没有黄金,国民收入亦无可靠数据,但基于对外贸易的份额对中国并非过分不利。第三,"对于战后货币政策,中国须二者择一。她或可选择类似战前德国所实施的严格的外汇控制,或追求自由政策。现在,任何形式的严格管制都会招致他国的报复。因此,自由政策可能更为合适。对于货币问题,可不时实施政策调整如修正汇率来解决。"当然,陈光甫也承认,战后中国的问题,比较急迫的是经济复兴、货币调整和补平财政缺口。对外援助仍是必需,无论是新的贷款还是租借援助皆可,并将持续数年,后一种更好。[②] 对于援助来源,他认为"美国为农工商等业发达之国家,经战时之高度扩充,尤为猛进。战后自需将其所余之资金觅一安全之途径,而中国富源无穷,百务待兴,为最适合于美国投资之

[①] Memorandum by Mr. Y. M. Chien, May 21, 1943, box 78, AYP.

[②] Memorandum by Mr. K. P. Chen, May 21, 1943, box 78, AYP.

国家",中美两国合作应以国际平准基金计划及国际银行计划为基础,在货币方面,"为达到战后与拟议中之国际货币尤尼塔发生合理之联系起见,中国应力求战时之币值益臻安定"。① 总体上,陈光甫更为赞同美国政策,甚至早在3月下旬就主动向蒋介石报告过美国方案概要,②他的态度是乐观的。

九、经济学家强调战后贷款

有民国四大经济学家之一称号的刘大钧一口气提出了四份备忘录。他认为,美英计划关于份额的计算都不符合中国利益。由于短期重建与长期复兴的需要,中国战后急需大额信贷,以帮助中国扩展生产力、增加对外贸易和国民收入,中国所需信贷额度应基于该国获得贷款后2~3年(或更长)的生产力水平,而不是申请之时——甚至远远比不上战前的某些日子(战前中国国民收入被估计为少于200亿国币,人均约为40元。经济部长翁文灏在接受外国记者采访时,基于其他估计也给出了相同的数据)——的贸易额或国民收入。目前,(寻求的)信贷应考虑覆盖至少2~3年而不是1年的逆差。鉴于中国国际收支将出现严重失衡局面,在确定份额时,中国必须提出不同的公式,务必考虑中国的潜在经济力量。相对于小国,四大国各自应有更多票数,因为他们具有更大的政治与经济重要性。"国际金融组织必须合并国际投资与货币稳定两大职能。"该组织应有两大部门,彼此合作,践行上述职能。金融强势的国家,特别是美国,可向该组织放出大额贷款10年或20年。中国暂时无法贡献太多,且需要从美国借贷黄金。过渡措施对中国非常重要,战后许多商品将出现短缺情况,如果欧洲战争先行结束,他们将耗尽可用商品,从而对中国不利。战后规划应考虑中国的紧急需求。③

十、官方智囊的观点

1943年5月30日,国防最高委员会国际问题讨论会亦提交备忘

---

① 《中美战时及战后金融合作方案草案》,无日期(应为1943年),Q275-1-2872,上海商业储蓄银行关于战时战后中美经济合作等各项意见、建议方案草案等文件(中英文),上海市档案馆藏。

② 《陈光甫电蒋中正美方建议之联合国平准基金委员会方案初稿全文》,1943年3月25日,数位典藏号:002-090103-00001-079。

③ Memorandum of Dr. D. K. Lieu, no date; Memorandum on the American and British Currency Plans, May 2, 1943, box 78, AYP.

录,提醒政府需要特别考虑五点:(1)任何国际组织都必须考虑其国际身份和视角。相应地,任何国家都不能主导该机构或有权否决任何重要决定。(2)对于会员国的国际收支情况,国际组织应有权提出建议,但无权为任何会员国做出决定。(3)国际合作机制及其程度应建立于会员国需求基础上,而不是与固定份额挂钩。(4)会员国投票权不应仅基于其份额,还应基于各会员国的国际政治与经济地位。(5)中国战后目标是加速经济重建。因此,中国应保持汇率上的自由,以免影响或削弱与重建至关重要的原料的进口,同时不能忽视外国在中国的长期投资。那么,中国政府应:(1)认真研究战争给中国金融带来的影响及战后重建需求,重建对外汇率,而汇率只能依靠中国预算平衡及自身的金融稳定。(2)中国战后重建的完成将需要巨额外国资本,但中国还应努力阻止资本向外国的流动。因此,既需鼓励对外贸易,也要避免资本外流。①

总的来说,专业群体的讨论集中于满足中国的实际需求,相对于学术界对于原则和宏观政策的强调,财政部与银行界更多地聚焦于具体对策的研讨,且无论是金融专家还是职能官员,观点都出现了惊人的一致。这表现在:首先,尽管战后国际货币组织会侵蚀主权,但中国必须参加,以维持国际合作并求得经济复兴和国家的发展。虽然如此,这次放弃部分主权系出于自愿,与之前不平等条约下的被迫放弃主权有着根本不同。其次,虽然从经济上看英国方案更有利于中国,但该问题首先是政治问题,中国应该支持美国方案,以获得更大的协助,提高抗击危机的能力。最后,尤其关注中国的现实需要。这又分三点:其一为政治上的大国地位,这体现在应尽量争取较大的份额;其二为经济上的落后状态急需改变,中国不能作茧自缚,需要良性国际机制确保经济发展;其三为正视中国的战时和战后初期的国情与需求,在确定汇率方面应留有余地。第三点为重中之重,它表明中国对战后国际货币问题的关注缘于美英通报,一开始亦打算二中择一,但在讨论中发生了变化,即仅仅在美英两国方案之中做出选择并不能满足中国的需求,而是要从自己的现实国情出发,寻求更为积极的解决措施。

第二节　中国战后货币计划初稿的提出

从1943年2月初到4月底,中国政府及社会各界对于战后国际货币计

---

① Memorandum Submitted by the Society on the Study of International Problems, the Supreme National Defence Council, May 30, 1943, box 78, AYP.

划做了密集的讨论,整体而言可谓快马加鞭,迎头赶上。不能忽视的是,自布雷顿森林谈判之初中国就能积极参与其中,与中央银行和财政部的及早研议是分不开的。从某种程度上说,制定方案的意图衍生于中国政府、驻外代表及专业群体的反复讨论与互动之中,其中专业群体的广泛参与发挥了关键性作用。由此可见,中国参与战后秩序的构建既是自然而然的过程,亦具有一定的特殊性。

一、财政部研讨美英计划

1943年4月28日上午,在各界讨论美英战后货币计划近三个月后,财政部部长孔祥熙在其公馆召开会议,这是政府层面首次召集职能官员与金融专家讨论战后国际货币计划问题。

会议首先讨论的是中国加入战后国际货币组织与否的问题。会议对这一点几乎没有异议,绝大多数与会者都认为,即便需要牺牲自主改变币值的主权,中国亦应积极参与倡导货币合作的国际机制。著名银行家张嘉璈则称,美方注重货币汇率,英方注重贸易,而中国对于外汇基金及贸易差额,均需外助,故应加入。贝祖诒则认为,此项协定不妨俟战事结束再行参加。① 粮食部部长徐堪强烈建议中国加入,以从货币稳定中获益。王世杰主张在原则上中国应参加,但须提出修正意见,得到孔祥熙的赞同。②

其次讨论的是美英方案的优劣问题。徐堪认为,跟从美国将获益更多,英国而非美国将是中国贸易发展中的竞争者。孔祥熙对此表示赞同,他认为中国必须参加(国际合作),并且要与美国保持密切合作。③

再次,会议反复强调"中国应取得更大的份额,设立过渡时期推动国内经济复兴与调整"的极端重要性。陈光甫称,案中所定各国出资额似太小,货币不应贬值,外汇管理应取消,贸易互惠应与之一并讨论。张嘉璈认为,唯中国尚缺乏过渡时代之复员资金,及初步开发资金,亟宜提出一混合英美两案之方案,加以长期资金之安排。至将来该项机关之管理与运用,必须为国际的,而非由美英两国垄断的。中国更须提出税则问题,使之同时解决。总之,货币问题与经济问题,无法分离。④

---

① 姚崧龄编著:《张公权先生年谱初稿》上,社科文献出版社2014年版,第323页。
② 《王世杰日记手稿本》第4册,第64页。
③ US Department of State, *FRUS*, *1943*, Vol. 1, pp. 1073–1074. US Department of State, *FRUS*, *1943*, *China*, pp. 850–851.
④ 姚崧龄编著:《张公权先生年谱初稿》上,第323页。

从会议内容可知,这次会议是对之前各界大讨论的总结。经过充分讨论,孔祥熙让出席人员于一星期内提出书面意见,由财政部汇总并形成统一方案。① 由此,经张嘉璈提出,孔祥熙首肯以后,中国制定方案事宜由理论家口中的远景变为实干家手上的路线图。美方得悉讨论内容以后,亦称赞会议"讨论务实且充满智慧"。②

尽管中国政府与社会各界的讨论如火如荼,政府的政策研讨也很快起步,但在蒋介石侍从室看来还是过慢。5月初,陈布雷称,美国之案系二月内送来,而现时英美苏在华盛顿均系密有商讨,"我国应付方针,亟宜早有决定并早作准备。孔副院长对此虽极注意,但进行程序似稍觉滞后,拟再去文催促,迅速将研议结果呈报候核"。③ 这在一定程度上加快了财政部的工作,使孔祥熙更为重视战后货币问题,直接促成了中国战后国际货币计划的诞生。

二、中国战后国际货币计划初稿的出台与特色

中国战后国际货币计划初稿形成于5月18日,距财政部4月28日会议有20天,距侍从室的督促不到2周,效率之高反映出中国政府对这一问题的重视。从已有资料看,初稿由杨格执笔,是他与孔祥熙及相关专家讨论后形成的意见汇总。④ 方案意在(1)综合考虑中国利益,对专业群体的意见做系统化的表达,其中特别考虑中国的特殊问题;(2)选出美英方案中最有价值的部分并竭力予以融合,将特定项目留白以做进一步的考虑。⑤

与美英方案不同,中国方案分为两部分。第一部分名为"战后国际货币协定",系中国政府的政策声明草稿,共4点。备忘录开门见山,强调制

---

① Chinese Reaction to International Stabilization Fund Proposal, May 3, 1943, box 9, CFHW.
② Adler for the Secretary of the Treasury, April 29, 1943, BWC1339-04.
③ 批示,1943年5月6日,数位典藏号:001-084800-00001-007。
④ To Dr. O. K. Yui, May 21, 1943, box 78, AYP。赫莱纳认为,起草中国方案的主角(the lead role)是美国人杨格。参见 Eric Helleiner, *Forgotten Foundations of Bretton Woods*, p. 193;舒勒等人明显受其影响,称杨格带头起草了中国方案,但却将杨格兄弟混淆,将功劳放到了他在美国国务院工作的弟弟约翰·杨格(John Parke Young)身上。参见 Kurt Schuler & Gabrielle Canning, *Just Before Bretton Woods: The Atlantic City Conference, June 1944*, p. 8, footnote 11。笔者对此无法苟同。实际上,通过前文对国内外文献资料的梳理,我们不难看到,中国方案的起草是在财政部部长孔祥熙的领导和组织下展开,方案内容建立在国内专业群体与职能官员广泛讨论的基础上,而杨格仅为众多专家中的一位,他扮演的应该是执笔者而非领导者的角色。为便于对外交涉,方案系由英文写成,这可能是杨格入选执笔人的一个重要原因。
⑤ To His Excellency Dr. H. H. Kung, May 18, 1943, box 78, AYP.

定有关"战后初期救济、经济金融复原以及大规模资本流动"条款的意义，认为它对于帮助不发达地区开发资源和提高人民生活水平特别重要。[①] 中国正是从此处切入阐述本国主张，与之前财政部、中央银行与外交部所提与外国经济合作方案一脉相承，与社会大讨论的结果基本一致。这表明中国制定战后国际货币计划完全受本国迫切需求的驱动，对战后国际秩序有明确的诉求。

初稿第二部分是两个附件。附件一名为"国际救济与经济复兴委员会建议"，主要内容有：(1)美国应该组建国际救济与复兴委员会。委员会由7名代表组成，其中美国、英国、中国和苏联各出1名代表，其他联合与联系国家集体遴选3名代表，其中至少1名来自欧洲受战争损害的国家。(2)在经济复兴方面需要帮助的各国政府将向委员会提交计划，列出他们在农业、工业、交通、通信和水利复兴方面的需求。此类计划需按紧急程度列出需要的项目，并尽快以非正式的形式告知委员会，且须视形势的发展而不时修订。计划涵盖日期不超过2年，但个别情况可延长不超过1年。(3)委员会的工作花费，超出缴纳额部分可从国际货币组织获取贷款。[②]

附件二名为"国际货币组织方案"，全面论述了中国的需求。[③] 方案认定国际组织最佳名称为联合平准基金组织(United Stabilization Fund)，方案全文7章36条，从基金组织目标、货币单位、基金组织构成、管理与运行、过渡时期和一般条款方面做了规定，基本上囊括了此前参与讨论的各方人士的主要关切。

中国关于战后国际货币计划的初稿在三个方面表现出与美英不同的特色。

首先，初稿最具特色的是第6章关于过渡时期的规定，即任何国家都可在战后援引过渡时期，期间可采取必要的措施，配合相应的国际援助来稳定汇率。按照该设想，过渡时期设为2年，如得理事会同意，可延长1年。基金组织应不定期了解会员国经济状况，确保援助应用于重建与发展事项。这是美英方案完全不具备的新内容，反映了中国及处境类似的国家的现实

[①] Post-war International Monetary Arrangements, May 18, 1943, box 78, AYP.

[②] A Proposal for an International Council on Relief and Economic Rehabilitation, May 18, 1943, box 78, AYP.

[③] Draft, Proposal for an International Monetary Organization, May 18, 1943, box 78, AYP.

需要。①

其次,初稿中所列目标亦与美英方案不同。中国方案意在扶助遭受战争损害的国家和经济不发达国家走向复兴之路,初步体现出"济弱扶倾"的理念。第一,基金组织首要目标是帮助受战争损害的国家重建货币体系,设立健全的固定汇率,最后才是建立具有充足储备的汇兑系统和国际多边清算机构,以促进会员国货币体系和汇率的长期稳定,从而带来国际贸易的增长及资本的互惠流动;第二,在基金组织规模上,它受到过渡时期会员国所需救济及货币复原等问题的影响,在具体操作上很有难度,也没有先例,仍需探索。在具体做法上,则是由基金组织引导外部援助,以推动相关国家的货币复原。据此,基金组织也能在资助救济和经济复兴方面发挥一臂之力。

最后,初稿的第三个特色体现在会员国份额组成上。中国认为,比较具有可行性的做法是考虑战前进出口总额及战后世界物价水平可能的上涨幅度、流通中的货币及信贷数量、黄金及外汇持有额、国民收入及在世界经济中的重要性。在份额要素构成上,方案认为有价证券应占份额的1/4而不是美国方案中所提到的一半。中国看到,会员国向基金组织缴纳证券主要有两个目的:(1)提供可供市场化运作的资产;(2)其收益可为基金组织的日常开销提供支持。实际上,无须向基金组织缴纳数额巨大的证券就能满足这两点。在调整会员国国际收支失衡问题上,初稿遵从英国的做法,即债权国有责任采取措施减少其收支盈余,这减轻了经济不发达国家维持国际收支平衡的压力。②

总之,中国的特有关切主要表现在:(1)为货币复原设置过渡时期,将其作为该计划的核心部分;(2)修正决定份额的要素组合,增加于中国有利的要素;(3)修正关于冻结资产的条款;(4)创建一个特别的国际组织,以协调战后救济与经济复兴工作。③ 毫无疑问,这份方案是对前述大讨论的总结。而在初稿出炉后,中国对于战后国际货币计划的讨论也进入

---

① 需要说明的是,英国国际清算同盟亦有关于过渡时期(Transition Period)的规定,核心内容聚焦于英国与欧洲国家战后初期的救济及建设,资金可来自清算同盟的透支,亦可来源于其他途径的筹款,如美国租借法案延期,或其他协助;而中国的过渡时期计划主要着眼于经济不发达国家的货币复原与币制重建,在过渡时期内,会员国还可确定临时份额,缓交份额,对于黄金的比例也可另行制定办法。对比可知,中国的过渡时期聚焦于战后初期的货币制度与实践,这缘于中国的现实需求,对于经济落后国家更为友好。(沈)宗濂,鉴言,1943年6月15日,数位典藏号:001-084800-00002-005。

② Draft, Proposal for an International Monetary Organization, May 18, 1943, box 78, AYP.

③ Summary of Principal Points included in Draft of International Monetary Plan, May 20, 1943, box 78, AYP.

新的层面。

三、范庄会议讨论方案初稿

初稿出炉后,孔祥熙命杨格发给财政部、中央银行和中国银行等部门的职能官员与金融专家审阅并提出意见。1943年5月19日,孔祥熙又以行政院的名义向杨格、俞鸿钧、顾翊群、财政部钱币司司长戴铭礼、中央银行副总裁陈行、贝祖诒、陈光甫、钱永铭、郭锦坤、张嘉璈、中美平准基金委员会主任秘书冀朝鼎、刘攻芸、王世杰等人发出邀请,称"关于英美国际货币方案问题,前曾一度会商。兹因各方意见尚待再度商讨,特订于本月廿一日(星期五)上午九时在上清寺范庄会议室集会商讨"①。

范庄会议主要讨论英美两国所提方案,财政部与杨格所提对案。② 它是中国正式方案出台前,财政部组织召开的最为重要的一次会议。孔祥熙亲自主持会议,与会人士畅所欲言,现场研讨非常热烈。按发言主题总结如下:

其一,总体上,中国的最终目标与英美无异。如顾翊群所言,中国期待各国货币保持长期稳定,不仅是为了实现国际收支平衡,还有助于各国吸纳资本,开发战后世界,从而实现经济繁荣。陈行亦赞同建立一家国际超级中央银行,处理常规业务,以此为基础,形成国际货币同盟,促进经济复兴和币制平衡。

其二,关于中国战后重建和工业化的需求是重点话题,也是与会者们讨论最多的内容。蒋廷黻认为,美英追求的是国际货币的稳定,与之相比较,中国更为强调经济复兴。王世杰认为,战后中国开始工业化,需要增加透支额。贝祖诒同样认为,中国应该发展国际贸易,增加出口,换取重建乃至复兴所需的黄金和外汇,因此,取得更大的透支额度非常必要。刘攻芸认为,中国最重要的考虑是战后工业与金融重建,因此,应该坚持关于中国战后重建的问题与货币问题一并讨论。在具体内容上,他认为美英方案都使黄金货币化,有利于美英,但不利于中国。对外贸易对中国而言是逆差。当美国要求使用黄金支付时,中国必须(加大)出口以扭转逆差。俞鸿钧称,战后将有三类国际机制——处理国际和平、处理经济复兴与救济以及处理货币稳定的机制,货币问题应与其他经济问题受到同样的关注。工业不发达国家理应受到重视,各国不应根据份额获得贷款或透支,贷款应根据各国的总

---

① 《孔祥熙致杨格先生》,1943年5月19日,box 78,AYP。
② 姚崧龄编著:《张公权先生年谱初稿》上,第325页。

体需要而不是由其所能担负的份额决定。

张嘉璈主要针对经济落后国家发言,他认为对此类国家应更为宽容,给予必要的优先权。即便基金组织资金出现不足时,也应考虑此类国家的贷款申请。其他方面,不发达国家应无义务向基金组织缴纳黄金证券,因为他们的资源本就不充足,所以应优先满足本国所需。不发达国家应被允许在一定时期内实施易货贸易,以发展出口贸易。对中国而言,必须保留易货贸易,停止不必要的进口,以获得必要的黄金和白银来稳定中国的币值。

中国农民银行经济研究处主任梁庆椿认为,过渡时期的货币稳定非常重要,中国的汇率困难不应怪罪于贸易逆差。有助于稳定货币的,不是来自外国的透支,而是本国的生产,因此增加生产是根本之策。这得到陈光甫的认同。他称中国应该生产更多。一旦战争结束,中国应尽可能多地出口。为此,应该关注树油(wood oil)等物资,改变贸易策略:(1)鼓励更多的生产;(2)将物资运输到几个关键点,借机推进对外贸易。一旦战争结束,外国大型船只运来救济物资和消费品,在返航时则满载中国商品。对中国而言,重要的是要有合适的资本政策——如果国家管制太严,人们将慎于投资中国;如果国家不能严格控制,那么人们又会担心资本将法币兑换为外币之后逃离。陈行则提醒,国币的定值太高了,出口将会受阻,他提议一旦战争结束,政府应让汇率回归本位,从而增加出口。

其三,汇率自由度。王世杰认为,一些货币是稳定的,同时另外一些不怎么稳定,如经济后起国家,应给予他们在改变汇率问题上更大的自由度。如果能增加透支额,并在汇率问题上保持自由度,那么中国加入此国际事业,寻求经济的发展将是值得的。贝祖诒认为,英国方案中列出的建议似乎更为灵活,但是它仍然只是允许汇率在5%以内自由变动,超过5%就要通过理事会。美国方案要求4/5的多数票同意才能更改汇率。在调整汇率方面,我们应该有权利采取更为灵活的方式。贝祖诒认为,谈判汇率的同时,还应谈判国际贸易与投资。尽管美英计划提到这些内容,但他们倾向于分开来谈。

其四,过渡时期。王世杰认为,货币的稳定必须是渐进实现的,可能需要5~10年的时间,没有哪个体系能够立即建立并发挥作用。贝祖诒持同样的看法,认为在复兴与救济前存在着巨大的间隔期(great gap period),可能是5年或更长。在这段时期内,中国须考虑来自外国的援助,以高效地重建受损工业。刘攻芸认为,中国应同意稳定货币这一目标,同时中国必须坚持在过渡时期内,即实现国际范围的货币稳定之前,保留决定货币价值和汇率水平的自由。中国最重要的考虑是战后工业与金融复原,因此,应该坚持中国战后重建问题与货币问题一并讨论。冀朝鼎认为，发展国际贸易不独有利于中国，也有利于其他国家。中国可以使用美国5亿美元贷款中的3亿来弥补差额，以度过过渡时期。

其五，黄金。顾翊群称，中国急需黄金，假如美国同意中国拥有更多的黄金，则中国可以赞成美国以黄金为基础的方案。俞鸿钧称，（国际范围的）过剩黄金应为工业不发达国家所用。

其六，中国在国际组织内的地位问题。刘攻芸认为，根据英美方案，他们只考虑了既有经济大国（的需要），没有考虑经济有潜力国家的需要。作为有潜力的国家，中国的人力资源和自然财富都非常庞大。在决定不同国家（在国际组织内）的权力时，除经济力量外，还应考虑政治地位。俞鸿钧称，份额方面应强调中国的潜在经济地位。冀朝鼎认为，鉴于份额基于对外贸易和国际收支的现实，份额越大对中国越好，中国可以向会议提出具体数额或其他基础方案。

其七，中国的国际身份问题。贝祖诒忧心忡忡地提到，中国的情况很难，除非我们团结弱国并得到他们的支持。战后，不发达国家很自然地希望更为发达的国家帮助他们实现复兴。作为四大国之一，也许中国有必要成为不发达国家的领袖。对于中国来说，获得这些国家对于工业重建与复兴的支持，是有利的。具体来看，在英美政府就一个确定的机制——英国人努力寻求一个解决方案或修正他们的计划以接近美国方案——达成一致之前，中国应提出她的观点及能代表弱国的看法，提前交涉，否则中国只能仰仗英美的怜悯。这一点得到孔祥熙的赞同和补充，称如果中国想要在国际范围内有所改观，必须同时争取弱国及强国的合作。如果中国要提出方案，就必须在最后的协议达成之前提出，否则将很难改变最终协议。顾翊群阐释他的国际复兴金融公司方案时表示，希望赢得小国和不发达国家的好感，他们会共同支持中国与大国的谈判。国际复兴金融公司正是站在经济不发达国家的立场上提出的。俞鸿钧甚至认为，中国应大胆发挥其主动性。无论从政治上还是经济上看，中国都是四大国之一，中国应该主动召集此类会议。

关于中国支持不发达国家问题，冀朝鼎的观点有所不同。他认为，因为中国的国际地位（较弱），美国可能会给中国特殊的考虑，但如果我们考虑所有的弱国，那么我们可能无法得到我们所需要的（美国援助）。与此同时，外国商界急切地想知道，在废除治外法权以后，中国政府对待外国商人的态度如何。如果中国能够澄清其贸易政策，那么这将在会议开幕之前帮助到中国。

财政部部长孔祥熙在总结时重点关注了四项内容：（1）关于外汇管制。战后一段时期内，中国将不得不实施外汇管制。政府政策是帮助实业界，希望外汇由人民使用，生产更多的产品行销国外，而不是眼睁睁地看着资本逃离，因此外汇管制与欢迎外资的政策并不矛盾。（2）关于中国战后重建和工业化。中国必须想方设法降低生产成本，增加出口。（3）关于货币与汇率。中国不应贬值货币，现有汇率是有利的。货币是重要的，因为这次战争80%的起因是经济因素。（4）中国与弱国的关系。中国应该为弱国说话，毕竟他们在支配产品方面没有那么幸运。①

综上所述，与会专家一致认为，中国的主要任务是实现战后复兴与工业化，并在国际货币安排中取得有利地位。因此，战后初期的过渡时期对中国而言即是这一历程的启动期，非常重要。实际上，会议中所讨论的中国处境并非孤例，正在遭受轴心国侵略和占领的国家、非洲与拉丁美洲的诸多经济不发达国家外债巨大，货币价格不值几何，都有着与中国类似的需求。在某种程度上，中国所提战后国际货币方案——着眼于战后恢复与复兴——代表了他们追求重建与发展的普遍愿望，②而这正是美国所忽略的。

本来美国只是请中国针对其方案提出建议，中国却在此过程中认真提出了本国方案，表现了中国积极推动多边谈判，参与构建战后国际秩序的热情与积极性。值得注意的是，中国提出本国方案并非欲与美英分庭抗礼，而仅是从推进战后重建和经济复兴的角度，营造有利于弱国发展的国际秩序，强调"济弱扶倾"，为健康有序的国际秩序奠定基础。对于美国所追求的长期目标即经济繁荣与持久和平，中国持赞同态度，两者之间并不矛盾。

第三节　中美两国对基金组织份额的最初看法

份额是会员国向基金组织缴纳的一定额度的资本，因关系到国际货币基金组织的建立与运行，而成为战后国际货币计划的核心内容。份额由黄金、外汇、本国货币及有价证券组成，份额大小决定着会员国在基金组织内

---

① Summary of Conference, May 21, 1943, pp. 1–10, box 78, AYP.
② 除中国外，二战期间提出战后国际货币方案的国家还有美国、英国、加拿大和自由法国等国。加拿大"国际汇兑联盟"（International Exchange Union）方案接近于英国方案，法国方案是从1938年美英法《三方协定》基础上演变而来，它更接近于美国方案。四国方案全文详见 J. Keith Horsefield, *The International Monetary Fund, 1945–1965*, Vol. 3, pp. 3–118。挪威后来在会议上也提出了方案，但从未公开。参见李国钦、徐泽予：《国际货币基金技术专家共同方案简述：六月十日美国航空通讯》，《新中华》1944年复2第10期，第86页。

的权力大小,反映着其国际地位的高低及可使用基金组织资源的多寡。因此,大部分国家都欲争取更大的份额。

在这种情况下,份额的产生方式为各国所瞩目,有关份额的讨论也贯穿于布雷顿森林谈判始终。一直负责与盟国协商的美国技术顾问为坚持份额不变,称其根本上而言为一客观问题,①中国代表视各国份额的决定为"(布雷顿森林)会议中最困难之问题",②英国人认为份额的分配是布雷顿森林会议上最困难和最危险的主题。③ 道麦尔承继了这一看法,他同样认为,为各国确定份额是一件困难和危险的事情。④ 康威称,份额是布雷顿森林会议谈判中心的定时炸弹。⑤

由此,各国之间围绕份额的争论不仅激烈,有时甚至苦涩。⑥ 有关中国份额的增减,在布雷顿森林会议上亦成为争论的焦点。在布雷顿森林方案设计者怀特看来,中国在"能引起大麻烦并引发大讨论的国家"行列中排名第一。⑦ 与中国份额的重要性相比,针对该问题的研究情况则不尽如人意,个别研究甚至以讹传讹,有失客观。关于中国份额的渊源、演变,以及背后所反映的国际关系面貌,更无研究予以系统说明。⑧ 有鉴于此,有必要单列份额问题予以论述。

---

① Questions at Issue on the Fund, June 23, 1944, p. 1, BWC1504-04. 日期为铅笔标注,同份文件亦见于摩根索日记,但无日期。参见 book 747, part 2, p. 232, DHM.
② 《联合国家货币金融会议中国代表团报告》,第 90 页,396-1401(1)。
③ From Bretton Woods British Delegation (Monetary Conference) to Foreign Office, 6 July 1944, p. 1, FO 371-40916 Bretton Woods July-August 1944, https://centerforfinancialstability.org/atlantic_city.php, accessed on April 22, 2022.
④ Armand V. Dormael, *Bretton Woods, Birth of a Monetary System*, p. 179.
⑤ ED Conway, *The Summit: Bretton Woods, 1944*, p. 172.
⑥ Kurt Schuler & Andrew Rosenberg, *The Bretton Woods Transcripts*, p. 12.
⑦ Instruction of American Delegates-Fund, July 1, 1944, p. 2, box 8, RBWA.
⑧ 国内学者关注到了中美关于 6 亿美元的争执,但论述主要依据张嘉璈年谱资料,材料来源相对单一。详见王丽:《重建战后金融体系的努力:国民政府与国际货币基金组织》,《史林》2015 年第 1 期,高作楠:《参与构建战后国际货币金融秩序:中国与布雷顿森林会议》,《民国档案》2018 年第 2 期;国外方面,伊克斯认为,中国因为面子问题而坚持 6 亿美元份额,立论过于简单。参见 Alfred E. Eckes, Jr., *A Search for Solvency: Bretton Woods and the International Monetary System, 1941-1971*, p. 145;康威更多地关注中国在会议上的非正式活动,参见 ED Conway, *The Summit: Bretton Woods, 1944*, pp. 220-222;杨格提到中国份额,但没有展开,参见 Arthur N. Young, *China and the Helping Hand, 1937-1945*, pp. 380-381;赫莱纳关注到了中国的作用,但没有提及中国的份额问题,参见 Eric Helleiner, *Forgotten Foundations of Bretton Woods: International Development and the Making of the Postwar Order*, pp. 186-200。

一、美国关于份额的设想及公式拟定

美国财政部对各国份额的安排集中体现于财政部部长助理、货币研究司司长怀特所拟定的货币计划之中。怀特的第一个供讨论的底本完成于1941年底,其中即包含了他对于份额的构想。基金组织最初设想总额为100亿美元,由黄金、货币和政府证券等组成,其中20亿美元预留给中立国与轴心国,因此美国与盟国战时可讨论的份额只有80亿美元。各国向基金组织认缴本国货币,认缴额由该国国民收入、黄金持有量、对外贸易、人口数量及外债等要素决定。在他的最初设计中,美国认缴40亿美元,英国认缴10亿美元,苏联认缴5亿美元。此时怀特更多的是考虑拉美国家的份额,尚没有提到中国。①

1942年4月,怀特系统化地完成了方案的修订,反映出美国财政部的最初构想。怀特计划意在打破旧有传统,破除各国"自顾本国"和"弱肉强食"的灾难性经济政策,各国专家广泛参与国际货币事务,成立政府间国际货币组织,以赢得战争与和平。在怀特的设计下,为减少国会的阻力,基金总额的说辞变为"最少50亿美元"②。基金组织的主要目的是维持收支平衡而非盈利,因而,各国份额不可能留待各国自行决定,怀特将之交给一个公式,综合考虑相关要素后决定。其中,各要素按重要程度排列分别为:黄金持有(每10亿美元100分)、黄金产量(每10亿美元50分)、对外贸易(每10亿美元25分)、对外投资(每10亿美元25分)、对外债务(年度外债利息每5000万美元10分)、人口(每1亿人10分)。据此,美国得分2905、英国577、苏联149、中国78,经换算后,份额相应为美国31.96亿美元、英国6.35亿美元、苏联1.64亿美元,③中国则不到1亿美元。由于有些国家的经济数据并非完全公开,或本身缺乏统计数据,因此美国公式使用的数据有些是估算的,并不准确。从以上数字来看,怀特初稿份额表上各国额度相差悬殊,像苏联只有美国的5%、中国不到美国的3%,无论从政治或军事角度,抑或从经济角度看,这些比例都很不合理。因此,怀特计划关于计算份额的初始公式极为粗糙。怀特本人亦不满意,指出它仅仅是提供了改进的

---

① Proposal for an Inter-Allied Stabilization Fund, December 29,1941,pp. 6-7,box 36,RBWA.

② Preliminary Draft Proposal for a United Nations Stabilization Fund and a Bank for Reconstruction and Development of the United and Associated Nations(April 1942),J. Keith Horsefield, *The International Monetary Fund*,1945-1965,Vol. 3,pp. 37,41,44.

③ A United Nations Stabilization Fund, J. Keith Horsefield, *The International Monetary Fund*, 1945-1965,Vol. 3,p. 74.

基础。

1942年9月,怀特将调整公式的任务交给其助手米克塞尔(Raymond Mikesell)。作为美国财政部货币研究司的经济学家,米克塞尔参与了对怀特计划的研究与修订,而处理份额构成问题是他在财政部的第一项任务。他当时没想到的是,这份有关国际货币研究的工作一做就是5年。在怀特的启发下,米克塞尔以会员国黄金和美元持有、国民收入和对外贸易为考虑和计算的基本要素。怀特要求公式必须实现的目标为:美国份额约29亿美元,英国(含殖民地)约为美国的半数,苏联比英国少,中国再少些,基金组织总份额的说辞又改回100亿美元。对如何搭配这些要素,怀特并无意见,他主要关心的是美国的主要军事盟国应有最大的份额,且它们的顺序已经为美国总统罗斯福和国务卿赫尔核准,①这反映出罗斯福对盟国在战争中的重要性的判断。② 可以说,从此时开始,中国份额即在美国的布雷顿森林方案中居于前四的位置。原因在于,此时中国为美国在亚洲太平洋地区唯一坚持抵抗法西斯侵略的盟国,军事地位极其重要。美国财政部部长摩根索1944年曾对来访的中国行政院副院长孔祥熙称:"在我们为战争做准备的时候,是你们稳住了远东的局势。"③因此,鉴于中国在美国战略调整中的重要地位,中国份额从一开始就列于前四,是一项政治性的安排,同时也是美国第一次明确中国在国际经济领域名列四大国地位。

此时美国财政部的份额计算方式尚在酝酿阶段,变动较大。1943年5月下旬,财政部的目标即变更为美国35亿美元、英国15亿美元、苏联10亿美元、中国5亿美元,但米克塞尔发现,几乎不可能在同一个公式中实现这一目标。④ 按照米克塞尔的回忆,他的工作异常艰辛,主要原因在于数据不足。盟国中只有美国和英国有官方数据,另外几个国家有非官方的估值,且都缺少"国民收入"数据。彼时这还是一个新出现的经济学术语。但因为国民收入的权重巨大,如果不考虑它,则无法列出怀特需要的公式。因此,米克塞尔依靠各国工资水平、家庭支出、平均消费量、国家预算及税收等数据推算出34国的国民收入数据。⑤ 但在财政部内部的一封信中,他又说,只有美国、英国、加拿大和澳大利亚的数据是由他负责,其他国家的数据是

---

① Raymond F. Mikesell, "The Bretton Woods Debates: A Memoir", p. 22.
② Eric Rauchway, *The Money Makers, How Roosevelt and Keynes Ended the Depression, Defeated Fascism, and Secured a Prosperous Peace*, p. 168.
③ Financial Settlement with China, 11:15am, July 16, 1944, book 755, part1, p. 22, DHM.
④ Quotas for Member Countries, 5/24/43, box 41, RBWA.
⑤ Raymond F. Mikesell, "The Bretton Woods Debates: A Memoir", p. 22.

由财政部的其他同事提供。①

在这种情况下,中国的数据变动频繁,屡有反复。最初,米克塞尔将中国的国民收入估计为美国的15%,黄金与外汇持有估计为美国的4%,出口波动最大值为美国的10%,在美国份额为35亿美元的情况下,估算出中国份额为3.3亿美元,这与前面的预期相差过大。考虑到中国将来会收复失地,米克塞尔将中国的国民收入估值提高到美国的20%,中国份额相应增加到3.9亿美元。② 而如果仅考虑国民收入、黄金、进口波动及年均出口值,在总份额100亿美元的情况下,美国份额为27亿美元,英国为10亿美元,苏联为5亿美元,中国仅为2.6亿美元,略高于加拿大的2.5亿美元。在这一版中,中国1938年的国民收入被估计为100亿美元,约相当于美国的15%。③ 在1943年5月26日的版本中,在总份额100亿美元、美国份额为35亿美元的情况下,中国份额又被铅笔修改为4亿美元。④

经过无数次的试验,米克塞尔针对贸易数据使用不同的加权与组合,最后发现,通过平均出口(1934~1938年)对国民收入(1940年)的比率提高份额可接近于满足怀特的要求。决定份额的最终公式是2%的国民收入、5%的黄金与美元持有、10%的平均进口、出口波动最大值的10%,这四个比例相加,与平均出口对国民收入的比率相乘,即可得出一个国家的份额值。公式定稿于1943年6月9日正式出台,此后再未更改。根据公式,美国财政部产生了首个成系统的份额表。在总份额约100亿美元的情况下,美国份额29.29亿美元、投票权为3029票,中国又降回到3.5亿美元、投票权为450票。美国使用了1940年的国民收入数据,中国被估算为120亿美元,仅为美国的15%,⑤1943年的黄金与美元外汇为7.5亿美元,1934~1938年的平均出口值为3.44亿美元,平均进口值为5.32亿美元。⑥ 据此公式,在没有法国的情况下,中国份额少于印度和缅甸的3.67亿美元和467票,居第五位。这显然与四大国原则相悖,故迫使美国财政部重新调整表格。在第二个份额表中,中国份额增加到6亿美元,并在9月22日的第三个份额表中继续保持,同期印度与缅甸分开,印度份额降至3亿美元,法国加入

---

① Mikesell to Bernstein, April 30, 1944, BWC1529-23.
② Member Country Quotas under the I. S. Fund Proposal, 5/21/43, box 41, RBWA.
③ Mikesell to Bernstein, May 25, 1943, BWC1529-01.
④ No title, 5/26/43, box 41, RBWA.
⑤ A Suggested Formula for the Determination of Member Country Quotas, 6/9/43, box 41, RBWA.
⑥ Data Employed for the Determination of Member Country Quotas, June 9, 1943, BWC1522-07.

表格,份额为5亿美元,明显少于中国。① 从8月5日的一份文件可以看到,中国1940年的国民收入被重新估值为150亿美元,1942年底的黄金与美元储备为2.7亿美元,1934~1938年的平均进口值为5.32亿美元,同期平均出口值为3.44亿美元,国民收入较之前有明显增加。② 这个调整显然是出于政治上的原因:一方面,怀特起草战后货币计划及形成定稿之时正值太平洋战争爆发之初,系美国由和平向战争转换的关键时期,中国的战略地位对美国而言异常重要,而中国亦屡屡要求美国为其安排更大的份额,美国不得不予以认真考虑;另一方面,此时法国开始出现于表格之中,根据公式计算的份额约为5.5亿美元,比中国的3.5亿美元高出太多,③需要调整。自1943年6月22日起,美国财政部的份额表即显示中国额度为6亿美元。虽然如此,此时美国在中国份额问题上还没有形成定论,同期美国用于计算的各种表格仍常常将中国列为3.5亿美元,就份额的形成而言,这是一段相当混乱的时期。

二、中国对于份额的设想

份额问题对美国非常重要,对中国同样如此,中国政府视之为两个至关重要(crucial importance)问题中的一个。④ 自1943年2月初收到美英方案以后,中国就开始研究份额数量问题。中国财政部认为,无论是英国还是美国的份额组合方案,中国都因黄金储备的缺乏、对外贸易总量偏低而全无优势。但是,战后中国迫切需要外资,以帮助完成国家重建和经济发展,因此应提出合乎中国需求的份额方案。正如中国海关总税务司梅乐和在辞职前夕对孔祥熙所言,战后中国将需要财政援助,中国将步入工业化并进入发达国家的行列,因此中国的地位不应被其无足轻重的黄金持有额限制住。⑤ 在美国方案的基础上,中国财政部提出,基金总份额为50亿美元,由15%的黄金、25%的会员国货币、60%的会员国有息证券组成。会员国初始缴纳50%的份额,国外被冻结的资产可用于认缴份额。⑥ 这是中国对于份额的最初态度。

① Gold and Dollar Contributions under Formula Suggested on September 29,1943,box 41,RBWA.
② National Income, Gold and Dollar Balances and Trade Data for the United and Associated Nations, August 5,1943,box 41,RBWA.
③ Gold Contributions of Member Countries Calculated According to II-3 of the June 26,1943,July 2,1943,box 41,RBWA.
④ Adler for the Secretary of the Treasury,April 29,1943,BWC1339-04.
⑤ Letter from Sir Frederick W. Maze,May 7,1943,box 78,AYP.
⑥ Memorandum from the Ministry of Finance,April 21,1943,box 78,AYP.

中国政府与社会各界针对份额问题展开了各种讨论,总体认为中国不仅需要加入战后国际经济组织,而且份额越大越好。除个别观点①外,大部分人都认为中国应主动作为,强调中国的特殊需求,并就份额公式列出新的要素或提出新的见解,以争取更大的份额,很多提法与其后他国的一些主张不谋而合。分类总结如下:

1. 银行界强调份额公式应考虑新的要素

除了贸易量、黄金与外汇以外,公式也应重视其他项目,如人口和国土面积等。中国银行副总经理贝祖诒认为,对于中国及与中国地位类似的国家来说,在决定份额时应考虑国际收支中的无形项目,而不应过分强调黄金与外汇持有的重要性。② 他还提出,人口应列为决定份额的一个因素。因为人口多寡与生产消费能力皆有莫大之关系,直接影响国际收支的平衡。③ 比贝祖诒更进一步,四联总处秘书长刘攻芸认为,关于份额,中国应要求将人口数量与国土面积包含在内。在决定投票权时,还要考虑政治因素。④ 钱永铭更为全面,他提出,除了贸易以外,份额还应基于人口数量、自然资源和重建需求。⑤ 经济学家祝世康提出:"国际通货管理机构中之投票权,似应根据土地与人口决定,而不能以所缴的资金为标准,以免受缺乏黄金的限制,而减少我国的参加管理权。国际清算联合制与平准基金管理制应归纳于整个国际经济合作制下,俾得通盘筹划,以免战后任何一国,可以利用黄金或贸易,操纵世界的经济权。"⑥经济学家彭信威认为:"战后我国对各盟邦所负责任甚大,经济上潜在力量亦厚,将来对于国际合作上的发言权,似乎应该考量我国的情形,一国的人口亦应作为决定标准之一。"⑦

无独有偶,其他国家也有代表提出新的份额要素,要求美国予以考虑。玻利维亚提出份额主要基于贸易数据的同时,以预算取代国民收入,他们认为预算更为靠谱。⑧ 墨西哥提出,将某国国际贸易总额与国内贸易总额或

---

① 如中美英平准基金委员会主席陈光甫认为,中国几乎没有黄金,国民收入亦无可靠数据,基于对外贸易的份额对中国亦不是过分不利。参见 Memorandum by Mr. K. P. Chen, May 21, 1943, box 78, AYP.
② Memorandum by Mr. Pei Tsuyee, April 27, 1943, box 78, AYP.
③ 贝祖诒:《英美稳定通货之建议与中国应采之立场》,中国银行总行、中国第二历史档案馆编:《中国银行行史资料汇编》上(1912—1949年)二,第1643页。
④ Memorandum by Mr. S. Y. Liu, May 15, 1943, box 78, AYP.
⑤ Memorandum by Mr. Y. M. Chien, May 21, 1943, box 78, AYP.
⑥ 祝世康:《我国对于战后国际货币合作应取之态度》,《四川经济季刊》1943年第1卷第1期,第341页。
⑦ 彭信威:《论英美国际通货计画》,《大公报》(重庆)1943年6月15日,第3版。
⑧ Replies to Questions for Comment by the Technical Experts, October 4, 1943, BWC1338-06.

国民收入的比率作为附加要素。① 挪威代表则要求计入航运数据,平时挪威30%的进口都是通过船只运入。这对该国非常重要。② 哥斯达黎加基于进出口、黄金与外汇持有及人口数据计算的份额约400万美元,更接近于实际情况,③单纯使用美国公式计算的份额则不到350万美元,严重不足。④ 这也表明各国国情千差万别,使用单一的公式局限较大,中国等国提出增加新的要素十分自然,如墨西哥代表所言,如果能使用不同的公式计算各国份额,⑤可能更为公允。

2. 强调份额公式应考虑中国的未来需求和战后地位,以利中国战后重建

这种建议多来自财政部。财政部次长俞鸿钧认为,在决定份额额度问题上,应强调中国的潜在经济地位,贷款或透支额度不能仅根据份额而定。⑥ 财政部钱币司胡文元进一步阐释称,中国"战后工商业俱将迅速发展,对外贸易在短期内必可大量增加,今如以战前衰落之贸易决定吾国在银行中之地位,显属失当"。因此,"除以实际贸易量决定各国之分摊数额外,至应加入潜在贸易力一项因素,以保障并鼓励经济落后国家开发资源"。⑦ 祝百英认为,国际组织活动的决策,不应以各国的黄金额和贸易额的定额比例为投票权的标准,而应当以平等为原则,一国一票权。"战后世界经济,尤其是所谓较不发达国家的经济,在战后应当是突飞猛进的'动',所以不能受这'静'的定额所限制。"与胡文元观点不谋而合。⑧

3. 不改变美国方案,但考虑特定现实情况,对一些要素作灵活变通

参事室主任王世杰认为,我国可同意以各国贸易总额为决定分摊额的标准,但一国贸易年度总额不及某数(假定为10亿美元)时,其分摊额应增加20%(或其他比例数),以符合助长工业落后国家的开发,及提高此类国

---

① Memorandum of a Meeting on the International Stabilization Fund in Mr. White's Office, May 25, 1943, BWC1341-31.
② Memorandum of a Meeting on the International Stabilization Fund in Mr. White's Office, June 8, 1943, BWC1342-04.
③ Meeting on the International Stabilization Fund in Mr. White's Office, July 16, 1943, BWC1340-01.
④ Memorandum of a Meeting on the International Stabilization Fund in Mr. White's Office, July 22, 1943, BWC1340-01.
⑤ Memorandum of a Meeting on the International Stabilization Fund in Mr. White's Office, May 26, 1943, BWC1341-31.
⑥ Summary of Conference, May 21, 1943, Box 78, AYP.
⑦ 胡文元:《评凯恩斯国际货币计划》,《财政学报》1943年第1卷第5期,第95页。
⑧ 祝百英:《战后国际通货计划与我国币制》,《财政评论》1943年第9卷第6期,第5页。

家人民生活水准的宗旨。我国分摊额之计算,应以1934~1936年平均贸易额为标准,而我国将来收复失地(如东四省、台湾等)之贸易,应一并计入。王世杰特别强调,"此点极为重要,我为工业落后、资本缺乏国家,战后复原需要大量之输入,以实现经济建设,故透支额之比率,不能不较英美等工业先进国为大"。① 冀朝鼎认为,份额与对外贸易和国际收支相关,可向会议提出具体数额或其他基底,份额越大,对中国越好。② 苏联亦曾提出,任何份额均应基于可接受的经济标准,体现实际的形势。③

4. 弱化份额的作用,将份额所决定的利益与管理权分开,考虑会员的政治地位,照顾经济落后国家的利益

1943年5月30日,国防最高委员会国际问题讨论会出台备忘录,弱化份额的作用,认为国际合作程度及机制应建立于各会员国需求而不是固定份额的基础上。会员国投票权还应基于各会员国的国际政治与经济地位。④ 经济学家余其同认为:"国际间应建立一种原则,即各国对于建设战后新经济所提供之力量,应以各国之负担能力为基准……各国所能享受之国际协助之权利,应比例于各国为改进其经济生活之需要……不应以代表权之优势压迫他国接受不愿接受之议案。"⑤中央设计局伍启元认为,各参与国融通定额之决定应依各国之实际需要,国际收入及支出之数额(不限于贸易数值)似为衡量实际需要之最好标准,但同时应兼顾复员困难较多之国家(如中国)之特殊需要。不过,他也认为,中国亦不宜遇事苛求,因中国对短期资金之实际需要若与欧洲大部分国家比较并不特别大。⑥ 他甚至提出:"关于国际货币机构管理权的定额,我国可建议与融通便利定额分别决定,不必混为一谈。管理权应兼顾各国的政治地位而加以决定。"⑦澳大利亚后来亦表达了类似的看法,即购买外汇权应基于需求,认缴份额的责任应根据能力,特别是将行政控制基于经济权似乎没有逻辑理由。在基金组

---

① 《节略(英美战后国际货币计划之比较与我国应采之态度)》,1943年4月24日,国民政府档案,761-00249。
② Summary of Conference, May 21, 1943, box 78, AYP.
③ Conference in Mr. White's Office, June 16, 1943, McJimsey, George, *Documentary History of the Franklin D. Roosevelt Presidency*, Vol. 40, p. 50.
④ Memorandum Submitted by the Society on the Study of International Problems, the Supreme National Defence Council, May 30, 1943, box 78, AYP.
⑤ 余其同:《国际货币合作之前途与我国立场》,《财政评论》1943年第10卷第1期,第13页。
⑥ 伍启元:《战后世界货币稳定计划之分析》,1943年5月,第70页,国民政府档案,761-00249。
⑦ 伍启元:《两个战后世界货币稳定计划之分析》,《人文科学学报》1943年第2卷第1期,第132页。

织运行决策上，财政或经济富有的国家的专家不比其他国家的专家更能胜任。①

5.综合各种因素，提出中国的公式

刘大钧认为，美英关于份额的计算都对中国不利。由于复兴与长期建设的需要，亦鉴于中国的军事与经济重要性，在决定份额时，刘大钧提出，应考虑中国的战后经济地位。② 在另一篇备忘录中，他更加详细地阐释了其主张。鉴于中国在战争中扮演的角色，即她以其潜在的经济力坚持作战，因此份额的确定需考虑这一力量。它意味着与一个贸易量和国民收入相当但人口稀少、未开采矿产匮乏的小国相比，一个拥有巨大领土面积（已开垦和可开垦土地）、海量未开采矿产资源、众多人口（意味着可提供众多劳动力）的国家应该被赋予大得多的份额。换言之，确定份额的公式应考虑生产力潜能。大额信贷将推动很多类似中国这样的国家提高生产力、贸易额和国民收入，直到该国进入发达状态。因此，应提议当前信贷额度应基于该国获得贷款后2~3年（或更长）的生产力水平，而不是当时或战前的贸易额或国民收入。信贷应足够涵盖最少2~3年而不是一年的逆差。刘大钧强调，在确定份额方面，中国必须提出不同的公式。③

在国内各界充分讨论及与美方沟通的基础上，中国政府提出了本国份额主张，认为应考虑下列条件：(1)战前进出口总额与国际收支中无形项目之价值，暨此等项目所受战后物价水准可能变动之影响。(2)货币流通额与银行信用。(3)黄金与国外资产之持有额。(4)国民所得及该国在世界经济中之重要性。④ 这列在了中国方案第17条之中。这些额外的要素对于中国能否获得充足份额非常重要。⑤ 在实际操作层面，孔祥熙主张在过渡时期内引入临时份额，并视经济与货币复原进展情况予以修正。⑥ 这些份额用于决定会员国投票权，增强人们对于其货币的信心。在调整收支失衡问题上，初稿遵从英国的做法，即债权国有责任采取措施减少收支盈余，

---

① Memorandum of a Meeting on International Stabilization Fund in Mr. White's Office, May 4, 1943, BWC1338-03.
② Comments on the British Plan of an International Clearing Union, no date, probably in May 1943, box 78, AYP.
③ Memorandum on the American and British Currency Plans, May 2, 1943, pp. 2-4, box 78, AYP.
④ For Kuo, Hsi, Li, and TL Soong, June 16, 1943, box 78, AYP.
⑤ To the Chinese Representatives Appointed to Confer at Washington regarding International Monetary Arrangements, June 15, 1943, p. 4, box 78, AYP.
⑥ Proposal for an International Monetary Organization, May 18, 1943, p. 5, box 78, AYP.

这是一种有利于经济不发达国家的做法。①

由上可知,中国对于份额的考虑集中于两点:其一,着眼于战后经济重建,集中反映了经济落后国家及战争受损国家的利益;其二则为落实大国地位。很明显,若仅仅考虑经济因素,中国无法获得较大的份额。因此,中国倾向于考虑国土面积、人口数量及未来的经济发展潜力,以取得有利于战后重建与发展的条件,真正落实大国地位。由此,到1943年中为止,中国主要是积极讨论并修正美国用于计算份额的公式,探查美国对于中国份额的安排,对于具体数额则是追求越大越好。美国将中国份额列于第四位,明显是由中国全民族抗战在世界反法西斯战争中的重要地位所决定的。虽然如此,美国在各国份额具体数量问题上长期没有定论,在确定中国份额数量问题上,此时中美两国都处于起步阶段。

第四节 中国战后国际货币计划的出台

在孔祥熙的部署下,杨格将范庄会议讨论后的方案初稿发给俞鸿钧、顾翊群、陈行、贝祖诒、刘攻芸、郭锦坤、冀朝鼎、陈光甫等专家,广泛征求意见,进一步完善方案。在进一步思考之后,杨格认为(1)中国政府明确表达其观点之前,应先与英国和美国讨论。应做到在美英两国达成一致前与他们交流观点。(2)应首先处理方案涉及过渡安排的地方,并做进一步修订。这对中国而言是更为紧迫的问题。只有这些问题得到妥善处理,长期协定才有希望。比如,方案第9条可与过渡安排捆绑处理。(3)关于黄金的条款,可与通货紧缩问题一并处理。(4)关于冻结资产问题,在(讨论)货币计划之前将有可能与美英分别达成协定。在英国的冻结资产数额应予确定。第21条最后一行可修改为:针对"会员国特别要求冻结的款项",国际货币计划不应阻止相关国家对它们的解冻。②

一、对于初稿的修订

1943年5月25日,财政部再次组织专家开会讨论方案。这次会议规模不大,参会者有陈行、贝祖诒、刘攻芸和陈光甫等人。会议上,杨格列出国际货币方案需要考虑的内容,包括战后初期货币复原、长期发展性资本、救济与经济复兴和商品问题,黄金与新货币单位的关系,新国际组织确定缴存

---

① Draft, Proposal for an International Monetary Organization, May 18, 1943, box 78, AYP.
② International Monetary Plans, May 24, 1943, box 78, AYP.

额或份额的基础、会员国贷款协定及信贷余额,投票与控制权,冻结资产问题,汇率问题,资本流动控制措施,组织与新货币单位名称,等等,供与会专家考虑。专家们重点讨论了经济复兴与救济问题。陈行主要提到救济与经济复兴问题,阐述了关于成立国际经济复兴委员会的可行性,并强调设置战后过渡时期。他认为,若把美元作为国际货币单位,则单位价值过低,10美元较为合适。贝祖诒赞同优先考虑货币复原与救济,建议在战争结束之前就启动这一工作,对外贸易如香蕉贸易也应重构。关于货币计划,他的建议与陈行相反,强调新国际货币单位应采用较小的单位,但建议将之留待大会讨论。刘攻芸为新的国际组织推荐了几个备选名字:国际货币委员会、国际经济委员会(或国际金融委员会)等。他主张该国际组织由四大国组成常设委员会进行管理;初稿第10条关于份额的组成,应考虑土地与人口等要素;受战争严重影响的国家,应设置过渡时期,以安定国内经济。陈光甫亦强调救济复兴委员会的设想。[①]

结合会议发言,贝祖诒当天给杨格发来针对初稿的意见:(1)针对未来国际组织名称,他认为不那么重要,可以留待国际大会讨论,经参加国交换意见后决定。(2)应提供合适的方法和路径,以设立健全和确定的汇率。(3)(国际货币)单位价值应是会员国讨论的事情。在缺乏更好的价值尺度的情况下,黄金作为相对稳定的商品,可能是一把好的标尺。尽管如此,单位价值问题应留给国际大会去决定。(4)删除"任何会员国货币增值或贬值时,应按其差额向本机构分别退补同值之本国货币或证券"等语。(5)关于新货币单位是否可以兑换黄金,应参照美国的意向。因为战后美国是最大的债权国之一,美国的态度极为重要。(6)会员国不大可能真的会向基金组织认缴资本,因此英国的透支模式更具可行性,"基金组织规模将受到——在过渡时期为救济与货币复原提供所需资源的安排——的影响",杨格对这一点所做的评论可谓一针见血。(7)决定份额的条件在增加"对其潜在国家资源作有计划的开发,以提高其在世界中的地位"。(8)倘会员国之借差净额,就两年平均计算,超过前款规定之百分率达百分之……以上时,得不经理事会同意,减低其货币对____(国际单位)之比值,但以自动减低一次为限,并不得减低5%以上。贝祖诒建议此处比例由5%增加到最少10%,最多15%,以增加可调整的空间,并减轻基金组织的压力。(9)不明白为何对于主要问题仅需2/3而不是美国方案所设定的3/4多数票,应该

---

① No Title, May 25, 1943, box 78, AYP.

提前采取措施预防，法西斯国家加入该组织后可能造成的侵害。① 杨格认真思考了贝祖诒的建议，用铅笔将他的建议标注在方案草稿上，他自称对初稿内容的很多修订都源于贝祖诒"非常有用的反馈"。②

二、第二稿的出炉

在会议讨论及专家私下沟通的基础上，5月28日，杨格修订后的第二稿出炉。第一部分仍为4条，标题未变。针对专家们呼声颇高的"新国际组织须同时处理货币复原与货币稳定"问题，新增"由于战后初期的货币复原将逐渐过渡到长期稳定状态，中国政府认为同一国际组织应该处理两项事务。若从一开始就这么做，它将能更熟悉会员国的问题并积攒经验，从而更好地处理长期事务。进一步地，战后初期货币复原需要国际合作，这种合作对于所有国家而言都极为紧迫。成功处理上述事务将增加达成长期货币协定并使之有效发挥作用的可能性"等语，并强调中国提出战后国际货币计划的目标为两重：(1)为满足中国及处境类似的其他国家的特别需要，特别是针对战后初期的货币复原问题；(2)对美英方案提出特定修正，以期达成一致协定。最后一条亦为新增，"为了便利考虑这些问题，中国政府正就上述备忘录与美国、英国和苏联政府协商并作合适的考虑"，明确反映了专家的意见。③

第二部分则分6章40条，增加4条，标题更新为"国际货币复原与平准基金组织方案"。针对专家的关切，这次修订稿多有回应。

第一，对于中国专家最感兴趣的过渡时期、救济与复原问题，第二稿将救济与复原内容放到更为显要的位置，由第六章提前到第三章，更名为"国际货币复原"，第四章为"国际货币稳定"。对于援引过渡时期的国家来说，该方案赋予其临时份额，以增加投票权，同时为其货币增加信心。④ 在这一点上，杨格与中国专家看法一致。

第二，关于拟议国际组织名称，杨格倾向于"国际货币联盟"或刘攻芸曾建议的"国际货币委员会"，但又感觉此类字眼可能会招致美国和其他一些国家孤立主义者的反对。因此，其他一些标题如"货币复原与平准基金组织"可能更易于被接受。

第三，对于方案留白之处，杨格也做了解释——外国媒体认为无论是尤

---

① Comments on a Proposal for an International Monetary Organization, May 25, 1943, box 78, AYP.
② To Mr. Pei Tsuyee, May 27, 1943, box 78, AYP.
③ Post-war International Monetary Arrangements, May 28, 1943, box 78, AYP.
④ Draft II, Post-war International Monetary Organization, May 28, 1943, box 78, AYP.

尼塔斯还是班柯都不是多好的名字。一些英国媒体更倾向于尤尼塔斯。除非中国能想出更好的名字，否则名称处还是留白为宜。货币价值最好也留白。尽管如此，鉴于小一些的单位有它的优点，中国代表可选择较小的单位。举例来说，如果新货币单位价值 0.2 美元，那么它将是美元的 1/5，英镑的 1/20，未来可与其他货币产生相对简单的汇率。

第四，决定各国份额的因素。有关进出口"战后合理的发展"非常充分地涵盖了本来建议增加的"有关未来开发自然资源"的理念，因此不再重复。

第五，针对贝祖诒的问题，杨格称，有一个关于汇率变更 5% 再行提高与否的问题。任何计划付诸实施之前，需要落实的一个最重要问题是美元英镑汇率。如果允许其变动超过 5%，可能会遇到反对意见。事实上，即便 5% 也可能遭遇反对意见。而援引过渡时期条款的国家在有机会做出必要调整之前，将不会同意固定汇率。因此，中国可能不必提高这一比例。

援引过渡时期条款的会员国将被赋予临时份额，主要用于决定其投票权，但它们所代表的份额及潜在储备对此类国家亦有价值，它们将为其货币注入信心。但在这一阶段，这些国家将主要依赖于既有安排提供给他们的特别资源，除非在特别规定的情况下，他们不能指望可以使用第 20 条所列出的自由信贷。

第六，关于冻结资本问题，对中国而言，最好的计划可能是就国外冻结资本与美英分别提前达成协议。

第七，关于主要问题决定权问题，主张 2/3 多数的条款暂时得以保留，但是关于一些重要问题是否如美国计划所拟需要 4/5 多数票，还需进一步讨论。尽管如此，后者将使否决行动变得异常容易。第 1 条规定，如果前敌国加入，应适用特殊条款。需要注意的是，以其经济总量计算，三个法西斯国家将拥有超过 1/4 的票数，但不到 1/3。① 因此，在中国方案中，三国不会取得否决权。随后，草案再次被送至孔祥熙、中央银行业务局局长郭锦坤、俞鸿钧、顾翊群、贝祖诒、戴铭礼、刘攻芸、陈光甫、冀朝鼎、陈行、张嘉璈及参加 5 月 25 日会议的其他专家处寻求建议。②

对于第三稿，陈行看后认为条理非常清楚，同时提议以尤尼克斯（Unix，即一般货币 universal exchange）一词取代"尤尼塔斯或班柯"作为新国际货

---

① Comment re Draft Ⅱ, May 28, 1943, box 78, AYP.
② To Dr. Kung, May 28, 1943; Memorandum, May 31, 1943, box 78, AYP.

币的称呼。①

三、第三稿的问世

1943年6月2日,在与孔祥熙及专家们仔细审视货币方案后,②杨格再次修订草案,第三稿开始成形,部分内容更加简化,个别条款顺序有所调整。首先问世的是第二部分,分6章41条,更名为"联合与联系国家货币与复原平准基金计划草案",名称上向怀特计划靠拢,但在实际内容上更加强调货币复原,注意减免债国的负担。如第21条删除"理事会认为世界经济有过度膨胀情势时,增加债务国手续费"的内容;第23条确定对于债权国年收支盈余征收超出其份额部分的0.5%作为手续费,若再高出某一额度则征收1%,进一步强化了债权国调整国际收支的义务。这一点契合了诸多国家的诉求。如澳大利亚强调,美国方案对于债务国施加了太多的国际责任,而施予债权国的太少。它认为纠正国际失衡的责任应主要在于债权国,如果这一点被接受,则美国方案将出现富有意义的改变。③菲律宾亦强调债权国在阻止其货币升值问题上的责任。④

第三稿对于资本转移的限制更多。如第三稿第38条(C)规定,"俟情势许可时,会员国应废除外汇之限制与管制。除得理事会同意外,不得对外汇另加限制",但新增加的第39条又规定"理事会应会同各会员国政府,研究国内与国际性计划之实行,以控制国际资本之转移",两者并不冲突。与之相对照,第二稿相应内容为"俟情势许可时,会员国应尽快废除外汇之限制与管制,然而,会员国亦可维持对于资本转移的控制,除得理事会同意外,不另增限制"。相比之下,在第三稿中,会员国控制资本转移的权力被弱化,但理事会在控制资本流动问题上的责任得到强化。⑤

6月4日,第三稿第一部分问世,增加至6点,重点仍然是说明中国的关切,增加了关于中国专家研究美英方案的论述,⑥变化不大。同以往一样,第三稿成形后,杨格立即将其发给陈行、郭锦坤、俞鸿钧、戴铭礼、刘攻

---

① To Dr. Young, June 3, 1943, box 78, AYP.
② To Mr. Pei Tsuyee, June 2, 1943, box 78, AYP.
③ Memorandum and Notes on Treasury Draft submitted by Australian Technical Experts, Mr. Coombs, Mr. Brigden, May 4, 1943, BWC1338-03.
④ Memorandum of a Meeting on the International Stabilization Fund in Mr. White's Office, May 14, 1943, BWC1342-08.
⑤ Draft Ⅲ, Proposal for a United and Associated Nations Fund for Monetary Rehabilitation and Stabilization, June 2, 1943, box 78, AYP.
⑥ Draft Ⅲ, Post-war International Monetary Arrangements, June 4, 1943, box 78, AYP.

芸、陈光甫、陈炳章和冀朝鼎等人传阅并提出意见。①

四、中国方案正式出台

有鉴于中国代表团即将参加在美国首都华盛顿召开的技术专家会谈,1943年6月8日,财政部再次组织会议,讨论中国战后国际货币方案、任命中国代表团及审阅代表团训令等事宜。② 根据会议讨论的结果,杨格再次修订方案,这次主要是微调。③

6月9日,张嘉璈致信杨格,反馈针对中国战后国际货币计划的意见,反对大国权力过大,强调弱国利益,核心要点如下:

第一,关于第1条。尽管在当前形势下,还无法合理讨论针对资源开发以及提高落后地区生活水平的国际合作机制,但拟议国际组织应明确它具备审视此类问题的责任,如同它在货币稳定上所负的责任一样重要。可在扩展国际经济协作的基础上提出建议。为此,成立一个特设委员会进行研究是可行的。

第二,关于第4条。倾向于英国方案中更为灵活的规定,国际货币不应固定不变地由黄金定值,该条特别符合缺乏黄金和外汇储备的"不发达国家"的利益。

第三,关于第17条。尽管中国草案对美英方案都有优化,但关于决定会员国份额的四项建议要素组合,对于中国而言仍然不能满意,在几乎每一项指标上,中国的额度都很低。备忘录中所提4项要素倾向于稳定战前现状,而不是激发不发达国家的经济活力。张嘉璈强烈认为,第1条提到的"可能的战后发展",不妨改为"在决定各国份额的各种因素中,应特别考虑类似中国等国的必要的战后发展"。他建议考虑与"此类国家将经济发展到正常水平"所直接相关的因素。举例说,战前人均布料供应(包括国产和进口在内)与现代文明生活所需的实际标准之间的差距。

第四,关于第22条。宜制定特别条款,对经济不发达国家从债权国借贷应给予特别考虑与优先权,并将其作为根本性政策。

第五,关于第30条。一国最多可占有总投票权1/4的票数太高

---

① To Mr. Chen, June 3, 1943; To P. T., June 4, 1943, box 78, AYP.
② Adler for Secretary of the Treasury, June 10, 1943, box 8, HWP.
③ To Dr. Koo, June 8, 1943, box 78, AYP.

了。在这种情况下,两个领头的金融大国,通过支持最小的会员国,将很容易获得绝大多数的票数。张嘉璈认为,应规定任意两会员国的票数之和都不能超过总票数的1/3。

第六,关于第5部分(管理)。张嘉璈建议国际组织或坐落于小国,或周期性从一国向另一国转移,以避免过度受到驻在国利益的影响。①

据此,杨格于6月9日拿出第四稿,同样分为两部分。第一部分仍为中国专家备忘录,名为"战后国际货币协定",修改为5点,是中国对英美提案之答复,或中国对国际货币计划所抱态度的表示。对此,侍从室审议后认为,"除第5点应否另提方案,似可考虑外,均属妥善"。中国拟定计划的目标始终未变,即兼顾战后初期与长期性的需要,以适合情形相同国家的特殊需求,尤其注意紧接战后的币制重建时期。同时,对于美英两案,中国提供若干其他修正,以期达成一致。

第二部分是正式计划,名为"联合与联系国家货币复原与平准基金组织方案初稿",呈送蒋介石的中文版本则简称为《战后国际货币计划》。内容在第三稿基础上做了微调,如第三稿第14条,会员国向基金组织缴纳的份额中,黄金占1/4、本国货币占1/2、有价证券占1/4,但在正式稿中,修正为本国货币占1/4、有价证券占1/2。这与美国方案保持一致,显示出继续向美国方案靠拢的意图。同时,对于货币复原和资本保护的强调也得以维持。如将第2条目标中"便利(facilitate)会员国币制的战后复原"修正为"促进(promote)会员国币制的战后复原",后文中的"废除(abolish)外汇管制"调整为"移除(remove)外汇管制"。②

对于四易其稿的中国方案,侍从室认为,最具新意的部分当属第三章关于过渡时期的规定:"任何会员国之币制,因战事而感受严重之破坏,在本机构开幕时尚不能与理事会确实商定其货币比值者,该会员国得经理事会之同意,保留一过渡时期。似此,此国际机构之会员国将分两类:一为普通会员国,适用一切规定;一为保留过渡时期之会员国。在过渡时期内,外汇汇率并不确定,摊缴基金之数目、日期及方式均另定办法,国际机构并须协助建设与供给货币复原之资金,而所负义务仅为尽力恢复其国内币制与财政之平衡。"如此,该项建议不单独对于中国有利,欧洲受战事影

---

① To Dr. Young, June 9, 1943, box 78, AYP.
② 《战后国际货币计划》,1943年6月9日,数位典藏号:001-084800-00002-005。

响的国家,亦必然欢迎。在肯定之余,侍从室也看到,"草案中对于国际机构基金不敷周转时之筹集办法,未有规定,拟请其续行研议,以补英美诘问时答复之准备"①。

除了关于过渡时期的规定以外,最终定稿的中国方案相较于美英方案还有以下新意:(1)增加决定份额的要素,份额不仅取决于进出口总值和无形项目的国际收支,还取决于其他诸如受战后价格水平影响的国际收支情况、流通中的货币与银行信贷数量、黄金和外汇持有量,以及会员国在世界经济中的重要性等要素。(2)会员国份额及借贷差额的数量限制将取决于在救济和经济复兴、中长期投资上所达成的安排。(3)筹备委员会由美英苏中四大国各一名成员,及其他联合国家三名成员组成。② 相对于美英方案强调国际货币关系的稳定,中国方案着重强调中国在战后世界秩序中的地位和国内经济的重建与发展。

当天,孔祥熙会见杨格,谈到正在修订中的方案,孔祥熙在第3页做了轻微的改动,以"中国政府"取代"财政部"。③ 这一改动,使得战后国际货币方案由财政部方案升级为中国的国家方案。④ 随后,中国方案被寄送至中国驻美大使馆,以递交美国国务院。值得注意的是,与美英计划皆向世界公开不同,中国方案始终未向社会公布,因此当时公众多不知中国提出战后国际货币计划一事。

为保留谈判余地,孔祥熙称该计划并不作为中国政府的正式主张,而且日后中国若有意见提出,也不受此约束。⑤ 实际上,这是当时的通行做法,在华盛顿会谈中提出方案的加拿大亦称其方案完全为专家讨论的成果,并没有得到加拿大政府的同意。⑥ 各国代表在与美国专家会谈时,莫不如此。这与怀特"非正式"地召集华盛顿会谈在精神上保持一致,系策略性表态。面对美英两国的强势,孔祥熙只能以退为进,在层层的包装之下,

---

① 《沈宗濂签注》,1943年6月15日,数位典藏号:001-084800-00002-006。
② US Department of State, *FRUS*, *1943*, Vol. 1, p. 1078.
③ To Dr. Koo, June 9, 1943, box 78, AYP.
④ 彼时行政院长由蒋介石兼任,但由于他在抗战期间的兼职太多,无暇管事,因此,孔祥熙在战时虽为副院长,实际上却当着行政院的家。参见汪朝光:《蒋介石的人际网络》,社会科学文献出版社2011年版,第101页。
⑤ 《孔祥熙拟具战后国际货币计划》,1943年6月19日,数位典藏号:001-084800-00002-005。
⑥ Memorandum of a Meeting on the International Stabilization Fund, June 15, 1943, p. 2, box 20, Records of the Assistant Secretary of the Treasury (RAST), RG56, General Records of the Department of Treasury, National Archives II, College Park, MD, USA.

坚定地提出中国的诉求,为各国在接下来的多边及双边会谈中保留了回旋的余地。

在呈送蒋介石的信中,孔祥熙解释了用时过多的原因,即"此事关系重大,非集思广益不足以昭慎重而资周妥"。为融合各方意见,孔祥熙屡次召集各主管员司及专家研讨,他们包括王世杰、张嘉璈、陈光甫、冀朝鼎和徐堪等众多专业人士。另外,同美方交涉花去大量时间亦是用时过多的原因。孔祥熙早前即向蒋介石报告"拟俟郭君等电陈非正式接洽情形后再据其陈报,拟具对案似较妥适"[①]。考虑到中国正面临着严峻的国内外形势,如此速度已属不易。孔祥熙专门就此做出解释,可见侍从室的督促亦发挥了作用。

中国方案实质上是一项源出于中国社会的内生方案。它有两项明显的特征:一是强调弱小国家的发展权;二是在谋求本国大国地位的同时,反对大国过分集权。这不同于美英的主张集中反映了中国的诉求。以孔祥熙为代表的国民政府高层对战后国际货币计划颇为上心,职能官员及专业群体积极展开密集研讨,并结合中国实际做出具体分析,在关键性的问题上提出相应对策,是中国方案能够出台的条件。

中国方案的出台经历了一个动态变化的过程。从最初自发提出战后国际货币合作构想,再到分析美英方案并研讨,充分吸取政府官员和技术专家的意见后,四易其稿后形成本国方案,体现了中国对于战后国际秩序的重视。外交部次长吴国桢曾言:"中国方案以稳定将来国际经济关系为目的,自美国第一次草案发表后,英国曾有国际清算联合会草案之提出,我们亦由财政部拟就对案,提交美国……本案对于我国将来在国际间经济地位关系至巨。"[②]直截了当地点明了战后国际货币计划对于中国的重要意义,亦是对杨格所谓"中国不重视战后计划"观点的否认。

从更广泛的全球视野出发,提出战后国际货币计划是中国主动参与战后国际秩序构建,实践大国地位的重要一步。中国与苏联是联合国家中除英国外最早知道美国怀特计划的国家。[③] 中国非但没有忽视战后国际货币计划,而且自始至终积极参与这一历史进程。在加入联合国家集团及废除不平等条约以后,中国得以国际社会的平等一员参与战后秩序的构建,致力

---

① 《孔祥熙自成都致电蒋委员长》,1943年5月11日,数位典藏号:001-084800-00002-001。
② 《吴国桢致蒋介石》,1943年9月25日,数位典藏号:001-084800-00002-007。
③ 迟至1943年3月4日,美国财政部部长摩根索才向其他联合国家及联系国家发送关于国际稳定基金的计划草案。参见 Excellency, September 14, 1943, book 664, part 1, p. 35, DHM。

于在政治上谋求大国地位。正如道麦尔所言,中国政府把即将到来的讨论视为实质性外交与政治事务,而非仅为技术性质……中国代表团集中使用他们的政治议价能力,以取得与苏联相同的优势待遇。①

---

① Armand V. Dormael, *Bretton Woods, Birth of a Monetary System*, p. 83.

第三章　华盛顿技术专家会谈前后的中美交涉

从1943年2月到6月初，中国国内各界针对战后国际货币计划做了充分的讨论，并形成正式方案。与此同时，中美两国财政部官员亦开始接触并试图影响对方的战后国际货币政策，并为己所用。华盛顿技术专家会谈正是在这样的背景下召开的。从表面上看，它是美国召集的各国技术专家会议，本身对于与会国政府没有约束力。但实质上，美国意在通过技术专家会议，向各国宣传美国方案，并借机探查盟国在战后国际货币问题上的看法。华盛顿技术专家会谈是盟国首次以多边形式讨论战后国际货币计划，会谈前后是中美交涉的首个密集期，两国方案亦在会谈中得到不同程度的修改。

第一节　中美在战后国际货币问题上的初步接触

对美协商既是中国完善战后国际货币计划的重要一步，也是影响美国修正怀特计划的重要方式。同样的，美国对华交涉亦是出于说服中国支持美国计划的目的。

一、美国计划召开多边会议

1943年3月4日，美国财政部长摩根索向37国财长发出邀请信，请各国派技术专家赴华盛顿参加非正式会谈，大部分联合及联系国家是在此时加入布雷顿森林谈判的。在信中，摩根索强调战时和战后保持国际合作的重要性，意在战时筹设国际金融机构，以应对战后可能出现的危机。[1] 怀特计划被英国泄露后，美国加快了研讨的步伐。截止到1943年6月，有28个国家与美国展开了双边初级会谈，[2]与他们的大规模会谈一直持续到当年9

---

[1] 信件于1943年4月7日公开。For Release, Morning Newspapers, April 7, 1943, BWC600-07.
[2] U. S. Department of Treasury, *Annual Report of the Secretary of the Treasury on the State of Finances, for the Fiscal Year Ended June 30, 1943*, Washington: Government Printing Office, 1944, pp. 116-117.

月底。① 其中,除了美洲国家与英联邦国家、部分欧洲国家以外,还有中国和苏联,名单中没有法国。在美国的谋划下,华盛顿会谈主要讨论怀特计划,凯恩斯计划没有被放上会议桌。美国将双边会谈与多边会议相交叉,由点及面推广美国方案,能在最大程度上确保美国的意志得到体现。而各国技术专家据此取得的共识,将为下一步的正式会议奠定基础。

美国多次要求中国派出代表积极参与协商,同时对于中国所表现出的经济民族主义的一面较为警惕。《中国之命运》一书的出版,引起美国的极大关注。美国驻华大使高斯(Clarence E. Gauss)向国内报告称,中国正在进行有关战后计划的讨论,战后中国将会执行"倾向于一种只对中国有利的封闭经济政策",而不准备遵守其一再允诺的"世界经济中的自由互惠原则"。几乎是同一时间,爱德乐也向摩根索报告了中国在战后经济问题上两个相互矛盾的趋势:一方面,中国对于外援有明确需求,因而支持国际合作,赞同货币稳定;另一方面,中国有强烈和坚定的民族主义意识,倾向于高保护性关税、严格的汇率控制,《中国之命运》集中表达了这一点。② 对此,美国国务院授权高斯,让他"通过任何与中国官员非正式的谈话方式,使他们同意采用对外贸易的自由商业政策"③。1943年4月22日,美国驻华代办范宣德拜访王世杰,便承担了这样一个使命。在会谈中,范宣德称美国财政部专家正与各有兴趣的国家做非正式交流,亦期待与中国交流,急切的心情溢于言表。谈话间,王世杰表示他更倾向于英国方案,认为其以贸易为基础,明显有利于中国。范宣德则称美国不会加入丘吉尔的"欧洲委员会",暗示中国应该有所取舍。④

两天后,美国财政部部长摩根索亲自致信孔祥熙,称美国期待与中国技术专家讨论国际货币合作事宜,要求中国派专家赴美展开双边技术专家会谈,以反馈中国对于战后国际货币计划的初步建议。按照美国的说法,赴美技术专家仅是参加初级会谈,为探索性质(exploratory character)。在非正式多边会议之前,中美两国技术专家还将展开双边探索性会谈。此类非正式会谈系为其后召开的财长会议做铺垫,后者为正式会议。⑤ 与此同时,中国

---

① Memorandum for the President, September 27, 1943, BWC1285-07.
② Mr. Adler for the Secretary of the Treasury, April 30, 1943, BWC603-10.
③ 郑会欣:《国民政府战时统制经济与贸易研究(1937—1945)》,上海社会科学院出版社2009年版,第107页。
④ US Department of State, FRUS, 1943, China, pp. 848-849;《王世杰日记手稿本》第4册,1943年4月24日,第61页。
⑤ Mr. White to Mr. Livesey, April 24, 1943, BWC1339-04.

财政部驻英代表郭秉文也探听到美国的程序：美国政府"拟请盟国各派专家赴美讨论平准基金组织草案，先使各国明了草案内容，藉此交换意见，再由若干盟国专家组织小组委员会分别研究，俟对草案原则大体获得一致"，最后邀请盟国财政部部长赴美会商。① 实际上，对于战后国际货币计划采纳何种方案，美国希望联合国家尽早做出抉择，选择怀特计划。而中国亦欲借此机会，查验美国真实意图，以更好地包装中国诉求。此后，在不同场合，美国多次表达希望中国派代表赴美协商的意愿。

二、中国赴美代表的产生与初期工作

与美协商的首要任务是选派赴美代表。起初，国民政府虽认为人选问题重要，但各方意见并不统一。1943年5月1日，宋子文致电国民政府，称所欲举行者名为币制会议，实影响国际间政治经济社会之联系至巨。故技术问题尚居次要。"且事先国际间之布置，以期届时争取应得之地位，尤不可缺。我国选派代表如陈光甫席德懋诸君以专家资格参加甚妥。"②参事室主任王世杰则推荐刚刚卸任中央大学校长的顾孟余，并获得其同意。③ 但财政部部长孔祥熙心中早有人选。5月11日，他致电蒋介石，"拟由郭秉文宋子良席德懋李国钦以我国专家资格就近在美与美专家作初步讨论，仍随时请示宋部长协商办理"，④得到蒋介石的同意。其后王世杰再推荐贝祖诒时，蒋介石没有同意，并称"可令子文就近指挥中国出席代表郭秉文席德懋"，⑤完全站在孔祥熙一边。

6月10日，4人代表名单正式公布，与孔祥熙建议的一致。⑥ 如此，中国代表团正式组成，多于美方所要求的一至二人，郭秉文任团长。关于孔祥熙所定人选，国内各界并非全都支持，如侍从室参事沈宗濂就认为，现经派定出席之代表均已离国多年，对国内经济情形不无隔阂，国内虽有重要指

---

① 《伦敦郭秉文来电》，1943年4月22日，数位典藏号：001-084800-00001-005。
② 《宋子文密呈国际币制会议之意义》，1943年5月1日，数位典藏号：001-084800-00001-006。
③ 《宋子文密呈国际币制会议之意义》，拟办，1943年5月6日，数位典藏号：001-084800-00001-006。
④ 《孔祥熙自成都致电蒋委员长》，1943年5月11日，数位典藏号：001-084800-00002-001，正式的电报于5月17日发出，详见洪葭管主编：《中央银行史料：1928.11—1949.5》下册，中国金融出版社2005年版，第855页。
⑤ 《王世杰日记手稿本》第4册，1943年6月20日，第95页。
⑥ No Title, June 10, 1943, BWC1339-04。

示,不易充分表达,似应加派熟悉情形之人参加。① 这也给孔祥熙提了醒。

实际上,孔祥熙对外交工作并不陌生,早在1939年,他就看到了外交工作中存在的种种弊病。② 对此,在整个谈判过程中,孔祥熙都注意避免这种情况,他与代表们保持着密切的接触,双方互动频繁。孔祥熙经常向代表们通报国内详细情形,从各个方面把握对美谈判。如早在4月30日,孔祥熙就请金融顾问杨格将中国各项经济数据整理齐全,用作谈判的参考。③ 同时,他对影响中国利益的条款非常敏感,每每电询驻美代表澄清有关内容。比如,1943年5月17日,孔祥熙致电席德懋询问会员国如何购买更多的外汇,因(美国方案)规定会员国购买外汇的额度不能高于其份额数量,还问及美国方案第4条的目的。④ 5月23日,席德懋回电,称"美国方案并不限制或影响会员国购买外汇的权利。第4条似乎多余,但它意在共同处理与第3部分第3条和第7条相关的债务和债权问题。据怀特称,第4条的目标是给基金组织一定的权力,以调整其持有的任何货币至平衡状态,从而防止会员国快速耗尽其份额或致某种货币出现短缺。"⑤ 另一方面,驻美代表也能够密切联系国内,主动获取关键信息。如1943年6月8日,驻美代表席德懋称已准备好就美国货币计划展开初步的非正式会谈,向孔祥熙寻求最新指示。⑥ 对此,孔祥熙通过频繁拍发电报下达指示的方式使代表们充分了解国内形势,以利工作,而代表们也能给予及时的反馈。

1943年6月10日,起草中国方案的工作刚刚告一段落,孔祥熙立即向中国驻华盛顿大使馆发送长篇电文,简明扼要地阐释了中国的立场及行动方案。首先,中国政府强烈赞同包括货币事务在内的国际合作。其次,中国强调有效的救济安排、经济复兴和资本投资对于经济发展的极端重要性,它们关系到货币协议的成功实施;应关注过渡时期的设定,中国已起草本国草案;如果盟国早早就货币复原做出保证,将极大地维持并加强遭受战争损害

---

① 《沈宗濂签注》,1943年6月9日,数位典藏号:001-084800-00002-003。
② 孔祥熙曾认为,我国驻外使馆人员是公务员中顶没成绩的。参见孔祥熙等:《抗战与外交》,(重庆)独立出版社1939年版,第40页。孔祥熙此言也许不是意气之语,他本人虽是财经中人,但在外交方面有很深的涉入……在外交事件之中扮演重要角色。参见林美莉:《档案中的孔祥熙:以胡佛档案馆的新近公开资料为例》,《"国史馆"馆讯》2010年第5期,第41、44页。
③ Data to be supplied to Chinese Representatives at International Monetary Conferences, April 30, 1943, AYP.
④ For Hsi Te-mou, May 17, 1943, box 78, AYP.
⑤ For His Excellency Dr. H. H. Kung, May 23, 1943, box 78, AYP.
⑥ For His Excellency Dr. H. H. Kung, June 8, 1943, box 78, AYP.

的人民的信心;这与美国2月1日的备忘录精神是一致的。最后,通报了中国方案的基本内容等。①

1943年6月11日,席德懋等人即致电怀特,就孔祥熙提出的一系列问题,如基金组织份额、投票权、权力与运行等内容询问怀特。② 第二天,他们又直接拜会怀特及美国财政部专家,获得答复:(1)在确定份额时,中国认为应使用人口、领土和自然资源作为附加因素。怀特认为这些要素会导致苏联和印度的份额太大而英国太小,因而无法实施。(2)管理上,应避免任何会员国占据优势投票地位,并提出对于主权的担忧;怀特称已与其他国家做了相当多的讨论,以达成最为公平公正的方式。(3)关于异常款项的定义,怀特称系指冻结账户。(4)根据第3部分第4条购买外汇,怀特称除非所需货币出现短缺,否则购买权没有限制。而这种情况基本不可能发生。(5)关于基金组织限制或便利海外汇款的程度。怀特称,除非海外汇款大如资本流动,或尚未废除汇率管制,否则海外汇款不会受到限制。(6)怀特称,对于纸币发行及与非会员国交往,没有限制。(7)基金组织办公室的设置。怀特称中央办公室在纽约,地区办公室在欧洲和中国等地。年度会议每年轮流在不同的国家举办。③

基本而言,此时两国会谈仅限于交换意见,以做初步的沟通,尚有待就实质性问题展开交涉。

三、孔祥熙训令的发出

1943年6月15日,赶在华盛顿技术专家会谈前夕,孔祥熙发出多份文件。先致电中国驻美大使魏道明,请其向美国转交中国方案,再致电外交部部长宋子文及次长吴国桢,请宋子文在美国就近指导中国技术专家代表团的工作,文件交外交部存档。④ 当天所发电文中,最有分量的无疑是给驻美谈判代表的训令。财政部6月8日的会议曾专门讨论这一训令,会后经过数天的讨论与修改,至6月15日终于成文。训令共21条,就中国关心的重要问题全面阐释了立场。第1~2条为说明性内容;第3~4条提出中国的核心关切,强调货币复原和过渡时期;第5~7条强调救济与援助;第8~9条强调开发经济落后地区;第10~11条涉及汇率管制与资本流动;第12条

---

① Telegram to Chinese Embassy, June 10, 1943, box 78, AYP.
② American Plan on Post-war Currency Stabilization, June 9, 1943, box 8, HWP.
③ For H. E. Dr. H. H. Kung, June 12, 1943, box 78, AYP.
④ To His Excellency Wei Tao-ming, June 15, 1943; To His Excellency Dr. T. V. Soong, June 15, 1943; To Dr Wu, June 16, 1943, box 78, AYP.

涉及冻结资产;第13条涉及国际组织的权力分配;第14～17条涉及对于黄金的处理;第18～20条系关于中国方案的一些说明;第21条涉及技术性问题。重要问题可概括为五点:(1)强调对中国极其重要的过渡时期。中国认为,在该时期全面实施复兴项目,对于中国参加任何战后货币组织来说都是必要的准备。(2)强调资本条款与令人满意的货币复原与稳定计划存在密切关系。中国政府原则上同意在世界范围内恢复自由汇兑市场,但希望战后能自主决定废除汇率管制的时机。(3)强调资本控制。在不施加普遍汇率管制的情况下,应就会员国限制资本流动的方式与美国代表展开讨论。(4)在份额问题上,除了考虑美英方案中提到的标准外,还应考虑国际支付中的无形项目及与战后价格水平相关的国际收支变动、一国货币与银行信贷的流通数量,以及一国在世界经济中的重要性。这些额外的要素对于中国能否获得充足份额非常重要。(5)中国政府希望在其要求下被美国冻结的资产应在战后立即解冻。[①]

孔祥熙6月15日训令与中国方案的提出,标志着中国完成了关于自身核心利益的系统阐述,是中国参与布雷顿森林谈判的重要节点。方案与训令所描述的目标,共同构成中国代表对美交涉的基础,使代表们在对美协商时有令可据。

第二节 中国代表参加华盛顿技术专家会谈

华盛顿技术专家会谈[②]是美国与盟国为讨论战后货币计划而召开的首次多边会议。美国意在试探各国在战后国际货币问题上的立场,是1943年6月到7月之间美国与约30个联合国家技术专家会谈的一部分,包括中国、美国、英国在内的19个国家参加,会议为期三天。[③]加拿大带来了其本

[①] To the Chinese Representatives appointed to Confer at Washington regarding International Monetary Arrangements, June 15, 1943, box 78, AYP. Adler to Secretary of Treasury, June 10, 1943, pp. 2-3, box 8, Harry White Paper.

[②] 因这场会议的非正式性质,美国财政部并没有为这次会议确定官方名称,通常称之为华盛顿技术专家会谈(Washington Informal Conference of Technical Experts on the International Stabilization Fund),也有人称之为华盛顿预备会议、华盛顿非正式会谈等。

[③] 摩根索以美国财政部部长名义发出邀请信的37国为:澳大利亚、比利时、巴西、加拿大、中国、哥斯达黎加、古巴、捷克斯洛伐克、多米尼加共和国、萨尔瓦多、埃塞俄比亚、英国、希腊、危地马拉、海地、洪都拉斯、印度、伊拉克、卢森堡、墨西哥、荷兰、新西兰、尼加拉瓜、挪威、巴拿马、波兰、南非、苏联、南斯拉夫、玻利维亚、哥伦比亚、智利、厄瓜多尔、巴拉圭、秘鲁、乌拉圭和委内瑞拉。其中,标下划线国家最终没有参会,当初未被邀请的埃及、法国、菲律宾三国后来参会,加上美国一共19国。参见 Appendix, no date, box 78, AYP。

国方案,国际货币基金组织档案馆的一份文件称,中国、厄瓜多尔、法国等国提出的具体建议或修正案在会议及其后引发了持续的关注。①

一、华盛顿技术专家会谈经过

1943年6月15日,华盛顿技术专家会谈在美国财政部大楼如期开幕。会议由怀特主持,美国助理国务卿伯利致欢迎辞。② 虽然会议为非正式性质,对各国政府并无约束力,但会议开幕当天下午3时45分,美国财政部部长摩根索来到会议现场,发表了简短的讲话,提到30年代中期的美英法三方协定,勉励各国早日达成协议,并透露未来还要讨论国际复兴与开发银行方案,表达了美国政府对于会谈的重视。③

根据议程,会议主要讨论汇率的设立与调整、基金组织份额与规模、投票权问题、基金组织资源的使用、重建国际收支平衡以及会员国资格等问题。④ 其中,汇率的调整、份额的规模、黄金认缴和投票权问题受到特别关注。会议上各国代表讨论的是经修改后的美国方案,主题是汇率和基金组织的构成与权力。虽然期间英国与加拿大也分发了他们的方案,但并没有被提交大会讨论。巧合的是,加拿大方案的出台日期也是1943年6月9日,与中国方案的出台日期相同,格式也与中国类似,包括加拿大技术专家对于战后货币组织的看法,以及加拿大专家提出的国际汇兑同盟方案。⑤ 但因为加拿大地理上距美国较近,远离战场,所以加拿大方案被毫无阻碍地带到会议桌上,出示给各国代表,而中国方案仍在邮寄途中,可谓同案不同命。

会议首先讨论了战后立即确定汇率问题。中国对于战后一个月内即确定汇率深感压力,并在会议上做了阐发。挪威接着提出,遭受占领的国家应宽限六个月。没有遭到占领的加拿大也认为,宜针对汇率制定更为灵活的条款。负责总结讨论的英国驻美大使馆金融参赞奥佩承认,这对于被占领国是一个特殊问题,应成立委员会加以研究。⑥ 会谈之后,希腊明确提出,美国方案没有考虑到被占领国家在战争结束时可能存在的大规模币制紊乱

---

① Economic and Social Problems: Organizational Developments, no date, p. 11, BWC1529-22.
② Memorandum of a Meeting on the International Stabilization Fund, June 15, 1943, BWC1537-03.
③ Mr. White Presiding, June 15, 1943, p. 2, box 20, RAST.
④ Agenda, June 15, 1943, BWC1522-02.
⑤ Draft Proposals of Canadian Experts for an International Exchange Union, June 9, 1943, BWC1522-10.
⑥ Memorandum of a Meeting on the International Stabilization Fund, June 15, 1943, box 20, RAST.

情况。对希腊而言,在解放后直到正常的经济秩序到来之前,不可能确定汇率。过渡时期内确定的汇率只能是临时性质。汇率的对外价值必须可以浮动,直到落到合适的水平之上。另一方面,为应对紧急情况,汇率须能够立即予以改变。① 可见,中国所提问题具有一定的普遍意义。这一问题引起了美国的重视。美联储主席伊寇斯(Marriner Eccles)称,被占领国家在确定汇率方面存在压力,他们需管制汇率,可能要数年的时间。怀特则开始考虑战后三年内给予各国在管理汇率上更大的自主权。②

会议讨论的第二个议题是基金组织的构成。怀特宣布,在一些代表团的建议下,各国向基金组织缴纳初始份额比例由50%提升为100%,会议现场无人表示异议。各国亦同意,会员国须用黄金支付份额的一半,剩下的一半用本国货币或证券支付。任何黄金和外汇持有额少于其份额的国家,黄金缴纳额应由其持有额的50%加本国货币构成。③ 对此,挪威反对将份额中黄金(包括美元)的比例提高到50%,因为这将减少他们的黄金持有量;玻利维亚称黄金缴存比例的上升会给一些国家带来极大困难。英国批评"增加黄金比例是在走向金本位制度"。对此,美国的解决方案是缴存至基金组织的黄金可以当作本国货币发行准备金,④而无黄金国家可以用其本国货币缴纳全部份额。⑤

对于份额,远在重庆的孔祥熙亦密切保持关注。6月16日,针对驻美代表发回的报告,孔祥熙做出回复,再次强调决定一国份额大小的因素为(1)战前的总进出口价值、无形项目价值以及战后可能的发展;(2)货币与银行信贷流通规模;(3)黄金及外国资产持有额;(4)国民收入及在世界经济中的重要性,再次强调了中国的主张。在当天的另一封电报中,孔祥熙特别提醒代表们,要注意在比例上给予合适的配比,向美国专家解释并取得他们的同意。关于美国应中国请求冻结的中国资产,他认为不在美国方案第3部分第8条限制之下。⑥

中国代表李国钦关注了投票权问题,认为投票权的分配应基于经济力量和为战争胜利所做出的牺牲,仅仅基于经济力量的投票权并不符合国际

---

① The Position of Greece under the Plan for a United Nations Stabilization Fund, July 13, 1943, p. 16, BWC1341-07.
② Memorandum of a Meeting with the Board of Governors, August 11, 1943, p. 2, BWC1539.
③ Messrs. Kuo, Li, Soong, Hsi to Dr. Kung, June 16, 1943, box 78, AYP.
④ Meeting in Mr. Bernstein's Office, September 28, 1943, BWC1338-06.
⑤ Memorandum of a Meeting on the International Stabilization Fund in Mr. White's Office, July 22, 1943, 10:30am, BWC1343-02.
⑥ Urgent, following for Kuo, Hsi, Li, and TL Soong, June 16, 1943, box 78, AYP.

合作精神。他提议投票权的一定比例根据经济标准分配,一定比例根据各国为战争胜利付出的牺牲而定。① 对此,怀特没有反对,并表达了让中国提出方案的期望。② 实际上,此时中国已经提出方案,只是尚未送达美国。投票权问题吸引了大多数与会国的注意,各大洲都有一些国家提出修正投票权的建议。如澳大利亚此前即提出,投票权应公平分配,权责一致。③ 危地马拉批评美国方案中的投票权体系赋予债权国太多的权力。④ 墨西哥建议调整投票权体系,将50%的票数分给会员国。假如有50个会员国和10000票,那么每个会员国100票,剩余5000票则按份额分配。同时,理事会议事分两种投票方式,那些与基金组织运行及利用基金组织资源相关的事项,根据会员国份额投票;影响到会员国尊严的事项,则一国一票原则。⑤ 比利时强调,任何国家都不应允许有超过20%的投票权,以免单个国家拥有否决权。⑥ 在会议上,挪威建议以每500万美元1票取代100万美元1票,以及会员国投票权不超过总票数的1/10而不是1/5。加拿大建议不同的事项使用不同的投票权,一般事务采取简单多数,重要事务则取80%。⑦ 当天会议讨论热烈,但没有形成结论。

6月17日,会议继续讨论美国方案,代表们"对于美英计划之个别优点讨论甚为剧烈"。⑧ 挪威和波兰等欧洲国家赞同英国方案,它有更大的自主性,且不强调黄金的作用。位于西半球的巴西则倾向于美国方案,因为其资本缴纳条款能够有效地防止负债国过度浪费。总体上,欧洲国家更偏向于英国方案,南美各国则更倾向于美国方案。怀特强调,美国国会不会同意任何涉及无限制承诺的计划。⑨ 这显然是针对凯恩斯方案的透支计划而言。为了争取利益,中国代表准备同怀特及美国财政部官员举行双边会谈。

---

① Memorandum of a Meeting on the International Stabilization Fund, June 15, 1943, BWC1537-03.
② Memorandum of a Meeting on the International Stabilization Fund, June 15, 1943, pp. 3-4, box 20, RAST.
③ Memorandum of a Meeting on International Stabilization Fund in Mr. White's Office, May 4, 1943, BWC1338-03.
④ Bernstein to White, May 5, 1943, BWC1341-22.
⑤ Memorandum of a Meeting on the International Stabilization Fund in Mr. White's Office, May 27, 1943, BWC1341-31.
⑥ No title, June 4, 1943, BWC1338-05.
⑦ For His Excellency Dr. H. H. Kung, June 16, 1943, box 78, AYP.
⑧ 照译郭席李宋17日电,001-084800-00002-006。
⑨ From Messrs. Kuo, Hsi, Li, Soong, June 17, 1943, box 78, AYP.

二、中美直接会谈

6月18日,孔祥熙直接致电代表,指示发言要点,以在会议上阐述并强调中国的主张:(1)在战后过渡时期,也就是战后货币复原计划实施期间,中国不能就立即设定汇率一事做出承诺。中国政府认为,公共金融的稳定、国际收支的改善和汇率的确定三者紧密关联,它们取决于中国国内经济——包括生产、交通和外贸——的复兴。过渡期之后,原则上中国同意英美方案中关于汇率确定与变更的内容。(2)中国货币储备所需的份额数量和会员国收支盈余的弹性空间取决于为救济、经济复兴、收支改善以及中长期资本流动所做的安排。在国际收支问题上,中国希望有更为灵活的条款。(3)时机成熟时,中国政府将放弃外汇控制,但现在不能明确具体实施时间。由于存在因贸易自由化导致资本逃离的漏洞,因此中国只有通过全面的外汇控制才能确保资本的有序流动。(4)中国准备同意以黄金定价其货币,但倾向于遵从英国计划的精神,在涉及黄金时制定不那么严格的条款。从中国方面来看,将新单位转换为黄金并无必要。① 这一指示再次强调了中国的特殊需要,并表现出政治上接近美国,经济上接近英国的姿态。

不幸的是,7月2日中国驻美代表收到训令与指示时,信息已经残缺不全,好在指示的总体精神还可以理解并遵照执行。6月19日,孔祥熙再次指示驻美代表,关于投票权,中国倾向于挪威和加拿大方案,但针对重要事务要求改为2/3而非80%多数票数。此外,他又询问,美国所要求缴纳的份额中50%的比例是针对黄金本身还是黄金加外汇之和,②不放过细节问题。

与此同时,驻美代表也与怀特做了会谈。怀特称,美国感谢中国的建议。针对中国的关切,美国方案已经涵盖了为货币稳定准备的过渡时期,关于救济复兴及长期资本投资的计划也会在其后的会议上讨论。孔祥熙后来称,"关于过渡时期之办法,美国方案本少详尽规定,经我方特别提出说明,此种过渡时期之办法,对于蒙受战损之国家,殊属必要,颇为各方采纳",③即指此事而言。关于孔祥熙在6月10日电报中提出的问题,怀特也做了回答。100%黄金储备的确只适用于已经交付的黄金,美国方案无法让会员国在基金组织内以他国货币清算收支差额时接受尤尼塔斯信贷的转移。关于

---

① Urgent, for Kuo, Li, Hsi, T. L. Soong, June 18, box 78, AYP.
② For Kuo, Li, Hsi, TL Soong, June 19, 1943, box 78, AYP.
③ 《联合国家货币金融会议中国代表团报告》,第264页,396-1401(1)。

第3部分第4条,主要是给基金组织以权力,阻止会员国过快提取资金,甚至做过度的不必要的支出。在基金组织看来,这种支出既无理由,也无法立即偿还。怀特称,该条款意在防范无法明智花钱的小国。关于份额问题,在讨论时中国代表充分强调了中国应居于前四的地位。怀特亦倾向如此,并承诺在此基础上制定份额公式。怀特表示,美国准备在中国提出方案后展开讨论,但他又强调,就美国来说,迄今不会接受任何计划,除非有关基金组织的协定已由参加国签署。①

杨格称,尽管中国内部已就战后过渡时期的原则达成一致,但1943年6月在华盛顿谈判的中国专家并没有向美国财政部施加多少压力。② 这并不符合史实。可以说,怀特答应支持中国取得前四的地位,是对中国大国地位在国际经济领域的承认。由于大国地位是一个基于长远的问题,比汇率控制、救济复兴等意义更为深远,因此于中国而言是一个重大成就。对于过渡时期,也确实取得了美国的谅解,并保留了继续讨论的空间。不能简单地说,中国代表没怎么施压于美国财政部。

1943年6月24日,孔祥熙继续询问代表们对于会议的看法,如会议在主要事项上取得一致与暂存分歧的情况,美国方案的主要变化与未来改进情况,以及其他各种评论。③ 6月29日,郭秉文和席德懋继续拜访怀特,询问正式的国际货币会议召开的可能性。怀特称,欲开正式会议,需首先就四项条件达成一致:(1)美国认缴额不能超过20亿~30亿美元;(2)方案体现的是各国认缴而非透支机制;(3)各会员国票数不等,与认缴额有关;(4)汇率应提前确定。④ 否则,方案将无法赢得国会的支持。

在与怀特谈过以后,代表们可以很好地回复孔祥熙的问题。他们认为,虽然华盛顿技术专家会谈是朝向未来达成一致或妥协所走的正确一步,并且怀特极好地掌控了会议,但效果逊于预期,各国仅在总体原则即渴望建立国际货币稳定机制的意向上达成了一致。与会国还存在许多分歧,表现在:(1)向基金组织缴纳资本,包括黄金、证券及本国货币。为限制债务累积,怀特坚持将之作为加入基金组织的前提条件,但英国人认为并无必要。(2)对于黄金的强调。英国方案的支持者从四个方面反对美国方案:其一,份额的一半需用黄金缴纳,比例过高。其二,兑换黄金的两种方式过于苛刻。其三,对尤尼塔斯黄金价格的界定过于严格。其四,缺

---

① From Messrs. Kuo, Hsi, Li, Soong, June 19, 1943, box 78, AYP.
② Arthur N. Young, *China and the Helping Hand, 1937–1945*, p. 378.
③ For Kuo, Li, Hsi, and T. L. Soong, June 24, 1943, box 78, AYP.
④ Conference in Mr. White's Office, June 29, 1943, box 20, RAST.

乏对于债权国过度利用收支盈余扩大进口——取代囤积黄金——从而免于纠正国际收支失衡的责任的规定。因此，现有程序将会议分成数个小组，在秋末之前不会召开国际货币大会。大会召开之前，各国将致力于解决已有分歧。①

三、美国修订方案

在与美国财政部官员沟通时，中国代表探听到，美国方案正在进行修改，与中国相关的主要改动如下：全文使用短语"冻结款项"(blocked balance)取代"异常款项"(abnormal balance)。第5条，基金组织建立三年后调整份额，其后每五年调整一次。第6条，对决定份额的公式进行修改需要4/5的票数。第3部分第2条，重写为"建议基于美元价格的汇率在基金组织成立前第七个月即予以确定"，意即基金组织营业前，各国须确定汇率。会员国仅在纠正国际收支严重失衡时才能改变汇率，且须经相关会员国3/4票数同意(给了某些会员国否决权)。第3条，就会员国购买外汇的权利给予更为详尽的说明。份额之外的额度被称为"可允份额"(permissible quota)②。第5条，购买外汇用于偿还外债需3/4而不是4/5的票数，放宽了标准。第8条，卖给基金组织的外汇比例由全部改为50%。第11条和第13条，4/5的票数要求被删除。第5部分第1条，最大投票权由1/4改为1/5。因为之前有太多的反对意见提出，所以以上更改——尤其是那些影响到主权的——受到广泛欢迎。考虑到美国财政部正在准备新修订的草案，在怀特诚征意见的情况下，各条仍会有进一步的改变，并会反映到最终协议文本中。③ 中国代表亦加强与美国专家的沟通，以达成谅解。

1943年6月底，怀特书面回复了中国代表的提问，于7月3日寄出。④ 主要内容有：

> 第一，关于份额。在基金组织内，本地货币或证券并不能兑换为黄金或外汇以满足份额要求。会员国可按票面价值将政府债券兑换为本

---

① For His Excellency Dr. H. H. Kung, July 2, 1943, box 78, AYP.
② 或译为"许可持额"，参见交通银行总管理处编译：《国际货币基金与国际银行文献》，第183页。可允份额并不意味着会员国的真实份额，但它是基金组织能持有的某会员国货币及证券的最大额度。参见 Memorandum of a Meeting on the International Stabilization Fund in Mr. White's Office, July 14, 1943, BWC1341-08。
③ For His Excellency Dr. H. H. Kung, July 2, 1943, box 78, AYP.
④ To Mr. Hsi, June 29, 1943, box 8, HWP.

国货币,但最多不能超过其份额的50%。对于黄金和自由外汇持有额少于其份额的国家,只需向基金组织缴纳相当于其黄金和自由外汇总值30%的黄金。对于那些被敌国完全或部分占领的国家,可以再削减25%。针对份额,怀特从各国份额中拿出10%作重新分配,以弥补那些份额明显偏低的国家。

第二,关于投票权。为了不使任何国家占据投票权上的优势,无论国家强弱,基金组织都不会使单一国家的票数超过总基数的1/5。进一步地,在投票表决暂停或恢复会员国资格问题上,每个国家均只有1票。在关于出售外汇的投票中,将增加债权国的票数,减少债务国的票数。

第三,关于基金组织的权力与运营。为解除会员国对于主权受到侵蚀的担忧,基金组织提出,对于最重要的事务,获得有关会员国的同意是必要的。若变更某一会员国货币外汇价格,基金组织也需要得到其代表的同意。

第四,关于战时异常款项。方案的最新版以"冻结款项"一词取代"异常款项"。中国被冻结的款项可在战后由美国政府直接解冻,与基金组织无关。

第五,会员国购买外汇的权利。在基金组织运营的第一年(特殊情况除外),它持有的会员国货币和证券总额不能超过其份额的50%,其后不能超过份额的100%。这意味着,在基金组织运作的第一年,它持有的会员国货币和证券总额可以达到份额的150%,其后可以达到200%。如果特定条件得到满足,基金组织还可持有会员国更多的货币与证券。

第六,关于中国极其关心的海外汇款问题。怀特明确解除了中国的疑惑——便利而非限制海外汇款正是基金组织的意图之一,私营银行渠道将继续处理此类汇款业务。

第七,纸币发行问题。基金组织没有限制会员国发行纸币的权力。然而,在特定情况下,基金组织可能会向会员国提议限制发行纸币,在非常罕见的情况下,基金组织会希望会员国限制发行纸币,以营造外汇售卖的有序环境。

第八,与非会员国的直接交易问题。非会员国不能使用基金组织的资源。

第九,关于基金组织办公地点问题。目前尚未决定基金组织将集中于一地还是分散至若干地区办公。未来的最终组织很有可能要体现这两种思想。①

由于恰逢周末及美国国庆假期,席德懋7月6日下午才收到怀特的回信。② 之前两天,中国代表获悉,在盟国政府就美国四项条件达成一致以前,美国不会召集会议。如果盟国同意其四项条件,那么,由6~7个国家组成的起草委员会将代表多数国家先行开会,并任命一些小组委员会以准备总协定,供各国在即将召开的会议上考虑并通过。③

7月5日,席德懋等人再次致电孔祥熙,报告美国方案已做修正之处,有一些是反映了中国的诉求,要点如下:

第一,关于基金组织份额问题。

对于黄金缴存比例的下调,显然是为满足挪威和其他类似国家的强烈要求。另外,美国从总份额中拿出10%,以补偿那些初始份额过低的国家。"在我们私下向怀特提出,'如果中国份额过低,则必须确保中国居前四位置'之后,这一条被加上。这一特别安排可以提高我们的份额。"这是美国为苏联与中国所做的特别安排。

第二,关于汇率。

(1)只有代表了多数份额的会员国货币汇率确定之后,基金组织才能开业运营。各国初始汇率应在1943年7月1日的基础上确定,会员国或基金组织认为明显不合理的除外。

(2)只有经相关会员国及基金组织3/4票数同意,且为纠正国际收支根本失衡的目的,方可变更会员国汇率。尽管如此,在基金组织运作的头三年可有例外:其一,会员国的初始汇率明显无法维持其国际收支平衡,经其提出并获得大多数支持票;其二,在充分与基金组织协商并告知的情况下,会员国变更汇率幅度不超过10%时,无须征得基金组织的同意。

第三,关于基金组织的权力与运营。

(1)各会员国应同意向基金组织出售它持有的黄金,以换取它所需要的本国货币或外汇。出售的最大额度为它认缴的外汇及黄金额的一半,相较于份额的25%为多,但比当初约定的全部额度为轻。这相

---

① Replies to Questions Raised by the Chinese Delegation, June 29, 1943, box 8, HWP.
② To Dr. White, July 7, 1943, BWC1339-04.
③ Messrs. Kuo, Hsi, Li, Soong to Dr. Kung, July 4, 1943, box 78, AYP.

当于减少了黄金与外汇缴纳额,对于因战争而耗尽黄金和外汇的国家而言,是一个让步。

(2)修改后的规定更为具体。在基金组织开业头两年里,基金组织从会员国购买被冻结的外汇款项,应限制在总份额的10%以内。

(3)基金组织只能以会员国货币投资政府证券,且须得到该国的同意。

第四,关于基金组织的管理。

(1)基本投票权与之前草案无异,各国皆拥有初始票100票,另外每100万美元加1票,但美国强调投票权的分配与份额密切相关,但是又不完全一样。

(2)关于投票权的变化。当基金组织持有某会员国货币超出其份额的150%,可允份额也超出时,在授权基金组织出售外汇(资本流动)问题投票方面,对于货币受欢迎的会员国,基金组织每出售价值200万美元的该国货币,就为它增加1票;反之,每从基金组织购买价值200万美元的外汇,购入国就被减去1票。①

1943年7月10日,怀特再次将其计划修订版递交盟国,其中与中国相关的内容同怀特给中国代表的书面回复基本一致。②

华盛顿技术专家会谈是布雷顿森林谈判中美国召集的第一次多边会议,美国借此摸清了各国意图,并在此基础上加快修订怀特计划。中国在多边与双边会谈中,向美国传达了中国的诉求和关切,并在某些方面影响到怀特计划的修订。在这个过程中,中国决策者与驻外代表沟通频繁,孔祥熙的指示得到执行。而在中国政府、驻外代表与美国财政部的三方互动中,中国方案的修改马上成为一个重要话题。

第三节 中国战后国际货币计划的修订及美英反应

在美国提出新条件以及递交新计划以后,中国面临着艰难的抉择。围绕是否继续向美国交涉核心利益问题,中国决策者与驻外代表之间产生了重大分歧,一度危及中国对于布雷顿森林谈判的参与。

---

① For His Excellency Dr. H. H. Kung, July 5,1943, box 78, AYP.
② For His Excellency Dr. H. H. Kung, July 12,1943, For His Excellency Dr. H. H. Kung, July 13, 1943, box 78, AYP.

一、中国对美国新条件的反应

为讨论怀特7月初提出的四点先决条件,1943年7月14日,孔祥熙再次召集货币专家开会。据美国财政部驻华代表爱德乐的报告,针对第3点即会员国立即确定初始汇率问题,中国与会专家强烈反对,以至会议绝大部分讨论是围绕该点展开。出席会议的绝大多数人认为,除非某种程度的国内稳定——包括金融的和经济的——得以实现,中国绝无可能确定合适的汇率。然而,孔祥熙坚持中国同意全部四点,忽视了所有的反对声音。孔祥熙辩称,如果因为中国不赞成第三点而导致会议的拖延,将是不合适的。会议还讨论了给中国代表的指示,要求"针对遭受敌人全部或部分占领的国家,应缴纳其黄金持有量30%的2/3而不是3/4"[①]。

孔祥熙在此间表现出的态度与之前大不相同,让人怀疑爱德乐情报来源的准确性。从已有档案看,他的说法的确存在问题。在致中国代表的电报中,孔祥熙明确指示代表们通知美国财政部,原则上接受第1、2和4点,但对于第3点则委婉拒绝。中国政府理解美国财政部对于固定汇率的期待,但希望考虑中国专家所做的关于设立过渡安排的替代方案。考虑到代表们对美交涉的艰辛,孔祥熙特别强调:"按指示行事,你们会更理解国内的看法,这是针对中国问题所做的最为合适的安排。我相信,如果你们给予充分说明,(美国)财政部能够领悟到这些观点。"[②]如果孔祥熙如爱德乐所言全部同意,则他没有必要指示中国代表再向美国交涉。7月16日中午,席德懋给美国财政部打电话,接电话的是货币研究司官员弗里德曼(Irving S. Friedman)。席德懋称,关于汇率,中国政府有一些关于过渡时期的意见,因方案尚在途中有待转达。除了在汇率问题上的保留以外,中国政府对于推进组成起草委员会并无反对意见,并认为中国将是成员之一。[③] 这也证明孔祥熙并没有在汇率问题上对美妥协。

二、中国强调过渡时期

与此同时,孔祥熙给中国代表发来新的指示,在6月15日训令的基础上对中国战后国际货币计划做出修改。他给代表们发来日期标示为7月

[①] From American Embassy, No. 1189, July 15, 1943, BWC1339-04.
[②] Telegram to Messrs. P. W. Kuo, K. C. Li, T. M. Hsi, T. L. Soong, July 14, 1943, box 78, AYP.
[③] Telephone Conversation, Mr. Friedman and Mr. Hsi Te-mou, July 16, 1943, box 8, HWP.

14日的中国方案①,删除原方案第12、13、14和15条,并以下文替换之:"基金数额至少等于＿＿(国际单位),以黄金及会员国家之货币与证券构成之,由各会员国按本案所定摊额认缴。此项资金应为促进第二条所定各项目的之用。根据公式确定的各项比例应考虑到各会员国缴付黄金的能力。但对于利用过渡时期权利之会员国,其摊缴日期得由理事会另定之。所有摊缴数额一概换算为＿＿(国际单位)分别记入各该会员国之账。请通告美国财政部,中国准备接受其7月5日电报第1条中的提议,但对于全部或部分被占领的国家,应将其比例改为2/3。另外,还有一些零星修订。"②与此同时,孔祥熙致电中国驻美大使魏道明,请他咨询郭秉文、李国钦、席德懋和宋子良,按照指示对中国方案做必要的修改,并视情况将这些修正转达给美国政府。孔祥熙同时将复本一件交宋子文知悉。③

为了向美方施压,中国政府金融顾问杨格于7月20日完成一份备忘录,评析美英货币计划,再次强调战后初期货币复原对于中国及国际币制稳定的价值和重要意义。

首先,各国货币稳定是可期待的长远目标,但战后初期的主要任务应是国内金融稳定。从现实出发,战后初期世界金融非常糟糕,修复遭受战争严重损害的货币体系,与救济和社会重建同样重要,但难度更大。它要求各国在筋疲力尽的时代付出全力。因此,不能对于初期阶段期待太多。在货币复原的过渡时期,绝大多数此类国家都需要外部资源,以促进本国公共财政的发展。但鉴于他们并无充分的外部资源,因此其需求理论上与救济没有什么不同。此类国家期望他们所需资源以租借的形式进行。

其次,从长远来看,一个良好的可运行的国际货币体系在很大程度上取决于各国国内货币政策成功与否。如今世界各国货币都在实施管制,它们只是与黄金存在名义上的联系,且这种情况仍会持续下去。外汇汇率的稳定取决于各国是否小心地并行实施货币管理政策。换言之,如果一个或多个国家实施通胀政策,或者大多数国家都有通胀的表现,但其中一些幅度特别大,那么他们的国际收支将很快失衡。而拟议国际组织的一个很大的优点是能够促成各国间的协同政策。这将给各国留出时间和机会,以调整与世界其他地方不一致的政策,调整严重影响他国的政策,以及从长远看不会给本国带来好处的政策。

---

① Preliminary Draft of a Proposal for a United and Associated Nations Fund for Monetary Rehabilitation and Stabilization, July 14, 1943, box 78, AYP.
② Telegram to Messrs. P. W. Kuo, K. C. Li, T. M. Hsi, T. L. Soong, July 14, 1943, box 78, AYP.
③ To Mr. Ambassador, July 14, 1943, box 78, AYP.

再次,许多遭受战争损害的国家都承认货币复原需要过渡时期。但是只有货币措施并不够。这一阶段还需要包括救济、修复创伤和恢复生产力,这也意味着削减军事和民用支出,重建税收体系,整理债务、稳定价格、改革货币和银行业,改善国际收支情况。对许多国家来说,除非这些问题已经差不多解决,否则先去制定固定汇率只能是本末倒置。如果国际收支不能维持平衡,而确定固定汇率则外部资源会被竭干,各国被迫使用汇率管制来保护这些资源,从而损害经济复兴,延缓人们信心的恢复。在各国恢复了一定程度的金融稳定后,就有机会沿着两大计划的路线建构长期体系。世界急需这一长期体系。如果一开始该长期体系就作为一个整体而受到损害,则比较可惜。正如两大计划的作者所承认的,在很大程度上,任何计划的成功都受到它对于救济、经济复兴、国际贸易的扩展、国际基本商品的规范和国际投资的设计的影响。①

中国的主张在世界范围具有一定的普遍性,也得到一些美国官员的赞同。1943年底,瑞典经济学家古斯塔夫·阿克曼(Gustav Akerman)撰文称美英计划灵活性不够,反对瑞典加入其中。否则,瑞典将无法根据其国内价格水平自主确定汇率,而这对于战后瑞典极其重要。② 荷兰负责对美谈判的代表、尼德兰贸易公司(Netherlands Trading Society)前总裁伊昂(Crena de Iongh)在致怀特的信中称,战后一段时期,在某些地区将出现商品的极端短缺,几乎被战争摧毁的国家所需进口物资远多于它能出口的数量。这些进口将需要来自国外的财政援助的支持,如租借、救济、信贷或长期贷款。如果基金组织所允许的贷额不能用于提供此类帮助,那么它很难充分应用于那些仍然在重建中且金融形势尚未巩固的国家。一旦如此,则基金组织发挥作用的空间将受到极大的限制。③ 他们对国内问题的关注与中国的认识基本一致。杨格将备忘录寄给其弟④、时任美国国务院国际金融司司长约翰·杨格,向国务院表达中国的诉求,得到了他和国务院国际经济顾问赫伯特·菲斯(Herbert Feis)、金融司司长弗雷德里克·利弗西(Frederick Livesey)的一致好评。⑤

在孔祥熙的指示下,中国代表与美国财政部之间的交涉频繁展开。7月21日下午,中国代表约见怀特,得知美方再次展开了对于怀特方案的

---

① The International Monetary Plans, July 20, 1943, box 78, AYP.
② Hansen-Moller to White, December 21, 1943, BWC1338-01.
③ Iongh to White, May 25, 1943, BWC1341-32.
④ 阿瑟·杨格出生于1890年,比约翰·杨格大5岁。
⑤ Letter, January 31, 1941, box 78, AYP.

修订,并计划在一两周内完成对于方案的第三次修正。与此同时,孔祥熙发送给代表们的中国战后国际货币计划意外丢失,于是双方约定日期再谈。①8月9日,中国代表终于收到中国再次寄来的方案,此时氛围已经与华盛顿技术专家会谈之前大不相同。两天前,代表们收到美国发来的怀特计划最新草案,发现中国方案中提到的部分主张已经为美方所接受。因此,代表们不得不请示孔祥熙,再次修正方案。

三、中国代表的犹豫

1943年8月上旬是华盛顿技术专家会谈以后中国对美交涉的关键节点,关系到对于过渡时期的推进问题,而驻外代表们的工作也走到了一个十字路口。8月11日,代表们首先将美国方案的修正之处电告国内,供孔祥熙决策之用。与中国相关的内容为:对于遭敌国占领的会员国,基金组织将使用该国自由区政府与其协商并经其认可的汇率。在确定固定汇率之前,在理事会的同意下,基金组织针对此类货币采纳该国与理事会商定的临时汇率。在该国解放或基金组织持有的该国货币超过其份额后,援引此条的行动最多可再维持3个月。② 8月12日,经与魏道明商议,郭秉文等人给孔祥熙发送了他们深思熟虑后的电文。电文内容包括3部分:

(1)关于中国方案主要内容的处理。"我方提议之最重要之点为第三章之金融复兴一节。关于此点,8月9日文等在美财部与怀特谈话时,曾探询美方意见。当据怀特切实答称,凡一国之财政金融经济等种种问题与现在所谈之币制计划,确有连带密切关系,惟感目前讨论该币制计划案,因各国利害关系,业已相当复杂,故不愿扩大范围益增困难。拟定此次所召集之金融会议,只将限于讨论国际币制稳定计划,似乎较易成功。至其他各项复兴问题,均应分别另案讨论。前曾有他国代表提及此点,美方亦作同样答复。文等察美方对于金融会议计划,以对内对外政治关系,希望能有结果。我方立场似宜助其成功。惟我方金融复兴一面,有需协助之处或可另行设请商洽"。代表们的意思非常明确,美国此时不支持中国的核心诉求,中国要么继续碰壁,要么改弦更张,利用其他途径实现诉求目标。在这一点上,中国代表倾向于支持美国。

(2)关于就中国方案与美国展开交涉的问题。"此次美方邀集各国指派专家讨论币制计划,始终以美方计划为基本原则,在专家会议时,英国及

---

① Messrs. Kuo, Hsi, Li, Soong to Dr. Kung, July 22, 1943, box 78, AYP.
② For His Excellency Dr. H. H. Kung, August 11, 1943, box 78, AYP.

加拿大所提计划均仅被美方作为参考资料,并未提交大会讨论,文等是否可将我方提议作为意见书(comment)请魏大使转送美方。此外,我方提议以沿途辗转邮递,副本到此过迟,而正本迄尚未到,提议中有数点业经美方修改。"这又是一个关键问题。作为一线外交人员,郭秉文等人对于对美交涉极为敏感,既然英国与加拿大方案只是作为参考资料,那么中国方案的待遇也不会更好。因此,代表们建议,与其硬闯,不如予以技术处理,以意见书方式递交美国,缓和美国的排斥心态。

(3)不必交涉的要点。"关于冻结款项一点,美方已允将来可应中国政府之申请,随时解冻,惟在英方冻结款项须单独商洽。我方提议设立筹备委员会一节,似与美方提议组织起草委员会用意相同。"①

此时中美交涉面临直接对抗的局面,美方执着追求各国货币关系的稳定局面,对其他内容避而不谈,对他国方案持漠视态度,那么中国是否有必要继续坚持本国主张？是坚持将中国方案送达美方,还是将方案降格为意见书提交美方？抑或按美国方面的要求,撤回之前提出的一系列核心诉求？这不仅关系到中国政府与社会各界数月研讨的方案能否开花结果,而且关系到中国战后经济复兴乃至大国地位的实际确立。此时,中国代表建议对美妥协,但鉴于决定权在孔祥熙手中,因此,他的回复将非常关键。

档案中却出现了非常有意思的现象。从档案可见,孔祥熙与驻外代表一般使用英文通信,中文电报少见,然而8月中旬的几封电文都有中文抄电。其中明确"我方提议可作为意见书由大使馆转送美方参考"②,似乎可以确定孔祥熙同意驻美代表将方案改为意见书送达美方。相关英文档案却又有不同。8月16日,孔祥熙回复郭秉文等人,实际发出的英文电报并没有使用意见书一词,而是如往常继续使用方案(proposal)一词,原文直译如下:请魏大使将中国方案(备忘录)转致美国财政部考虑参照。③ 再查看怀特遗孀捐给普林斯顿大学的怀特文件中所收录的中国方案,全文并无意见书字样,而是保持方案原貌。由此可见,无论中文译电内容如何,也无论代表们个人意见如何,郭秉文等人依然按孔祥熙的指示将中国方案送达美方,而且怀特不仅看到了,还收录到自己的个人文件之中,否则我们不可能在美方档案中看到中国方案。

8月16日,尚未收到孔祥熙指示的代表们再次联系国内,宋子良致电

---

① 《呈孔院长电稿》,1943年8月12日,396(2)-952。
② 《抄致郭次长等铣电》,1943年8月16日,box 78,AYP。
③ Telegram to Messrs. P. W. Kuo, K. C. Li, T. M. Hsi, T. L. Soong, August 16, 1943, box 78, AYP.

中央银行业务局局长郭锦坤,请他劝说孔祥熙便宜行事。核心诉求有两点:(1)中国方案提出的部分内容,已经在华盛顿会议中得到采纳,目前的方案经修改后再提交美方更好;(2)美国计划专注于稳定币制,设置了四点原则,不涉及其他内容,且不愿他国再提计划。因此,宋子良建议接受美国的建议。① 关于美国四点方针,过去孔祥熙已同意第1、2、4点,唯对第3点关于战后立即设定汇率问题持保留意见。在这儿,宋子良则劝他改变看法,予以接受。杨格在其书中称,中国代表宋子良与席德懋没能将汇率灵活性引入平价设定中。② 其结论大概是因这封电报而起。

四、中国方案送达盟国

事实上,孔祥熙并未听从宋子良等人的一再劝告,而是继续坚持原有立场。他很快发出指示,要求代表们继续交涉。1943年8月23日,根据8月16日孔祥熙的指示,在华盛顿的中国专家针对7月14日中国方案提出修正意见。

首先,第一部分主标题修改为"中国专家针对美英关于国际货币组织计划的一般审议备忘录",原21条变更为10段。

第一部分各段修正如下:

第1段:"原则上,中国政府欢迎战后成立国际平准基金组织的计划。原因有二,一是它预示着国家之间的合作,二是它代表了国际贸易领域更为自由的实践的回归。中国政府完全意识到,国际货币组织计划的主要目标,对于最大限度地维持国际收支平衡和汇率稳定,具有根本性的意义。不仅如此,如果该货币组织能将货币复原问题纳入其中,它将取得更大的成功。"

第2段:我们使用阁下训令③中的第3条,但删掉了最后一句。

第3段:使用训令中的第4条,将"货币与财政改革"变更为"货币改革与金融稳定"。

第4段:完全使用训令中的第5条。

第5段:使用训令中的第8条。第一行中的"中国"修改为"各国"。

第6、7段:完全使用训令中的第10、11条。

第8段:使用训令中的第12条,删除以"中国资产等"开始的最后四

---

① 于彤:《关于同盟国战后世界货币金融问题档案选(1943年5月—1946年5月)》,《民国档案》1986年第3期。
② Arthur N. Young, *China's Wartime Finance and Inflation, 1937-1945*, p. 311.
③ 即1943年6月15日孔祥熙给驻外代表的训令。

行,第一行中的"异常战争款项"修改为"冻结款项",最后一句中的"个人"一词修改为"其他"。

第9段:完全使用训令中的第14条。

最后一段如下:"与国际货币组织的职责和功能无关,中国专家提出以下建议"。

其次,关于第二部分。中国代表根据美方的最新反馈做出修正,这次修正多为技术性质,故内容的实质性变化不大,新方案全文分6章37条。变化最大的地方在第一章。如下:

第一章中"会员资格"之下修改为"拟议国际平准基金组织草案"。

第1条第2行中的空白处插入"国际平准基金组织"字样(解释:如怀特所示,由于我们包含复原的主要思想没能获得美国财政部的同意,我们在标题中放弃复原,以支持美国设想的基金组织)。第3行"引入其他会员国"改为"邀请其他国家成为会员"。

第2条次款A"促进(promote)"改为"实现(achieve)"。

第四章中关于"国际货币稳定"修改如下:

第15条(原第18条)第1行第5个词"定期地"改为"每3年"。第17条(原第20条)次款C第5行第2个词"5%"改为"一个合理的百分比"(解释:因为7月16日美国新修改的草案规定,在最初三年允许汇率10%以内的改变,因此我们建议如上更改)。"鉴于阁下训令中的许多段落都切中要点,我们将它们加入备忘录,以作观察。训令中的其他要点将在我们与美国财政部的讨论中提出。"

再次,备忘录标注日期未变,仍为重庆时间1943年6月9日。[1]

总体上,中国驻外代表的修改主要是在措辞方面,从而使文件在行文方面更多照顾美国的意愿。在与杨格、贝祖诒、郭锦坤等专家讨论后,[2] 8月27日,孔祥熙回电,基本同意代表们所做的修改,但做了一些关键修正:

第一,第1段第1行只提"国际货币组织",不明说"平准基金组织",因为这也涉及英国方案。

第7条(训令第11条)删除最后一句:"并与美国代表讨论"。

省略代表们提议的最后一段,新加第10段,与原备忘录第5段"提议等等致力于"一样,但在开头加上"总体上"。

第二,同意中国代表对于草案的修改,但标题(重复标题)在第1条第1

---

[1] For His Excellency H. H. Kung, August 23, 1943, box 78, AYP.
[2] To Dr. Young, August 26, 1943, box 78, AYP.

句处留空,并删除最后一句关于前敌国的内容。

第三,把复本交给魏道明大使,并请他将修改后的备忘录与提议经正式渠道通过国务院送达财政部。同时,请将复本非正式地递交怀特。之后,将全部文件送交英国和苏联金融代表,并请他们保密。①

这样,代表们删除了孔祥熙训令中与方案不相关的内容后,与方案说明融合,将其作为中国方案的第一部分,重点说明中国在战后货币复原问题上的立场,即"在长期战争中,中国的财政金融几近瓦解,提前为战后过渡期内的货币复兴做好详细和完整的计划,对中国来说极其重要",并强调中国提出战后国际货币计划的目标是:(1)制定具体条文满足中国及处于类似地位的其他国家的特殊需求,以在战后初期实现货币复兴;(2)对美英方案略作修改,以帮助达成一致。而原第一部分则成为引言。② 对于中国方案的第二部分,经修正后,中国的诉求实际上更为集中于货币复原。③ 通过文本的仔细比对可知,新方案在标题设置与内容组织上更加接近于美方表达,如就长期目标而言支持货币稳定和固定汇率,但对于中国迫切需要的货币复兴与过渡时期等内容,亦作了充分表达。

1943年8月底,中国驻华盛顿大使馆终于收到寄自国内的方案,并将其重新整理,部分措辞与结构再次发生变动;9月初,以备忘录的形式通过美国国务院递交美国财政部,同时非正式地告知怀特这一动向。④ 与此同时,中国代表亦分别将方案送交英国财政部驻华盛顿的代表韦利爵士(Sir David Waley)和苏联财政人员委员会部的代表捷普列科夫(V. Tepliakov)。⑤ 孔祥熙亦在国内将方案秘密交给美国、英国和苏联驻华使馆,确保中国方案在大国之间得到流传。这些做法同时也通报了美国财政部。对于中国的行动,后者表示绝无反对之意。⑥ 实际上,因为爱德乐的关系,美国财政部早在6月中旬便得知中国方案主要梗概。⑦

中美谈判与交涉是中国方案得以完善的重要一步。借交涉与谈判之机,中国代表全面参与了美国怀特计划的修订,摸清了美国的意图,吸收其

---

① Telegram to Messrs. P. W. Kuo, T. M. Hsi, K. C. Li, T. L. Soong, August 27, 1943, box 78, AYP.
② Part Ⅰ, Memorandum as Submitted by Chinese Experts Giving General Observations on American and British Plans for International Monetary Organization, no date, box 8, HWP.
③ Part Ⅱ, Preliminary Draft of a Proposal for a United and Associated Nations Fund for Monetary Rehabilitation and Stabilization, June 9, 1943, box 8, HWP.
④ Messrs. Kuo, Hsi, Li, Soong to Dr. Kung, September 3, 1943, box 78, AYP.
⑤ Hsi Te-mou to Dr. Kung, October 22, 1943, box 78, AYP.
⑥ Meeting in Mr. White's Office, November 5, 1943, box 31, RBWA.
⑦ 详见 Adler to Secretary of Treasury, June 10, 1943, pp. 2-3, box 8, HWP.

他联合国家的最新看法；与此同时，代表们小心翼翼地提出本国诉求，阐释本国核心利益并予以适当包装，不仅向美国传达了中国的关切，并有可能影响到美国。美国财政部先后于7月10日和8月7日将怀特计划的修订稿发送给中国代表讨论交流，再经修订于8月19日正式公布。方案规定，会员国汇率"应以1943年7月1日各国货币与美元之比价为准，惟汇率不正常者，如目前之我国与希腊，应为例外"①。由此可见，怀特计划打上了中国的烙印，中国的交涉发挥了作用。

在致孔祥熙的信中，杨格也认为美国计划有所改进。信中称，美国新修订版本相对于过去有所改进，关于黄金的条款更为清晰，战后初期关于汇率与金融调整的条款更为灵活，是更好的版本。除此之外，对美交涉仍然存在一些，如仍不清楚中国和其他国家的份额，决定份额的公式仍然非常含混，战后初期金融与经济复原的国际措施应更为具体。第1条2c款将救济工作扩大到"相关事项"，应该可借此处理经济复原问题。但货币复原在此之外，包括公共金融在内，肯定需要消耗相当多的资源，但根据美国计划尚不能从基金中支取。因此，中国计划中的过渡措施仍然重要。② 看得出来，杨格比较坚持过渡时期的设置，从另一方面来说，在孔祥熙的指示下，中国代表们也没有放松对于过渡时期的争取。

五、美英对于中国方案的反应

对于中国战后国际货币计划，美国财政部主要人物都给予了高度评价。1943年9月中旬，在致孔祥熙的信中，美国财政部部长摩根索称，美国非常赞赏中国技术专家准备的关于货币复原和稳定的备忘录，美国专家细致研究并分析了中国的方案，针对有关"特别考虑中国及类似处境国家需求"的愿望，发生了浓厚的兴趣，并且据此修订了美国方案，在黄金缴纳和初始汇率设置方面，区分那些被敌国完全或部分占领的国家。据摩根索言，这些修正大多是与身在华盛顿的中国专家会谈后形成的。③ 事实上，这封以"亲爱的孔博士"开头并包含具体内容的信与摩根索致其他40国官员且仅称"阁下"的礼仪性信件非常不同，④从侧面反映出美国对中国方案的重视，对中

---

① 徐建平、林华清：《国际货币金融会议之经过》，《经济汇报》1944年第10卷第5&6期，第86页。
② To Dr. Kung, September 20, 1943, box 78, AYP.
③ Morgenthau to Dr. Kung, September 14, 1943, box 8, HWP OR 396-2122.
④ 这些信件的主要内容为通报关于战后货币计划的谈判进程，内容几乎完全一样。参见Book 664, part 1, pp. 34-74, DHM。

国热情参与战后国际货币计划讨论的欢迎。1943年11月初,怀特对来访的中国代表称,美国正在起草新的基金组织方案,新方案将融合英国、中国等国的建议。① 这表明美国对于中国所提方案的合理性及可行性做了积极的反馈。事实亦然,中国的建议对于稳定战后秩序而言不可或缺。

美国政府其他部门亦对中国方案赞誉有加。国务院国际金融司司长约翰·杨格称,中国计划在路径上具有可行性。毕竟,因为过渡时期内汇率未定且有待调整,基金组织彼时不大可能发挥作用。只是中国计划来得太晚了,没能赶上6月的讨论……希望中国方案能得到(美国财政部的)仔细审视。② 其后,他针对国际银行草案提出建议时,要求设立复原基金,专门向被战争破坏的地区提供贷款。③ 纽约联储副总裁威廉姆斯(John H. Williams)认为,战后国际货币计划应有针对过渡时期的单独设定,④各国汇率应推迟到过渡时期后确定。如果国际平准基金组织无视过渡时期的种种问题而强行推动,则其目标很难实现。⑤ 1944年,美国国务院编辑出版了布雷顿森林会议计划,称"华盛顿技术专家会谈以后,加拿大、中国、法国都提出了他们的计划或方案,怀特计划的修订版本正是建立在美国专家与外国专家讨论的基础上"。⑥ 由此可见,中国方案的存在曾经得到正视,价值曾得到明确承认。

英国同样对中国方案不吝赞赏。1943年10月下旬,凯恩斯致电席德懋,称"非常赞叹备忘录所展现的智慧和专业水平",尤其是备忘录的某些内容与英国清算同盟所倡导的路线一致,且是英国人在进一步思考之后倾向于遵循的。进一步地,凯恩斯称,虽然美英尚没有就方案达成一致,但目前正在传播中的各项计划——盖着不同国家的印记,终将安然地综合成一项单一的文件。他告诉席德懋,非常期望返回华盛顿与中国代表面谈。⑦ 凯恩斯对中国方案的赞赏并非仅是礼节性的。11月下旬,他在伦敦同郭秉文讨论对华贷款时亦不自觉地谈到,中国关于国际货币组织的备忘录"经过了精心准备,包含着绝佳的观点";凯恩斯与美国所做的会谈

---

① Meeting in Mr. White's Office, November 5, 1943, box 31, RBWA.
② To Arthur Young, November 28, 1943, box 78, AYP.
③ Summary of Mr. Young's Proposal for an International Agency for Reconstruction and Development, September 13, 1943, p. 3, BWC1288-04.
④ To Dr. H. H. Kung, January 12, 1944, p. 2, 396(2)-955.
⑤ John H. Williams "International Monetary Plans", January 23, 1944, BWC1506-12.
⑥ John Parke Young, *Conference at Bretton Woods Prepares Plans for International Finance*, Washington DC: Government Printing Office, 1944, pp. 4-5.
⑦ Keynes to Hsi Te-mou, 27th October 1943, 396(2)-923.

中同样包括与过渡时期货币复原相关的内容。① 英国驻美大使馆金融参赞奥佩,同时也是英国最年轻的经济学家之一,对于中国所提关于过渡时期的条款赞不绝口。② 这表明中国对于该问题的看法在某种程度上具有普遍意义。很明显,凯恩斯所言的未来终将出现的单一文件必然会有中国的印记。

中国方案并非石沉大海,而是对布雷顿森林体系的面貌产生了积极的影响。上述摩根索和凯恩斯的信或许有恭维的成分,但绝不像杨格事后所言,美方仅写了一封感谢信但忽略了中国所有的建议。③ 众所周知,美国对于他国战后国际货币方案一向警惕,如国务院的约翰·杨格所称,怀特"除了他自己的计划,对任何其他计划都不感兴趣"④。即便如此,美国财政部也不得不承认中国方案的新意,即中国最为看重的"国际货币复原"条款,强调对于战后过渡期内特殊待遇的需要,⑤正是美国所忽视的内容。9月17日,当席德懋和宋子良再次拜访怀特,寻求美国对于中国方案的反馈时,怀特称,对于中国所期望的长期投资及救济复兴等问题,已定分别另设机构⑥研讨,均在筹备中,并谓此次战事结束后,中国建设及复兴上的投资者必源源而来。关于初期汇率问题,怀特称中国或可按照被占领国家办理,如此,在基金组织运作的头三年,汇率调整范围达20%。⑦ 既然说到汇率弹性,代表们立即询问有关过渡时期更富于弹性的安排问题。怀特称,汇率问题现正与英国计划主稿者凯恩斯商谈,结果如何尚需继续约谈。至于中国列于前四名的问题,怀特称美方极力协助。中国所关心的冻结款项条款,怀特认为是中美两国的问题,完全可由中美两国自行解决,与基金组织无关。⑧ 总体而言,中国代表在华盛顿技术专家会谈前后,同美国交涉取得了重要成果,为下一步的行动打下了基础。

中国方案借鉴了美英计划中的部分内容,但并不能认为中国方案是刻

---

① Telegram received from London, November 23, 1943, box 78, AYP.
② To Dr. H. H. Kung, January 12, 1944, p. 2, 396(2)-955.
③ James R. Fuchs, *Oral History Interview with Arthur N. Young*, p. 110.
④ To Arthur Young, November 28, 1943, box 78, AYP.
⑤ Friedman to White, September 10, 1943, box 8, HWP.
⑥ 1943年10月11日,怀特首次将《联合国家银行方案》出示于中国驻美大使魏道明,称其仅代表了美国财政部技术专家的意见,此时亦仅在四大国之间流传。Meeting in Mr. White's Office, October 11, 1943, box 21, RAST。
⑦ Meeting in Mr. White's Office, September 17, 1943, box 21, RAST.
⑧ 《呈孔院长电稿》,1943年9月18日,396(2)-952。

意拼凑,人云亦云。① 孔祥熙在致美方的说明中直言,中国方案内容为融合英美计划与其他方面之意见,并非别出心裁,唯愿以此为讨论张本。② 这并非自我贬抑之词,更多的是一种引起英美等国注意的策略,事实上也确实引起了美国财政部部长摩根索和英国财政部顾问凯恩斯等人的关注。从交涉过程来看,此种借鉴主要为包装中国现实需求服务,将中国最为迫切的战后经济重建与货币复原等需求隐于条文之中。现实地说,中国这样做亦属无奈,如参事室朱炳南所言:"中国参加国际金融货币合作有莫大裨益,但是中国经济极为困难——受敌封锁、交通困难、物价飞涨、汇率脱节,而一旦战争停止,国内经济变动必甚剧烈,势难于战后短期间寻出一适当之汇率水准,预加确定更属事不可能。我国对策最好能设法使英美认识我国经济之特情,要求允许延缓我国稳定汇价之时限或增宽我自由变动汇率之幅度。"③中国计划正是这一诉求的直接反映。在中国代表的坚持交涉之下,美国终于看到中国的迫切需求,为中国参加布雷顿森林后续谈判奠定了基础。这是继成功废约以后,中国在参与重构国际秩序上所迈出的一大步。

从多边档案可以看出,孔祥熙看到了参与国际多边协商对于中国的极端重要性。④ 在对美交涉战后国际货币计划时,他能够兼顾原则性与灵活性,既注意坚持中国的诉求,也注意照顾美国的态度。驻外代表则更关心保持与美国的友好关系,在执行国内指示方面,尤其是关于坚持中国长远利益方面,在某些场合并不积极,甚至对向美国提交战后国际货币计划有所犹豫。⑤ 驻外代表的小心谨慎应来自对美交涉的长期艰辛,⑥可见侍从室的担心并不多余。孔祥熙也确实注意到这一问题,从而能够及时对驻美代表

---

① 1943年7月12日公布的加拿大计划,也是对于美英计划的融合,意在协调两者建议。中国方案与加拿大方案不同的是,前者提出全新的关于战后复原与重建的内容,弥补了美英计划的缺陷。加拿大方案,详见 J. Keith Horsefield, *The International Monetary Fund, 1945-1965*, Vol. 3, pp. 103-118, 埃里克·罗威对于加拿大方案的详细评价,参见 Eric Rauchway, *The Money Makers, How Roosevelt and Keynes Ended the Depression, Defeated Fascism, and Secured a Prosperous Peace*, p. 174。
② 《战后国际货币计划》,1943年6月9日,数位典藏号:001-084800-00002-005。
③ 《朱炳南:联合国家平衡基金会方案研究意见》,1943年4月23日,国民政府档案,761-00243。
④ No title, April 1944, 396(2)-955.
⑤ 杨格亦称,1943年6月对美交涉时,中国在华盛顿的专家并没有过多施压于美国。Arthur N. Young, *China and the Helping Hand, 1937-1945*, p. 378.
⑥ 如"良在国外,默察此间政治,瞬息千变,国际情形,复杂异常,极为寒心",详见于彤:《关于同盟国战后世界货币金融问题档案选(1943年5月—1946年5月)》,《民国档案》1986年第3期。

纠偏,保证对美交涉没有偏离中国利益,两者密切的电报往来恰好反映了这一点。

需要说明的是,到1943年冬,中国仍有两大诉求亟待争取。其一是份额问题。按照贝祖诒的说法,"美英两国方案均以本身之利益为前提,各国定额之决定,英方以贸易,美方以存金来决定,我国贸易额、存金量均有限,国民所得亦低,我国所可能得的定额及票数皆将微小,不合于我国在国际组织中应有之地位"。其二,虽然华盛顿会谈后,美国修正怀特计划,添加了关于过渡时期的办法,但对中国战后金融至为关键的问题如币制稳定、金融复员、汇率调整和对外贸易的恢复等仍然不够。① 这两项内容成为日后中国对美交涉的主要部分。

第四节 中国6亿美元份额问题的出现

由于份额与国际地位和战后经济重建工作息息相关,因此中国从未放松探查美国的安排,并积极统计相关数据以争取更大的份额。

一、中国份额列于前四成为两国共识

虽然华盛顿技术专家会谈没有安排讨论份额问题,但孔祥熙认为会议是探查份额多寡的合适场合。1943年6月10日,孔祥熙致电驻美代表,询问美国方案给中国及其他大国安排的份额数量。② 在与怀特会面时,中国代表正式提出,在确定份额时,应将人口、领土和自然资源列为附加因素。怀特则以"这将导致苏联和印度太大而英国太小,因而无法实施"为由拒绝。③ 实际上,美国财政部早期确实考虑过将人口作为确定份额的因素。1942年5月中旬,在财政部准备的表格中,人口的权重甚至高于黄金产量的权重,如中国有4.5亿人口,权重分为45,美国人口的权重为13,苏联为17,印度为38。④ 由于差别的确较大,美国很快放弃了考虑人口要素,因此怀特所言不虚。

尽管如此,孔祥熙没有气馁。为了赶上华盛顿技术专家会谈,1943年6

---

① 贝祖诒:《中国对外贸易与国际金融问题》,1943年11月26日,中国银行总行、中国第二历史档案馆编:《中国银行行史资料汇编》上(1912—1949年)二,第1634~1635页。
② Telegram to Chinese Embassy, June 10, 1943, box 78, AYP.
③ Hsi Te-mou to Dr. H. H. Kung, June 12, 1943, box 78, AYP.
④ Weights for Participation and Voting Strength in the Stabilization Fund of United and Associated Nations, May 16, 1942, box 36, RBWA.

月16日,他提前将中国关于份额的方案发给美国,在紧接着的一封电报中又补充了"在比例上应该给予合适的配比"字样。① 6月19日,中国代表在份额问题上取得突破性进展,他们向美方充分强调了中国应居于前四位的重要性。怀特予以认可,并承诺在此基础上制定公式。② 对于中国对本国未来大国潜力的论述,美国也持赞同态度。美国国务卿赫尔称,无论在政治上还是经济上,美国都视中国为拥有巨大发展潜力的国家,而且这种发展就在不远的将来,因此,美国将在所有可行的方面给予中国各种考虑。③ 实际上,美方早就将中国份额列于前四,此刻是正式向中国代表确认这一事实。

6月26日,怀特完成了对国际平准基金计划的修订,并回答了中国代表的书面询问,第一条就是关于份额。对于中国再次提出考虑人口、领土和自然资源等要素,他特别强调,份额公式考虑到了包括国民收入在内的因素,现在美国准备拿出总份额10%的数额进行重新分配。④ 怀特的行动很快。7月初,美国便从总份额中拿出10%,以补偿那些初始份额过低的国家。这也是自中国代表向怀特提出应确保中国前四的位置之后,针对份额规则所做的最大修正。⑤ 8月16日,宋子良向国内作了汇报,称"至于份额支配方面,经同人等一再向美方单独交涉争持,地位已列四强之中。惟额数美方不愿照我方提议以人口及面积为限,决定原则要素。盖恐英方因印度关系操权太大,故允先提出总份额1/10作为调剂项额,会员国家得照原股依成分配,美方暗中已允将其应得调剂项额部分让予我国。此种办法,提议更为有利,而易于办到"⑥。以后在不同的场合,美国都明确阐释,从总份额中拿出的10%是保留给被占领国家,尤其是中国和苏联。⑦ 中国代表致孔祥熙的电报中亦有记录:关于份额1/10的调剂额度,怀特称此条本为中国所添,惟将来如何分配须在大会决定。⑧

---

① For Kuo, Hsi, Li, TL Soong, June 16, 1943, box 78, AYP.
② From Kuo, Hsi, Li, TL Soong, June 19, 1943, box 78, AYP.
③ Memorandum of Conversation by the Secretary of State, 18th August 1943, US Department of State, *FRUS*, 1943, *China*, p. 93.
④ Replies to Questions Raised by the Chinese Delegation, 6/29/43, p. 1, box 8, HWP.
⑤ From Kuo, Hsi, Li, TL Soong, July 7, 1943, box 78, AYP.
⑥ 于彤:《关于同盟国战后世界货币金融问题档案选(1943年5月—1946年5月)》,《民国档案》1986年第3期。
⑦ From Hsi Te-mou, March 20, 1944, p. 2, box 78, AYP.
⑧ 《呈孔院长电稿》,1943年9月18日,396(2)-952。

二、中国追求高份额

到底为中国增加多少份额,美国并没有作正式承诺。美国小心翼翼地将有关份额的讨论控制在财政部范围内,因而,各国份额数量对外界始终是一个谜。1943年10月4日,伦敦《金融新闻》发布各国份额表,中国是3.5亿美元,投票权为450票,低于印度的3.67亿美元,居于第五位。《金融新闻》同时发布了美国用于计算份额的公式,与6月华盛顿技术专家会谈时中国所参考的版本一致。① 虽然该报自称基于官方数据计算而得,但是从档案可知,其数据明显过时,它更多地代表了英国的立场。很自然地,这份清单中有关中国份额的排名和数量都引起了中国的警觉。

中国认为将已有公式应用于中国非常困难,公式本身亦不甚合理,主要原因在于中国缺乏国民收入数据,只能靠估算。估算则容易忽视中国的特殊性,从而出现错误。特殊性包括两点:(1)中国人民多数为农业人口,一大部分产品的消费都不会经过货币交易环节;(2)战前中国国内价格极低。英国公布的数据将中国国民收入估计为120亿美元,这个数据亦有问题。刘大钧估值中国国民收入为196.92亿美元,或人均国民收入40美元,翁文灏也是这个估值。美国学者卜凯(John L. Buck)②通过广泛调查后认为人均是52.19美元。由于他对中国农业经济极其熟悉,他的数据更为权威,也更具说服力。③ 但即便按刘大钧较低的估值套用美国公式,中国份额亦达5亿美元有余,远高于《金融新闻》公布的数据。因此,《金融新闻》所公布的数据严重低估了中国经济实力。

1944年春,美国加快了召开国际货币会议的步伐,而份额数量问题再一次走进孔祥熙的视野,各种消息让他感到疲惫。3月底,美国再次强调份额公式,需考虑(1)会员国贡献给基金组织资源(黄金和外汇)的能力。(2)使用基金组织资源的需求,由进口大小和出口的最大波动值来推导出结果。(3)对外贸易的重要性。(4)与经济和政治重要性的关系。④ 其中,最后一条与中国所强调添加的国际地位和未来发展潜力等因素是一致的。

---

① 该报发表的份额数据系美国财政部6月22日大变动之前的表格,数据已不符合发表当时的情况。To the Chinese Representatives at the International Financial Conference, April 11, 1944, pp. 6-7, box 78, AYP.

② 卜凯创办了中国金陵大学农业经济系并长期任教,在中国工作近30年,一直致力于中国农业经济学的调查研究,发表多部产生重大影响的著作。他本人在全世界被时人广泛尊为关于中国农业经济方面最优秀和权威的学者。

③ Memorandum I, April 17, 1944, Quotas and Voting, pp. 1-2, 396(2)-955.

④ From Mr. Hsi Te-mou, March 25, 1944, box 78, AYP.

4月初,英国再次提出给中国第五的位置,次于印度和缅甸,遭到中国的强烈反对;怀特也与中国站在了一起。① 怀特称,无论决定份额的公式怎么变化,美国财政部不会改变次序,即美国第一,英国无论是否包含英帝国都是第二,苏联第三,中国第四。而在分配了特别的10%额度以后,怀特口头告知四大国的暂定份额:美国约25亿美元,英国约13亿美元,苏联约10亿美元,中国为5亿~6亿美元。② 这是美国一直在考虑的数额,与中国自身的估计相差无几。

这是中国第一次得悉美国安排了高于5亿美元的份额。孔祥熙一直在寻找机会为中国寻求较大的份额,因而对于6亿美元的信息格外感兴趣。收到席德懋关于份额的最新电报以后,他立即回电,要求迅速电告两点:决定份额的公式详情,以及中国和其他主要国家的份额大小。③ 中国尤其关心的问题是,在基金总额由50亿美元增加到80亿美元的情况下,5亿~6亿美元外加10%对中国而言仍然过少。这10%当中,中国能得到多少,怎样分配?台湾计算在内了吗?并特别提到,计算黄金持有额是取总值还是净值。④ 联合宣言发布以后,孔祥熙再次询问,中国由3.5亿美元增加到6亿美元,是总份额由50亿美元增加到80亿美元的结果,还是由于从10%中分配到若干而导致的结果。如果是前者,则中国仍有可能从10%的分配中再增加份额。如果是后者,则不宜再要求为中国增加份额。⑤ 4月底,宋子良拜访杨格,提到要争取更大的份额,从杨格处拿走了必要的数据与说明。⑥ 由此可知,1944年春,不少于6亿美元成为中国对份额的期待额度。

三、6亿美元冲突的缘起

事实上,为中国安排6亿美元份额,美国财政部并无困难,且曾在某些场合非正式地确认过,因此早已有迹可循。在很长一段时间里,中国拥有6亿美元额度都出现在了美国技术专家的份额表上。自1943年6月22日以来,中国的份额基本就是6亿美元。1944年1月,在美国财政部制作的清

---

① Arthur N. Young, *China and the Helping Hand, 1937-1945*, p. 380.
② To His Excellency Dr. Kung, April 14,1944,396(2)-957.
③ To Mr. Hsi Te-mou, April 12,1944,box 78,AYP. 霍斯菲尔德认为,显然,美国考虑增加中国份额的一个原因是,中国批评它没有重视庞大的农业在中国国民收入中的地位。J. Keith Horsefield, *The International Monetary Fund, 1945-1965*, Vol. 1, p. 98.
④ For Hsi Te-mou, from T. L. Soong, rec'd May 4,1944,BWC1339-04.
⑤ To the Chinese Representative Appointed to Confer at Washington regarding International Monetary Arrangements, May 6,1944,396(2)-955.
⑥ April 28,1944,China Diary,1929-1947,box 113,AYP.

单上,中国的份额是6亿美元;3月30日,在为联合宣言所拟文本上,美方所建议的中国份额为6亿美元。① 5月4日的绝密文件显示,美国技术专家给予中国的份额仍然是6亿美元。② 档案显示,美国这一安排也向英国通报过。多份文件显示,美国在会议前夕给中国安排的份额是6亿美元。③ 在美国的份额表上,一直到布雷顿森林会议开幕前夕,中国份额都是6亿美元,维持了一年有余的时间。

除了内部秘密研讨以外,美国亦在公共场合谈到过中国份额。1944年4月21日下午5时,摩根索召开记者会,以较多时间谈到中国在协定中所占据的地位。摩根索称,中国的形势虽然还不够稳定,但其份额很可能在6亿或7亿美元左右。怀特的助手伯恩斯坦(Edward M. Bernstein)补充说,5.5亿到6亿美元。怀特则称,6亿美元左右,即加减1亿美元。④ 这场新闻发布会公开表达了美国在中国份额问题上的立场,虽然三人在中国份额数量上仍然模棱两可,没有完全一致,但仍然立即在世界范围内产生了广泛的影响。美联社报道称,财政部部长摩根索告诉记者们,中国将在世界货币协定中位居"前四",中国的认缴额约为6亿美元。摩根索对中国充满信心:"中国现在拥有的外汇较过去为多,对于美国曾给予中国的5亿美元财政援助,中国还有很大一部分没有使用。尽管中国还有一些负债,但她的情况很好。"⑤ 一直到布雷顿森林会议开幕前夕,美国舆论还在宣称,中国份额为6亿美元。⑥

摩根索发布会的内容很快传到国内,并受到中国政府与社会的关注。中央社驻美机构迅速播发中国获得6亿美元份额的新闻,国内主要报纸如《中央日报》《新华日报》《大公报》《国民公报》等均在显要位置刊登。"根据货币专家暂时规定之纳款数额,中国在赞成本日声明基本原则之30联合国家中,将列前四名。据临时规定,我国将缴纳6亿美元,仅美国、英国及苏

---

① Revision of Quotas Suggested as a basis for Further Discussion, March 30,1944, BWC1503-01.
② 按照美国的说法,技术专家的建议不对政府具有约束性。但在布雷顿森林会议召开之前,美国与盟国达成协议都是通过技术专家之间的非正式协商完成,在大多数问题上,技术专家的建议是八九不离十。参见 International Monetary Fund, 4th May 1944, box 41, RBWA。同一份文件亦可见 International Monetary Fund, May 4,1944, box 122, AYP。
③ From Bretton Woods British Delegation (Monetary Conference) to Foreign Office, 7th July 1944, p. 1, FO 371-40917; Quotas, 25th June 1944, T 231-363, https://centerforfinancialstability.org/atlantic_city.php, accessed on April 22, 2022.
④ Secretary Morgenthau's Press and Radio Conference, April 21,1944, p. 13, BWC1503-24.
⑤ China included in World Monetary Agreement, April 21,1944, box 78, AYP.
⑥ "The International Monetary Fund", The Commercial and Financial Chronicle, June 29,1944, Section 2,2713.

联缴款数量较我国为多。"①在其后与美方的交涉中,孔祥熙多次提到美方将中国份额公开这一事实。1944年6月8日,孔祥熙专门向蒋介石报告中美谈判的成果,第一项即是份额。报告称:"美国原方案规定以各国黄金外汇之存量、国民所得及国际收支之差额等为标准,我国经济力量贫弱,在此数方面皆处于不利地位。美方同意另在总摊额中划出1/10为额外分配之用,我国摊额约可自3.5亿美元增加至6亿美元,在基金中之地位将列为前四名,以与我国际政治地位相配合。"②对孔祥熙而言,取得6亿美元份额是他领导对美交涉的一项重大成就。

6亿美元的份额,中国志在必得,不仅因为它代表着中国在基金组织内的地位,还因为它确实符合中国的经济情况,中国完全有资格及能力在基金组织内认缴6亿美元。根据美国所订《基金组织问答》第21页所列公式③,中国代表团计算了中国在国际货币基金组织内的份额,稳定在6亿美元,如下列表格④所示。中国所使用的各部分数据都有详细且权威的来源,说明中国在份额问题上做了充分的准备。6亿美元对于满足中国战后重建与发展对资金的巨大需求至关重要。

序号	项　目	美元(亿)
1	1937年国民收入的2%	4.981⑤
2	1944年1月1日黄金与可兑换外汇持有额的5%	0.200
3	1934~1938(含)年均进口的10%	0.645
4	1934~1938(含)年出口波动最大差额的10%	0.143
5	以上之和乘(年均出口对国民收入比值)	0.112
	中国份额(1~5项相加)	6.081

---

① 《美财长摩根索对记者谈中国在协定中所占地位》,《中央日报》(重庆)1944年4月23日,第3版。《新华日报》《大公报》《国民公报》同日皆予以报道。
② 《孔祥熙复陈我方对国际货币计划所提意见请鉴核》,1944年6月8日,数位典藏号:001-060200-00031-002。
③ 从图表可见,公式非常复杂,之所以如此,系出于政治性的考虑。举例说,如果只考虑支付失衡方面的波动,那么苏联的份额将是零。事实上,任何由国际贸易直接决定份额的方式对苏联和中国都是极为不利的。因此,在美国人看来,引入多种因素衡量份额是合理且必需的,这是一种政治性安排。参见Quotas for Member Countries, May 24, 1943, box 41, RB-WA。
④ Memorandum, for Use of Chinese Delegation at Bretton Woods, July 1944, box 122, AYP。
⑤ 美国当初为中国国民收入估值120亿美元,明显偏低。此处估值约249亿美元,大幅增加了对农业的估值。数据来源于卜凯,同时增加了东北诸省和台湾的数据。参见Note I, Estimates of China's National Income, 1937, no date, box 122, AYP。

四、美国刻意模糊中国份额数量

尽管如此,但是毕竟6亿美元额度的消息来自美方发布会及中外媒体,美国财政部并没有同中国代表正式确认过,因此有必要予以核实。为此,中国驻美代表密集拜访美国财政部。1944年5月2日,伯恩斯坦对来访的宋子良称,四大国份额都是暂定的约数。怀特称,有矛盾的份额须留待大会讨论。毫无疑问,宋子良知道,虽然四大国顺序不会发生变化,但美国财政部在份额分配上有最终决定权。① 因此,他们没有放弃与美国财政部的交涉。

5月8日上午,席德懋拜访财政部。这一次有了突破,可能是最接近美方承诺6亿美元的一次。据美方档案,伯恩斯坦称,在10%的份额中,能分给中国的约为2.85亿美元,这样中国份额可提高到6亿美元。伯恩斯坦称,如果最终分配给中国的份额多于3.15亿美元,那么中国自10%中接受的份额可能就会少一些。② 据中国档案,席德懋向孔祥熙汇报称,伯恩斯坦提出,美国财政部不大可能将中国份额提高到6亿美元以上,但可确保中国排名第四的位置。③ 在10%份额的分配上,美国财政部握有全权。④ 双方档案显示,伯恩斯坦这一次吐露实情,美国技术专家的确为中国安排了6亿美元的份额,中国代表的目的初步达到了。但鉴于伯恩斯坦的级别,这一说法尚需得到更高级别官员的确认,显然怀特是最合适的人选。因此,中国代表继续交涉。

1944年5月下旬,美国已正式发布召开布雷顿森林会议的消息,宋子良拜访美国财政部,再次问及份额,可能是想确认席德懋上次问询的结果,但这次伯恩斯坦后退了。据美方档案记载,会谈发生在下午四时半,问答如下:

> 宋先生问中国是否有6亿美元的份额,伯恩斯坦先生回复称,中国份额很有可能(probably)是6亿美元,但他无法让起草委员会做出承诺。尽管坊间有传闻称中国份额为5.5亿美元,但美国财政部希望,如怀特先生曾表示的,中国在基金组织份额数量方面名列第四。宋先生问,中国份额由3.5亿美元增加到6亿美元,是否意味着所有国家的份

---

① No. 10, May 2, 1944, 396(2)-955.
② Meeting in Mr. Bernstein's Office, May 8, 1944, BWC1339-04.
③ To His Excellency Dr. Kung, May 9, 1944, 396(2)-957.
④ To Mr. K. K. Kwok, May 8, 1944, 396(2)-977.

额都有同比例的增长。伯恩斯坦先生称,总份额的增加不是单个国家份额增长的结果,而是有更多的国家决定参加基金组织。这一事实促成了总份额的增加。①

在宋子良给孔祥熙的电报中,关于份额数字的说法几乎没有差别:

> 在份额与公式问题上,伯恩斯坦称,无论公式怎样调整,中国份额最多(maximum)为6亿美元,且已经包含10%的调整在内。伯恩斯坦完全认识到准确计算各国国民收入的难度,同时认为哪怕再提高一点点中国份额都非常困难。②

可以看出,伯恩斯坦开始小心翼翼地避免向中国代表做出正式承诺,言语间表明中国份额无法提高到6亿美元以上。

两天后,1944年5月31日中午,当中国代表拜访怀特时,美方立场明显收紧并后退。为求稳妥,宋子良向美方指出中国的特殊性,认为在计算份额时,有必要考虑到中国系农业国,对于中国国民收入的统计须与工业国有所不同。怀特表示同意。伯恩斯坦指出,有必要使用其他公式计算那些数据很少的国家的份额。怀特称,中国可以在(布雷顿森林)会议上提出该问题。宋子良于是又一次询问,中国是否有6亿美元份额。怀特称,此时不可能(not be possible)给中国份额一个明确的数字。他说,名列第五的国家的份额确定以后,中国份额几何就清楚多了。他进一步说,为中国争取6亿美元的份额大概率是困难的(probably be difficult),但美国财政部竭力确保中国份额排在第四位。怀特建议,他们应等待大会聚焦于份额数量问题。③此时可看到,针对中国份额,怀特的想法已经发生了变化,并且明确拒绝在布雷顿森林会议开幕前再与中国代表讨论份额问题。

实际上,虽然美方竭力避免谈及中国份额数量,但他们非常清楚中国对于6亿美元的期待。美国代表团在7月3日闭门讨论时,怀特回忆说:"在我们认为非常合理的基础上,中国强烈要求增加额度。他们认为1933～1936年的贸易数据对他们极其不公,也没有确切的国民收入数据……然后我们从各国份额中拿出10%,总计约8亿美元供我们所用……这将使我们

---

① Meeting in Mr. Bernstein's Office, May 29, 1944, BWC1339-04.
② For His Excellency Dr. H. H. Kung, May 30, 1944, box 78, AYP.
③ Meeting in Mr. White's Office, May 31, 1944, BWC1339-04.

能尽可能多地给中国,给她想要的那么多。中国很高兴,她说,'那很好'。这将再给他们——我们认为是1/4,达到6亿美元。"这完全说明美国对中国的期待了如指掌。但他接着说,"我们模糊处理了中国份额数量,他们很满意,他们只坚持第四地位"。① 这有悖事实,中国其实非常在意份额数量,无论同美方交涉,还是本国测算,数量均指向6亿美元。而中国未来的国际地位将与这个数字牢牢捆绑在一起,这也是中国在布雷顿森林会议上同美方据理力争的主要原因。

由此可知,份额数量是中美关于基金组织份额展开协商的主要问题。关于确定份额的标准,中国关注重建需求与未来潜力,成功地在政治方面说服美国重视中国的未来地位问题,在确保份额第四的情况下,取得份额数量的大幅上升,并且定位到6亿美元。关于这一额度,尽管美方专家多次提出,并通过份额表的流传而为一些国家知悉,甚至摩根索和怀特在记者会上公开提过,但是美方始终没有向中国代表做出明确承诺。在1944年春夏之交,中国份额数量迅速成为两国间的重要问题,布雷顿森林会议的到来使美国没有了模糊空间,面对面的博弈迅速展开。

---

① Instruction of the American Delegations-Quotas of the Fund, July 3, 1944, pp. 42-43, box 8, RB-WA.

第四章　中国与联合宣言的发布

华盛顿非正式技术专家会谈中,苏联提出应就基金组织方案首先在四大国中取得一致,这得到怀特的赞同。① 会后,美国基本沿着这个路线,同主要盟国——英国、苏联和中国商讨战后国际货币计划,在这个过程中,发表"联合与联系国家专家联合宣言"(Joint Statement of United and Associated Nations Experts,下文简称联合宣言或宣言)的想法萌生了。

需要注意的是,联合宣言有两个:一为专家关于建立国际货币基金组织的联合宣言,二为专家关于建立国际复兴与开发银行的联合宣言。前者于1943年秋即在英美两国之间酝酿,②美国先后与主要盟国英国、苏联和中国商讨,多次修改,直到4月下旬公开发布,为世人知晓——我们平时所讲的联合宣言就是它;后者虽然也经过了长时间的讨论,但是最终没有公布。中国与美国、英国和苏联一道参加了关于两个宣言的讨论,并组织国内专家做了充分论证,提出了修改意见,奠定了在布雷顿森林会议上同美国交涉的基础。

第一节　美英及美苏谈判与中国立场的强化

1943年冬至1944年初,就战后国际货币方案的修改,美国加强了与大国的双边交流,讨论内容较为具体,包括黄金持有、货币平价、国际货币定值及会员国货币交易等问题。在怀特看来,美国与英国和苏联讨论的绝大部分问题都是技术层面的,无涉基金组织的基本问题,相当不重要(relatively unimportant)。③ 尽管如此,中国代表仍与美国方面保持密切接触,并留意收集各方消息。这些协商与谈判最终促进了联合宣言的发布。

---

① Conference in Mr. White's Office, June 16, 1943, George McJimsey, *Documentary History of the Franklin D. Roosevelt Presidency*, Vol. 40, p. 50.
② 详见 Preliminary Draft, Joint Statement by Experts of the United and Associated Nations on the Establishment of an International Monetary Fund, January 1944, box 30, RBWA.
③ Meeting in Mr. White's Office, March 13, 1944, BWC1339-04.

一、联合宣言的缘起

事实上,盟国中最早明确提出联合宣言构想的是中国。早在中国向美方递交战后国际货币计划时,便称"吾人应于战争期间,对于战后货币之复员,提出尽量具体之计划。一旦此项计划推动至相当阶段时,当公开宣告,予以一切可能之保证"①。这个构想与日后联合宣言的理念不谋而合。美方于1943年9月3日收到中国计划,但并没有立即与中国代表讨论联合宣言事宜。

联合宣言的实际前身,是出现于1943年10月7日的《关于平准基金组织起草委员会指令原则的宣言草案》。它由英国发起,意在确立有关国际平准基金组织的一系列原则。宣言草案内容丰富,包括基金组织目标、会员国认缴、基金组织运作和管理、会员国货币的可兑换与接受性、多边清算、会员国货币平价、对资本流动的控制、会员国的义务、稀有货币的分配和退出机制等若干内容,条文达6页13条。② 英国此举意在明确基金组织的面貌,并不表示英国已经决定接受这样一个机构。经过沟通,宣言草案的形式得到美国财政部的认可,"联合宣言"(Joint Statement)的字样首先出现于10月9日,在两天后的一份文件中,指令(directive)一词被划掉。③ 随后,两国展开了漫长的协商,联合宣言草案也经过了一改再改。可以说,联合宣言的出台与两国洽谈密不可分。

在美英与美苏谈判进行之时,中国主要关注两点内容:一是美国同两国的谈判进度,特别是与汇率变更有关的部分;二是国际货币会议召开的时间与地点,会议级别(是否需要财政部部长参加)也是孔祥熙特别关心的问题。

1943年10月29日,席德懋约见美国财政部官员,要求讨论孔祥熙提出的问题,即美英是否如媒体报道的那样,已经单独达成妥协。伯恩斯坦称,美国已与英国讨论了许多技术问题,包括尤尼塔斯的可兑换性、基金认缴额和份额数量等,但尚未达成一致意见。英国希望尤尼塔斯可以兑换,而美国希望它只是记账票据,因为美国担心如果美国未来拒绝从其他会员国接受尤尼塔斯,将会影响其价值和人们对它的信心。因此,目前双方还没有

---

① Post-war International Monetary Arrangements, June 9, 1943, p. 3, box 8, HWP.
② Draft Statement of Principles as a Directive to the Stabilization Fund Drafting Committee, 7th October, 1943, box 30, RBWA.
③ Joint Statement by Experts of United and Associated Nations on the Establishment of an International Stabilization Fund, October 9, 1943, BWC1500-06.

形成明确的结论。伯恩斯坦向席德懋透露,美英都赞同"基金组织条款将允许被敌人占领的国家有一定的时间去确定汇率"。虽然他没有说明这段时间是多久,但是相对于美国一直主张的战争结束后立即确定汇率,其立场有所缓和,表明中国主张的有关过渡时期条款的精神已被接受。① 随后,席德懋向孔祥熙报告,美英之间达成最终协议或妥协不可避免,但在时间上要到凯恩斯返回伦敦与战时内阁讨论,以及摩根索和怀特与凯恩斯进一步协商之后。② 对此,孔祥熙指示代表们支持美国,强烈建议尤尼塔斯可兑换,而不仅仅是记账单位,从而有助于国际信贷无阻碍地在各国流通,便利国际贸易的增长。③

1943年11月初,中国财政部驻英代表郭秉文向孔祥熙报告了英国议会对于财政大臣约翰·安德森(John Anderson)④的质询。安德森声称,近日,美英官员间的探索性讨论已经结束,尽管仍有一些重要问题需要协商,但在就原则问题达成一致方面已经有了明显的进展。⑤

尽管中国期望就战后货币问题与英国展开会谈,并且早在9月就将战后国际货币方案送达英方,但会谈迟迟没有展开。很明显,英国对于同中国谈判战后货币问题并无兴趣,它感兴趣的是中国平准基金委员会的运作问题。中国此时正要终结其活动,并指令郭秉文提前通知英国人。英国认为,中国领土极其广袤,在战争环境下,离开英国的合作,中国很难实行有效的外汇管制。英国更关心的是,当中国与外面世界的通道重开之后,如何才能避免危机?假定汇率不可能完全自由和不受控制,英国认为"从中国利益出发,平准基金委员会的资源和威望都应全面维持,从而为道路重开之后可能出现的危机做好准备"。⑥ 但这一说法并没有为中国所接受。

值得注意的是,1943年12月中旬,英国提出的联合宣言版本加入了关于过渡安排的规定,且放在文件最后。由于新国际组织不为救济或重建提供方便,也不处理战时产生的债务问题,因而将战后初期的数年设置为过渡时期。其间,会员国可维持战时实施的汇兑限制办法,但要关注国

---

① Meeting in Mr. Bernstein's Office, October 29, 1943, BWC1339-04.
② For His Excellency Dr. Kung, October 30, 1943, box 78, AYP.
③ Telegram to Hsi Te-mou and T. L. Soong, November 3, 1943, box 78, AYP.
④ 1943年9月21日晨,英国财政大臣金斯利·伍德(Kingsley Wood)突然于伦敦家中去世。3天后,枢密院议长(Lord President of the Council)约翰·安德森继任其职。
⑤ Telegram from London, dated November 3, 1943, box 78, AYP.
⑥ To Mr. Hsi, 8th November 1943, 396(2)-923.

际组织的目标与宗旨,且在最短时期内逐步予以解除。在国际组织运行三年后仍实施限制的会员国,应与国际组织协商结束限制的时间问题。① 此处关于过渡时期的提法与最终通过的版本并无明显区别,显示出英国关注的过渡安排集中于汇兑管制。不足之处在于,此时英国在措辞上较为照顾美国对于取消汇兑限制的主张,对中国所关心的推迟确定货币平价、币制重建贷款等并无提及;相对于凯恩斯计划对于救济及建设事业的强调,立场亦发生了后退。在美国的强大压力下,英国在谈判中讨价还价的空间并不大。

二、1944年春美英与美苏谈判

1944年3月中旬,怀特主动邀请席德懋到办公室讨论战后国际货币问题,称英国与美国技术专家已经就绝大部分技术问题达成一致。与苏联谈判方面,苏联代表对美国目标曾有很多误解,通过谈判已经基本解释清楚。苏联提出的与中国相关的内容有:苏联主张基金组织的黄金储藏地应多元化,苏联和中国都应列为黄金存放国;四大国应在基金组织执行委员会中拥有天然席位;应特别考虑战争期间被轴心国集团占领的国家的利益。② 怀特特别提出,苏联代表认为苏联加入协定对其有利。之前与苏联代表谈判耗时甚久,主要是因为翻译太过耗时。与之对比,美国同英国和中国会谈,都可方便地使用英文。实际上,此时所有相关国家的技术人员都已经同意主要的技术条款。但是,关于中国非常关心的汇率变更问题,怀特称还没有机会讨论,未来将与苏联、中国以及英国讨论;关于国际货币会议召开的时间与地点,以及会议级别,怀特称,一切都须与英国、苏联和中国商量以后才能决定。在这之前,没有什么事情是确定的。关于未来的安排,怀特称,在与各国取得一致意见以后,中国、苏联、英国和美国技术人员将开会确定宣言的具体内容,该宣言将提供一个可供起草委员会工作的框架。宣言发布之后,短期内即可宣布召集会议,起草委员会在会议开幕前2~3周组织预备会议。因此,正式的国际会议可能在5月召开。当然,美国财政部部长在召集会议前还须得到美国总统的同意。③ 这是美国首次向中国透露,四大

---

① U. K. Draft(Unitas Version), December 18, 1943, p. 6, BWC1518-01.
② 怀特此言不虚。两天前,他向摩根索报告,与英国仅有一个问题没有谈拢,但两周内会有结果;与苏联的谈判亦很顺利,未来几周内会达成协议。参见 Fund Conferences, March 11, 1944, box 11, CFHW.
③ Meeting in Mr. White's Office, March 13, 1944, BWC1339-04.

国双边会谈结束以后将发布联合宣言。①

会后,席德懋马上将谈话内容报告给了孔祥熙。具体来看,英国和苏联对美国所提要点有如下内容:

英国代表团提出的要点:(1)决定会员国份额的黄金持有量应该是净持有量,即名义持有量减去指定用途或特定负债的那些(美国财政部指出,没有办法制定出适用于所有国家的万能公式,因此只有总持有量适合作为计算的基础);(2)应该为回购外汇事宜在基金组织和会员国间设定截止日期(建议设置为基金组织财年结束时);(3)过渡时期内可维持汇兑限制;(4)英国希望尤尼塔斯可以兑换(美国财政部坚持尤尼塔斯的不可兑换性)。

苏联货币代表团提出的要点:(1)被占领国家应给予特别考虑(美国财政部指出,他们已经提出,从总份额中拿出10%,保留给被占领国家,尤其是中国和苏联);(2)应为特别情况保留例外(该点尚未具体化);(3)基金组织收支余额问题(在美国财政部看来,本国货币存于各国中央银行,苏联国家银行不必向基金组织上缴卢布。尽管如此,当基金组织成立后才能确定细节);(4)属于基金组织所有的黄金应储存于包括苏联和中国在内的国家境内;(5)执行委员会的代表应自动包括四大国在内。②

由此可见,苏联的诉求更接近中国的一贯要求,特别是考虑被占领国家利益和体现大国地位的条款。对于苏联的黄金政策,中国也持赞成态度。英国支持设置过渡时期,这一点亦与中国有交集。而对于其他技术性问题,中国则采取静观的态度。但在对中国核心利益构成挑战的方面,中国则极为警惕并予以坚定回击。1944年4月初,英国再次提出提高一些小国的份额,并将中国份额安排降至第五。这种牺牲中国利益的设想遭到中国的强烈反对,美国站在了中国一边。按照怀特的说法,美国承诺中国前四的地位,不接受任何改变。席德懋赞赏了这一态度,称这早已是中美两国共识,如果中国不在前四,则宁可退出会议。怀特则称,(中国位于前四)是美国的立场。与中国相关的内容还有,美国已经同意制定条款,以保证四大领袖国家在执行董事会(下文简称"执委会")中拥有席位。苏联曾提出,应给予

---

① 此处论述较为简单,关于美英谈判的详细情形,可参见 Armand V. Dormael, *Bretton Woods, Birth of a Monetary System*, pp. 99-134;关于美苏谈判,可参见 Peter J. Acsay, "Planning for Postwar Economic Cooperation, 1933-1946", pp. 260-299;沈志华:《经济漩涡:观察冷战发生的新视角》,香港开明书店2022年版,第138~149页。

② For His Excellency Dr. H. H. Kung, March 20, 1944, box 78, AYP.

遭受实质性占领(substantially occupied)[①]的国家以特殊待遇,这些国家的初始黄金缴纳额可以减少25%。中国也在受益者范围之内。对于25%的黄金减免问题,美国技术专家慨然应允,但美国财政部犹豫不决,[②]并最终在布雷顿森林会议上反悔。

三、1944年春中国的立场

中国对于战后货币秩序的期待并没有发生变化,且基本没有受到正在进行的美英与美苏谈判的影响。中国财政部4月11日的一份备忘录很好地总结了当时中国的立场,相对过去而言更为系统化。大致内容如下:

(1)中国最为重视的仍然是货币复原问题。重建遭受战争严重破坏的币制是战后中国最为紧迫的金融问题,应给予头等重视(primary importance),期待美国能够修改其计划,容纳中国对于战后初期货币复原的主张,将战后国际货币机制的建立与发展分为两个阶段,任何国家实现金融稳定以后,将加入致力于稳定汇率的长期体系。

(2)中国重视资本问题,对于通过国际机制引入重建和发展资本尤感兴趣。基金组织就提供致力于重建和国家发展的资本做出合适的安排,对中国有特殊的重要性(special importance)。同时强调中国海外资产应在中国政府发出请求时解封,而不是根据美国方案关于冻结款项的规定逐步解封。

(3)关于外汇自由兑换问题,中国政府"原则上赞同在世界范围内重建自由外汇市场","期待战后时机成熟时尽快移除外汇限制和管制",但并不确定时机何时成熟。对于美国要求战后初期立即确定汇率的做法,中国认为,在不同国家立即建立严格的汇率框架,其效果相当于"将马车放到马前面"。因为除非各国已经实质性地稳定了其国内价格并恢复了公共金融秩序,否则汇率并没有确定的坚实基础。[③]

(4)特别需要指出的是,中国财政部注意到了美国国内各界对于美英计划的批评。比如,美国的批评者称,美英计划会使快钱流出美

[①] 之所以强调实质性占领,主要是排除领土仅被占领很少一点(very small proportion)的那些国家,如印度。参见 Meeting in Mr. White's Office, April 4, 1944, BWC1339-04。

[②] For His Excellency Dr. H. H. Kung, April 5, 1944, box 78, AYP.

[③] To the Chinese Representatives at the International Financial Conference, April 11, 1944, box 78, AYP.

国,从而利于他国;美国提供了金钱,但控制权却在债务国手中。从国际经济金融与国内政治出发,人们批评此类计划过于"宏大"和复杂,以至于它们根本无法得到美国国会的批准。许多批评还强调,一个健康的国际金融体系将不仅依赖于各国良好的金融体系,也依赖于救济、重建和国际贸易的扩展,以及对于重建和发展资本的国际安排。中国财政部分析后认为,发生在美英等国的辩论极富启迪意义,重建遭受战争破坏的币制是如此重要和紧急,各国应予以普遍接受。因此,中国方案中提出的路径,应能得到美国保守一翼的支持。①

尽管新闻媒体时不时爆出新闻,称美英已经达成协议,或接近达成,抑或谈判出现重大问题,但基本而言,因为缺乏可靠的信息来源,舆论报道并不能反映美国同英苏两国谈判的实际情况。中国代表与美国财政部官员的接触仍是获得第一手有效信息的主要渠道。这一阶段,中国以了解美英与美苏谈判进程为主,除了对个别问题发表看法以外,鲜少提出新的诉求,原因有二:一是仍在坚持之前提出的重大诉求,在过渡时期的设置、更大的份额数量、汇率变更等问题上没有改变立场,因为此类问题关系重大,非一时可解决;二是英国和苏联提出的具体问题多与他们自身相关,中国与两国处于不同的发展阶段,国情有很大区别,因此,他们的诉求,除去与战争的破坏相关的部分,与中国并无明显的利益纠葛。

第二节 中国对于建立国际货币基金组织联合宣言的态度

1944年2月23日,罗斯福发出呼吁,要求尽快启动联合国家正式货币会议,以"完成德黑兰会议和莫斯科外长会议精神,在促进联合国家战后经济合作方面更进一步"②。3月10日,斯大林给予肯定的答复,称"建立联合国家组织以考虑战后经济合作事务,此时是非常方便而又可行的"③。4月初,美国财政部把召开联合国家货币会议的工作提上日程,认为在5月召开会议讨论基金组织和复兴银行是合适的。④ 4月3日,摩根索向罗斯福

---

① Official and Public Discussion of the International Monetary Plans, April 17, 1944, box 78, AYP.
② US Department of State, *FRUS*, *1944*, Vol. 2, Washington D. C.: Government Printing Office, 1967, pp. 14-15.
③ US Department of State, *FRUS*, *1944*, Vol. 2, pp. 22-23.
④ US Department of State, *FRUS*, *1944*, Vol. 2, p. 107.

汇报,称过去十多个月以来,美国技术专家已与30多个国家的技术代表讨论了关于基金组织与国际银行的方案,且已形成关于建立国际货币基金组织的专家联合宣言,一旦英国与苏联予以同意,那么宣言就会向全世界公布,之后可召集国际会议做最终的讨论和审议。① 宣言内容与路线图很快得到了罗斯福的同意,罗斯福甚至建议5月份就召开国际会议。②

一、美国期待尽快发表联合宣言

中国代表早就知道美国准备了联合宣言,并希望得到其文本。在反复交涉之下,1944年4月初,一直没有向中国代表出示联合宣言的怀特陷入一种极为尴尬的处境之中。③

4月4日,怀特意识到不能再向中国隐瞒下去,遂告知席德懋,美国期待尽快发表由技术专家准备的联合宣言,但在一些问题上仍然没有得到英国的回应,因此不能将文本交与中国。退而求其次,怀特向席德懋解释了其行为逻辑。鉴于美国两党(总统)提名大会正在筹备中,美国政治将全面转向大选轨道,如果国际会议不能在5月底以前召开,考虑到此后直到11月,美国政治都将转入大选轨道,美国政府在年内召集国际会议的机会将非常渺茫。因此,怀特称起草委员会必须在5月初开会,而在联合宣言的发表和起草委员会开会之间,至少须间隔两三周的时间,各国代表可利用这段时间赶到美国。进一步地,怀特称,财政部部长摩根索希望有机会出席国会听证会并向国会解释方案。因此,按照流程,发布联合宣言一事迫在眉睫。怀特强调,届时将在包括重庆在内的联合国家首都同时发表联合宣言。席德懋对这一安排表示赞赏。尽管联合宣言将是技术专家声明而非政府声明,但怀特表示,在正式国际会议上,四大国将遵从联合宣言的精神,不会引入与其相悖的任何方案,④从而暗示联合宣言将对四大国产生实质性约束。

至于为什么要发布联合宣言,怀特称,这是因为他的国家(美国)反对秘密协定,在重大国际安排出台之前,必须要向民众公布。除此之外,发布声明还有探听美国国会以及英国、苏联和中国政府态度的考虑。如果能获得他们的同意,美国财政部召集国际会议的条件便成熟了。⑤ 事关重大,席

---

① Memorandum for the President, April 3, 1944, box 31, RBWA.
② Morgenthau to Cordell, April 5, 1944, box 31, RBWA.
③ Armand V. Dormael, *Bretton Woods, Birth of a Monetary System*, p.119.
④ Meeting in Mr. White's Office, April 4, 1944, BWC1339-04.
⑤ For His Excellency Dr. T. V. Soong, April 18, 1944, box 78, AYP.

德懋紧急致电已回国的宋子良,要求他返回华盛顿。在席德懋眼中,在与美国财政部打交道时,宋子良总是很有用,怀特对他印象颇佳。①

对于英国,美国财政部加大了施压的力度。美英关于战后国际货币事务的谈判旷日持久,美国迫切希望与英国尽快结束前期谈判。摩根索称,英国的拖延已经使美国处于尴尬的境地,加大了推行共同事业的难度。② 怀特也向英国大使馆金融参赞奥佩表达过同样的意思,称"在中国代表的一再要求之下,他不能撒谎说没有这份文件,约定一两天之后将联合宣言摘要交与他们"。③ 此时,中国要求获得联合宣言,成为怀特对英国施压要求他们尽快回复的一个理由。怀特迟迟不把联合宣言交予中国代表,文件中给出的理由是担心泄密,而非中国的意见无关紧要。

二、中国对联合宣言的分析

1944年4月5日,中国代表再次询问联合宣言。怀特判断,如果再不出示于中国,则中国代表将通过苏联或其他途径获知宣言内容,从而对中美关系造成损害。为了不危及他与中国代表的总体关系,④等不到他与英国代表商定的周五(4月7日)的到来,4月6日,怀特即邀请席德懋会面,向他出示了联合宣言概要,并称尽管美国还没有与英国和苏联达成最后协议,且美方仍然在着手起草宣言,但认为中国代表需要提前了解概要并电告国内。他向席德懋特别强调保密,认为在联合宣言仍是高度机密的状态下,如果出现"泄露"将是极其尴尬的。从宣言概要看,面对苏联"进一步削减被占领国家黄金缴纳额25%"的诉求,美国财政部技术专家予以同意。会员国向基金组织缴纳黄金的办法也简化了,即会员国可缴纳份额的25%或黄金持有量的10%,以较小者为准。因此,这实质性地改变了美国草案关于黄金缴纳的内容。⑤

事关重大,席德懋不敢怠慢,立即将联合宣言概要分段发给了孔祥熙。与中国相关的主要内容有:

第一,专家提议建立国际货币基金组织,作为国际合作的永久机

---

① For Mr. T. L. Soong, April 5, 1944, 396(2)-957.
② US Department of State, *FRUS*, *1944*, Vol. 2, pp. 108-109.
③ Opie to Foreign Office, 4th April 1944, T 247-29, https://centerforfinancialstability.org/atlantic_city.php, accessed on April 22, 2022.
④ Opie to Foreign Office, 5th April 1944, T 247-29.
⑤ For His Excellency Dr. H. H. Kung, April 6, 1944, box 78, AYP.

构。目标是促进汇率稳定,确保多边支付的顺利进行,减少国际收支失衡,增加会员国信心。根据既有公式,所有联合与联系国家将向基金组织认缴约80亿美元,以黄金和本国货币支付。唯有如此,当会员国需要纠正国际收支失衡时,基金组织才有充足资源帮助会员国。

第二,会员国以本国货币从基金组织购买外汇,用于符合基金组织目标的对外支付,但基金组织所持有的该国货币总额不能超过该国份额的200%。如果会员国将资金用于与基金组织目标不符的交易,基金组织将限制对该国出售外汇。基金组织鼓励那些黄金与外汇充足的会员国使用黄金支付其国际支付的一半,黄金充足且出现增长的会员国,应将其增长的一半用于回购基金组织所持有的该国货币。

第三,当基金组织持有的某会员国货币变得稀有时,基金组织将出具报告,就增加该货币的供应提出建议。同时,在与基金组织协商以后,其他会员国将获临时授权,限制稀有货币的自由交易。

第四,基金组织的资源不能用于填补大额资本的流出,然而,它们可用于合理数额的资本交易。在符合基金组织目标的前提下,会员国还可使用本国黄金或外汇资源进行资本交易。

第五,会员国货币平价将以黄金标价,且只有在会员国请求的前提下才会考虑调整事宜。若会员国请求变更汇率,基金组织将给予迅捷的审议。如果对于纠正该国国际收支的根本失衡有实质性意义,基金组织将会批准其货币平价的变更。经过协商,会员国有权对其货币平价作不超过10%的调整。

第六,基金组织将由一个理事会和代表会员国的执行委员会管理。投票权将与份额挂钩。在发出书面声明以后,会员国可立即退出基金组织。而后基金组织与该国的相互义务将在一定期限内完成清算。

第七,在未获基金组织同意的情况下,会员国外汇交易不能超出既定汇率范围,不能在既定汇率范围之外买卖外汇,也不能在当前国际支付中施加限制,或订立歧视性货币协定。

第八,在战后过渡时期内,会员国可以保留外汇管制,但须逐步放松管制。基金组织成立3年后,那些仍然保留诸多限制,与基金组织原则不符的会员国,应就这些限制保留与否与基金组织协商。过渡时期是对美国方案的一种修正和调整,在审议会员国此类请求时,基金组织将保留任何合理怀疑的权利。①

---

① Summary of the Recommendations of the Technical Experts, April 6, 1944, 396(2)-957.

这份概要对中国财政部及国内专家而言非常重要,这也是他们第一次看到美国将要发表的联合宣言的基本内容,因而对其十分重视。中国第二历史档案馆所保存的文件上面有多处修改痕迹,表明中国专家对宣言内容做了细致的研究。

在中国专家争分夺秒研讨之际,美国方面表现得非常着急,甚至已经等不及与英国和苏联达成协议后再发表宣言。美国财政部提前准备好了宣言草案供四大国批准。4月11日,怀特将关于基金组织的专家联合宣言初稿(Preliminary Draft Joint Statement by Experts of the United and Associated Nations on the Establishment of an International Monetary Fund)交给席德懋,称因为时间紧急,拟议中的联合国家专家会议被取消。在席德懋看来,宣言草案涵盖了建立国际货币基金组织的基本原则,在立即放开汇率管制方面也比之前的草案计划版本更为宽松,允许汇率有更大的波动范围。这受到中国的特别欢迎,因为这些变动与孔祥熙的看法是一致的。宣言草案第一章中的目标更易接受,但很明显,中国渴望货币复原的目标无法通过基金组织的运作实现,需要其他计划如国际银行的协助。怀特称,有关银行的讨论将留给大会。① 整体来看,美国已经做了一些改进。

4月12日,在给孔祥熙的电报中,席德懋除了报告联合宣言全文以外,还称怀特对于要赶在秋季如火如荼的总统大选前召开国际货币会议非常焦虑。眼前的时间非常有限,他需要立即取得英国、苏联和中国对拟议宣言的同意。因此,如果中国此时赞同并支持美国的提议,将会获得怀特的极大好感。对于席德懋来说,宣言中的总原则对于中国而言是可接受的。② 前一天,他已专门致电尚在国内的宋子良,称草案已有很多改进,因此建议孔祥熙予以同意。③

在孔祥熙的要求下,席德懋将声明草案与1943年7月10日美国国际平准基金组织草案做了详细的比较,为孔祥熙的决策提供参考。两者主要区别如下:(1)名称改为"国际货币基金组织",目标与之前保持一致;(2)会员国向基金组织缴纳的份额增至80亿美元。份额将不定期调整和修正,而不是像之前规定的定期调整,会员国黄金缴纳值为份额的25%或黄金持有量的10%,择其少者取之。被占领国家进一步削减上述值的1/4到3/4;(3)基金组织将会员国货币储存于本国中央银行;(4)基

---

① For His Excellency Dr. H. H. Kung, April 11, 1944, 396(2)-957.
② For His Excellency Dr. H. H. Kung, April 12, 1944, 396(2)-955.
③ For Mr. T. L. Soong, April 11, 1944, 396(2)-957.

金组织有权从会员国借入或供给黄金,以增加或减少其存储的会员国货币,从而阻止其变得稀缺;(5)基金组织资源不能应用于资本逃离,除非是合理的出口额度,如美国进出口银行给予中国或拉丁美洲的信贷,这些信贷是用于出口目的;(6)允许新开采黄金在公开市场出售,但是会员国已持有的黄金必须用于份额黄金认缴额的计算;基金组织获取会员国黄金的条款,意在非常有效地利用会员国已有的外汇资源;(7)会员国初始平价应在成为基金组织会员时确定,以黄金定价,而不是之前广泛流传的取一个任意时间确定平价。汇率在轻微变动方面的条款更为灵活。关于会员国货币黄金平价的统一变动的规定意味着黄金的价值将由领袖国家决定。怀特称汇率问题将留待大会讨论;(8)第7部分关于执行委员会的组成,比以往更清楚地规定要包括四大国在内;(9)关于国际银行,怀特称要在大会上讨论。①

在席德懋发回的联合宣言概要上,有铅笔增加的修正字样,如第1条第2句,目标方面添加"有助于推动会员国币制重建"字样,并放在目标的首要位置;第1条最后一句,添加"复原其遭受战争破坏的币制,实现汇率稳定并予以维持"。② 这当是中国财政部专家在审议电文时所加。1944年4月13日,由杨格整理后提交孔祥熙参考。杨格特别注意到美国文本字面未讲的内容,即新的国际货币单位,如果有的话,仍是不可兑换性质。新的国际机制的基础将是黄金,与尤尼塔斯创设与否无关;最重要的是,美国虽然确定了过渡时期,但并没有提到货币复原,中国应继续同美国展开交涉。③

杨格在当天的一份备忘录中说得更为透彻,这也反映了他一直以来对于未来国际货币组织的思考。这份备忘录是在1944年2月29日备忘录的基础上写就的,除了增加对于国际形势的新判断以外,在某些内容上也有推进。简而言之,杨格提出了以下论断:(1)认为中国在国际货币谈判方面仍然面临信息不足的情况,比如仍不知确定各国份额的确切公式,④对于中国和其他主要国家的份额亦不清楚;(2)强调美国方案的实质没有改变。尽管经过了与英国和苏联旷日持久的谈判,但杨格认为美

---

① For His Excellency Dr. H. H. Kung, April 12, 1944, 396(2)-955.
② For His Excellency Dr. H. H. Kung, April 7, 1944, box 78, AYP.
③ The Proposed Statement, April 13, 1944, box 78, AYP.
④ 实际上,份额公式早已为英国媒体公之于众,席德懋亦曾将公式发送给孔祥熙。但由于美方始终没有承认其真实性,也没有正式公布,因此中方不清楚公式是否属实,以及美国使用了怎样的数据进行公式计算。

国方案的大部分内容得到保留,因此,"很有理由怀疑,如此宏大的机制能否为美国国会和公众接受,更不用说其他国家了";(3)强调中国方案的价值,认为中国重视货币复原是对的,杨格"高度期待这样一个国际货币组织的创建,它既可以帮助战后货币复原,也能增进长期稳定,并鼓励国际贸易与投资的增长";(4)将未来国际货币组织的工作与正在实施的联合国善后救济总署(UNRRA)的工作类比,认为与其在国际组织成立后花费一大笔钱实现货币复原,不如一开始就承认它的重要性;(5)进一步提出,各会员国货币可直接与黄金挂钩,但更改汇率需要得到国际组织的同意。①

杨格增加了新的论述,他利用联合国家善后救济总署的经验,论证战后过渡时期的必要性,增强了说服力。后来的事实证明,杨格这一判断非常准确,美国忽视过渡时期的存在是个重大疏漏。美国后来不是通过布雷顿森林体系实现了战后各国重建,而是在一再延长的过渡时期内,推行以马歇尔计划为代表的援助计划,促成了西欧和部分中欧国家的重建。

对于美国发来的联合宣言,中国财政部和孔祥熙非常重视,而杨格的备忘录则为中国财政部召集专家会议提供了参考。一份会议邀请函显示,1944年4月14日上午9时30分,孔祥熙召集杨格、俞鸿钧、顾翊群、宋子良、陈行、陈光甫、贝祖诒、郭锦坤、冀朝鼎、戴铭礼和卫挺生等人,在重庆范庄讨论拟议国际货币协定。会议尊重了美国方面的要求,与会人士被要求严格保密。② 据杨格记录,会议上孔祥熙状态很好,讨论也取得很好的进展。汇率问题得到了相当现实的考虑,孔祥熙希望在三个方面与美国人展开交涉。③ 他不赞成英国的观点,后者一再努力地把印度放在份额的第四位,而把中国放在五位。孔祥熙要求与会的所有人研究汇率问题,并指定杨格和其他四人起草给中国代表的指示。④

在专家讨论的基础上,4月15日,杨格拟定了中国财政部给席德懋的指示草稿,并发给俞鸿钧、宋子良、冀朝鼎、贝祖诒四人讨论。⑤ 根据孔祥熙的意见,这份指示包括三点内容,除认为宣言概要总体令人满意,强调中国

---

① The International Monetary Proposals, April 13, 1944, box 78, AYP.
② Letter, April 12, 1944, box 78, AYP.
③ 杨格在此处使用"play with"一词。该词内涵丰富,可以延伸出合作、取悦、交涉等多种意思。综合多边材料判断,此处理解为"交涉或博弈"。下文的不同理解同样是基于具体情境的解释。
④ April 14, 1944, China Diary, 1929-1947, box 113, AYP.
⑤ Letter, April 15, 1944, box 78, AYP.

份额名列四大国行列的必要性外,再次提出中国过去坚持的若干原则。由于尚未看到联合宣言全文,指示的主要内容如下:

(1)中国政府考虑,战后计划也应包括与货币复原相关的内容,且它应被视为主要的和紧急的目标,各国必须充分认识到这一点。因此,目标方面应添加"有助于推动会员国币制重建"字样,并放在最前位置。第1条最后一句,添加"复原他们遭受战争破坏的货币体系,在健康有序的基础上实现货币稳定。如果强调货币复原,那么该计划将更容易为公众所接受。这显然同联合国善后救济总署正在做的救济与经济重建一样必要"。

(2)按1943年6月9日中国专家建议第2部分第3章的精神,针对货币体系受战争严重破坏的国家,以及在基金组织开业时尚不能确定币值的国家,应特别规划一过渡时期,在基金组织的支持下实施合适的国内政策,以重建货币平衡。中国政府赞赏美方1943年7月10日方案为解决中国的问题而做出的某些改变。但这一条在中国方案送达之前起草,还不能充分解决中国的问题。

(3)中国政府强烈希望,战后尽可能快地在坚实基础上实现汇率的总体稳定,但也考虑到,除非那些币制遭到战争严重破坏的国家有机会稳定国内物价和重建公共金融体系,否则,他们难以具备实施严格汇率的条件。特别是,基金组织很可能在太平洋战争结束之前开门营业,中国政府不确定届时能够实施固定汇率。进一步地,在形势稳定之前基金组织就介入汇率市场以阻止汇率过分波动的说法也值得商榷。美方7月10日的草案并没有充分考虑到,在汇率未确定之前,基金组织实际上无权做此干预。即便汇率是暂时生效,一般行动也无法超过3个月。汇率变动不超过10%的规定,对这一时期而言明显不够弹性。建议删除10%的提法。①

显然,中国对于联合宣言仍然存在很多疑问,这在当时并非特殊情形。事实上,英国与苏联对于联合宣言的内容也颇有保留。英国国内意见不一:财政大臣安德森和凯恩斯支持发表联合宣言,凯恩斯甚至认为,对于基金组织内构建多边汇兑体系的行动,"没有哪个国家比我们(英国)从中得到的

---

① Draft Telegram to T. M. Hsi, April 15, 1944, box 78, AYP.

更多";①但是,英格兰银行的董事们和他们在战时内阁的发言人掌玺大臣比弗布鲁克(Beaverbrook)勋爵表示反对,他们害怕美国方案将使伦敦丧失对国际金融的控制权,美元将取代英镑的地位。现在看来,这种反对显得那么不切实际,但在当时,似乎丘吉尔也难以果断做出决定。② 而苏联长期没有回复美国。在最后关头,莫洛托夫告诉美国人,苏联专家大多不认同美国关于基金组织的方案,而苏联政府也没有时间完整地研究,只是称"如果美国政府需要,苏联政府愿意指示其专家支持摩根索的项目"。③

三、中国同意发布联合宣言但保留意见

为了在1944年召开国际会议,摩根索须在4月20日前到国会作证,英国则须在4月17日前予以同意。如果无法达成一致,则在当年召开国际会议的希望就要泡汤,摩根索绝不愿看到这样的结果。他警告英国没有任何理由推迟联合宣言的发表。④ 在这种情况下,英国于4月16日回复,同意美国在其认为合适的时候对外发表联合宣言,但同时强调英国政府对联合宣言不承担义务。陈述如下:

> 关于国际货币基金组织原则的宣言是英美两国专家在数月内集中研究的成果,对相关国家政府不具有强制力。作为国际合作总体方案的一部分,它的目的是促进和维持国际贸易、保持充分就业、使价格合理稳定和使汇率做到有序调整。⑤

英国的同意为美国发表联合宣言扫除了最大障碍。4月17日,摩根索同时向美国驻华大使及驻苏大使发去电报,提出要在四大国和其他联合国家的首都同时发表联合宣言。

时间已经非常紧迫,美国无法容许中国提出问题并做协商。4月17日,怀特再次邀约席德懋,称摩根索将于周五(4月21日)赴美国国会委员会作证,通报发布联合宣言的消息。公开发布时间将是当晚八时,以留

---

① To the Editor of the Rimes, 18th May 1944, Donald Moggridge, *The Collected Writings of John Maynard Keynes*, Vol. 26, *Activities 1941-1946*, *Shaping the Post-War World: The Bretton Woods and Reparations*, p. 8.
② US Department of State, *FRUS*, *1944*, Vol. 2, pp. 110-111.
③ Telgraph from Moscow, April 20,1944, book 723, pp. 37-38, DHM.
④ US Department of State, *FRUS*, *1944*, Vol. 2, pp. 111-112.
⑤ US Department of State, *FRUS*, *1944*, Vol. 2, p. 112.

第四章　中国与联合宣言的发布　155

出充足时间供美国各大报纸第二天同时登出。怀特称，美国非常希望中国能在周日即4月23日（时差问题）同时在重庆以中文发布联合宣言。为此，需要中国在摩根索作证前予以通过。怀特称英国已经同意，但还没有从莫斯科收到回复，他特别为其仓促致歉。与此同时，美国亦向其驻华大使馆通报有关情况。对于美国的提议，席德懋认为，鉴于摩根索的友谊和过去他对于中国的帮助，在重庆发布联合宣言是个好主意，建议孔祥熙予以支持。①

4月19日，联合宣言又作了若干修改。席德懋致电孔祥熙称，此次多是字词上的润色。与中国相关的是，第三部分第五条中的"在基金组织建立前持有"等短语被删除，这就使中国无法实施某些急需的保护性措施，因为日本会将其持有的大批法币转移至第三国。美国财政部解释称，此次更改扩大了适用范围，不仅在基金组织成立前保护会员国免于将外汇以其他手段存放，在废除汇率限制之前的时段也会加以保护。进一步地，美国财政部保证中国在这一方面将获得全面的保护，②消除了中国的担心。

1944年4月19日，孔祥熙做出决定，支持美国发表联合宣言，但这并不意味着两国之间的问题都解决了，或者中国放弃了对本国利益的争取。孔祥熙在信中指出，"鉴于事态紧急以及中美两国长期的紧密关系，考虑到摩根索部长对中国的友谊和帮助，中国政府同意在4月23日以英文和中文发布联合宣言"，同时明确说明，"由于事态紧急，中国来不及提出一些可能影响到其利益的问题，尤其是货币复原问题对于中国履行基金组织的义务极其重要。因此，中国将在大会开幕前与美国做进一步协商"③。这一指令完整地保存在中国第二历史档案馆及国际货币基金组织档案馆中。

实际上，直到最后一刻，中国也没有放弃同美国的交涉。杨格于4月19日致电冀朝鼎称："今早已致电席（德懋）要求更正数点。但除非他及时收到并回复，否则我们只能公布现有的宣言版本。"④中国的主要诉求即在货币平价方面，在"促进汇率稳定、维持会员国间有序汇率协定，以及避免竞争性货币贬值"前面增加"致力于帮助重建被战争摧毁的货币体系"字样，"当基金组织开业，而任何国家其本土尚被敌人实质性占领（修正：仍处

---

① For His Excellency Dr. H. H. Kung, from Messrs. Hsi Te-mou and K. C. Li, April 17, 1944, box 78, AYP.
② For His Excellency Dr. H. H. Kung, April 19, 1944, box 78, AYP.
③ For Hsi, Li, April 19, 1944, 396(2)-956; OR BWC1339-04.
④ To Dr. C. T. Chi, April 19, 1944, box 78, AYP.

于战争中)之时,在与基金组织达成协议后,可推迟确定其货币平价",等等。① 因为时间紧迫,这个问题后来被放到布雷顿森林会议上讨论。因此,此时搁置争议仅是一个技术处理。不止中国,其他参与讨论的盟国基本采用了同一种策略。比如,虽然英国一直同美国讨论联合宣言问题,并于4月16日宣布接受宣言,但是实际上并没有接受全部内容;6月下旬,英国又向美国提交了关于修改联合宣言内容的备忘录,长达25页。② 因此,各国同意联合宣言,但绝不意味着受其约束,对于与自身利益攸关的问题,各国仍然不受限制地继续讨论。

中国的决定得到美国的赞赏。4月20日,席德懋赴美国财政部会见怀特,做了相应解释,得到怀特的理解。席德懋在回复孔祥熙时称:"美国财政部非常满意(very pleased),并赞赏阁下迅捷的同意与合作。他们乐于在任何时间讨论我们提出的问题。"③同日,美国得到苏联的反馈,与中国表达的精神基本一致。尽管苏联声称其专家并没有就所有问题达成一致意见,大部分专家反对其中一些要点,但苏联还是愿意配合摩根索来支持他的国际货币基金组织计划。苏联亦同意在莫斯科发表联合宣言。④ 这也得到了摩根索的积极评价。

至此,四大国在联合宣言问题上达成一致。同日,摩根索确定国际货币会议将于5月的最后一个星期召开,会议的主要议程将是讨论成立国际货币基金组织和国际复兴与开发银行。这得到了罗斯福的支持。他任命摩根索为美国代表团团长,以此暗示各国应以其主要财政官员为代表团团长。摩根索之所以强调会议在5月召开,仍是出于政治上的考虑,他要赶在6月份的两党全国代表大会之前举行会议,⑤为罗斯福再次获得民主党总统提名摇旗呐喊。

摩根索在国会委员会和媒体面前提到以下要点:(1)专家建议的世界货币计划已为美国、英国、苏联和中国,以及参加讨论的其他国家所同意;(2)美国总统很可能在夏天召集正式会议;(3)美国总统将邀请参众两院议员参加美国代表团;(4)为了加快谈判进度,美国已经完全抛弃尤尼塔斯和

---

① Paragraph I 4 to Read as Follows, April 19, 1944, box 122, AYP.
② Suggestions for the Amendment of the Agreed Statement of Principles, 21st June, 1944, box 126, Oscar Cox Papers, Franklin D. Roosevelt Presidential Library & Museum, NY, USA.
③ For His Excellency Dr. H. H. Kung, April 20, 1944, 396(2)-957.
④ US Department of State, *FRUS*, 1944, Vol. 2, p. 126.
⑤ US Department of State, *FRUS*, 1944, Vol. 2, p. 127.

第四章　中国与联合宣言的发布　　157

班柯等国际货币①;(5)会议将同时讨论国际银行方案。② 摩根索顺利通过了美国国会的质询,美国东部时间1944年4月21日晚八时,联合宣言全文如约向新闻界公布。③ 第二天,联合与联系国家各大报纸均在显要位置刊登全文,从华盛顿、伦敦、莫斯科、重庆、里约热内卢、渥太华、墨西哥城、哈瓦那等联合与联系国家的首都同步向外扩散,一时之间传遍世界。

正式发表的联合宣言是经过技术上的充分研讨而形成的完整文本,主要阐述了国际货币合作理念。宣言一共分为十个部分,分别为国际货币基金组织的宗旨与政策、基金的摊认与运用、会员国货币平价与资金交易、稀少货币的分配、基金组织的管理与会员国退出、会员国的义务,以及过渡时期办法等内容,阐释了国际货币基金组织的原理与运行机制。④ 总体而言,

---

① 早在1943年秋,美英两国在商讨和修改专家联合宣言时,即有抛弃国际货币的想法。10月初,美英技术专家会议一致同意,货币单位应以黄金定价,没有提尤尼塔斯或美元。参见 Joint Minutes of the Meeting of U. S. and U. K. Experts, October 9, 1943, BWC1500-04。此时美国起草的联合宣言亦不见尤尼塔斯的踪影,各会员国货币直接以黄金来标价;英国亦专门起草了不含尤尼塔斯的联合宣言版本。参见 Preliminary Draft, October 13, 1944; U. K. Draft(Non-Unitas Version), December 1943, box 30, RBWA。后来,国际货币单位消失后留下的真空,直接为美元所填补,美元借此"悄然化身"为国际经济体系的中心货币,成为黄金的等价词。埃里克·罗威认为,国际货币单位遭到放弃的主要原因有二:一是美国债权人只会接受美元而非新的国际货币单位,二是使用美元,可以使各国份额看起来更大。参见 Eric Rauchway, *The Money Makers*, *How Roosevelt and Keynes Ended the Depression*, *Defeated Fascism*, *and Secured a Prosperous Peace*, p. 168。1943年9月,英国向美国提出尤尼塔斯的货币化问题。参见 Suggestions for the Monetization of Unitas, 21st September 1943, BWC601-01;当初美国之所以提出尤尼塔斯,缘于接受度问题。国际组织使用新创设的国际货币单位,总比单纯使用某一国家的主权货币更容易为各国所接受。也有学者猜测,这是为应对英国提出的国际货币班柯。参见 Armand V. Dormael, *Bretton Woods*, *Birth of a Monetary System*, pp. 46-47;澳大利亚曾一针见血地指出,新货币单位实际上就是美元。参见 Memorandum and Notes on Treasury Draft submitted by Australian Technical Experts, Mr. Coombs, Mr. Brigden, May 4, 1943, p. 12, BWC1338-02。更为合理的推测是,在美国规划下,尤尼塔斯仅为记账单位,从未准备实际使用,其含金量价值10美元,实为美元的影子货币,为美元成为国际通用货币打掩护。因此,当美国面临中国、英国一再要求实际使用尤尼塔斯的压力以后,干脆一弃了之,将美元推向前台。此时,美国怀特计划的基本精神已为各国所接受,将国际货币单位替换为美元也不会招致强烈的反对。毕竟,美元是当时参与谈判的多数国家所急需的货币。

② For His Excellency Dr. H. H. Kung, April 22, 1944, box 78, AYP.

③ Joint Statement by Experts on the Establishment of an International Monetary Fund, April 21, 1944, BWC1503-19, BWC1503-23.

④ 参见《建立国际货币基金,专家发表联合宣言》,《中央日报》(重庆)1944年4月23日,第3版;《国际货币基金宣言》,《新华日报》1944年4月23日第2版、24日第2版连载;《国际货币基金全文》,《国民外交》(重庆)第2卷第1期,第28～31页;《联合国专家对于建立国际货币基金联合宣言》,《经济建设季刊》第2卷第4期,第225～227页。

联合宣言的主要依据是美国怀特计划,但同样加入了英国、中国、苏联等国所提出的重要修正,详细规定了创建国际货币基金组织的初步方案,以供联合国家货币会议讨论,从而为战后金融合作和国际金融机构的建立奠定基础。联合宣言的发布是布雷顿森林谈判的里程碑式节点。

第三节 中国支持关于建立国际复兴与开发银行的联合宣言

专家关于建立国际货币基金组织的联合宣言,对于战后各国国际收支失衡问题提出了很好的解决办法,提振了盟国的士气。但对经济落后国家而言,情况正如中国经济学家彭定基所言,"惟货币基金之任务,亦仅止于国际汇率之稳定,与短期资金之通融,特欲策各国经济资源之高度发展,终须资国际银行之设立,以为对于落后国家长期而大量款项之贷放"[①]。一语道出了国际银行对于中国的重要性及特殊意义。

一、美国公开国际银行计划

国际银行同样是怀特计划的重要组成部分,它与基金组织方案同时出炉。虽然一开始怀特花在基金组织的时间更多,但并不意味着银行不重要;相反,对于部分国家尤其是经济弱国而言,因为它与致力于重建及发展的长期资本有关,所以它比基金组织更为重要,也更为紧迫。对于美国官员更关注基金组织而不是国际银行这个问题,当年任美国财政部首席法律顾问的安塞尔·勒克斯福德(Ansel Luxford)后来接受世界银行口述史项目组采访时称:"相对于银行,很明显基金组织在技术上更具挑战性……国际上都认可银行,我们心里非常满意……银行不是马后炮。它始于怀特的第一份文稿——它们总被认为是一个组合,但是银行的复杂性与基金组织的并不完全相同。"这种说法应该是对的。1944年4月初,怀特亲口告诉同事们,因为"技术难度相对较小"以及起草委员会"很容易解决",所以他并不介意银行的进度更慢一些。[②] 当然,也有美国国内因素的影响。1943年6月,怀特向英国同事称,现在不宜讨论国际银行,因为"许多美国人并不喜欢这样一家机构,(此时讨论它)将遭遇极大的反对"。尽管不宜讨论,但是怀特承

---

① 彭定基:《从国际货币基金宣言展视今后基金之运用》,《裕民(遂川)》1946年第8期,第44页。

② Memorandum of Meeting at State Department, April 1, 1944, BWC1359; Eric Helleiner, *Forgotten Foundations of Bretton Woods*, pp. 5, 114.

认,无论是刺激私人资本的流动(因为银行承担了部分风险),还是利用自身资本以合理的利率发放贷款(并非取代私营渠道),这样一家机构都是必要的。①

在摩根索向罗斯福汇报了怀特计划以后,怀特亦持续推进国际银行草案的起草工作。1942年12月初,国际银行草案出炉,详细列举了银行的资本结构、权利与义务、目标及管理等事项。② 在接下来的时间里,这份草案一直在修订和完善,到1943年4月基本成形。③ 华盛顿技术专家会谈上,摩根索曾向各国代表宣布未来会讨论国际银行方案。之后,针对各国对基金组织方案提出的批评,怀特开始认真考虑长期投资问题。8月底,美国财政部正式启动对于国际银行方案的跨部门协商,怀特称,基金组织与国际银行方案虽然相互独立,但这并不意味着他的思想存在偏见,对于国际银行,怀特提出四点条件:

第一,它必须代表国际合作以及国际责任的共同承担;
第二,其他国家的参与不能是名义上的,即他们必须提供资本;
第三,提供大额资本的国家,必须分配较大的投票权;
第四,本机构必须是补充而非替代已有机构。凡能从私营机构以合理利率贷到的款项,该机构均不受理。本机构须通过分享风险或其他的方式刺激私人投资。④

进入9月份,美国对于国际银行方案的协商及修订进入高潮期。仅在这个月,怀特就对国际银行方案做了7次修改,⑤在美国政府内部取得共识。9月底,美国财政部部长摩根索致信罗斯福称,美国与盟国就基金组织的协商已取得重要进展,是时候在盟国间开启对于国际银行的讨论了。⑥这得到罗斯福的同意。

---

① Memorandum of a Meeting on the International Stabilization Fund in Mr. White's Office, June 23, 1943, BWC1340-11.
② Preliminary Draft of Proposal for a Bank for Reconstruction and Development of the United and Associated Nations, December 3, 1942, BWC1287-02.
③ Bank for Reconstruction and Development of the United and Associated Nations, April, 1943, BWC1287-04.
④ Meeting in Mr. White's Office, August 31, 1943, BWC1523-01.
⑤ 怀特分别在1943年9月4日、8日、13日、16日、24日、27日和28日推出更新版本。参见Proposal for an International Investment Agency, BWC1288-04。
⑥ Memorandum for the President, September 27, 1943, BWC1285-07.

约一周后，怀特公开宣布，美国将与盟国协商建立联合国家银行。与基金组织不同，银行致力于战后重建与发展事宜，将为会员国提供长期重建贷款，以补充国际平准基金组织的工作。银行资本为100亿美元，资本由各国认缴。① 拟议银行资金可弥补私人资本的不足并借贷给政府，在被战争摧残的国家投资长期建设项目。银行还鼓励私人资本为会员国开发资源提供长期资本，并为其担保。占银行资本较大比例的资金将被留作储备金，以支持银行发行或担保证券。银行关于贷款的决定将完全基于经济考虑，对于任何申请，银行都要考虑其投资项目和预算的可行性。② 关于国际银行的重要性和必要性，美国财政部使用了中国的例子来说明。假如在中国沿海地区修建一条铁路，将华东、华南沿海港口城市与南满铁路相连，需要巨额国际贷款，世界范围内将仅有国际银行有这个实力。③

按照美国财政部的工作流程，方案将提交美国国会委员会，并转送外国技术专家讨论。按照摩根索的说法，如基金组织方案一样，国际银行方案本身并不代表美国政府的官方态度，而只是供各国讨论并提出批评或建议的草稿，待各国反馈意见以后，美国再召集各国代表进行多边协商。④

二、中国对国际银行的看法

国际银行受到中国的欢迎和支持。数据显示，中国战前三年的进出口数字皆为入超（1934年为494450945元国币，1935年为343402262元，1936年为235803000元），"其赖以为弥补者，为金银之出口。战后中国，百废待举，所需物资多须仰给外源，则是时入超之数，想必较战前为大，亦即于国际金融合作下，货币基金于我国之财政与金融，有极大之助力也"。中国战后五年的建设费用，经济部长翁文灏于其所著《中国经济建设概论》内，估量工矿及运输方面需资金100亿元，铁路及轮船方面另需资金100亿元，其他如水利工程、农林建设及其有关建设之费用等又当需资金100亿元，合计共法币300亿元。又据中国农民银行的估计，战后各种建设费至少需法币532亿元。⑤ 两者估计数字虽有较大差别，但都很庞大。这些基础设施的建设将有赖于国际银行的建立。

1943年10月1日，美国财政部将《战后建设长期投资联盟国际银行计

---

① U. S. Plan for World Bank to be Submitted to Allies, October 9, 1943, box 84, AYP.
② Treasury Experts Proposes United Nations Bank, October 14, 1943, box 84, AYP.
③ Question 12, November 29, 1943, BWC1523-12.
④ For His Excellency H. H. Kung, November 13, 1943, BWC1339-04.
⑤ 何廷光：《国际货币金融会议与中国》，《银行通讯》1944年第11期，第7页。

划草案大纲》送至中国驻美大使馆。① 10天后,怀特将国际银行草案出示给中国驻美大使魏道明,称此时限于四大国之间流转,特别要求他注意保密。② 因为文件重要且事出紧急,特别是契合了中国对于长期资本的需要,所以大使馆直接拍发全文电报供孔祥熙审阅。③

其后,席德懋和宋子良总结要点,再次致电孔祥熙。在他们看来,作为战后国际经济与金融的重要内容之一,国际银行专注于有关长期资本的内容,意在满足各国为完成重建、工业化及开发资源对于重大资本的需求,正是中国迫切需要的。作为永久性机构,国际银行将便利生产性投资,鼓励私人投资,促其投资于长期重建与发展项目。它的主要职能是担保或参与私人投资机构的贷款,并在私人资本不能投资时进行贷款。利用充足的资本,受战争破坏的国家将稳步完成重建,新兴国家将得到有序发展。良好的国际投资对于借贷国和债务国都是有利的。在扩展国际贸易和维持高水平商业活动方面,国际投资将扮演举足轻重的角色。这将极大地增进战后世界的和平与繁荣。在资本认缴方面,国际银行资本100亿美元,每10万美元1股,美国股额约占1/3。各国先认缴20%为初始股本,其中黄金不超过20%,剩下的为该国货币。银行开业60天内,会员国须缴清初始股本,等等。其他方面,如各国在银行认缴额、银行货币单位方面,都与基金组织一样。④ 方案的中文版全文后来刊登在《财政评论》第11卷第5期。

美国对于国际银行方案非常重视。1943年11月中旬,美国开始将国际银行方案发送给四大国之外的联合国家。11月22日,美国财政部部长摩根索致信孔祥熙,称草案内容简略,但可就重要问题展开讨论,欢迎中国政府与专家就草案提出批评与意见。摩根索还随信发来国际银行草案的更新版本。⑤ 事实上,自收到美国的国际银行方案后,中国财政部便立即展开分析,并关注国际会谈的时间与程序。⑥ 杨格发现,相比于初稿,草案新版本在内容上并无根本性变化。⑦ 他通过书信与中国专家展开沟通,先后致电农林部部长沈鸿烈、经济部部长翁文灏、俞鸿钧、顾翊群、平准基金委员会主席陈光甫、中央银行副总裁陈行、中央银行业务局局长郭锦坤、贝祖诒、交

---

① 《呈孔院长电稿》,1943年10月16日,396(2)-952。
② Meeting in Mr. White's Office, October 11, 1943, box 31, RBWA.
③ To His Excellency Dr. Kung, October 23, 1943, 396(2)-974(1)。
④ For His Excellency Dr. Kung, October 25, 1943, box 84, AYP.
⑤ Letter, November 22, 1943, box 84, AYP.
⑥ Telegram to Hsi Te-mou and T. L. Soong, November 3, 1943, box 78, AYP.
⑦ The American Proposal for United Nations Bank for Reconstruction and Development, February 5, 1944, box 84, AYP.

通银行钱永铭、冀朝鼎、四联总处秘书长刘攻芸和财政部钱币司司长戴铭礼等人,寻求建议反馈。① 经济部回复称,"该行建议书之引论说明设立联合国银行之需要,其理由甚为正确,我国自须参加国际平准基金,亦当参加该行,以便运用外资以为建设并利贸易","该行得担保或参加或自做放款于任何会员国,并经该国政府之手得担保或参加或自做放款于该国地方政府或工商业,凡此等业务,自属必要,为我人所赞同";在义务方面,"第一次交股本二成,其中二成为黄金,则第一次须交纳等于400万美元之黄金,此数甚小,中国是能应付之"。而在权力方面则较为警惕。"今如中国得认购股份一千股,则其代表之投票权共有二千权,美国得认一万九千股,则其代表有两万权,设全世界有五十国参加该行,今计得五万权……中国为全体投票权之七十分之一,其在董事会中之力量甚弱"。②

11月26日,在与中国专家沟通的基础上,杨格完成分析报告,对国际银行的组成、功能及对中国的意义等予以肯定,总结如下:(1)对于急需外资的中国而言,该方案许多内容对中国有利。银行意在推动重建和开发生产性资源。相对私人途径,银行能提供更大规模的贷款,且贷款的偿还方式非常灵活,这对中国的意义是不言而喻的。从中国的视角出发,由于中国向银行认缴的资本可用于购买本国产品,那么无形中将为中国产品创造更多的国际需求。(2)中国为此付出的代价甚小。根据已有信息,美国将认缴银行总资本额的1/3,而中国认缴额可能为3.5亿美元,一开始只需上缴1/5或7000万美元。其中,黄金占比不超过认缴额的20%,即1400万美元,剩下的是本国货币。实际上,中国要缴纳的黄金可能会更少。这十分有利于严重缺乏黄金和外汇的中国。

显然,中国认为整个计划组织良好,考虑周到。创建一家联合国家银行符合中国的利益,中国政府应予支持。即便还有些地方需要澄清,但无须重大修正。③ 这一点,与中国对国际货币基金组织方案的处理方式完全不同。在杨格看来,中国不需要担心国际银行怎么组建,应该担心的是其他两个问题:首先,拥有最大资本的国家会否采纳该计划;其次,对于中国及类似处境的国家,银行是否愿意实施积极的政策,及时提供资本。如果美国国会最终通过国际银行方案,那么拥有庞大资源和权力的国际银行将成为极其重要

---

① Letters, November 12, 1943, box 84, AYP.
② 关于美国所提联合国银行建议案之意见,无日期(应为1943年底或1944年初),Q275-1-2872,上海市档案馆藏。
③ Meetings on the Bank for Reconstruction and Development with the Technical Experts of Foreign Governments, April 15, 1944, p. 2, box 31, RBWA.

中国非常关心国际银行的放款问题,担心银行资本过少会导致放贷能力不足。1943年12月初,席德懋和宋子良拜访怀特,除了索要更为详细的解释性文件以外,还针对银行草案提出两大问题。其一,银行存款问题。国际银行草案规定国际银行与各国中央银行、税务机关和其他国际金融机构打交道,但没有吸收存款的条例,因此,即便国际银行资本拟定100亿美元,数目巨大,"惟放款系长期性质,而营业区域遍及全球,联盟国家需用复兴与建设长期投资,似必浩繁,若数目不敷时,无存款以资运用,拟用何法周转应付?"对此,怀特称,存款仅能用于短期借贷,而国际银行系长期放款性质,故暂不主张收受存款。关于"长期"的含义,怀特认为5~50年都算长期,具体时长则取决于未来理事会的解释。万一资金不敷,该行可向各有关政府或平准会等商借。其二,偿还贷款币种问题。中国认为,国际银行计划草案第四款第九节,对于偿还银行借款事似应以原借款币制偿还,对双方较为公道,得到怀特的认可。怀特认为这一节本意即是支持负债国以其本国货币偿还贷款。② 另外,宋子良强调,应明确国际银行不会同私营银行形成竞争关系,这样易为各国接受,亦得到怀特的认可。③

1944年2月5日,关于国际银行问题,杨格为孔祥熙拟定指示中国代表团的训令大纲。大纲关注国际银行的目标、各国认缴额和投票安排等问题。中国也注意到美国国际货币计划并未在美国获得广泛支持这一情况,考虑了若计划失败中国应努力的目标。总体上,杨格认为草案考虑周到,组织良好,对中国非常重要。然而,还有一些与中国利益攸关的问题需要澄清:

> 第一,据第一部分,银行组织"提供重建与发展资本"。但中国感兴趣的"重建资本"包括货币复原项目。如果拟议银行计划不能提供货币复原资本,特别是在美国专家无意于此的情况下,有必要以合适的方式拟定补充条款。
>
> 第二,据第四部分第3(d)条,银行可能提供部分与发展项目不直接相关的黄金或外汇贷款,引起中国的兴趣。发展性项目成功与否显然与该国货币稳定程度相关。中国认为,该条之意,以及是否允许货币

---

① Memorandum on the American Proposal of October 1, 1943, for a United Nations Bank for Reconstruction and Development, November 26, 1943, box 84, AYP.
② 《呈孔院长电稿》,1943年12月4日,396(2)-952。
③ Meeting in Mr. White's Office, December 3, 1943, p. 2, box 31, RBWA.

复原贷款,需要澄清。

第三,中国不清楚是否有公式计算各国认缴额,"考虑相关数据,如国民收入和国际贸易"。计划称美国认缴额约为总额的1/3。这可与它对国际货币基金组织认缴的30%类比。根据同一报道,中国份额约为3.5亿美元,约为国际货币基金组织资源的3.5%。如果中国在国际银行中的授权资本额同样是3.5亿美元,一开始需要认缴1/5即7000万美元。因此,按不超过20%的认缴额,即1400万美元系黄金,余下为本国货币。进一步地,各国将保证用黄金从银行购买它所持有的本国货币,额度不超过其认缴额的2%。尽管如此,在某些特定条件下可有例外。以中国为例,这个2%就是112万美元,银行持有的中国国币数量,为初始认缴额的80%。实际上,上述数字仅是基于舆论报道,在准确度上还有待确认,但它们的确为人们提供了某些参照。很自然地,中国政府想知道更多细节,比如公式如何适用于中国,只有这样方能表达明确的观点。

第四,关于投票安排,除非知道银行股份认缴的基础,否则无法表达观点。银行资本100亿美元,假如有30个会员国,且资本分配与国际货币基金组织类似,则将有13万投票权。美国拥有1/3股本,约33000票,加上基础票合计为34000票,计总票数的1/4强。英帝国将合计有30000票,苏联可能有8500票,中国可能是4500票。剩下的联合与联系国家将有约50000票。然而,上述安排仅为猜测,拟议公式的细节及认购方式尚需要一些国家的认可。①

除上述具体问题外,中国着实担心国际银行的实际命运。首先,美国政界对于国际银行计划的质疑在当时是一个大问题。对美国来说,如此宏大的计划在政治上存在可行性问题。此前,美国保守派已经表态反对国际银行计划与国际货币计划。在中国政府看来,一个有限的、处理战后初期经济复兴与重建的国际机制似乎更有可能成功。其次,中国政府认为国际银行计划只创造了投资框架,并没有提出积极的政策。如果该计划得到采纳,它的用处将取决于是否会实施积极的政策,为中国和处于类似地位的国家提供资本。鉴于这种不确定性,中国的政策将是继续便利和鼓励外国私人资本的直接投资。最后,中国政府认为在中国、美国、英国,可能还有苏联之

---

① Suggested Outline of Instructions to the Chinese Experts re Proposed American Plan for a United Nations Bank, February 5,1944, pp. 1-4, box 84, AYP.

间,仍有可能达成一项特别安排,就中国重建及资本问题达成协议。而国际银行计划将兼容这一安排。不过,虽然此类安排将能很好地满足中国的需求,符合国外的政治形势,从而更容易付诸实施,但中国也不必心存幻想,由国际银行满足中国的需求仍是最好的选择。①

在上述信息得到澄清之前,中国政府认为,国际银行计划原则上符合中国的利益,乐于看到它的实施。从更广泛的全球视角来看,创建一家国际银行将有助于减少国际金融恶性竞争,缓解摩擦,促成良好国际关系的出现。② 后来,这一指令在稍加修改后,合并进 1944 年 4 月 11 日给中国代表的总体指令当中。③ 几天后,前 5 条单独抽出,形成单独的备忘录,认为美国财政部部长摩根索于 1943 年 11 月 22 日传递过来的联合国家重建与发展银行方案,对中国极其重要(very great importance)。④

三、中国赞同关于国际银行的联合宣言

1944 年 4 月 17 日,怀特在其办公室召开会议,向国务院、美联储、商务部等部门的同事宣布,美国已拟定关于国际复兴与开发银行的联合宣言⑤,财政部技术专家们正在逐段讨论。会议讨论了其中的一些争议问题,就银行的贷款责任、贷款担保、债权国的权力以及与其他机构的关系等问题厘清了分歧。⑥ 当天,怀特亲自将联合宣言交与中国代表,称美国财政部的委员会正在开会,通过后将会发布。⑦ 同一天,美国财政部将联合宣言文本寄发驻英大使馆,要求交与英国财政大臣,供英国技术专家考虑。⑧ 联合宣言称,战后在世界范围内扩展贸易和维持商业活力,国际投资将是非常重要的一环,而鼓励私人投资最可行的办法便是创建一家国际复兴与开发银行,为

---

① Suggested Outline of Instructions to the Chinese Experts re Proposed American Plan for a United Nations Bank, February 5, 1944, pp. 4-5, box 84, AYP.
② Suggested Outline of Instructions to the Chinese Experts re Proposed American Plan for a United Nations Bank, February 5, 1944, p. 4, box 84, AYP.
③ To the Chinese Representatives at the International Financial Conference, April 11, 1944, box 78, AYP.
④ Proposal for a United Nations Bank, April 17, 1944, box 78, AYP.
⑤ 从档案可知,4 月中旬怀特才完成对于宣言草稿的修订,详见 A Statement on the Establishment of A Bank for Reconstruction and Development, about April 15, 1944, BWC 8324-09。
⑥ Meeting in Mr. White's Office, April 17, 1944, BWC1359.
⑦ 电报发出日期被铅笔修改为 4 月 18 日,但电报下方席德懋的手写日期为 4 月 17 日,因此推断,他们拿到联合宣言的时间应为 4 月 17 日。参见 To His Excellency Dr. H. H. Kung, April 18, 1944, 396(2)-961。
⑧ For the Ambassador, April 17, 1944, BWC1519-48.

生产性活动提供充足的资本。联合宣言系对国际银行方案的系统说明,它包含六项内容,分别为:

第一,国际银行的目标与政策。银行将通过担保贷款、参与私营贷款和直接贷款的方式,提供长期资本(贷款),推动会员国的战后重建与发展,协助会员国向和平经济平稳过渡。

第二,国际银行的资本。银行资本达100亿美元,由会员国认缴。最初只需认缴银行总资本的20%,以黄金和本国货币为主。

第三,国际银行的运营。银行将与会员国政府打交道,贷款的发放将经过严格审查,利率合理,贷期较长。银行还为其担保的贷款承担风险。为确保实现贷款目标,银行将严格审计。

第四,贷款的偿还。偿还的币种应得到银行的认可,可使用黄金。

第五,国际银行的管理。银行将由理事会管理,执行委员会负责日常事务。投票权与认缴额密切相关,除一些特定事项外,所有的决定只需简单多数通过。银行将自留1/4的利润,直到达到资本额的20%,剩余利润则按各国认缴比例进行分配。

第六,退出银行与暂停资格。会员国提前3个月书面通知银行即可退出。如果会员国在债务上违约,将被暂停会员国资格。[1]

几天后,中国代表发回电报,对于联合宣言做出进一步的解释和补充。

关于国际银行的宣言仅是关于银行初稿主要原则的摘要,迄今为止,盟国只讨论了基金组织方案,尚没有充分评估国际银行计划的重要性和意义。然而,如果它能够成功地满足那些遭受战争破坏的国家重建、复兴或发展对于美元的需求,这些需求暂时无法通过出口来获得,那么显然它也构成了战后货币稳定计划的一部分。

宣言新增一项内容,即为了鼓励私人投资,国际银行可将一部分自有资本投资于股票,在证券盈利兑换外币问题上,国际银行也将获得会员国政府的保证。但银行的主要功能是担保并参与私人投资者的贷款,只有借贷国在合理条件下无法获取私人贷款,且有充分保障的情况下,银行才会动用其资本直接放款。因此,新条款意在刺激私人资本投

---

[1] Preliminary Draft: A Statement on the Establishment of a Bank for Reconstruction and Development, April 17, 1944, 396(2)-961.

资于国际股票,而直接投资对于不发达国家来说是最合适的。①

正如摩根索在参众两院委员会作证时所说,国际银行并不是要重新分配世界的黄金储备,当国际贸易恢复以后,它将恢复商品在国际范围内自然且不受阻碍的流动,意即支持自由贸易。国际银行将从事以下业务:买卖外汇,发行、购买或出售自有证券、债务和持有的会员国证券,或由其担保的证券,从会员国政府、中央银行或其他私人机构借贷。最后一条使银行将无限制的资源完全抓在手上,极大地增强了其可用性。

既然银行的目的是促进和重建国际贸易,因此对于各会员国而言并无贷款使用上的限制。当然,此类贷款必须获得相关国家及银行的同意。在放贷时,将考虑这些落后国家的经济与金融条件。战后初期,全部或部分遭受战争破坏的国家对于贷款的需要可能非常巨大,这是一个困难。

尽管如此,银行在战后稳定方面能做出的贡献,取决于其行动在多大程度上能解决繁荣与萧条交替周期,一战后世界经济曾出现过这种情况。为此,银行将在繁荣期增加贷款,以应对这一时期各国对贷款的更大需求,从而延缓萧条的出现,但同时应注意度的把握。若贷款额度过多,在萧条来临之后会加剧其危害。另一方面,鉴于银行的谨慎,在经济不景气时其贷款也会增加,它的作用是降低经济波动的幅度。②

中国财政部迅速组织杨格、俞鸿钧、顾翊群、宋子良、陈行、陈光甫、贝祖诒、郭锦坤、冀朝鼎、戴铭礼、卫挺生、翁文灏、沈鸿烈、钱永铭和刘攻芸等政府官员与金融专家讨论联合宣言草稿。他们认为,第一,联合宣言草稿相对计划本身更为简洁,但是没有重要的变化,仅删除了尤尼塔斯和一些较为保守的内容。第二,虽然一些内容在联合宣言中得到了更为清晰的界定,但中国仍然关注银行资金能否应用于货币复原这一问题。专家们倾向于认为,4月18日声明的第一部分,涉及银行担保私人贷款或使用自有资本,为"生产性目标"提供资金,协助向和平经济的平稳过渡,比之前的论述清晰了许多,并认为它应该是包括货币复原贷款在内的。当然,这一点还需与美国财政部确认。第三,关于认缴额与投票权的产生原则,以及中国的股本数,还

---

① For His Excellency Dr. H. H. Kung, April 23,1944,p. 1,396(2)-955.
② For His Excellency Dr. H. H. Kung, April 23,1944,p. 2,396(2)-955.

需更详细的信息。总体上,联合宣言组织良好。杨格称,"如果中国有意参加(国际银行),则看不出有何理由不同意这个宣言"。①4月21日,暂返重庆的宋子良向蒋介石汇报了有关国际银行的组织与交涉事宜。②

然而,美方迟迟没有进一步的动作。5月上旬,席德懋拜访美国财政部时曾问及联合宣言发布的情况,美方回复尚未决定。③究其原因,可能是各国在国际银行上的分歧较少,④可能是关于国际货币基金组织的联合宣言影响已经足够广泛、足够说明美国及其盟国对于战后国际货币事务的态度,也可能是由于时间不足尚来不及就宣言文本进行洽商,更有可能是国际银行计划在美国国内面临着强大的反对,为避免其过早夭折的命运,美国最终取消发布关于国际复兴与开发银行的专家联合宣言,全身心地投入国际会议的筹备之中。⑤但无论如何,中国对于联合宣言是比较赞成的,没有提出重大的修正意见。⑥正如经济学家何廷光所言:"将来世界之和平,系乎世界经济之均衡发展……国际金融合作之声浪传出后,我国人皆一致主张设立世界银行,以主持国际金融合作事宜,而更资助各工业后进之国家。"⑦

第四节 中国各界对于联合宣言的评价

作为布雷顿森林谈判的重要节点,关于建立国际货币基金组织的联合宣言一经发布即迅速在中国引起热烈反响。各大报刊纷纷转载宣言内容,对于联合宣言的重要性给予肯定,对于中国所获地位给予积极评价,同时对于如何满足中国的现实需求这一问题表现出一定的忧虑和紧迫感。联合宣言在美国亦获得广泛的支持。"美国财政部非常欣喜地看到,参众两院委员会和新闻界都愉快地接受了"。尽管报界有反对的声音,但不够重要也

---

① Proposed Statement on Establishment of a Bank for Reconstruction and Development, April 24, 1944, box 84, AYP.
② 《谈论国际银行组织事》,1944年4月21日,事略稿本—民国三十三年四月,蒋中正总统文物,数位典藏号:002-060100-00187-021。
③ To His Excellency Dr. Kung, May 9, 1944, 396(2)-957.
④ 怀特称,几乎没有国家对关于银行的联合宣言持有异议,因为宣言已经过滤掉所有存在争议之处。参见 Meeting in Mr. White's Office, April 17, 1944, BWC1339-02。
⑤ Meeting in Mr. White's Office, April 25, 1944, BWC1339-04。
⑥ 英国及其自治领专家亦高度赞赏银行计划,战后初期,对于避免大范围的经济恐慌和不必要的人道灾难,来自债权国的贷款都是必要的。离开这些贷款,国际货币计划也不可能有好的开始。Memorandum of UK Experts on the Bank for Reconstruction and Development, April 1944, BWC2136。
⑦ 何廷光:《国际货币金融会议与中国》,《银行通讯》1944年第11期,第8页。

不够强大,财长摩根索已经得到国会足够的支持,最大的担忧解除了,计划中的国际会议获得了切实的保障。①

一、中国政府欢迎联合宣言的发布

中国国民政府对联合宣言持欢迎态度。与联合宣言同步发表的是孔祥熙的声明,陈述了中国政府关于谈判对中国与世界的意义。作为行政院副院长兼财政部部长,他首先强调了中国对于国际货币谈判的重视、参与和在谈判中收获的成果,"我国专家在讨论中扮演了积极的角色。我政府自始相信,拟定应付国际有关货币问题之办法,尤以应付因战时情势而发生之问题。对于我国及世界其他国家,均极其重要。一年前,我国政府接悉美英专家之计划后,我国专家即加以缜密之研究……此项意见,有一部分已容纳现有之建议"。此言大体符合史实。其次,孔祥熙明确说明了联合宣言对于全球经济的意义,即"此项建议,今已适合于有关各政府之考虑,希望各专家所完成之贡献,能进而产生一项协定,藉以协助稳定国际汇兑制度之恢复。俾有利于国际贸易与投资之发展,而造福于全世界"。② 这一点与美国国务卿赫尔的说法一致,联合宣言所塑造的框架"将带来美国及世界的繁荣,并为持久和平奠定基础"③。杨格也发表公开评论,称联合宣言标志着联合国家朝向国际金融稳定的第一步已经落实,未来的国际货币基金组织将以黄金为各国货币定值,有助于重建和维持国际货币关系的稳定,并为国际贸易和投资打下好的基础。④ 杨格的评论为美国财政部和怀特所注意到,怀特将之收录于自己的文件中。

财政部次长顾翊群进一步阐发了孔祥熙的看法,认为联合宣言对于全世界或对于中国,均至关重大。对于中国的特殊意义表现在三个方面:"(1)一国货币对外价值之安定必须取得国际合作。我国参加国际货币合作机构后,在资金技术或其他方面,必可获得国际平准基金之协助。(2)我国参加国际货币基金后,便可鼓励外资输入,国内富源赖以开发,资金藉以通融,对外贸易,亦可促进。经济建设,必可顺利完成,国民生活自可渐达于各经济先进国家之水准。(3)我国过去因工业落后,在国际经济中所占地位殊不重要,此次因艰苦抗战,取得第四之国际政治地位,权利既增,义务亦

---

① For His Excellency Dr. H. H. Kung, April 22, 1944, 396(2)-957.
② 《国际货币基金宣言发表,孔兼部长发表谈话》,《中央日报》(重庆)1944年4月23日,第3版。
③ US Administration Leaders Endorse Monetary Program, April 23, 1944, box 78, AYP.
④ International Monetary Plan, April 27, 1944, box 8, HWP.

大,此后举国上下,应于战后格外努力,早日完成经济建设,庶克真正提高国际经济地位,进而协助经济落后国家,俾世界各国同臻于繁荣之域。"①

中国财政部其他官员及中国驻外代表也认为联合宣言对于中国颇为有利,尤其是过渡时期的设置,有助于中国战后复兴。部分人士提醒政府注意在某些方面早做准备。中国谈判代表宋子良对中国在国际货币基金组织中获第四位表示兴奋。他高度肯定中国的贡献,称"宣言采纳中国代表团之处甚多,其最著者,为将实施该项计划程序,分为过渡及永久两时期,俾受战争破坏程度较重国家,在战后之经济措施,有一回旋余地"。经济学家何廷光也说,"1943年春美英提出方案以后,我国站于战事损失綦重之国家立场,对于将来各国复兴与建设方面,有所主张并于货币计划方面提出'过渡时期',以为缓冲",并得采纳。② 另一位代表李国钦称,联合宣言较怀特计划更有弹性,进步不少,而承认战后有个过渡时期是宣言最精彩的地方;不过,战后初期中国币制如何整理,还要看基金组织的考虑。③ 财政部钱币司司长戴铭礼对少数人所认为的"此次国际货币基金宣言仅于工业国家有利"之说加以批评,称"吾人观察此项宣言,应兼顾个别利益与国际合作,况此次宣言对受战争破坏国家已给予一过渡时期,使其从容对战后经济作一必要处理"。他强调6亿美元摊额对中国而言并无困难。《国民外交》亦发表短评,认为过渡时期的设置使中国可"继续统制贸易管制通货,有助于维护幼稚之工业与保障人民之充分就业……深望未来之国际货币协定,仍能保持此项过渡办法"④。

对于社会大众广泛关注的外汇管制问题,外汇管委会处长邹宗伊作了澄清,称:"就中国论,在由战时状况到实施国际货币计划的过渡时期内,仍可根据该项宣言后半段,而个别的继续管理外汇。盖战后复兴建设过程中,国际收支不平衡乃一定趋势,若放弃对内汇外汇之管理,势不可能。即对外贸易力量充实之英国,亦不可免。因此,为适应中国经济特殊环境,使对国际有所贡献,仍不能不实施相当程度之外汇管理。至最后目标,则为达到放弃个别外汇管理,恢复自由贸易状态。但此处所谓自由,亦绝非第一次欧战后之自由状态,而为国际性的管理,统筹性之自由。"

---

① 《顾翊群在记者招待会上谈国际货币基金宣言》,《中央日报》(重庆)1944年4月29日,第3版。《国际货币基金宣言意义》,《国民公报》(成都)1944年4月29日,第2版。
② 何廷光:《国际货币金融会议与中国》,《银行通讯》1944年第11期,第6页。
③ 李国钦、徐泽予:《国际货币基金技术专家共同方案简述:六月十日美国航空通讯》,《新中华》1944年复2第10期,第87、96页。
④ 璞君:《联合国货币会议我国之立场》,《国民外交》1944年第2卷第1期,第1页。

中央银行经济研究处科长潘世杰亦对战后中国建设充满信心,认为"中国战后在汇价稳定状态下,一方可利用外资从事经济建设,一方可自力更生增加原料输出,且今后采取与各国同一之货币本位,过去因本位不同所得之惨痛经验,当不再出现"。与前面三人不同的是,潘世杰在法币平价问题上表达了隐隐的担忧,"惟中国货币平价如何决定,尚须视战后经济情形而定,战后经济调整,千头万绪,汇率之决定,关系今后经济繁荣至大"①。

二、专业期刊关注联合宣言的不足

财经类专业期刊对联合宣言做了大量讨论,从大处阐明中国的对策。《财政评论》②甚至开辟专栏对之做系统评述,既对官方的评价有所发挥,亦指出联合宣言的不足及种种局限,在此基础上为政府提出对策。

经济学家王逢辛从两个方面重点阐释联合宣言对于中国的意义:(1)战后欲保持法币对外价值稳定,国际货币合作仍为不可缺少的因素。而中国参加国际货币基金组织,"必能取得各会员国之密切合作,继而协助稳定法币之对外价值。战后极短时间内可利用过渡时期的规定,暂维持战时施行之外汇管理办法"。(2)中国将以完成工业化经济建设为中心,然以中国"现有人力物力,不易完成工业化伟业,惟有取法苏联先例,借外国之资金技术,充实我国人力物力,迎头赶上"。为此,他认为中国应从两个方面下功夫:(1)法币价值,必须安内对外,同时兼顾。"安定法币对外价值,有赖国际合作,但安定对内价值,则必须求己。财政收支之平衡,实为重要关键之所在。"(2)在金融与贸易政策上"重视国际局面,取得国际金融贸易界之联系,以期增厚力量,使被列为联合国之第四位,不致徒负虚名",真正成为国际和平与世界繁荣之一大柱石。③

《银行通讯》强调国际货币基金组织在协助落后国家发展方面应发挥更大的作用。利用长期投资与技术协助弱国的工业化,使各国经济平衡发展,在各国普遍联系的基础上层层推进国际贸易,国际金本位才有它稳定的基础。④ 与之类似,罗敦伟对弱国有特别的同情,认为宣言还看不出国际货币基金组织对于经济比较落后或惨遭战争祸害的国家,有特别积极的扶助。

---

① 《建立国际货币基金,我国专家一致赞扬》,《中央日报》(重庆)1944年4月26日,第3版。
② 《财政评论》月刊是抗战期间孔祥熙、孔令侃父子授意办理的一份专业杂志,基本由孔令侃亲自督办。参见文思主编:《我所知道的孔祥熙》,第280页。
③ 王逢辛:《论国际货币基金之建立及其意义》,《财政评论》1944年第12卷第1期,第23~24页。
④ 《国际货币合作》,《银行通讯》1944年第8期,第1页。

他强调,在共同作战的精神下,一国作战时间较久,作战区域较大,贡献也可以说最大,在道义上,战后应得到特殊对待,大家帮助她的复兴。因此,"国际货币基金组织应顾到各国特殊情况,作较有弹性的规定。宜用一种新的方法,把各种各样的情势都一律顾到,不必求一时表面上的平等",所以国际货币基金组织需要发挥更为积极的作用。对中国而言,应及早稳定物价,安定币制,以期进一步参加国际货币合作之时,不致发生困难。当前中国在国际金融活动方面虽然是一个力量不大的国家,但今后则反而关系特别重要。中国有广大的市场、丰富的资源,有 4.5 亿勤劳的人民,"在发展的阶段上对于世界经济所起的作用,一定不是今日所能完全想象得到的,所以万万不能忽略中国"。①

著名经济学家、中国计量经济学开拓者厉德寅清醒地看到,联合宣言脱胎于英美计划,在国际货币会议里一定会被采用。中国应利用其加快经济建设,增加维持世界和平及繁荣的力量。② 现在的世界要做到自由移民并废除殖民地,决难做到,它不可能马上变成一个大同的理想世界,至多能达到列国和谐共存。就目前局势,中国只可"追求国际经济合作主义……努力于列国经济关系的自由平等……中国政府接受美政府邀请而参加货币会议,是一个贤明的举措……国际金融合作方案非独可以解决世界金融问题,且同时为世界经济合作和世界和平打开了一条平坦大道"③。这对中国是有利的。

也有些专家对于联合宣言较为冷静,主张慎重看待。胡文元强调,不必过分高估国际货币基金协定的作用,它并不能解决一切困难。他注意到美国和英国都存在着反对的声音。比如,美国部分人士担心基金组织成立后各国争向基金组织借款,将加重美国一国的负担。英国则认为,参加国际货币基金组织后,其本国的充分就业政策将受影响,本土与帝国的特惠关系也会受到影响,而货币基金 80 亿美元不足以满足全世界的贸易需要。因此,对于中国来说,更为重要的是如何发展国际投资,开发经济落后国家的资源,以建立国际间的经济均衡。④ 经济学家徐建平在肯定联合宣言在国际货币史上的重要地位的同时,也指出基金组织虽以硬性的规定来防止货币战争,但"并没有顾到如何去防止足以引起货币战争的基本经济形势的发

---

① 罗敦伟:《对国际货币基金宣言感想》,《财政评论》1944 年第 12 卷第 1 期,第 17~19 页。
② 厉德寅:《英美货币计划与联合国专家宣言》,《中央周刊》1944 年第 6 卷第 34 期,第 455~456 页。
③ 厉德寅:《国际货币基金与中国》,《新经济》1944 年第 11 卷第 4 期,第 89、93~94 页。
④ 胡文元:《国际货币基金宣言面面观》,《银行通讯》1944 年第 8 期第 5~6 页。

生",因此不能完全防止货币战的发生。①

专业期刊专注于分析国际货币基金组织的利弊,大部分认为联合宣言是一个进步,几乎所有人都强调中国应主动发展,使大国地位得到世人的真正认可。

三、社会舆论关注中国的进一步行动

官方媒体对于联合宣言赞誉有加,专业期刊对于中国如何利用联合宣言为本国谋取利益,需要做出哪些准备,只有笼统提及而无系统说明。这个责任落到社会舆论肩上。与官方报刊相比,社会舆论更多地关注中国的需求以及该做的准备工作。

联合宣言发表数天之后,《国民公报》即关注到货币平价与黄金问题。"中国并非产金国家,以吾国以往的贫穷,与同时遭受敌人大量破坏,以及今后百废待举中所需要的资金数额之大,不可小觑……因此,在美国对吾5亿美元大借款中,拨出2亿美元所购运来华之570万两之黄金,在将来这国际货币基金组织上有它必要的功用,还不容吾们抛售一空。"②又有"宣言已无形给予法币信用一极大之稳定力……我政府对于有限黄金之运用,久宜特殊慎重,必要时是否应再度恢复黄金之统制政策,亦殊值当局之缜密考虑"③。因此,在《国民公报》看来,中国原本缺金,而黄金与法币平价密切相关,理应注意增加储备。

《大公报》是战时社会舆论的重要平台,对于联合宣言,同样有任重道远、喜忧交并之感。经济学家谷春帆首先注意到中国需要担负的义务。抗战胜利以后,国际地位提高,同时在国际间应负之责任,亦必增加。中国既是世界主要国家之一员,则对于国际和平之维持,国际战局之安定,国际经济之开发,国际贸易汇兑资金出入之顺利,每一新事业均将有参加活动之机会,亦均将有做好之责任。为此,"战后我国,自当努力谋国内经济之调整,国际收支之平衡。而在此调整期间,汇兑之统制,资金出入之管理,国际贸易之相当定额,恐皆不免,庶几可在透支限额以内,维持汇率",以在份额数量不足的情况下加快复兴。同时,因为"过渡期间之困难,不独中国,其他债务国及被战事破坏之各国均有此情形。中国既为债务国,又重受战事之破坏,又为农业国,其生产之调整,特难维持,故宣言特立过渡办法一项。过

---

① 徐建平:《对国际货币基金宣言之认识与估价》,《财政评论》1944年第12卷第1期,第13页。
② 《建立国际货币基金有感》,《国民公报》(成都)1944年4月25日,第2版。
③ 《某专家评国际货币基金宣言》,《国民公报》(成都)1944年4月26日,第2版。

渡时期之长期虽未明定,而有一处提及三年字样。以过去经验,中国如欲于三年内调整国际收支,实需 12 分努力方可赶上"。①

对于中国在加入国际货币基金组织以后如何真正居于四强之一的地位并发挥作用,《大公报》的两篇文章说得颇为透彻。该报 4 月 28 日社评称,中国当前"最为紧迫的问题是研究将来法币平价的确定。因战后世界贸易必须采用自由主义,须取消关税壁垒、取消定额制,以及一切保护政策。中国之幼稚工业欲图生存,势必将法币汇价再行贬低,方可阻遏进口,奖励出口。现实是法币之国内购买力已低落为战前三四百分之一,汇价仅为战前 1/6,若再贬值为现时币值之 1/50 或 1%,则汇价猝落"。因此,在加入国际货币基金组织之前,中国:(1) 财政收入必须使之平衡;(2) 物价必须相当安定;(3) 物质缺乏必须有相当程度地解决。总之,稳定币值、安定物价是中国参加国际货币协定的先决条件,也是将来参加联合国家国际货币会议折冲的武器。否则,中国"只能随波逐流,俯仰由人,在别人起草好的宣言上签个字,甚至做国际金融霸强的牺牲品而已"。② 几天后,《大公报》再次强调中国应早做准备,对于国民政府针对宣言一再有"十分欣慰"的表示而有所保留。战后若想顺利完成重建,推动经济发展,中国只能利用国际长期资金,即尽量促进外国投资。理性来看,外国投资有两个重要的前提,一是国内政治安定,一是国内通货价值稳定。这就必须实现前述三项内容。③

四、中共关注联合宣言

首先,中共媒体关注中国的国际地位。《新华日报》以大标题欢迎联合宣言,引用美国财政部部长摩根索的话称,"技术专家所拟世界货币协定中,以中国为'最前四国'之一,中国纳款约在 6 亿美元左右。又由纳款的重要性来说,法国可能在协定中占第 5 位,荷兰、加拿大、墨西哥、巴西在协定中也居较高的名列"④。重点说明了中国在未来国际货币基金组织中的地位,这是一个重大成果。

其次,中共媒体对于联合宣言隐含的局限以及对于中国的不利之处做了详细阐发。《新华日报》认为宣言所规定的办法有利于中国发展经济,值得欢迎,但又敏锐地看到"宣言对于有巨额黄金和巨额贸易的国家极为有

---

① 谷春帆:《国际钱币平准基金》,《大公报》(重庆)1944 年 4 月 30 日,第 2 版。
② 《我们的责任加重了》,《大公报》(桂林)1944 年 4 月 28 日,第 2 版。
③ 千家驹:《国际货币基金宣言》,《大公报》(桂林)1944 年 5 月 7 日,第 2 版,1944 年 5 月 8 日,第 3 版。
④ 《国际货币基金宣言,我国当局表示欢迎》,《新华日报》(重庆)1944 年 4 月 23 日,第 2 版。

利",对于国民党的部分说法做了含蓄的反驳。社论相较《国民公报》论述更进一步,纵然中国可设法使用贷款完成份额缴纳,但这并非根本性的解决。因为各国虽可利用基金平衡其国际收支,但在一定时期内,仍须归还这笔被利用的基金。"如果我国国际贸易仍像过去一般,长期处于不利地位,那么到了归还'基金'的时候,依然是要面临困难。"因此,"一个国家在国际经济中所处的地位,应主要取决于这个国家本身。我们很高兴未来的国际经济,将展开一幅合作繁荣的美景,但必须认清自己的弱点,更必须努力克服这种弱点……发展生产"①。中共借此表达了对于自力更生,以本国奋斗为中心这一思想的强调,这与之前表达的思想是一致的。

中共的观点得到了社会贤明人士的支持,他们支持中国应及早准备,重视币制问题。如《国民公报》提醒政府及时整理国内通货。否则,就等于丧失国币可享有的权利,无法用国币摊认份额,无法用国币向基金组织购买另一会员国的货币,而无谓消耗中国本身本就缺乏的珍贵的黄金,"试问,这是多么重大的损失呢?"②5月初,该报再次刊发著名学者陈正飞的专论,要求首先重建国民心理,即"想一想吾国国民心理的不甚健全,当外汇管制三年后一旦废除,先进各国挟其战时膨大后复员的生产力汹涌而来时,吾国能否在这一基金指定下获得的应有的预期的利益,诚然可疑"。为了保证战后国际收支的相对平衡,不使因战后复员而过分进口,以致损耗现金的流出,中国须及时迅速地未雨绸缪。具体来说,分为两点:第一,必须掌握黄金。中国在认缴方面虽无问题,但毕竟不是产金国,获得黄金尤其困难,在百废待举之际,任何黄金和外汇都值得珍视。第二,应整理通货。目前相当膨胀的法币与美元比率已达320∶1,自然无法在基金组织中取得应有的平价地位,"为了当前现实,仍有即速加以整理的必要,而绝不必等至战后!"③《东方杂志》则认识到债务国的困境。对于中国来说,尤以资金流通问题为最。原因在于"战后急需建设与恢复,所需款项必多,又因其本国财力不足,若不能自国外输入,必采取其他办法,以资补济"。这是中国参加国际金融合作计划必须要考虑到的问题。④

对于联合宣言,国民政府持以非常欢迎与乐观的态度;中共媒体与社会

---

① 《论国际货币基金》,《新华日报》(重庆)1944年4月27日,第2版。
② 《请及时整理通货》,《国民公报》(成都)1944年4月27日,第2版。
③ 陈正飞:《建立国际货币基金吾国应有的准备》,《国民公报》(成都)1944年5月2日,第2版。
④ 何廷光:《国际金融合作必当注意之点》,《东方杂志》1944年第40卷第12号,第14~15页。

舆论的看法较为一致,他们在表示欢迎的同时,对于未来前景表达了审慎的乐观。一方面,他们承认联合宣言的重要性,肯定中国取得"四强"国际地位;另一方面,他们强调联合宣言的不足之处,普遍忧虑未来中国在国际货币合作中的处境。为此他们积极出谋划策,重点说明中国应及早做好准备,为真正落实大国地位提供建议,如中国必须整理通货,稳定法币币值,否则中国在联合宣言中所得到的地位与利益将化为虚幻而无影无踪。简而言之,国民政府着眼于大局,最为看重中国四大国之一的国际地位,对于实际存在的问题考虑较为笼统;中共与社会舆论则普遍认为四强地位固然可喜,但距离真实的四强还存在着巨大的鸿沟,如何尽快缩小鸿沟是他们考虑的主要问题。两者之间存在一定程度的落差。

第五章　中国为《布雷顿森林协定》注入本国主张

关于中国代表团在布雷顿森林会议上的活动,国外学术界主要注意到中国份额问题,国内学术视野较国外宽泛,但研究力度仍嫌不够。其一,布雷顿森林会议后,国内学术界即对布雷顿森林会议做了大量阐释,但对于中国代表参会情况多是寥寥几笔带过,主要关注点在对策之上。① 其二,最近十余年,国内学术界有了较为细致的梳理,在基金组织份额、银行认缴额、汇率、侨汇、白银政策及中国代表团参与会议讨论方面,取得一定成果,②但还有进一步梳理和总结的必要。比如,中国在布雷顿森林会议上到底取得了哪些成就,如何评判？再比如,作为布雷顿森林会议的预备会议,大西洋城会议上中国代表团的表现如何？这个问题也很重要,但几乎无人予以关注。

第一节　从大西洋城到布雷顿森林

联合宣言发表以后,美国加紧筹备召开国际会议。关于会议举办的时间,美国财政部部长摩根索颇费了一番脑筋。罗斯福期待5月就召开会议,摩根索也想趁热打铁,紧接着联合宣言的发布而召开国际会议。怀特曾专门赴国务院拜见艾奇逊,说服他克服困难,使国务院尽早召开国际货币会议。③ 但由于事情太多,困难太大,据估计,筹备工作至少需要5～6个星期的时间,④因此5月召开会议一事被迫搁浅。5月中旬,罗斯福接见摩根索,建议会议于6月召开;摩根索认为这将与共和党全国代表大会冲突,为避免节外生枝,顺延到7月是最好的。关于会议地点,罗斯福推荐新罕布什尔州

---

① 彼时有两篇文献最为详尽:徐建平、林华清:《国际货币金融会议之经过》,《经济汇报》1944年第10卷第5&6期;《联合国货币金融会议逐日记录》,《财政评论》1944年第12卷第3期。
② 参见高作楠:《参与构建战后国际货币金融秩序:中国与布雷顿森林会议》,《民国档案》2018年第2期;王丽:《杨格与国民政府战时财政》,第183～186页。
③ Memorandum of Meeting at State Department, April 1, 1944, BWC1359.
④ White to Collado, April 4, 1944, box 31, RBWA.

(New Hampshire)的朴茨茅斯(Portsmouth),那里的夏天比较凉爽。① 这个思路启发了摩根索。他调查后发现,尽管朴茨茅斯的宾馆接近城市,交通条件好,但其会议条件还没有胜过布雷顿森林(Bretton Woods)的华盛顿山饭店。后者不仅是避暑胜地,还有两倍于朴茨茅斯的电话线路,一条标准铁路将它与朴茨茅斯和波士顿连接起来。包括附楼在内,饭店有房 485 间,饭店礼堂(Auditorium)可容纳约 750 人,适合举行全体会议。除代表团高级官员外,参会人员安排双人间可解决住宿问题。② 万一参会人数过多,各国代表团随行人员还可就近(3 英里)安排于克劳福德旅舍(Crowford House)。此外,它的洗衣服务只需 1 天,优于其他宾馆的 5 天。它还有保龄球馆、室内与室外游泳池、电影院及 36 洞的高尔夫球场,胜过其他地方的 9 洞,餐厅也很大,2 倍于朴茨茅斯的宾馆,更不用说华盛顿山饭店还有为小型委员会准备的保密会议室。③

1944 年 5 月 25 日,在怀特与副国务卿艾奇逊(Dean Acheson)的陪同下,摩根索赴白宫向罗斯福报告国际会议事宜;经过半个多小时的讨论,罗斯福同意任命摩根索为美国代表团团长,并邀请盟国与会。④ 第二天上午十一时五分,白宫发出新闻稿,最终有 43 个国家得到邀请。⑤ 根据安排,在正式会议召开之前,美国要先与包括英苏中在内的一些国家组成起草委员会,召开预备会议,以起草正式会议所需文件。因为会议地点在美国新泽西州大西洋城(Atlantic City),因此预备会议又称为大西洋城会议。

---

① Memorandum of a Conference at the White House, May 18, 1944, box 516, The Papers of Henry Morgenthau, Jr. (PHM), Franklin D. Roosevelt Presidential Library, Hyde Park, NY, USA.
② Status of Organization and Arrangements for the United Nations Monetary and Financial Conference, May 27, 1944, BWC1503-27.
③ Conversation, May 25, 1944, book 735, pp. 138-139, DHM.
④ Meeting at the White House, May 25, 1944, BWC1537-08.
⑤ 美国起初向 42 个国家(澳大利亚、比利时、巴西、加拿大、智利、中国、哥伦比亚、哥斯达黎加、古巴、捷克斯洛伐克、多米尼加、厄瓜多尔、埃及、萨尔瓦多、埃塞俄比亚、希腊、危地马拉、海地、洪都拉斯、冰岛、印度、伊朗、伊拉克、利比里亚、卢森堡、墨西哥、荷兰、新西兰、尼加拉瓜、挪威、巴拿马、巴拉圭、秘鲁、菲律宾、波兰、南非、苏联、英国、乌拉圭、委内瑞拉和南斯拉夫及法兰西民族解放委员会)发出邀请,后又增加了挪威。罗斯福想要阿尔巴尼亚参会的愿望没有实现。丹麦驻美公使(前驻华公使)霍夫曼(Henrik de Kauffman)以个人资格列席布雷顿森林会议,因此没有计算在正式参会的 44 国之内。另外,国联经济金融部、国际劳工局、联合国家粮农过渡委员会和联合国家善后救济署等 4 家国际机构也列席了会议。详见 Ticker News, May 26, 1944, box 31, RBWA; Officers of the Conference Members of the Delegations, revised July 9, 1944, p. 29, box 11, RBWA. 各国代表团团长情况详见附录四。

一、会议前的中美交涉

中国对于会议期盼已久。联合宣言发表以后，孔祥熙与驻美代表们保持了更为密切的联系，他频繁询问事态的进展。代表们也主动向国内索取资料，如席德懋4月中旬就致电尚在国内的宋子良，请他注意统计中国国民收入、黄金与外汇持有、进出口额、政府税收与支出、货币发行、价格指数、银行存款、四大国有银行的贷存余额、资本和给政府的贷款、政府在国内外发行的债券、政府自然资源、铁路、外汇市场和汇率等各项数据，为布雷顿森林会议做好准备。鉴于美国中文人才奇缺，席德懋还请宋子良注意物色素质过硬的中国秘书或技术专员，要求能够使用中文就货币问题起草或翻译文件。[1]

1944年5月初，中国驻美大使魏道明回到美国，向代表们转交了孔祥熙的信件，涉及中国份额及投票权、黄金认缴和国际银行方案等内容，提出中国的关切：(1)关于基金组织总份额10%的分配问题，虽然四大国顺序不会发生变化，但中国能分到多少尚未得知；(2)关于黄金认缴，极有可能使用"黄金总持有量"数据，美国既不同意英国所主张的减去专用黄金，也不同意苏联提出的排除新开采黄金的建议，但中国倾向于净持有量；(3)关于国际银行是否具有货币复原的职能问题，虽然怀特称货币复原是会员国的国内问题，应与更具国际特性的方案剥离，[2]但中国并没有放弃努力，因此这个问题没有结束。

宋子良在魏道明之后赴美。出发前他专门致电孔祥熙，提出一系列问题，要求孔祥熙给予新的谈判指令。这些问题涵盖中国份额、基金组织黄金存放地、中国被美英冻结款项以及国内各项经济数据问题等。[3] 对此，孔祥熙很快发来更为具体的指示：(1)美国决定份额的公式很难适用于中国，且美国对于中国国民收入存在低估问题。尽管如此，如果能确保中国是第四位，孔祥熙认为不必对美国所提公式表示反对。(2)中国对于会员国黄金认缴的计算办法比较满意，但在计算黄金持有和可兑换黄金的外汇时，应排除中国中央银行在纽约联储的账户资产，意取净值。(3)基金组织对于会员国货币的持有数量问题应予厘清。(4)中国支持汇率稳定，但考虑到基金组织有可能在欧战结束但中国仍在作战时运行，因此，中国无法就法币平价做出承诺。(5)建立国际银行，对中国极其有利。但应向美国财政部确认，货币复原贷款是否包含在银行可能向会员国提供或担保的贷款之内。

---

[1] To Mr. T. L. Soong, April 17, 1944, 396(2)-961.
[2] For His Excellency Dr. H. H. Kung, May 2, 1944, 396(2)-955.
[3] Memorandum, May 3, 1944, box 78, AYP.

关于第二个问题涉及的黄金持有量问题,5月上旬有了结果。伯恩斯坦称,尽管一直以来美国财政部都坚持总持有量,但现在也必须得同意做一些额度上的削减。①

几天后,席德懋出现在美国财政部,针对孔祥熙的问题与伯恩斯坦展开会谈。其中,两个重要问题有了答案,除了份额问题以外,主要是中国在基金组织内购买外汇问题。伯恩斯坦称,在基金组织运营的第一年里,中国购买外汇数量不能超过份额的25%;用本国货币从基金组织购买到的外汇最多达6.3亿美元,即中国份额6亿美元加上向基金组织认缴的黄金价值3000万美元。尽管如此,中国每年的购买量不能超过份额的25%,直至达到份额200%的顶点。在不涉及25%的情况下,如果基金组织所持有的中国货币低于份额的75%,那么中国可以提取外汇至基金组织持有中国国币达到份额的75%为止。② 此外,中国亦将是基金组织黄金的储存地。然而,关于国际银行能否提供战后货币复原的资本问题,仍然没有结果。伯恩斯坦称,银行将为进口提供资金,但不为会员国提供用于加强本国货币储备的资金。但他认为当大额资金应用于经济发展的目标时,自然有助于该国的复原。③ 因此,银行计划并非为了复原,但它与基金计划类似,可通过改善其他经济阶段的方式,间接协助和推动复原。对此,席德懋颇为感慨,在给孔祥熙的报告中称"我们可能还要再次提出这一问题"④。

货币复原贷款对中国而言极为关键。6月初,孔祥熙再次询问:"我们曾认为货币复原贷款系包含在国际银行的目标之中,不理解美国为何要将之取消。相信一些欧洲国家与中国一样,认为尽管这些贷款不是银行的主要目标,但它也不应该被排除在外。请与日程委员会讨论,并指出,如果头一年在基金组织内提取的资金不能超过份额的25%,那么货币复原所需额度就受到了过多的限制。"⑤这些悬而未决的问题,敦促中国代表与美方展开进一步的协商。

二、大西洋城预备会议

作为布雷顿森林会议的预备会议,大西洋城会议是以四大国的名义发起的。"美国技术专家,会同英国、苏联和中国技术专家一道向一系列国家

---

① To His Excellency Dr. Kung, May 9, 1944, 396(2)-957.
② For His Excellency Dr. H. H. Kung, May 30, 1944, box 78, AYP.
③ Meeting in Mr. Bernstein's Office, May 8, 1944, BWC1339-04.
④ For His Excellency Dr. H. H. Kung, May 9, 1944, box 78, AYP.
⑤ For Li, Soong, Hsi, June 2, 1944, 396(2)-956.

发出邀请"。1944年5月25日当天拟定的邀请国有加拿大、巴西、墨西哥、法国、捷克斯洛伐克、荷兰、比利时和澳大利亚等八国。① 其中,澳大利亚是在英国的强烈要求下加入名单的。②

在筹备会议的过程中,美国财政部与中国代表讨论了与会国情况。5月27日,怀特接见从中国返回的宋子良,告之英国将支持加拿大,美国将支持西半球国家,最有可能的是巴西和墨西哥,苏联很可能支持捷克斯洛伐克参会。因此,怀特想知道,同样作为发起国(sponsoring power)的中国将支持哪些国家参加,并暗示中国可支持澳大利亚或新西兰。对此,宋子良没有表态。事后他向孔祥熙报告说更愿意支持菲律宾。③ 这给孔祥熙出了难题。在孔祥熙看来,中国与这三个国家(澳新菲)没有任何紧密的政治经济联系。"盖澳洲与纽西兰皆为英帝国之自治领,我不便自动要求合作,互为赞助,否则恐招英方疑忌。假如朝鲜能参加会议或如南洋群岛各地因华侨投资人多,与我国关系特殊,代表赞助尚属合理。惟诸岛皆属西欧各国,如由我方提出合作,亦有未便。"④

在孔祥熙的指示下,宋子良于6月初向怀特提出邀请朝鲜参会——至少可作为观察员,并向美方称中国政府将赞赏这一行动。怀特称赞了这个建议,但又说需要提交国务院审议,⑤此后该问题不了了之。中国最终建议的起草委员会名单,分别是新西兰、澳大利亚和菲律宾群岛。与美国的建议基本保持一致。怀特答应考虑菲律宾,但后来亦无结果。⑥ 后来起草委员会增加的是智利、古巴、希腊、挪威和印度五国,⑦与会国增加到17国。⑧ 鉴于澳大利亚实际上受英国赞助这一事实,中国在会议上并无任何赞助国⑨。

---

① Memorandum, May 25, 1944, box 31, RBWA.
② Memorandum for the President, no date, Official File 5549, United Nations Monetary & Financial Conference, 1944, Franklin D. Roosevelt Presidential Library, Hyde Park, NY, USA.
③ For His Excellency Dr. H. H. Kung, May 27, 1944, box 78, AYP.
④ 《孔祥熙函蒋中正美国定期召开联合国货币金融会议情形及在美经办财政金融有关事项》,1944年5月31日,数位典藏号:002-080109-00022-002。
⑤ Meeting in Mr. White's Office, June 9, 1944, BWC1339-04; For His Excellency Dr. H. H. Kung, June 9, 1944, Box 78, AYP. 两份文件论述略有不同,前者只说邀请朝鲜作为观察员参加,怀特认为是个好建议(good suggestion);后者则称邀请朝鲜作为代表参加大会,或至少应为观察员,怀特认为是极佳的建议(excellent suggestion)。
⑥ Meeting in Mr. White's Office, May 31, 1944, BWC1339-04.
⑦ J. Keith Horsefield, *The International Monetary Fund*, 1945-1965, Vol. 1, pp. 79-80.
⑧ Economic and Social Problems: Organizational Developments, no date, pp. 23-24, BWC1529-22.
⑨ 当时中文世界的"赞助国"一词,类似于"联系国家"的提法。如在报道国际货币基金组织份额时,就有报纸使用"联合国家及其赞助国44国"的说法。《中央日报》(重庆)1944年7月17日,国际货币基金会议剪报集,数位典藏号:008-010603-00015-001。

在过去的多边经济会谈中,中国代表团多由郭秉文带队,但这一次郭秉文被困在了英国①,孔祥熙遂任命行政院高等顾问蒋廷黻领导代表团。当时蒋廷黻负责善后救济事务,正在美国,②且对中国战后需求颇为熟悉。1942年4月,他接受美国观察家采访时称,未来中国的主要问题在于拯救中国几近完全崩溃的金融体系,稳定国内币值……中国政府对于战后年代的主要关切是重建问题,期待能有超过5亿美元的贷款。③ 1944年6月9日,怀特在美国财政部约见中国代表,称日程委员会会议将推迟至6月19日在大西洋城克拉里奇旅馆(Claridge Hotel)召开。因此,中国代表团决定当月18日赶赴大西洋城。④

1944年6月19日,大西洋城会议正式开幕。⑤ 会议临时分成4个小组:分别为(1)目标、政策与认缴小组,(2)运作小组,(3)组织与管理小组和(4)基金组织的建立小组,各小组以外国代表为主席,美国专家担任秘书。会议上供各国专家讨论的问题有21个,包括各国份额及其缴纳、货币平价、多边清算、稀有货币、资本流动、过渡时期、理事会与执委会等重要事项。⑥ 四个小组的讨论是在一个指导委员会(Steering Committee)的协调下进行的。指导委员会是会议最高领导机构,由美国、英国、苏联、中国、法国和墨西哥等国代表组成。⑦ 在6月24日上午的大会上,怀特被推举为日程委员会主席,他任命蒋廷黻、凯恩斯等四人为副主席。⑧ 由于美国人不做小组主席,因此四个小组的主席分别由中国、法国、苏联和英国人来担任。

会议主要目标是形成国际货币基金组织与国际银行协定草案,供布雷顿森林会议审议。中国代表积极参加了各组讨论。蒋廷黻在目标、政策与

---

① 中国财政部次长郭秉文为参加国际货币会议技术专家之一,在国际善后救济总署亦有职务,总署迭催早日到任,因英方限制外交人员离境,迄未赴美。昨接来电,可与英国赴美代表团同行去美,近期当可达。参见《国际货币金融会议》,1944年6月10日,数位典藏号:001-060200-00031-002。

② To P. W. Kuo, May 31, 1944, 396(2)-961.

③ "Notes on Interviews with Chinese leaders", September 5, 1942, p. 20, FOLDER: 002799-001-0008, Office of Strategic Services (OSS)-State Department Intelligence and Research Reports, 1941-1961, National Archives, College Park, Maryland.

④ For His Excellency Dr. H. H. Kung, June 9, 1944, 1944, box 78, AYP.

⑤ 有学者认为,大西洋城会议既包含了重要国家在内,也体现出多样性,具有典型的全球性。在某种程度上,它可被视为如今二十国集团的前身。参见 Kurt Schuler & Gabrielle Canning, Just Before Bretton Woods: The Atlantic City Conference, June 1944, p. 40。

⑥ No title, June 20, 1944, BWC1276-04; Memorandum for the Secretary, June 22, 1944, pp. 2-3, BWC1280-03.

⑦ Memorandum for the Secretary, June 26, 1944, BWC1280-01.

⑧ General Meeting, June 24, BWC1274.

认缴小组(Committee on Purposes, Policies, and Subscriptions Meeting)中担任主席,提出了大量的建议。该组主要讨论基金组织目标与会员国份额问题。① 6月20日,该组召开第一次会议。蒋廷黻认为,基金组织使用它所持有的会员国货币时需咨询会员国代表,会员国应推荐储存地,问题是基金组织是否有权拒绝储存地。捷克代表称,基金组织只能与中央银行、信托机构或财政机构打交道。因此,它不能拒绝会员国的指定地点。这引起了美国的注意,美联储研究与统计部门主任、同时也是美国出席会议的代表戈登韦泽(Emanual Goldenweiser)称,基金组织不应有权力拒绝,中国则建议将捷克代表所说的"指定"一词改为"推荐"。②

在第二次会议上,在黄金储存问题上,法国代表提出,基金组织在指定储存它所持有的资产(包括黄金)时应考虑其自身需求、会员国黄金认缴额及航运设施等,得到美国代表戈登韦泽的支持,苏联则持反对态度,不希望超过一半的黄金储存于美国。蒋廷黻支持后者,反对将黄金储存与份额或黄金认缴额挂钩,并得到巴西及美国代表布尔妮(Alice Bourneuf)的支持。在认缴减免问题上,苏联代表提出,遭受外敌占领的国家认缴应减免至50%到75%,视其受破坏程度而定。戈登韦泽认为这是个小问题,目前此类国家的认缴额已减少到75%,而且美国之外的国家认缴黄金不超过10亿美元。布尔妮认为,基金组织拥有一定的黄金是重要的。蒋廷黻赞同美国代表,认为两者的差别对中国而言很小,但对于基金组织整体而言则很重要。③

此外,中国代表在其他场合也提出一些建议。在日程委员会第四次会议上,蒋廷黻提出敌人侵占本国货币问题,提出应将其列入布雷顿森林会议。④ 在管理委员会第四次会议上,英国要求赋予总裁更大的权力,但也有人赞同在总裁与执行董事会主席之间分享权力,得到席德懋与荷兰代表拜恩的支持。⑤ 美国代表勒克斯福德称,至少在基金组织最初运营的五年时间里,执行董事会应连续任职,这得到中国代表的支持。⑥ 在第四小组委员

---

① No title, June 20, 1944, BWC1376-04.
② Committee on Purposes, Policies, and Subscriptions Meeting, June 20, 1944, BWC1270-03.
③ Kurt Schuler & Gabrielle Canning, *Just Before Bretton Woods: The Atlantic City Conference*, June 1944, pp. 320-321. Committee on Purposes, Policies Meeting, June 21, 1944, BWC1270-07.
④ Kurt Schuler & Gabrielle Canning, *Just Before Bretton Woods: The Atlantic City Conference*, June 1944, p. 261.
⑤ Kurt Schuler & Gabrielle Canning, *Just Before Bretton Woods: The Atlantic City Conference*, June 1944, p. 362.
⑥ Meeting of the American Technical Group, June 28, 1944, General Records of the Department of the Treasury, box 21, RG56.

会上,中国提出,相对于欧洲,战争在远东地区结束得更晚,在设立间隔期方面应考虑中国的特殊问题。怀特则建议为中国延长间隔期。① 这个间隔期即是指过渡时期。因此,杨格称"中国代表在大西洋城会议没有就过渡时期发声,因为他们奉了财政部部长之命不做任何冒犯美国或怀特的事情",②亦不符合史实。

对美国而言,大西洋城会议还承载了其两个目标。其一,处理并评估英国所提建议的意图与实际影响。在日常操作中,美国把大部分时间都花到英国身上,原因在于英国的建议极其复杂,搞清背后的事实就让美国特别费神。③ 怀特还有自己的担心,英国代表团乘船来到美国,与他们同行的还有荷兰、比利时、希腊、挪威、捷克斯洛伐克、印度和中国的部分代表,他们有充分的时间沟通交流。怀特在给摩根索的备忘录上写道,"英国很有可能已经获得了这些国家的支持"④。

---

① Meeting of Committee 4, June 20, 1944, BWC1270-02.
② James R. Fuchs, *Oral History Interview with Arthur N. Young*, pp. 113–114.
③ 参见 Bourneuf Summary of Comments on Individual Fund and Bank Provisions, June 28, 1944, BWC1269-01
④ Memorandum for the Secretary, June 25, 1944, BWC1277-02. 怀特应该是多虑了,美国财政部驻英代表卡萨德(L. W. Casaday)亦在船上,他作为观察员参加了所有的会议。据他称,船上一共讨论了4次基金组织,讨论黄金兑换性用了一天,而英国人每天早上都开会。多数外国代表都站在英国一边,特别是比利时与荷兰代表。相对于基金组织来说,欧洲人普遍更关心国际银行。关于理事会永久席位,印度想要一个席位,但没有得到欧洲人的支持,后者更支持法国,并认为永久席位有5席便好。参见 American Meeting, June 26, 1944, BWC1278-04。值得一提的是,中国代表郭秉文全程参与了5次会议,并介入到争论之中。在第三次会议上,比利时代表博埃尔(Baron Boel)称,5个拥有最大份额的国家(美英苏中法)任命常任理事,接下来的6国(印度加澳南非比荷)选出3位理事,剩下的4席则按地理位置选出,如拉美2席,欧洲2席。郭秉文等6人(分别代表中国、挪威、捷克斯洛伐克、希腊和波兰)反对他的建议,认为他把会员国分成了三大类,割裂了世界。这也得到了凯恩斯的理解,他认为理事分为常任和非常任即可,参见 Note of the Third Meeting held on 21st June, 1944 on Board, p. 3, box 36, RBWA;在第四次会议上,郭秉文指出,有必要为"国际银行任命官员、确定办公地点或任何临时秘书事务等"制定条款,参见 Note of the 4th Meeting held on 21st June, 1944 on Board, p. 3, box 36, RBWA;在第五次会议上,郭秉文临时提议,应将国际银行的资本认缴额提高到20%以上,这样国际银行将有资本可直接借出。得到捷克斯洛伐克代表姆拉德克(Mladek)的支持,他同样认为战后世界将面临严重的资本短缺,国际银行不大可能将其资本的20%都用于借贷。但凯恩斯认为,银行的担保将对美国资本产生足够的吸引力,他们在战后初期将成为最大的资本提供者,其优点将得到证明,担保将优于直接贷款。参见 Note of the Fifth Meeting held on 22nd June, 1944 on Board Ship, p. 3, box 36, RBWA;英国、印度、比利时、中国、希腊、荷兰、挪威、捷克斯洛伐克和波兰等9国23人参加会议。参见 Annex A to I. M. C(44)(F)11, List of Delegates etc. Parptcipating in Discussion during the Voyage, 21st June 1944, BWC1277-03;T 231-364 Shipboard and Atlantic City minutes June 1944, https://centerforfinancialstability.org/atlantic_city.php, accessed on April 22, 2022.

美国在大西洋城会议上的目标之二是训练技术专家,使之在其后召开的正式会议上为美国代表提供最大的帮助。与正式会议一样,美国技术专家也分成4个委员会,从6月14日起连续开会。每天上午十时到下午一时与其他国家的代表一同参加大会,之后召开小组会议,晚上碰头总结,顺便准备第二天的会议材料。技术专家全体会议则每两天召开一次,异常忙碌,甚至连早餐、午餐和晚餐时间也不放松,寻找机会软化盟国立场。据怀特记载,财政部的人每天工作长达14个小时,他们与美联储、国务院及其他政府部门的人保持了极为融洽的合作,甚至来自银行界的芝加哥第一国民银行行长布朗也全程一次不漏地参加了各种大会小会。[1] 在这个过程中,他们借以总结经验,完善文本,并就那些悬而未决的问题澄清误区,协调观点,同时他们将整个会议流程走了一遍,从而确保正式会议的顺利召开。事实证明,这些训练与协调极有价值。正如怀特所说,会议的成功不单取决于美国技术专家,还取决于会议秘书能够清晰地履行其职责。[2] 正是在大西洋城,美国摸清了各国的最新立场,对文件做了全面的讨论和修改,形成有关国际货币基金组织与国际银行的协定草案,为接下来举行的布雷顿森林会议奠定了坚实的基础。

客观地说,虽然蒋廷黻带领中国代表团参与了大西洋城会议的各项讨论,但除过渡时期外,中国代表并没有提出多少问题,在大西洋城基本采取的是与美国密切合作的方针。这或许与代表团团长临时替换为蒋廷黻有关。他之前专注于善后救济事务,并未实际参与布雷顿森林谈判,对某些事务的理解难免存在偏差。孔祥熙来到美国以后,这一问题迎刃而解。

三、布雷顿森林会议中国代表团的组成

中国代表团的组成经历了一个过程,中间多有变动。美国方面密切关注布雷顿森林会议中国代表团的组成,早在4月中旬,美国便要求中国提出代表名单。爱德乐称,如果冀朝鼎博士是中国代表之一或至少作为专家出席,将必然加强中国在会议上的地位。[3] 摩根索对于冀朝鼎的兴趣则缘于怀特的推荐。冀朝鼎早年毕业于美国哥伦比亚大学,对于外汇问题颇有研究,此时早已是享誉海内外的经济学家。怀特曾翻阅冀朝鼎的书,发现他不仅完全精通外汇问题,英语也极好,遂向摩根索汇报,引起了摩根索的兴趣。

---

[1] Memorandum for the Secretary, June 25, 1944, BWC1277-02.
[2] Memorandum for the Secretary, June 22, 1944, BWC1280-03.
[3] Letter from Adler, April 13, 1944, book 740, part 2, p. 339, DHM.

他认为,如果冀朝鼎能够被任命为中国代表团的技术专家,对会议将极有帮助。①不仅如此,后来摩根索还说服孔祥熙,将来中国立法院审议《布雷顿森林协定》时,由冀朝鼎对之做逐段详细说明和解释,并就立法院的讨论情况准备一份报告,详述其在哪些方面满足了中国的特殊利益,以加快审批力度。②

中国向来重视参与国际经济会议。1932年伦敦世界经济会议及华盛顿预备会议召开时,中国派出的是以时任行政院副院长兼财政部部长宋子文为团长的代表团,这一次亦循前例。早在1944年1月,宋美龄就致信罗斯福,称中国准备派孔祥熙赴美出席会议。③4月30日,《中国时报》报道,郭秉文、席德懋、李国钦及宋子良都将是中国参加国际货币会议的代表。中国政府还任命了立法委员卫挺生为中国代表团顾问。④这是首批提到正式任命的代表。外交部部长宋子文一度想要参加会议,⑤但鉴于他与孔祥熙的关系,最终不了了之。⑥在孔祥熙的支持下,中国政府金融顾问阿瑟·杨格于6月初加入中国代表团,⑦并于6月14日先行赴美。⑧

1944年5月26日当天,美国公开宣布大会时间与地点以后,亦通过外交途径正式通告中国,再次"切盼中国政府能早予同意并选派一人或一人以上之代表前往参加,并将代表名单迅即通知美方"⑨。外交部部长宋子文很快向蒋介石报告这一消息,"开会地点为新罕布沙尔州布锐顿林华盛顿山饭店,时间为二三星期,自7月1日开始,始望我方速将出席代表及其随员姓名职务履历及其所需办公房间预为准备房屋及飞机优先权等",迅速得到蒋介石的批示。⑩

1944年6月16日,国民政府发布公告,特派行政院副院长兼财政部部长孔祥熙为出席联合国家国际货币金融会议特命全权代表,"所有该代表

---

① For Adler from the Secretary of the Treasury, June 12, 1944, book 742, p. 339, DHM.
② For Adler from the Secretary of the Treasury, March 29, 1945, BWC1324-07.
③ Memorandum for the Secretary of Treasury, January 19, 1944, box 10, CFHW.
④ Chinese Delegation to International Monetary Conference, May 3, 1944, BWC1339-04;《我国已派定国际货币会议代表》,1944年5月2日,外交部,数位典藏号:020-050205-0116。
⑤ To Secretary of Treasury from Adler, May 6, 1944, BWC1513-07.
⑥ 关于两人关系,参见吴景平:《孔祥熙与宋子文》,《档案与史学》1994年第2期。
⑦ Letter, June 7, 1944, BWC1513-07.
⑧ June 15, 1944, China Diary, 1929-1947, box 113, AYP.
⑨ 《宋子文代电》,1944年5月27日,数位典藏号:001-060200-00031-001。
⑩ 《宋子文致蒋介石》,1944年6月5日,数位典藏号:001-060200-00031-001。

以中华民国名义签字之此项协定,定予实施"。① 对此,3 天后召开的国防最高委员会第 138 次常务会议予以追认。② 值得注意的是,孔祥熙为战时中国访美最高级别官员,在蒋介石致罗斯福的亲笔信中,他更是称孔祥熙"实为余个人最堪信托之代表,请阁下予以最大之信任……孔博士对我中国政府之政策最有深切之了解,余特授权于彼负责代表商决一切"。③

孔祥熙高度重视赴美使命,安排好行政院、财政部和中央银行的工作后,④他又给蒋介石写了一封长信,详述他对赴美使命的看法,反映出他内心的焦灼以及此行面临的巨大压力。对于将与美国讨论的问题,他"预测约为战事合作问题、贷款运用问题、驻华美军费用问题、抗战物资供给问题、我国战时金融财政问题、战后通商经济问题、善后救济问题、我国利用外资保障问题、国家统制与自由贸易问题、和平会议等问题",任务艰巨,⑤"惟查美方对我近来颇多误解,而前方战事亦欠顺利。熙于此时前往,其成就能否圆满,殊难逆料",但无论如何,将"遵照钧座不必讳疾忌医指示,开诚解说或能着获成效……幸美为熙旧游之地,朝野友朋尚多,民情风尚亦所谙悉,抵达之后当谋多方运用疏解陈说,以图挽回一二。"⑥可见,孔祥熙此次赴美,担负多项重大任务,参加布雷顿森林会议,构建战后国际货币秩序,仅为其中一项。

由于此时孔祥熙因贪腐问题⑦备受各界批评,对于离国后的个人命运,他深有察觉。"倘在出使期间,国内对熙无论公私何方,如有任何之讥讪,不但关系个人影响使命,且必牵及国家。熙个人致身党国,受兄知遇,劳怨向所不辞,荣辱更非所计,而国体所关,则不得不加计。"他企图以此来转移

---

① 《国民政府文官长魏怀函行政院为奉明令特派孔祥熙为出席国际货币金融会议特命全权代表录令函达查照转行》,国际各项会议代表任免(三),数位典藏号:001-032137-00027-051。
② 中国国民党党史会:《国防最高委员会常务会议纪录》第 6 册,(台北)近代中国出版社 1995 年版,第 334 页。
③ 《蒋介石致罗斯福》,1944 年 6 月 17 日。Box 27 China, The President's Secretary's File, 1933–1945, Franklin D. Roosevelt Presidential Library & Museum, NY, USA.
④ 《孔祥熙致蒋介石》,1944 年 6 月 17 日,数位典藏号:002-080109-00022-002。
⑤ 《时代》杂志称,孔祥熙的访问预示着中国最严重的危机近在眼前……64 岁的他非常疲惫,身体也不太好,要在炎热的夏天打一场硬仗。"The Mission of Daddy Kung", *Time*, July 3, 1944, Vol. 44, Issue 1, p. 21.
⑥ 《孔祥熙致蒋介石》,1944 年 6 月 18 日,第 1~3 页,数位典藏号:002-080109-00022-002。
⑦ 关于孔祥熙贪腐问题,详见郑会欣:《党国荣辱与家族兴衰——析蒋介石与孔祥熙之间的关系》,《南京大学学报》2011 年第 5 期。

蒋介石的视线,维护自己的地位。① 然而,在其出发之时,孔祥熙的国内地位已然不稳。

1944年6月23日上午9时20分,孔祥熙乘坐美国运输机抵达华盛顿,历时四日有半。已经来到美国的张嘉璈与驻美大使魏道明率10余人同赴机场迎接,计有中国驻美军事代表团团长商震、驻纽约总领事于焌吉、前驻美大使施肇基、爱国主教于斌②、宋子文夫人(宋子文尚在国内接待美国副总统华莱士)、宋子良、孔祥熙之子孔令侃、驻加拿大大使刘师舜等人。随同孔祥熙来美人员,计有外交部次长胡世泽、经济部次长谭伯羽、财政部次长顾翊群、中国银行副总经理贝祖诒、军事委员会参军朱世明、中央银行经济研究处事务长③冀朝鼎及秘书、医官等。美国方面亦有要员来接,计有国务院远东事务办公室主任格鲁(Joseph Grew)、中国事务科科长迈尔(Paul W. Meyer)及专员裴克(Willys R. Peck)。美国财政部部长摩根索姗姗来迟,他在机场对国务院人员大发了一通火,随后与孔祥熙一起对记者发表短暂谈话,同乘汽车至中国大使馆。④

抵达华盛顿以后,孔祥熙吸纳部分在美代表及技术专家,组成中国代表团,最终形成32人的规模。⑤ 代表团人数仅次于东道主美国,多于苏联和

---

① 《孔祥熙致蒋介石》,1944年6月18日,第4~5页,数位典藏号:002-080109-00022-002。
② 应蒋介石的要求,抗战期间于斌八次出访欧美,利用其广泛的影响力从事国民外交工作。在美时曾创办中国文化协会,发行《中国月刊》,争取国际社会对中国抗战的支持。参见秦孝仪主编:《中华民国名人传》第1册,(台北)近代中国出版社1984年版,第82~84页。
③ 1932年,中央银行增设经济研究处,处长一职最初由总裁孔祥熙兼任,遂指派事务长一人,办理处内常务,大体相当于执行处长。布雷顿森林谈判期间,处长先后由陈炳章、俞鸿钧担任。事务长则长期由冀朝鼎担任,他于1946年3月16日升任处长。参见刘寿林等编:《民国职官年表》,第545页。
④ 姚崧龄编著:《张公权先生年谱初稿》上,第384页;《孔副院长抵华府》,《中央日报》(重庆)1944年6月24日,第2版;相对于日程表上的安排,孔祥熙的飞机提早抵达,被晾在跑道上干等了40分钟,摩根索对于国务院的安排颇为恼火。参见 ED Conway, *The Summit: Bretton Woods, 1944*, p. 195.
⑤ 关于中国代表团成员详细信息,参见附录三。另有部分人士如中央银行业务局长郭锦坤、中央信托局印制处经理凌宪扬、粮食部参事陈锡襄、驻美大使馆参赞陈之迈、驻美大使馆武官朱世明、财政部参事郑莱、行政院参事夏晋熊、经济部次长谭伯羽、中央银行秘书李子钧和孔祥熙随从林祖伟曾被任命为代表或秘书,但因为种种原因未能参会或未列入代表团最终名单。货币会议代表团名单,无日期,外交部,数位典藏号:020-050205-0116;1944年6月28日,美国驻华大使馆曾获取一份中国代表团名单,合计25人,与后来的正式名单非常不同,应为上述情形的反映。List of the Chinese Delegation to the International Monetary Conference, June 28, 1944, Let File No. 54 D 82, box 1, General Records of the Department of State, RG59, National Archives Ⅱ, College Park, MD, USA.

第五章 中国为《布雷顿森林协定》注入本国主张　　189

英国,也是民国成立以来参与国际会议派出代表人数最多的一次。代表团成员主要分为五类:(1)以孔祥熙、蒋廷黻为代表的职能官员;(2)以杨格、贝祖诒为代表的财经专业人士;(3)以席德懋、宋子良为代表的经济外交人员;(4)以卫挺生、张嘉璈为代表的顾问群体;(5)秘书群体。总体而言,代表们的身份并不严格固定,许多人既在政府任职,也是经验丰富的财经专业人士,同时具备与美国交涉的能力。

6月30日,各国代表团由华盛顿经纽约、波士顿赶赴布雷顿森林,中国代表团亦随行赴会。两地相距约600英里,普通火车需用时18到20小时。① 美国政府安排了三台专列,7月1日晨约七时将代表送达布雷顿森林附近的费边火车站(Fabyan Station)。中国代表团部分人员下榻华盛顿山饭店,部分则嫌华盛顿山饭店过于吵闹,②住到附近的枫林旅舍(Hotel Maple Woods)及克劳福德旅舍,③一时间布雷顿森林轺䡖辐辏,冠盖如云。

在多数人的笔下,地处白山腹地的布雷顿森林都是一个自然风光恬静优美的所在。"高高的苍松,短短的灰柏,青山绿水间最让人留恋的是,每天夕阳西下的时候,众鸟归巢,呼儿唤母,一阵合奏的乐声,从天而降,青草地上,牛羊一片。极目四顾,心旷神怡,大自然的美在布雷顿森林表现得格外充分。"④这与欧亚大陆上的连天炮火及战争带来的广泛贫困形成鲜明对比。除了风景优美,这儿还是著名的避暑胜地。事后摩根索曾说,新罕布什尔的空气使代表们头脑清醒,如果美国政府有一个夏季首都,则其工作效率会提高一倍。⑤ 会议使用的华盛顿山饭店虽远离都市,却不简单。其设施富丽堂皇,西班牙文艺复兴建筑风格,是当时世界上少有的奢华酒店。置身其中,颇有世外桃源之感。⑥ 因为战争,饭店已歇业两年,此时重新整修,美国陆军甚至派来了军队工程人员赶工,以弥补人手的不足。而工期也是异常紧张,以致各国代表到达之时,白漆尚新。⑦

当中国代表团浩浩荡荡来到布雷顿森林的时候,英国代表大感惊异,罗

---

① To Dr. T. V. Soong, June 5, 1944, 外交部, 数位典藏号:020-050205-0116。
② 因各国代表众多,华盛顿山饭店房间相对紧张,除代表团团长可住单间外,房间均为两人同住。《致行政院》,1944年6月7日,外交部,数位典藏号:020-050205-0116。
③ Room Directory, Chinese Delegation, box 1, Let File No. 54 D 82, General Records of the Department of State, RG59.
④ 游子:《忆布里敦森林》,《银行通讯》1944年第11期,第8页。
⑤ Final Meeting of American Delegation, July 22, 1944, p. 12, box 10, RBWA.
⑥ Kurt Schuler & Andrew Rosenberg, *The Bretton Woods Transcripts*, p. 6.
⑦ Armand V. Dormael, *Bretton Woods, Birth of a Monetary System*, pp. 168-169.

宾斯在日记中写道,我们听说中国政府派了不下47名代表。① 实际上,虽然中国代表团没有这么多人,但这也不算夸大其词。除了列于会议名册上的32位代表,再加上会议秘书和其他人员,中国代表团确有40余人;按照《中央日报》的报道,共有42人来到布雷顿森林。② 布雷顿森林会议参会人数规模巨大,包括各国代表、顾问和专家等500多人,各国新闻记者70余人,③再加上随员与会务人员,合计730人之多。人数超出美国当初预计的3倍,美国财政部被迫征用了方圆5英里范围内的宾馆和酒店。④ 会议不仅规模大、规格也很高,仅财政部部长(包括前任)就来了24位,⑤美国财政部部长摩根索亲自坐镇。各国代表中,其后当选总统、总理,任职财政部部长、中央银行行长乃至国际货币基金组织与世界银行高位者甚多。⑥

到布雷顿森林会议召开前夕,中国代表已经为会议做了充分的准备。孔祥熙为中国代表团设定了工作方针,即"维护我国国际地位、推动国际经济合作、增进友邦对我好感,以及提高我方技术标准"⑦。参会的首要方针即维护国际地位。对于中国关注的问题——特别是涉及中国大国地位与经济贫弱的条款,中国在会前已经取得了积极成果。孔祥熙呈给蒋介石的报告非常具体:(1)关于分摊额。美国原方案规定以各国黄金外汇之存量、国民所得及国际收支之差额等为标准,我国经济力量贫弱,在此数方面皆处于不利地位。美方同意另在总摊额中划出1/10为额外分配之用,我国摊额约可自3.5亿美元增加至6亿美元,在基金组织中之地位将列为前四名,以与我国国际政治地位相配合。(2)关于应缴黄金数量。我国黄金不丰,负担困难,现规定各国应缴黄金量应为该国摊额之25%或该国存金及外汇量之10%,择其较小者为准。凡会员国国土曾被敌人占领者,只需缴纳上述数量

---

① 1st July 1944, Lionel Robbins, *Bretton Woods Diary*, 1944, https://digital.library.lse.ac.uk/objects/lse:pat524yab, accessed on April 25, 2022.
② 《孔副院长等赴布里敦森林出席国际货币会议》,《中央日报》(重庆),1944年7月2日,第2版。
③ 《联合国家货币金融会议中国代表团报告》,第25~26页,396~1401(1)。
④ J. Keith Horsefield, *The International Monetary Fund, 1945-1965*, Vol.1, p.89.
⑤ 附录四所列各代表团团长中,财政部部长(包括前任)有19位,与此处数字并不矛盾。原因在于,有些国家的财政部部长不是代表团团长,如南非财政部部长霍洛韦(J. E. Holloway)、苏联财政部副人民委员马列京(N. A. Maletin)都是普通代表;有些国家前任财政部部长作为代表与现任财政部部长共同出席会议,如哥斯达黎加、利比里亚、委内瑞拉等国。参见 Finance Ministers and Secretaries of Treasuries, July 3, 1944, box 10, RBWA。
⑥ 详见附录四。参见 Kurt Schuler & Andrew Rosenberg, *The Bretton Woods Transcripts*, pp.13-14。
⑦ 《联合国家货币金融会议中国代表团报告》,第258页,396~1401(1)。

之3/4,依此规定,我国缴纳黄金时可无困难。(3)关于投票权。原方案每一国家所享之最高投票权得占总数之1/4,此在原则上本无可非议,惟为充分表扬民主精神起见,我方曾建议将最高投票权酌予降低,现美方已同意减低至1/5。(4)关于中国被封存资金,美国已允将来可应中国政府之请,随时解封。(5)关于汇率。美方力主固定汇率,但我国战后金融有待整理,在复员工作尚未完成以前,自难据订固定汇率,而应有一过渡时期,以为准备。经以此点与美方商榷,结果美方同意在战后过渡时期内,先订一试行汇率,以为运用之准绳。在战后三年内,如会员国货币比值显不足以维持其国际收支平衡,则得提请变更其汇率,由基金会以会员国过半数通过之。其变更程度不及1/10者,只需通知基金会,即可自由调整。以上各点,既经美方一一接受,则我国立场可谓已被重视。① 这些内容都曾是中国方案中的核心条款。尽管中国方案无法拿到谈判桌作为谈判的底本,但中国成功地使美国对其方案做出重要修正。虽然如此,孔祥熙显然过于乐观了。美国对于各国所做让步多有反复,最后均需布雷顿森林会议予以确认。

四、布雷顿森林会议开幕

1944年7月1日下午三时,布雷顿森林会议在华盛顿山饭店开幕。摩根索被选为大会永久主席(Permanent Chairman),中国代表参与了诸多委员会的工作,如孔祥熙任章则委员会主席,为大会指导委员会成员,在开幕式上就罗斯福的信件致答词。② 中国获得了4个荣誉,在数量上与苏联和美国齐平。布雷顿森林会议的召开迅速引起了世界的关注。在7月的第一周,美国人民对于布雷顿森林会议的关注与讨论超过任何其他国际事务。相对于之前,反对美国参与战后国际货币合作的观点急剧下降,支持的声音增强。③

为确保会议成功召开,美国政府特别是财政部全面开动。对于与会国参与委员会工作,美国代表考虑颇多,如怀特所言,每个国家都应有一个位置。④ 尽管如此,对于竞争激烈的重要职位,美国颇费脑筋。第一委员会第

---

① 《孔祥熙复陈我方对国际货币计划所提意见请鉴核》,1944年6月8日,数位典藏号:001-060200-00031-002。
② Memorandum to Dr. Kelchner, July 3, 1944, p. 2, box 10, RBWA.
③ Fortnightly Survey of American Opinion on International Affairs, July 21, 1944, p. 1, box 11, Office of Public Opinion Studies, 1943–1975, RG59, National Archives II, College Park, MD, USA.
④ Appointments to Committees, July 3, 1944, pp. 4–5, box 53, RBWA.

一小组委员会讨论份额的组成,对美国非常重要,美国财政部副部长文森(Frederick Vinson)①代表美国参与,对于关键的委员会主席职位,怀特推荐了中国代表蒋廷黻,显示出他对中国的重视。毕竟,在安排主席人选时,怀特需要一个大国坐镇。此外,他还安排了希腊代表基里亚科斯·法弗莱瑟斯(Kyriakos Varvaressos)作报告人,理由是他很能干。美国国务院的约翰·杨格任助理秘书。②

有学者认为,尽管中国代表团在布雷顿森林会议上占据了显赫的位置,但实际上并没有发挥多大作用。比如,申克(Catherine R. Schenk)据2012年出版的布雷顿森林会议记录,认为虽然蒋廷黻担任了第一委员会第一小组委员会主席,但这个职位只是看起来很有威望很重要,而在实际行使职权时受到美英两国的限制,中国代表团的影响力是有限的。因此,她更偏向于斯泰尔的结论,布雷顿森林会议主要是用于保护美国所设计方案的完整性。③ 从职位来说,作为小组委员会主席的蒋廷黻比不上担任第一委员会主席的怀特与担任第二委员会主席的凯恩斯,这是自然的。但考虑到当时的现实,有代表作为小组委员会主席主持会议引导讨论,便是当时作为经济弱国的中国的一大成功。实际上,蒋廷黻很好地履行了主席职责。据记载,1944年7月4日上午十时,第一委员会第一小组委员会召开第一次会议。第一委员会主席(怀特)介绍第一小组委员会永久主席蒋廷黻,然后由蒋廷黻介绍报告人——希腊代表法弗莱瑟斯和秘书布朗先生。再之后,蒋廷黻宣布会议规则,即当某一项条文有几份修正案的时候,先从实质性修正案开始讨论。④ 从一开始,蒋廷黻便确定了会议讨论的原则,行使了主席职权。

第二节 布雷顿森林会议上中美围绕份额的交涉

份额的多少事关该国从基金组织可借资金的多寡,关系到战后经济重

---

① 美国财政部副部长文森是美国代表团中少有的全才,他集立法、司法和行政才能于一身。但即便能力出众,长袖善舞,仍无法平息多国代表在份额问题上的愤慨之情。参见 Kurt Schuler & Andrew Rosenberg, *The Bretton Woods Transcripts*, p. 12。但其下属米克塞尔却对他印象欠佳,认为他官样十足,沉闷,缺乏想法和主动性,民主党人把他扶上高位不过是看中了他在南方各州的影响力。Raymond F. Mikesell, *Foreign Adventures of an Economist*, Corvallis: University of Oregon Press, 2000, p. 49.

② Appointments to Committees, July 3, 1944, p. 6, box 53, RBWA.

③ Catherine R. Schenk, "China and the International Monetary Fund, 1945–1985", Kazuhiko Yago, Yoshio Asai, Masanao Itoh eds., *History of the IMF: Organization, Policy, and Market*, pp. 277–278.

④ Minutes of Meeting of Commission I-Committee 1, July 4, 1944, box 10, RBWA.

建与贸易复兴问题。各国恢复因战争带来的重大损害,需要资金极多。获取大额资金是中国参与构筑布雷顿森林体系的经济动因,而中国代表团在布雷顿森林会议上面临的最大也是最重要的问题即是份额减少问题。

一、悬而未决的问题

尽管漫长的双边与多边会谈解决了很多问题,但是不包括份额问题。在怀特的设计下,各国份额数量一直悬而未决。在之前的大西洋城预备会议上,怀特定了基调,无论公式是什么,美国必须介于 25 亿～30 亿美元之间,英国约 13 亿美元,苏联次之且须占到总份额的 10%,中国再次之,法国随后。美国技术代表们还决定,在外国向美国出示本国经济数据之前,不向他们公布计算份额的公式。在怀特的坚持下,大西洋城会议没有讨论份额,各国份额的确切数量留到布雷顿森林决定。①

布雷顿森林会议开幕后,怀特首先对美国代表团强调了份额的重要性。他认为,能引起大麻烦并引发大讨论的国家,"中国居于首位,他坚持获得第四多,他们并不在意比第三少几何或比第五多几何,但必须是第四"②。怀特这番话饶有趣味。中国位居四大国之列早已成为罗斯福政府的既定政策,一直未发生改变,而名列四大国亦是中国的目标,如果中国不在意份额数量,何故会引来大麻烦和大讨论?

问题即出在份额数量上,怀特有意误导了美国代表。之所以如此,与怀特在会议上采取的策略有关。在会议上,怀特意图利用零和战术瓦解各国对于更大份额的追求,"在基金组织总额已经确定的前提下,任何国家份额的增长都来自其他国家减少的部分。由于几乎没有国家愿意降低本国份额,这就意味着,任何要求提高份额的行动都会遭到他国的抵制,这些国家即是维护者(defenders)。因此,这将是各国间的战争,而美国将置身事外"③。所以,在布雷顿森林会议开幕前,美国就放出了消息,称基金组织总份额不超过 80 亿美元为其底线。④

布雷顿森林会议开幕前夕,美国为中国安排了异常单薄的份额。1944年 6 月 19 日,大西洋城会议开幕之际,美国财政部的份额表显示,在 10% 总

---

① Meeting, June 19, 1944, BWC1278-04.
② Instruction of American Delegations-Fund, July 1, 1944, p. 2, box 8, RBWA.
③ Instruction of the American Delegations-Quotas of the Fund, July 3, 1944, p. 4, box 8, RBWA.
④ 1944 年 6 月 30 日,怀特亲自告诉凯恩斯,总份额绝不能超过 80 亿美元;中国份额必须居第四。参见 To Sir Richard Hopkins, 30 June, 1944, Donald Moggridge, *The Collected Writings of John Maynard Keynes*, Vol. 26, p. 69.

份额分配之前,中国份额仍为3.15亿美元,①与之前并无变化。但10天之后的6月29日,这一表格便发生了大的变化。新的表格已经体现出10%的总份额重新分配的结果,美国份额为27.5亿美元,英国及其殖民地为13亿美元,苏联8亿美元,中国只有5亿美元,后又被铅笔修正为4.5亿美元,②大大低于之前的设计额度。从5月底到6月下旬,在总份额没有变化的情况下,美方为中国安排的份额由6亿美元逐步降到4.5亿美元,表明美方态度发生了急剧的变化。③ 之前几天,美国技术专家的一份文件称,"中国已经表达过这样的观点:作为对其战争贡献的公开承认,中国份额必须为第四大(must be the fourth largest),这很有可能需要超过5亿美元的额度",④显示了美国曾在中国份额问题上有所犹豫。在这份文件中,美国对于份额的原则简单概括如下:

第一,总份额不应超过85亿美元,如果通过公式计算,总份额最终超过了85亿美元,最好遵循公式,然后随便(arbitrarily)砍掉一些国家的份额。

第二,美国份额应为25亿美元左右,任何情况下都不能超过27.5亿美元。

第三,英国及其王家殖民地不应超过13亿美元,英帝国的全部份额必须少于美国份额。

第四,在份额数量上,苏联应为第三,中国第四。

第五,在上述原则框架下,其他国家份额的分配可放心地留给他们自己。当然,美国应确保拉丁美洲诸共和国在份额上得到公平的对待。⑤

由此可见,临近布雷顿森林会议,美国已悄悄把总份额调整为85亿美元,而中国份额成为美国技术专家的重点关注对象。究其原因,中国成了被

---

① An Illustration of how Member Country Quotas would be Determined According to the Suggested Formula, June 19, 1944, BWC1273-11.
② International Monetary Fund, Quotas, 29th June 1944, box 41, RBWA;霍斯菲尔德的数据显示,布雷顿森林会议伊始,美国给中国安排的数据是3.5亿美元。参见 J. Keith Horsefield, *The International Monetary Fund, 1945-1965*, Vol. 1, p. 96.
③ 米克塞尔称,布雷顿森林会议上最初分发的份额表,是由他准备但经怀特修正后的版本。Raymond F. Mikesell, *Foreign Adventures of an Economist*, p. 49.
④ Questions at Issue on the Fund, June 23, 1944, p. 1, BWC1504-04.
⑤ Questions at Issue on the Fund, June 23, 1944, pp. 1-2, BWC1504-04.

随便砍掉份额的国家之一,这与两国在之前谈判中形成的认知相悖,必然会引起中国的不满。除了策略方面的原因之外,怀特还认为5亿美元可打发中国。尽管"中国不会满意,他们想要6亿",虽然"作为技术人员,我们不介意增加几亿美元的额度,但80亿美元也足够了"。言外之意,怀特认为中国只配得上5亿美元。这样的一种设计就使中国不仅要面对来自美国的压力,还要面对来自法国和印度的挑战。

二、印度和法国对于第四大份额的竞争

在布雷顿森林会议上,中国第四的位置受到法国和印度的觊觎。早在1944年初,美国财政部的份额表就开始在盟国间流传。尽管怀特已经考虑份额公式一年有余,并根据一些国家的反馈做了调整,但这个表格还是引发了部分国家的愤怒,尤其是法国和印度。这两个国家对于其份额数量在中国之后极为震惊,[1]这埋下了他们在布雷顿森林会议上同中国展开激烈竞争的种子。

印度不追求份额的绝对数字更高,而是在意份额能与中国比肩或略低于中国。[2] 这是印度一直以来的政策。[3] 对于中国将在战后秩序中居于大国行列这一事实,印度可谓是怒火中烧,其代表团放话称,如果拿不到(国际货币基金组织)执委会的席位,他们就直接回家,并拒绝在布雷顿森林协定上签字。[4]

毫无疑问,英国站在印度一边。早在布雷顿森林会议开幕前,英国就决定支持印度取得与中国类似的地位。[5] 英国代表罗宾斯认为,中国份额仅为满足美国当前谜一样的需求,看不出有任何理由这样做。印度面临着大麻烦。"我完全同情印度人,并担心印度的地位"。[6] 对于中国和苏联,他没有多少积极或正面的看法。罗宾斯在1944年7月9日的日记中写道:"纯粹是因为政治原因,苏联和中国的份额完全超出其经济地位。显然,他们会把份额借出而不是像英国那样珍惜资源,把好钢用在刀刃上,那样基金组织

---

[1] ED Conway, *The Summit: Bretton Woods*, 1944, p. 225.
[2] To Sir Richard Hopkins, 30 June, 1944, Donald Moggridge, *The Collected Writings of John Maynard Keynes*, Vol. 26, p. 69. 罗宾斯在日记中称,如公式计算的那样,4亿美元足以满足印度的需求,但是印度在与中国较劲中萌生的自尊心远未得到满足,这种情绪是完全公开的。
[3] Revision of Quotas Suggested as a Basis for Further Discussion, March 29, 1944, box 30, RBWA.
[4] ED Conway, *The Summit: Bretton Woods*, 1944, p. 179.
[5] Memorandum for the Secretary, June 25, 1944, p. 2, BWC1277-02.
[6] Susan Howson, Donald Moggridge eds., *The Wartime Diaries of Lionel Robbins and James Meade, 1943-45*, London: Palgrave Macmillan UK, 1990, p. 157.

里将剩不下几个钱。这就意味着,未来四年内他们要从基金组织内提取17.5亿美元,考虑到战后初期美元将是唯一的强势货币,那么以美国份额减去这个数字,则基金组织只剩10亿美元可用。更不用说,相当一批欧洲国家的心思与苏联和中国一样。不考虑政治因素,如果去掉苏联和中国,那么基金组织将井然有序得多。他们只会借贷,从经济角度看毫无贡献。如果基金组织是唯一正在得到考虑的国际机构,那么,坦白说,我将非常悲观……将苏联和中国赶出经济协定,将是我们倚赖的主要希望。"① 在一定程度上,罗宾斯这段话反映了英国代表团的普遍看法。会议开幕后,英国代表团的目标是在总额80亿美元的情况下,帮助印度取得4亿美元的份额。为达此目的,英国代表团希望将法国份额由5亿美元降到4亿美元,中国降到4.5亿美元。② 英国代表团不止一次地感慨,给中国和苏联安排的份额太大了。③

英国舆论界同样不看好中国和苏联。7月16日,英国《金融新闻》社论称,不合理的情况在于,英国的份额不到美国的一半,同样不合理(anomalous)的是苏联的份额只比英国的少1亿美元。④《金融时报》则称,对于有关份额的决定,(伦敦)城内的第一反应是赞同,但对于法国和中国的份额感到意外。他们本以为法国应有一个更大的而中国有一个更小的份额。⑤

英国对于印度的同情在很大程度上为后者所利用,事实上,英国是印度能够拉拢的主要国家。1944年7月5日,印度代表极力劝说罗宾斯,称如果英国不支持英联邦国家(增加份额)的诉求,印度的观感将会非常坏。罗宾斯则认为他们非常正确,"我已经尽我所能警告了尽可能多的美国人,这件事会升温",在份额上,中国6亿美元,印度3亿美元是一个极其荒谬的区分。⑥ 在意识到中国份额不可能降到印度满意的程度时,7月9日,凯恩斯给怀特写了一封私信,称"应把常任执行董事席位限制到3席,理由是这样可以缓和印度的情绪,使其不至于在会场上发起抗议,而中国凭自己的票数

---

① 9th July, 1944, Lionel Robbins, *Bretton Woods Diary*, 1944.
② From Bretton Woods British Delegation (Monetary Conference) to Foreign Office, 6th July 1944, p. 1, FO 371-40916.
③ Allotion Quotas, 8th July, 1944, FO 371-40917 Bretton Woods July 1944.
④ For Secretaries of State and Treasury, July 17, 1944, book 755, part 1, p. 156, DHM; BWC1327-13.
⑤ For Secretaries of State and Treasury, July 18, 1944, book 755, part 2, p. 301, DHM; BWC1327-12.
⑥ Susan Howson, Donald Moggridge eds., *The Wartime Diaries of Lionel Robbins and James Meade, 1943-45*, p. 172.

也可以当选为执行董事",两方都能兼顾。① 这遭到了怀特的拒绝。

除利用英国人外,印度也寻求同美国的直接交涉。7月14日下午三时十分,印度代表找到摩根索,得知印度份额为4亿美元,而此时总额已经增至88亿美元。怀特解释称,尽管有一个公式用于计算份额,但最终的份额仍然有所调整,以配得上各国的(经济和政治)影响力。换句话说,4亿美元的份额代表了美国对于印度影响力的看法。②

事实上,关于印度在份额数量上不能比中国更高或与之持平这一问题,苏联代表斯捷潘诺夫(M. S. Stepanov)说得甚为透彻。印度代表曾在会议上指出,他们在国际银行内的认缴额达到了苏联的一半,很难被认为是公平的。斯捷潘诺夫则称,那些简单比较印度与苏联数字或经济地位的做法是不正确的,因为苏联在大战中的损失是如此之大,是印度经济所受战争摧残情况所不能比的。③ 苏联与中国在布雷顿森林会议上取得重要的国际地位,是缘于坚持对轴心国作战及在此过程中付出的巨大牺牲,这个道理对于中印竞争同样适用。

对于法国而言,道理是一样的。由于开战后迅速败降,法国早早失去了在战后秩序规划中的话语权。怀特最初考虑战后安排时,根本没有考虑到法国。负责制定份额公式的米克塞尔后来回忆称,"我很惊讶,怀特没有提法国,这个在盟国中一向被认为经济重要性排行第三的国家。怀特说,他不在乎法国的位置在哪,也不在他要完成的目标之中"。在计算份额时,米克塞尔发现,怀特对于法国的忽视"带给我严重的问题,我发现没办法将法国的份额降低至中国之下。为此,我必须将法国的国民收入削减至不足英国的一半。但已有数据却显示,法国及其殖民地的国民收入达到英国及其殖民地的2/3以上,法国对外贸易额亦远远高于中国。通过公式计算,法国的份额应在7亿~8亿美元之间。另外,基于相同的国民收入120亿美元,印度与缅甸(合并计算)根据公式计算的份额也略高于中国。这些数据由英国提供,并没有随意更改的余地"。④

显然,如果仅仅考虑经济因素,米克塞尔可以为法国安排一个好位置。但实际情况则是,在美国最初的考虑中,法国的地位无足轻重。比如,1943年6月9日,美国财政部用于内部参考的第一个关于份额备忘录出炉,里面

---

① Letter,9th July,1944,box 10,RBWA.
② *Report of the Indian Delegation to the United Nations Monetary & Financial Conference at Bretton Woods*,Delhi:The Manager of Publications,1945,p. 18.
③ Meeting of Delegation Heads:Quotas,10:15AM,July 21,1944,pp. 4-5,box 10,RBWA.
④ Raymond F. Mikesell,"The Bretton Woods Debates:A Memoir",pp. 22-23.

包含了 11 个国家的份额,其中里面并无法国。①

在布雷顿森林会议上,法国反应之激烈超乎美国代表团的意料。代表法兰西民族解放委员会的皮埃尔·孟戴斯—弗朗斯(Pierre Mendès-France)看到法国份额后,怒不可遏。他能够从政治层面理解中国被列为第四,但不能容忍的是法国份额被极大地压缩了。法国不能接受 4.5 亿美元的份额,更何况他们 7 月 15 日上午才知道这个数字。作为对比,一个月以前怀特曾告诉他们说法国份额有 5 亿美元。表面上看,这种份额被压缩的痛苦与中国的经历类似,但他们并没有像中国那样经历惨烈的抗战与漫长的交涉。因此,这对于两国代表的意义是不同的。1944 年 7 月 15 日傍晚,布雷顿森林会议第一委员会关于份额的投票结束以后,孟戴斯—弗朗斯在华盛顿山饭店大厅拦住了米克塞尔,质问法国的份额为什么比中国低,且只有英国的 1/3。米克塞尔只好向其重申份额计算过程的科学性,并向其出示用于计算法国份额的数据,但没有拿出公式。孟戴斯—弗朗斯因为手头缺乏数据,无法提出质疑,便立即暴怒起来。据米克塞尔的回忆,孟戴斯—弗朗斯气得语无伦次,法语中夹杂着英语,咒骂个不停,把他吓得不轻。法国明显是将不体面的低份额视为蓄意的侮辱了。②

两人的争执引起了摩根索的注意,此时他碰巧穿越酒店大堂。摩根索直接告诉法国人,这是由于美国、英国、苏联与中国是反法西斯"四大国",罗斯福承诺中国份额列于第四,这并没有任何办法改变。③ 当晚九时,孟戴斯—弗朗斯再次找到摩根索,要求他就低份额一事给出解释;摩根索则告诉他,份额没有办法改变,但法国将在执委会拥有一个永久席位。这安抚了孟戴斯—弗朗斯,后者一度认为执委会只设置 3 个永久席位,如果这样,法国将在会议上一无所获。④

讽刺的是,法国在份额上的沮丧并不合时宜。因为相对于之前的安排,法国的国际地位在布雷顿森林会议上实际上得到了提升。要知道,仅仅在两个多月以前,摩根索还在联合宣言记者会上称,份额最大的四个国家为美、英、苏、中,第五个国家很可能是法国,也可能不是。⑤ 这得益于诺曼底登陆之后,美国与法兰西民族解放委员会的关系得到改善,罗斯福一改过去

---

① Raymond F. Mikesell,"The Bretton Woods Debates:A Memoir",p. 23.
② Raymond F. Mikesell,"The Bretton Woods Debates:A Memoir",p. 37.
③ Raymond Mikesell,*Foreign Adventures of an Economist*,pp. 50-51.
④ Fund:French Status,July 15,1944,pp. 7-8,box 9,RBWA.
⑤ Secretary Morgenthau's Press and Radio Conference,April 21,1944,BWC1503-24.

针对戴高乐的冷淡态度,变得非常友善。① 这也可以解释为什么法国后来居上,力压印度成为第五大份额国。尽管摩根索非常理解孟戴斯—弗朗斯,并且给了法国在执委会的永久席位,但在份额数量上对法国爱莫能助,对于法国要超过荷、比、卢三国之和的愿望②也无法满足,因为这首先是一个政治与军事问题。

由上可知,尽管印度与法国在会议上相当有竞争力,且得到英国的支持(如7月5日,孔祥熙——他对于英国轻视中国的意图心知肚明——在致蒋介石的电报中所言:"各国对基金摊额分配争持甚烈,英支持法印,图占我国之第四席。"③),但无论如何,法国与印度既无法在份额上赶上中国,也无法撼动中国已经取得的地位。中国在会议上对于份额的追求,更多的是同美国交涉,以争取更大的数量。

三、美国代表团关于中国份额的讨论

会议伊始,怀特针对中国的策略在美国代表团内未得到广泛支持,说明贸然改变已经形成的共识并不容易。同过去一样,美国对外经济管理局总顾问考克斯(Oscar S. Cox)仍然关注政治因素。他认为,份额涉及公共威望(public prestige)问题,在确保投票权大致稳定的前提下,既然已经决定给苏联和中国增加份额,就应该让他们满足。考克斯的观点引起了美国代表团的共鸣,甚至连政府之外的人士也非常理解。芝加哥第一国民银行行长布朗(Edward E. Brown)称,基于中国在军事上的重要性,以及她在战后世界的重要性,他很乐意给中国比她应得的多得多的份额,"从纯贸易角度考虑,给予中国比印度更多的份额是愚蠢的。如果我们要打败日本,就得让中国高兴。再一次声明,我非常乐于同意,中国必须得到更多。从战后影响力的角度说,苏联和中国当然应该比印度或法国多"。副国务卿艾奇逊亦支持这一看法。怀特的回应则充满打太极的意味,称如果按公式来,中国最多有4亿美元,可谓大幅落后,因此从总份额中拿出10%即8亿美元,主要用于为苏中两国增加份额,意思是已经照顾到中国。在整场会议中,无论美国代表们怎么说,怀特坚持只给中国增加到5亿美元。他认为,在基金组织总

---

① No title, July 6, 1944, box 516, PHM.
② Bank: French Participation, July 15, 1944, p. 5, box 9, RBWA.
③ 《抄电(二)》,1944年7月6日,国民政府档案,761-00120。布雷顿森林会议期间,孔祥熙共发回六份电文,南京中国第二历史档案馆与台北"国史馆"皆有藏,内容基本一致,本书主要引用前者。六份电文亦可见于任骏:《孔祥熙出席布利顿森林货币会议期间致蒋介石密电》,《民国档案》2009年第3期。

份额控制在 79.8 亿美元的情况下,其他国家皆有增加份额的空间,到最后各国对于美国都会感恩戴德,每个人都很高兴且认为美国很好,①怀特沉浸于自己的想象中不能自拔。

美国财政部副部长、布雷顿森林会议第一委员会主席文森则看到了问题的实质——对美国来说,80 亿美元不过是策略性额度,总额度实际有 85 亿美元左右,因此最后的 5 亿美元最为关键。这一观点亦得到怀特的承认。伯恩斯坦认为,多出来的 5 亿美元可以满足中国、苏联和其他少数国家的需求,而不用削减任何国家的份额。但怀特打定了主意,对于中国不动这 5 亿美元。怀特坚持认为,中国最少可得 5 亿美元,但也不能再多了。他对中国的策略是从 4.5 亿美元开始,慢慢提到 5 亿美元,并使中国代表团接受这一结果。伯恩斯坦则提议,可将多余的 5 亿美元作如下分配:1.5 亿美元给苏联,1 亿美元给中国,1.5 亿美元给英国自治领,剩余的 1 亿给其他国家。考虑到除了法国以外,欧洲国家不大可能要求更大的份额。这样,中国可得 6 亿美元份额,而美国也不用绞尽脑汁应付其他各国。伯恩斯坦的建议也印证了他之前接见中国代表时所做的表态。如怀特私下所言,多几亿美元在技术上没有问题。② 摩根索后来也称,到 1944 年 8 月,美国战费开支已超过 2000 亿美元,美国建立基金组织与国际银行需要投入 60 亿美元,还比不上美国一个月的战费支出(约 70 亿美元)。③

由此可知,给中国 6 亿美元份额并无问题,美国或基金组织根本不缺这 5000 万美元。但怀特依然坚持之前的策略,他说,如果代表团同意 84 亿美元的总份额,会议就能达成协议。但为保险起见,仍然只说 80 亿美元,让各国争斗。"几天之后,他们就没脾气了。"美国在总份额 80 亿美元问题上尽可能与英国保持一致,然后与拉美国家举行双边秘密会谈,给他们加一点,对中国也这么做,可以搞定大部分事项。"从各国份额中拿出 10% 的份额,取 1/3 给中国,这样就能把中国份额提起来。"怀特一再重复这句话,总体上,他认为中国对份额满意。④

怀特的策略很快就在中国面前碰了钉子。尽管中国财政部次长郭秉文

---

① Instruction of the American Delegations-Quotas of the Fund, July 3, 1944, pp. 4, 6-8, 19, box 8, RBWA.
② Instruction of the American Delegations-Quotas of the Fund, July 3, 1944, pp. 10-11, box 8, RBWA.
③ The Meaning of Bretton Woods, August 24, 1944, p. 3, BWC1545-20.
④ Instruction of the American Delegations-Quotas of the Fund, July 3, 1944, pp. 17-18, 30-31, 44, box 8, RBWA.

之前曾对美国人表示,孔祥熙指示中国代表要在货币会议上与美国保持全面合作,①但是显然这种全面合作同怀特所设想的不一样,中国代表在会议上不爱发言,"他们认为保持沉默就是帮忙"。② 事实证明,怀特低估了中国代表的意志。7月3日下午六时,中国代表团开会讨论份额,"因法国、印度均主张增加成分,使与中国相同,金主张中国为第四强国,应保持第四位成分"③。意见可谓非常一致。7月4日是美国国庆节,孔祥熙选择该日发布声明,强调中国的抗战历史,解释中国面临的困难以及在财政经济上的努力,说明中国未来市场的广阔前景。④ 喊话美国给予中国应有的重视的意味非常浓厚。与此同时,中国坚定要求份额是6亿美元,寸步不让。怀特不得不对他的同僚说:"我们低估了与中国人打交道的困难,我认为他们的棘手程度仅随其(苏联)后。中国想要更多,很可能比我们认为的更多。"⑤美联储主席伊寇斯则称,花在中国上的时间比花在苏联上的都多。⑥

怀特让各国争斗的策略并未奏效,会议出现僵局,美国不得不亮出底牌。7月5日,美国代表团授权其谈判代表公开声称,基金组织总额可以达到85亿美元。⑦ 有关份额数量的讨论属于第一委员会第一小组委员会的工作,由于该问题的重要性,会议成立份额特设委员会(Ad Hoc Committee on Quotas)予以讨论。该委员会由美国财政部副部长文森任主席,成员有中国、苏联、英国、法国、比利时、巴西、加拿大、古巴、捷克斯洛伐克、埃及、印度、墨西哥、新西兰和挪威等,基本囊括了重要国家。显然,美国的态度在很大程度上决定着特设委员会的工作。

7月6日,美国代表团开始考虑新的份额表,基金组织总额增加到87.3亿美元,相较于怀特的设想,增加了8.25亿美元。苏联由9亿美元急剧增加到12亿美元,中国则增加1亿美元到5.5亿美元,虽然仍然低于中国要求的6亿美元,但已经高于怀特会议之初设定的5亿美元。对此,怀特称,中国毫无疑问会要求多于4.5亿美元,但"尽管他们想要6亿,其他国家更大的份额也会给她更充足的理由,即没有什么是你不能满足的,但我想她会

---

① Meeting in Mr. White's Office, May 27, 1944, Box 21, Memoranda of Conferences held in Harry Dexter White's Office, RG56.
② Fund-Russia Quota, July 6, 1944, pp. 1-2, box 8, RBWA.
③ 姚崧龄编著:《张公权先生年谱初稿》上,第386页。
④ 详见附录二。
⑤ Fund, Exchange Rates, Quotas, July 5, 1944, pp. 10-11, box 8, RBWA.
⑥ Discussion of Quotas, July 9, 1944, p. 10, box 8, RBWA.
⑦ No title, July 5, 1944, box 149, Oscar Cox Papers.

满足于 5.5 亿这个额度"①。所以,美国不再让步。对此,银行家布朗不止一次称,如果仅从经济角度考虑,给苏联和中国的份额明显超出平准基金的需要。"你给了他们很大的份额,对于紧迫的汇率稳定并无必要,他们把它当作投资,使基金组织规模更大,并会更快地耗尽美元。"②但这对于国际形势是必要的,政治考虑才是决定性的因素。③ 对于份额的政治性这一点,怀特很自然地表示理解:苏联和中国一直认为,无论是从经济地位还是其他方面,公式都不能反映出他们在世界中的地位,政治考虑是中国份额增加的主要原因。"当然,我们都认可了。"④

最终,怀特得到美国财政部副部长文森的支持。文森报告称,在基金组织总额 80 亿美元的基础上,英美两国给中国 4.5 亿美元。在 87.5 亿美元基础上,我们认为 5.5 亿美元能得到中国的同意,并已经告知中国。⑤ 到 7月 8 日为止,特设小组委员会基本确定了除苏联份额外的各国份额。

四、中国坚持 6 亿美元份额

对于美国在立场上的突然转变,中国代表团颇为诧异,讨论之后仍决定坚持之前立场,反应之强烈出乎美国意料。显然,保持国际合作并不意味着全面退让。据中国代表团顾问张嘉璈的日记,美国在 7 月 7 日通知中国,因苏联要求将其份额增至 12 亿美元,希望中国方面由 6 亿美元减为 5 亿美元,但允诺中国仍然保持第四位,并使第五位较中国少 1 亿美元。⑥ 这项安排尽管考虑到了中国的面子问题,但因为意味着国际地位的下降,所以中国无法接受。特别是,前一天中国代表刚刚找到怀特,询问有关中国份额的情况,怀特当时答复称:"技术人员认为中国应位列第四,其他没有改变……技术人员没有改变他们的立场和共识。"怀特的回答具有很大的欺骗性,他虽然只明说了份额名次,却让中国代表感到美国的立场没有发生变化,中国

---

① Fund-Russia Quota, July 6, 1944, pp. 8, 13, box 8, RBWA.
② Discussion of Quotas, July 9, 1944, p. 9, box 8, RBWA.
③ Fund-Russia Quota, July 6, 1944, p. 19, box 8, RBWA.
④ Fund-Russia Quota, July 6, 1944, p. 27, box 8, RBWA.
⑤ Discussion of Quotas, July 9, 1944, p. 11, box 8, RBWA.
⑥ 姚崧龄编著:《张公权先生年谱初稿》上,第 387 页。中美双方的记录存在差异,表明美国依然在利用谈判策略,希望中国接受一个较低的额度。而"苏联份额增加,只好减少中国份额"这一说法(实为借口)为约翰·布鲁姆和阿尔弗雷德·伊克斯引用后,流传甚广。从前文分析可知,这只是表面借口,而非美国代表团的真实考虑。实际上,截止到 7 月 7日,美国的确考虑为苏联安排 12 亿美元份额,但不过是选项之一,直到 7 月 14 日,美国才最终确定这一安排。参见张士伟:《布雷顿森林会议与美国对苏合作政策》,《世界历史》2018 年第 2 期。

仍是 6 亿美元,于是代表们当时满意而归。① 当然,对于怀特本人而言,他的回答也没有太大问题,毕竟改变主意的是他而非技术人员。因此,双方的信息传递存在误差,而一天后的这一通知给中国代表团带来了极大的震惊。

中国代表团无法接受,当即决定反击。在当晚举行的中国全面抗战纪念会上,面对 500 余人各国来宾,孔祥熙特别强调,中国自 1931 年即已开始抗战,中国在这场全球冲突中的战略地位不应被低估:中国拖住了日本,使其不能发动对印度、澳大利亚及其他地区的进攻,中国是对日本发动反攻的最为重要的基地。而战后中国将致力于重建和工业化,在稳定远东和世界局势中扮演重要的角色。② 孔祥熙此番演讲重在提醒各国,尤其是美国,不应轻视中国的地位。7 月 8 日,中国代表团开会达成一致意见,"均主张中国仍保持 6 亿美元之数,当再向美国交涉"。当天下午,郭秉文会见怀特谈及过往说法,"怀特矢口否认曾允 6 亿美元之数,称以前估计中国可得 4.7 亿美元,现在中国份额可增至 5.2 亿至 5.5 亿美元之数"。7 月 9 日,中国代表团再次开会讨论基金组织份额问题,"金主张中国须坚持 6 亿美元之数。盖以苏联已增加至 12 亿美元,而总额已增至 85 亿美元,吾方若再减少,势必引起国内舆论反感"。谈到对美交涉,孔祥熙则称:"得到外助,此实中国战后财政经济之根本问题。"③ 由此可知,中国交涉的重要出发点是为了获取更大份额,以利于战后中国经济重建。孔祥熙在会议上将之视为一个根本性问题。

既然怀特无法解决问题,孔祥熙决定直接找摩根索交涉。7 月 9 日晚,一场雷雨过后,孔祥熙下楼找到摩根索,称美国在亚洲、欧洲和美国都已公开了中国获得 6 亿美元份额的消息,武断降低中国份额完全不可取,他威胁称准备与罗斯福讨论该问题。这让摩根索不得不严肃地思考中国的意图,他看到孔祥熙意志坚定(very adamant),遂判断"恐怕他们国民党在这件事上已有预设立场",立即阻止了孔祥熙找罗斯福交涉,称他自己有处理的全权,"允诺与美方团员接洽,当竭力帮忙"。④ 摩根索也有他的策略。由于当时美国财政部正与中国谈判美军在华军费垫支问题,他希望以份额谈判拖

---

① Fund-Russia Quota, July 6, 1944, p. 1, box 8, RBWA.
② Address by Dr. H. H. Kung, Chairman of the Delegation of China, July 7, 1944, US Department of State, *Proceedings and Documents of the United Nations Monetary and Financial Conference*, Vol. 2, Washington DC: Government Printing Office, 1948, pp. 1164-1166.
③ 姚崧岭编著:《张公权先生年谱初稿》上,第 387 页。
④ 姚崧岭编著:《张公权先生年谱初稿》上,第 388 页。

住中国代表,从而在军费垫支问题上取得进展。① 随着双方僵持已久,中国份额问题成为美国代表团关注的重要问题,甚至美国财政部驻华代表爱德乐也出起了主意。他告诉怀特:"如果你在中国份额问题上有任何的困难,别忘了蒋廷黻,你或者财长给他说几句恭维话就能办成很多事。"② 不过,美方的期待再次落空。

1944 年 7 月 12 日,摩根索自华盛顿返回布雷顿森林,上午九时半,美国代表团再次讨论起份额,摩根索上来便提起中国。对于中国 5.5 亿美元的额度,他承认这一额度相比之前的安排降低了,这等于认可了孔祥熙而否认了怀特的说法。对此,怀特称:"你可以给他们 6 亿美元。尽管凯恩斯想把从南非拿出的 5000 万美元给波兰和捷克斯洛伐克,但我们可以只给他们两国一点。"这是布雷顿森林会议上怀特最接近支持中国份额 6 亿美元的时刻。但是,他并非真的改变了主意。在谈了一些别的事情以后,他又绕回来说:"中国并不富裕,然而她沉醉于第四大国的位置,她想要一个大国所有的荣耀,那么她应该承担更大的责任。"③ 言外之意,中国还承担不起这么大的责任。这得到了文森的附议。由于美国坚持不让步,会议气氛愈发凝重。7 月 13 日,第一委员会第一小组委员会再次讨论各国份额问题,"会场空气十分紧张",原定于下午三时的记者会改至六时,④ 一整天过去,依然没有结果。

五、摩根索的决定

美国代表团掌握着包括中国在内的各国的份额决定权。由于布雷顿森林会议第一委员会要在 7 月 15 日表决各国份额表,因此,7 月 14 日成为确定份额数量的关键日期。作为美国代表团团长的摩根索对此有着全盘考虑,他在中国基金组织额度与军费垫支谈判上都碰了钉子,想在一方让步,从而在另一方取得进展。因此,他一度想要跟中国代表在份额问题上妥协。在当天下午三时五十分开始的美国代表团会议上,发生了如下对话:

> 摩根索:我能说下政治形势吗?我和政府在两个方面遇到麻烦,一个是中国,另一个是法国。他们让我们平白无故多了很多谈判和协

---

① Quotas-Latin and South America, July 10, 1944, pp. 2-3, box 8, RBWA.
② To Mr. White, July 10, 1944, box 41, RBWA.
③ Instruction of American Delegates-Bank, July 12, 1944, pp. 1, 21, box 9, RBWA.
④ 徐建平、林华清:《国际货币金融会议之经过》,《经济汇报》1944 年第 10 卷第 5&6 期,第 99 页。

定……如果我们能为法国和中国在这儿而不是从纳税人那里搞点什么①——

文森:你可以给中国增加2500万,(使其份额)达到5.5亿美元,完全没有问题。

怀特:我们已经给了(中国)5.5亿。

摩根索:所以我们就给中国5.5亿?

怀特:他们希望如此。

沃尔科特②:他们原本就期待这些。

摩根索:不能给5.75亿?

文森:如果你给波兰和捷克各2500万的话就不行。

……

摩根索:留给中国5.5亿?

文森:对。

摩根索:留给法国4.25亿?

文森:我们手头还有几百万,卢森堡还没定……你已经答应了荷兰2.5亿。

摩根索:我会坚持。

沃尔科特:荷兰2.25亿的前提是基金组织总份额低于85亿。

文森:荷兰现在是2.75亿,我们取出2500万,可以分给法国或中国。

怀特:给法国你能拿出的——那些能剩下的。

摩根索:你给波兰和捷克多少,就得给法国多少,因为他们三国代表是一起讨论,一起工作。

怀特:我们砍法国的(份额)比砍其他国家的都多。

摩根索:如果给波兰和捷克各2500万,那也得给法国2500万。

文森:如果荷兰同意2.5亿,就把那2500万转给法国。

摩根索:毕竟今天是巴士底日(Bastille Day)③。

沃尔科特:今晚你还有个鸡尾酒会。

---

① 此处指美国对外援助。
② 沃尔科特(Jesse Wolcott),美国共和党议员,众议院银行与货币委员会委员,美国出席布雷顿森林会议的代表之一。
③ 7月14日是法国国庆日,巴士底日是英语国家的叫法。

怀特:那是告诉他们的好时机。我还在想,法官①,如果你能再找出 1 亿,这些问题就都解决了。

摩根索:2500 万给波兰,再来 2500 万给捷克,2500 万给法国,那基金组织还有额度(供分配)吗?

怀特:有,还有 1000~1500 万,我们可以给中国。

摩根索:我想说不要给任何人,除非他们围上来,痛哭流涕。②

摩根索在此终止了有关中国份额的讨论,决定中国的份额数量保持在 5.5 亿美元。7 月 15 日上午十时,份额小组特设委员会确定各国份额,在此之前,中国代表宋子良和席德懋找到摩根索,要求中国基金份额维持在 6 亿美元。摩根索将之推给文森,文森则不置可否,无视中国的诉求。③ 下午四时十五分,第一委员会表决各国份额表并予以通过,给中国的额度固定在 5.5 亿美元。④ 中国代表蒋廷黻起而表示,根据中国的需求与经济地位,希望获得约 7 亿美元的份额,现有安排不可接受,郑重提出保留意见。⑤

中国的反应再次出乎美国的预料。摩根索和美国代表团对中国提到约 7 亿美元份额感到吃惊,因为他们印象中从未给中国安排这么高的额度。实际上他们完全忘记了自己在当年 4 月 21 日记者会上说过的话。⑥ 摩根索非常感慨,在第二天的美国代表团讨论会上,他说出了降低中国份额的真正原因:"在所有国家的份额中,中国的 5.5 亿美元最难解释得通,我们这么做是缘于他们过去 7 年以来波澜壮阔的战斗。(如今)除了史迪威(Joseph Stilwell)将军手下的那些,还有哪些中国军队在(对日)作战吗?"⑦ 摩根索的看法受到罗斯福的直接影响。6 月底,罗斯福在向摩根索通报他与孔祥熙的谈话时说:"我想竭力搞清楚的是,中国军队在哪,他们为什么不战斗?因为看起来日军能朝任何方向前进并击退他们。"⑧ 这与 1944 年初

---

① 指文森。法学出身,到财政部工作前曾担任联邦法官,后在杜鲁门的提名下先后任美国财政部部长及最高法院第 13 任首席大法官。民国时期的文献中又译为"文生"。
② Fund Quotas,July 14,1944,pp. 2-5,box 9,RBWA.
③ 姚崧龄编著:《张公权先生年谱初稿》上,第 389 页。
④ Report of Quota Committee of Commission I,July 15,1944,CI/QC/RP1,box 41,RBWA.
⑤ 蒋廷黻发言全文见附录二。
⑥ Secretary Morgenthau's Press and Radio Conference,April 21,1944,p. 13,BWC1503-24.
⑦ 这句话后半句反映出摩根索对中国抗战的某些偏见,以及对国民党反共的厌恶。范宣德和克莱将军(General Clay)随后补充了中国战场的情况,称在云南的中国军队反败为胜;日军破坏了中国的丰收季后退时,中国军队赢得重大胜利。参见 Army Loans to China,July 16,1944,book 755,part1,pp. 8-9,DHM。
⑧ No title,probably June 28,1944,box 516,PHM.

罗斯福致信蒋介石时所表达的对于中国人民英勇抗战的敬佩之情以及竭力帮助中国的态度①相比,发生了很大的变化。姑且不论美方对于中国抗战的认识是否确切,但的确反映了他们对于中国抗战的失望态度。与中国相比,美国在对日作战中的优势愈发明显。从军事角度看,美国海军在中太平洋地区突飞猛进,大西洋城会议前后,他们发起塞班岛战役并夺占该岛,获得了可起降B29重型轰炸机的海上基地,该基地距离东京比成都机场更近②,中国战场的整体重要性明显减弱。③ 这反映在布雷顿森林会议上,就是美国漠视中国对于6亿美元份额的要求。摩根索曾对美国代表说:"我现在要采取的措施,我认为陆军部与国务院都是同意的——我们将非常强硬(tough)地对他们(中国),非常讲政治,非常有礼貌,但保持强硬。"④摩根索考虑中国在未来国际秩序中的地位时,是与中国在大战中所扮演的角色捆绑在一起的。

在美国表示强硬的同时,孔祥熙亦没有退缩。7月16日,中国代表团开会,孔祥熙对于基金份额的减少表示强烈不满,甚至称美国亦不足恃。⑤当天中午,摩根索与孔祥熙共进午餐,要求中国撤回保留意见,被孔祥熙直接拒绝。僵局已经形成,但问题仍然需要解决。7月17日中午,两人再度共进午餐。孔祥熙提出新的方案,即将中国份额恢复到6亿美元,但为中苏友谊计,中国愿意让出5000万美元给苏联,以助其份额由9亿美元升到12亿美元。孔祥熙暗示说,这样他就可以撤回保留意见。⑥ 这引起了摩根索的兴趣,认为这是一种解决问题的办法,并指示文森去办理。但在份额问题上,苏联坚持只跟美国打交道,最终这一设想搁浅。7月18日,摩根索与孔祥熙会面,告知这一结果,并对孔祥熙非常友好的姿态及合作表达感谢。⑦对于这段经历,杨格称,孔祥熙秉着通融的原则,同意将中国份额降至5.5亿美元,将5000万美元给苏联。⑧ 离开前文语境而单论这一段,仿佛孔祥

---

① For Generalissimo Chiang Kai-shek,January 3,1944,p. 3,box 516,PHM.
② 根据地图测距,成都与东京直线距离约3350公里,相比之下,塞班岛与东京直线距离仅约2350公里,与武汉到东京的直线距离相当,优势明显。
③ Army Expenditures in China,July 14,1944,book 754,p. 33,DHM.
④ Army Loans to China,July 16,1944,book 755,part1,p. 8,DHM.
⑤ 姚崧龄编著:《张公权先生年谱初稿》上,第390页。孔祥熙对于美国的失望之情是显而易见的,1944年8月底,郭秉文告诉顾维钧,孔祥熙对美国的失望,首先就是由于布雷顿森林会议没有满足中国的份额要求。顾维钧著,中国社会科学院近代史研究所译:《顾维钧回忆录》5,中华书局1987年版,第425页。
⑥ Minutes of Conversation in Secretary Morgenthau's Office,July 17,1944,box 41,RBWA.
⑦ No title,July 18,1944,book 755,part 1,p. 242-A,DHM.
⑧ Arthur N. Young,*China and the Helping Hand*,*1937-1945*,pp. 380-381.

熙主动自降份额以换取美方好感,实则不然。孔祥熙提出此建议,不过是死马当作活马医,在明知无法获得6亿美元份额的情况下,顺水推舟,在对美对苏关系上实现一石二鸟。正如他给蒋介石的信中所言,"外间谣传中苏邦交不睦,亦可使之明瞭中苏并无不睦,且仍彼此互助,期收外交上之效果也"①。

六、中国撤回在份额上的保留意见

中国最终撤回在份额上的保留意见,已有叙事多认为中国此举是受凯恩斯与文森演讲的感染而发,②显然有失真实,它忽视了表象之下中国代表的所思与所为。

7月20日下午,怀特在美国代表团会议中建议,由凯恩斯与文森在会议中起立,做强有力呼吁,以感染各国代表,使他们撤回当初的保留意见,助推会议取得完全成功。③ 就在他们讨论之时,三时半,孔祥熙在冀朝鼎的陪同下来到会议室,向摩根索和美国代表团表明中国的意愿,即希望大会成功,愿帮助美国解决苏联的问题,但前提是美国先解决中国的份额问题。他建议美国公开发表声明,即明确认识到中国诉求的合理性,美国也想做些什么来帮助中国。孔祥熙明言中国可借此撤回保留意见。提出这一点是很重要的,孔祥熙的确希望美方能切实帮助中国,比如加快军费拨付与黄金运华、推动战后重建等,这些事务对于中国而言非常紧迫。摩根索这次爽快地答应了孔祥熙,毕竟美国不用付出额外的代价,他还明确看到:首先,"我们把苏联的份额从9亿美元提高到12亿美元,把他们的从6亿美元砍到5.5亿美元。一方面,我们竭力帮助苏联,另一方面,我们粗暴地砍掉中国的。"这不是钱的事,而是涉及国家地位的消长;其次,在提出保留意见的国家中,中国份额最大,如果中国撤回保留意见,则有助于带动其他国家的撤回。因而,摩根索建议文森在全会发言中提及中国。④

在当天稍后召开的执行全会上,文森继凯恩斯之后发言致谢,第一个提到的国家便是中国。文森连续用了三个排比句颂扬中国抗战及中美友谊,

---

① 《孔祥熙布里敦森林来电》,1944年7月20日,国民政府全宗,国际货币金融会议,数位典藏号:001-060200-00031-004。
② 英国《金融时报》称,中国撤回保留是缘于凯恩斯的呼吁,参见 For Secretaries of State and Treasury, July 22, 1944, p. 4, BWC1327-08;道麦尔在其书中也有类似记录,参见 Armand V. Dormael, *Bretton Woods, Birth of a Monetary System*, pp. 217-218。
③ Fund: Australia, July 20, 1944, pp. 13-14, box 10, RBWA.
④ Fund Quotas-China, July 20, 1944, box 10, RBWA.

最后则称，对于中国的需求和期望，美国是清楚的（recognized）：

> 谁能说，美国不在意中国与我国多年来的历史友谊？
> 谁能说，美国不知道中国那些光荣又勇敢的努力？他们在直面穷凶极恶的日本鬼子时已经这样做并会坚持这样做。
> 谁能说，美国人民不感激中国？是他们挡住一个世界帝国向太平洋乃至其他地区前进的步伐，使背信弃义的日本鬼子无从再做那春秋大梦。
> 我们清楚地认识到中国的期望与需求，以及地球上所有受到战争损害的国家的。①

严格说来，话虽感人，但文森只讲了一半孔祥熙希望听到的话。对于美国要做些什么来缓解中国的困难，文森只字未提。可能是文森的演讲富有感染力，烘托起了现场气氛，也可能是孔祥熙别无选择，遂按照下午与美方的约定，当场宣布撤回保留条件，②但同时强调"吾人作战已历7年，余无须在此奉告敝国之需要，究竟如何庞大。吾人所以提出保留条件者，乃因吾人现面临实际之困难"③，补上了文森当讲没讲的那一部分。

英、美、中三国主要代表的互动立即产生了积极的效果，"全场代表均极感动，主席毛部长答称，深感中国代表团之盛意"，"会场热烈拥护，空气大变，各国纷起声明取消保留，基金摊额问题即告圆满解决，美方对我此项协助深表钦佩及感激"。④大会在国际合作的氛围中落下帷幕，孔祥熙对此印象深刻。他后来在中国代表团报告中称，"中国抗战已达八载，所经困难岂止一端，中国现愿首倡，勉为其难，自动收回其保留条件，藉以昭告世界，国际间确能合作也"，⑤以支持国际合作作为他放弃保留条件的原因。至此，中美围绕中国份额的交涉以双方妥协而告终，中国在基金组织内的份额

---

① Statement by the Honorable Fred M. Vinson, at the Executive Plenary Session, July 20, 1944, box 5, RBWA.
② 在给蒋介石的电报中，他这样汇报："午后大会，美代表团副主席文生氏首先发言，颂扬我国抗战牺牲及中美传统友谊，对我需要，美国深为了解，决当尽力设法达此圆满目标。弟当发表演说，声明放弃保留。"参见《抄电（五）》，1944年7月21日，国民政府档案，761-00120。
③ Statement by Dr. H. H. Kung, Chairman of the Delegation of China, at the Executive Plenary Session, July 20, 1944, box 5, RBWA.
④ 《抄电（五）》，1944年7月21日，国民政府档案，761-00120。
⑤ 《联合国家货币金融会议中国代表团报告》，第98页，396~1401（1）。

作为一个问题而得以解决,基金组织总额问题也得以完全解决。

尽管份额有所波折,最终数字不尽如人意,但5.5亿美元的份额同样使中国在战后国际经济秩序中确定了大国地位。同样重要的是,中国在布雷顿森林会议上是有意识地追求大国地位,而非仅仅盲从于美国的安排。之所以如此,首先是缘于中国在极为恶劣的条件下坚持抗战,付出了巨大的民族牺牲。在会议上,无论是法国还是印度,都想取代中国而成为第四大国。客观地说,与这两个国家相比,中国并无经济优势。法国长期被认为是盟国中经济排行第三的大国,而印度不仅态度坚决,[①]还得到英国的明确支持。[②] 但在抗击法西斯侵略方面,中国比法、印更为坚韧,牺牲亦远大于法、印两国,这是中国获得第四大份额的根本原因。

其次,人们较少注意到的是,中国获得较大份额亦是中国财政部及中国代表积极争取的结果。这是一个长期的过程,主要分为两步。第一步是修订和增补产生份额的要素。在全社会参与讨论的情况下,中国财政部提出,份额应增加对人口、国土面积及国家未来潜力的考量,甚至提出新的份额公式,并在同美国交涉时据理力争。虽然中国为份额公式添加新要素的要求被拒绝,但在促使美国考虑国家未来潜力这一点上初步实现目标,推动怀特从总份额中拿出10%的额度做重新分配。第二步是在布雷顿森林会议上,中国代表面对不利局面时积极与美方官员交涉,在极其困难的境况下一步步突破了怀特的限制,使份额由4.5亿美元升至5.5亿美元——相较美国初步安排的份额增加1亿美元。如果暂时将两国过去关于6亿美元份额的交涉放置一边,仅从布雷顿森林会议上的中美交涉来看,这是一个重要的成绩。申克也认为,尽管中国的影响力有限,但在份额上是明显受益的。由于份额主要考虑政治和战略因素,中国的份额从3.5亿美元升到5.5亿美元,增加了57%。中国代表团利用美英取得相当大的份额,确定了任命执行董事的资格,强化了在未来和平中的重要性。在此意义上,她认为中国在布雷顿森林会议上扮演的角色可被认为是高度成功的(highly successful)。[③]

综上可知,中国的大国地位绝不是源于"美国授予"[④],美国亦心知肚

[①] ED Conway, *The Summit: Bretton Woods, 1944*, p. 179.

[②] Susan Howson, Donald Moggridge eds., *The Wartime Diaries of Lionel Robbins and James Meade, 1943–45*, p. 172.

[③] Catherine R. Schenk, "China and the International Monetary Fund, 1945–1985", Kazuhiko Yago, Yoshio Asai, Masanao Itoh eds., *History of the IMF: Organization, Policy, and Market*, p. 279.

[④] Fei-ju Beatrice Yang, *The Relationship between China and the International Monetary Fund, 1945–80*, p. 1.

明。1944年6月15日,美国国务院政治顾问霍恩贝克(Stanley Hornbeck)对来访的张嘉璈称:"美国今后对于各国之关系,完全看各国自身之政治是否健全,及其对于国际上有无贡献为转移……中国对于抗战之牺牲,博得世界尊敬。"[1]1943年底,怀特在一份致总统罗斯福的备忘录中写下,过去5年以来,对于中国人民在抵抗日本侵略时所进行的英勇战斗,我表示深深的钦佩。[2] 在布雷顿森林会议上,摩根索对中国代表称:"当我说我们对于中国过去7年的杰出战斗有着最深的敬佩之情这些话时,我可以代表美国政府。"[3]甚至连美国的银行家都明白,布朗曾多次声称,从战后影响力的角度,中国当然应该比印度或法国多。由此可见,坚持抗战是中国获得高份额的主要原因,而这也是当时参与布雷顿森林谈判的美国人的共识。

第三节 中国代表团在布雷顿森林会议上的其他努力

除在份额问题上据理力争外,中国代表团还在过渡时期的设置、投票权、侨汇、白银和第六决议案等方面积极奔走,为战后重建与发展营造宽松的国际环境。其中,与过渡时期相关的重要问题,包括货币平价及汇率管制、货币复原贷款等,对中国战后重建至为重要。

一、货币平价及汇率管制问题

被占领国家的货币平价问题与国家利益密切相关,美国和中国都将之视为关键性问题。[4] 双方分歧巨大,对其争执贯穿于布雷顿森林谈判始终。美国的设想是战争结束或基金组织建立后,各国立即设定货币平价,与美元挂钩,同时各国放弃汇率管制,不同的货币可据此建立固定联系,形成固定汇率体系。对于那些被敌国占领的国家,美国技术顾问建议他们的初始汇率以1944年7月1日与美元的官方比价为准,对于那些基金组织或会员国认为不合适的汇率,可由基金组织和会员国共同决定新的汇率。在基金组织和会员国确定汇率以前,不能实施任何外汇交易。关于汇率的变更,美国认为不应为被占领国家制定特殊的条款,尤其是它们很有可能要在几个月后才能确定汇率。中国对此另有看法,因在战争中受损特别严重,中国坚持

---

[1] 姚崧龄编著:《张公权先生年谱初稿》上,第353页。
[2] Memorandum for the President, December 18, 1943, box 10, CFHW.
[3] Financial Settlement with China, July 16, 1944, book 755, part 1, p. 22, DHM.
[4] 米克塞尔称之为"具重大影响的事项"(significant issus),参见 Raymond F. Mikesell, *Foreign Adventures of an Economist*, p. 43。

战后需要一定时间重建国内货币体系,这一阶段货币价值很有可能会产生较大波动,因此中国要求暂缓确定汇率。早在 6 月 27 日,中国代表就拟议,"货币体系遭受战争严重损害的会员国,可在六个月的过渡时期内经基金组织同意,推迟确定货币平价,该时期开始于有关国家主要战争结束或基金组织开始营业 120 天以后,以后开始者为准。该期限经该国与基金组织协商可延长。除非确定平价,否则不能在基金组织内交易该国货币"①。中国的观点得到比利时、捷克斯洛伐克、荷兰和其他一些被占领国家的支持。②。

在布雷顿森林会议上,中国依然坚持战后初期应有一个货币复原期,这对于各国确定货币平价,进而实现汇率稳定是极其必要的。7 月 3 日,中国代表团开会讨论货币平价问题,代表们"对于规定各国之汇兑率,均主张从缓规定"③,并拟定了备忘录。主要内容有:(1)基金组织成立一个月内,未被敌人占领的会员国和其他被占领的会员国应与基金组织确定其各自币值。但在主要战争结束以前,相关参战国可豁免此项操作。(2)被敌人全部或部分占领的会员国,可按基金组织同意的时间,推迟确定货币初始平价。(3)凡是货币初始平价待定的国家,无权自基金组织提取份额。但在特殊情形下,经基金组织 2/3 多数票通过,并与基金组织达成临时平价后,会员国可提取份额。该临时汇率的变更,须在基金组织同意的时期和范围内操作。④ 7 月 9 日,中国代表团又对 7 月 3 日的备忘录进行了修正,删除"基金成立一个月内"这一时间限制,改为会员国与基金组织协商确定;对于被占领的会员国,应在"基金组织同意的时间内,确定汇率",虽然意思未变,但在语气和表达上向美国的主张靠拢;对于货币平价待定的会员国提取份额的要求,删掉"2/3 多数票的同意"字样,仅需会员国与基金组织达成临时平价协议即可,降低了此类会员国使用基金组织资源的门槛。⑤

中国的主张得到了一些国家(如挪威)的支持。大会特设小组委员会在 7 月 9 日召开第一次会议,讨论被占领国家的货币平价及初始汇率问题,挪威代表团团长威廉·基尔豪(Wilhelm Keilhau)任主席,中国由贝祖诒代表出席。挪威代表在会议上提出,在完成币制重建以前,被敌国占领的会员国无须与基金组织沟通确定货币平价,在小组会议得到通过,小组决议强调"初始汇率也将限定为临时性质,将灵活实施"。委员会还特别提到,基金

---

① Add Re Transitional Period, June 27, 1944, box 122, AYP.
② Questions at Issue on the Fund, June 23, 1944, pp. 4-5, BWC1504-04.
③ 姚崧龄编著:《张公权先生年谱初稿》上,第 386 页。
④ Fixing Initial Par Value, July 3, 1944, box 122, AYP.
⑤ Fixing Initial Par Value, July 9, 1944, box 122, AYP.

组织成立时,中国的光复事业可能还没有完成,重建币制可能需要一个相当长的时期,①从而承认了中国坚持货币复原期的必要性。相对来说,中国对于货币复原期的年限要求较为温和,仅要求与基金组织商议决定。英国坚持认为三年期限太短,届时它不可能履行货币汇兑义务,先是抛出"不确定期"的提法,而后在英国代表团离英赴美前召开的会议上,商定"欧战结束后的五年"这一表述,如果无法实现,退而求"基金组织成立后不少于三年"的表述。② 在布雷顿森林会议上,五年期限未能实现。

中国代表团在货币平价问题上下了很大的功夫,7月11日,提出经反复修改后的意见请各国代表关注:

(1)(布雷顿森林)协定很可能在欧战结束但亚战尚未结束之时生效,基金组织亦将同时营业,不能要求一个仍在作战的国家确定其货币初始平价。

(2)战争结束后,需要一个特定时期来重建币制。在这段时期内,中国将面临许多困难,有一些源于若干敌伪政权货币的流通。因此,在货币平价问题上,中国倾向于与基金组织达成具有合理灵活性的条款,无论是固定不变还是临时性质的。

(3)虽然如此,为了保护基金组织的资源,会员国应留有一定的空间。即未与基金组织就货币初始平价达成协议但又需要其资源的会员国,可与基金组织协商一个临时性的汇率安排。该汇率可在基金组织同意的时期和区间内自行调整。这一特别安排应遵从第6部分第4条的规定,对基金组织持有的由会员国货币组成的资产,各会员国应向基金组织担保(其价值)。

中国代表团认为,此处赋予的灵活性并非与基金组织的基本目标相悖。就眼前的不确定性,以及从便于战后中国重建币制和重建经济的角度,都是必要的。③

---

① Report of Subcommittee 2 of Ad Hoc Committee on Problems of Liberated Areas, 9th July 1944, box 122, AYP.

② The Duration of the Transitional Period, Memorandum by Lord Keynes, 20th June 1944, box 36, RBWA; Meeting of 12 Americans with British, June 26, 1944, BWC1278-08; Meeting in the Chancellor's Room, 8th June 1944, p.3, T 231-359, https://centerforfinancialstability.org/atlantic_city.php, accessed on April 22, 2022.

③ Fixing Initial Par Values of Occupied Countries, July 11th, 1944, box 122, AYP.

后来该备忘录第 3 项内容修改为,全部或部分被敌国占领的会员国,有权推迟与基金组织确定平价,推迟时间应得到基金组织的同意。在这段时期内,会员国可以与基金组织达成临时汇率,且有权以此汇率购买其他会员国的货币。在基金组织同意的时期和区间内,该会员国可更改该临时汇率。后以第 5 部分第 13 条 A 修正案的形式提交大会审议。① 中国的建议得到了挪威和南非等国的支持。南非的提议更为激进,称最初两年内,所有会员国的平价都应被视为临时性的。对于南非的提议,美国认为会严重削弱基金组织的工作能力,予以否决,但中国的建议得到了实质性采纳。② 杨格也承认,中国代表团在布雷顿森林会议上争取到了有关汇率过渡安排的条款,使受战争影响的国家受益。③

对于国际银行可能先于基金组织营业的可能性,中国代表团也考虑到了,并提出了解决方案。7 月 19 日,中国草拟备忘录称,如果会员国尚未就其货币平价与基金组织沟通,即被要求向银行缴纳本国货币,则此种缴纳应基于缴纳当天该货币的汇率。银行所持有的该国货币的黄金价值应维持不变。如果该会员国货币汇率发生变动,在银行看来:(1)外汇值在其本国领土范围内发生了明显的贬值,会员国应向银行补交差额;(2)外汇值发生了明显的升值,银行则退回差额。④

7 月 10 日,关于经常开支的外汇管制特设委员会(Ad Hoc Committee of Exchange Controls on Current Payments)⑤成立。该委员会专门处理外汇管制问题,中国代表顾翊群任主席。顾翊群时任中国财政部次长,在美国系统学习过经济学、会计学与商科,是年轻有为的技术型官员,他很好地主持了委员会的讨论。7 月 12 日 18:00,委员会开会,很快就一系列问题达成协议。⑥ 7 月 13 日 14:30,顾翊群向第一委员会报告特设委员会对于短期款项汇兑管制的研究。⑦ 两天后,特设委员会提议,"会员国得不经基金组织

---

① Fixing Initial Par Values of Occupied Countries, July 11th, 1944, No. 294, box 4, RBWA.
② J. Keith Horsefield, *The International Monetary Fund*, *1945-1965*, Vol. 1, p. 110.
③ Arthur N. Young, *China's Wartime Finance and Inflation*, *1937-1945*, p. 60.
④ Draft, Subscriptions to the Bank Payable in Local Currency prior to Determination of a Member's Par Value, July 19, 1944, box 122, AYP.
⑤ Appointment of Committees on Commission Ⅰ, July 11, 1944, *Journal*, Vol. 3, box 4, RBWA.
⑥ Kurt Schuler & Andrew Rosenberg, *The Bretton Woods Transcripts*, pp. 85, 90-91.
⑦ Report of Ad Hoc Committee of Commission Ⅰ on Article Ⅸ, Section 4, Doc. 329, no date, Records of the Bretton Woods Agreements, box 4, RG56; Minutes of Meeting of Commission Ⅰ, July 13, 1944, George McJimsey, *Documentary History of the Franklin D. Roosevelt Presidency*, Vol. 40, pp. 356-357.

同意改变其货币法定汇率,但此项变更,须不影响各会员国之国际交易"。最终,第一小组委员会通过决议,认为"被敌国占领之国家,首次缴纳基金组织份额及其他关联之事件,应从宽变通处理。被侵占国家加入基金组织时,所应决定之法定币值,亦得从缓决定,此种变通办法,系由中国代表贡献意见,均已载入最后通过之条文"①。孔祥熙对此高度肯定,称:"关于首次法定币值之决定,与中国及其他疆土被沦陷之国家至有关系。凡城市为暴敌所侵占之国家,其币值均已发生极大之变动,将如何决定法定币值,必须俟疆土恢复,战事平息方有估测之根据。况战事在欧洲有较在太平洋早日终结之可能,欧洲战事终结之时,基金组织即有成立之可能,而我方犹与暴日作殊死战,我方法币汇价当然不能以战时情形为准则,故必须有一较长之犹豫时间。此点经我国代表团详细研究,贡献意见多为小组委员会所采纳。"②

二、货币复原贷款问题

货币复原贷款,即币制重建贷款,是中国的一项重大诉求,此前美国从未松口。美方的一份形成于布雷顿森林会议开幕前夕的档案称,中国、捷克斯洛伐克和其他许多国家提出,在战后重建货币系统时期,如果能从国际银行获得黄金贷款,存于财政部或中央银行用作货币储备,则不仅能够加快币制重建,而且能使很多国家增强对其货币的信心。对于战后重建而言,这与寻求工业设备的贷款一样重要。中国在这一批国家中排在最前,显示在过去的谈判中,中国给美国技术专家的印象最为深刻。后者虽一直未予同意,但也承认它具备某些优点,因为它能极大地增加公众对于本国币制的信心。③ 这一认识为中国在布雷顿森林会议上打开缺口提供了条件。

经过交涉,布雷顿森林会议通过的银行章程上新加了一句话,"银行发放或担保的贷款,除了特定情形以外,应用于重建或发展性的特定项目"④。"除了特定情形以外"这一表述打开了例外之门。美国官员后来解释称,银行章程中特别规定,战后初期银行应致力于协助会员国自战时向和平经济的平稳过渡,如果稳定性贷款最终有助于开发借贷国生产性资源,那么银行条款并无明文将之排除在外。⑤ 1946年3月,银行理事会同意银行在特定

---

① 《联合国家货币金融会议中国代表团报告》,第48、51、61~62、260页,396~1401(1)。
② 《联合国家货币金融会议中国代表团报告》,第75~76页,396~1401(1)。
③ Questions at Issue on the Bank, Memorandum for the Secretary, 6/27/44, p. 1, box 1, RBWA.
④ Raymond F. Mikesell, "The Bretton Woods Debates: A Memoir", p. 40.
⑤ E. Arnold to Mr. Luxford, March 21, 1945, p. 3, BWC639-17.

情形下为重建货币体系提供贷款,包括致力于稳定货币的贷款。[1] 9月下旬,世界银行执委会通过决议,明确银行可为重建项目或包括长期稳定项目在内的币制复原项目发放或担保贷款。[2] 中国从一开始就为之奋斗的目标,终成现实。

显然,杨格所称"中国代表在过渡时期方面没有做成什么"[3]的论断并不符合事实。尽管孔祥熙在1944年5月6日给中国代表的训令中,确实包含了赞同美国和支持美国的内容,但从多边档案资料来看,中国代表在一系列问题上坚持同美国交涉并取得成绩,并非没有做成什么。

三、执行董事与投票权问题

执行董事是基金组织办事机构中最为重要的职位,他们组成的执委会对一系列重要问题负有决定之责。会议对其产生办法及职权进行了热烈的讨论,各国代表各有意见,颇难取得一致。席德懋代表中国极力居间调和,表明态度:(1)经细致考虑,拟议办法规定执行董事的遴选不必局限于理事会成员是有好处的。在某些情况下,会员国希望有机会在两大机构中任命不同的人员。针对执行董事这一重要和需要连贯工作的职位,拟议办法允许进行更广泛的遴选,以选出最合适的人选;(2)除了拥有最大份额的5个国家可直接任命执行董事以外,中国建议剩余6个席位由5国之外的其他国家选举产生;(3)中国代表团考虑到,执行董事的投票权非常重要,正如理事会成员那样,应根据联合宣言中一致同意的原则,与其代表的会员国份额匹配;(4)在基金组织营业的头三年中,执行董事应固定其位。这一阶段必然会出现各种紧急情况,需要执行董事持续参与、关注和行动;(5)为了不使执行董事永久绑在工作上,而有时间回国或赴外地作临时访问,明智的做法是为执行董事配备代理董事,如果执行董事外出,则代理拥有其全部权力与特权。[4] 这与中国财政部最初的设想是一致的。经讨论,中国的建议得到大会部分采纳,会议通过为执行董事配备代理董事的建议。但对于非常任执行董事的选举,会议争论较大。7月15日,会议将执行董事的席位

---

[1] Eric Helleiner, *Forgotten Foundations of Bretton Woods*, pp. 197-198.
[2] Inward Telegram from Mr. Hsitemou, September 20, 1946, 396(2)-1003(2).
[3] Fuchs, James R., *Oral History Interview with Arthur N. Young*, p. 110.
[4] Draft Statement by Mr. Hsi Te-Mou, Chinese Delegation, Commission I-Committee 3, July 5, 1944, BWC590-1; OR 396(2)-970.

增加到12席,①即非常任执行董事增加到7席,2席为拉美国家占有,其余5席留给五大国及美洲以外国家选举产生。② 据此,中国取得直接任命执行董事的资格。除中国外,取得这一资格的还有美国、苏联、英国和法国,这与一年后联合国宪章所确定的安理会五大常任理事国一致。

关于投票权,苏联曾提出,投票权应与份额分开考虑,为履行国际责任,美国、英国、苏联和中国都应至少有10%的投票权,这遭到美国的反对。③ 为照顾小国利益,各会员国均有250基础票,份额每10万美元则另加1票。投票权总数为99000票,美国计有27750票,英国为13250票,苏联为12250票。中国为5750票,占总票数的5.8%。同时,中国代表团支持增减会员国投票权的原则——投票权的增减系根据该会员国向基金组织购买或出售外汇数额而定,会员国购买货币则减少投票权,出售货币的会员国则获得相应的增加,这些在联合宣言中已达成共识。但中国认为每提取20万美元就减少1票过于严苛,如果对会员国投票权的限制太过严厉,那么当会员国需要基金组织的资源时,后者也很难施以援手。在7月5日第一委员会第三小组委员会第三次会议上,席德懋提出,本着尽可能轻地进行限制的原则,宜以每提取200万美元减少1票取代每20万美元1票。④ 这也是中国一直坚持且曾得到美国支持的。中国的建议得到了英国的支持,后者敦促美国认真考虑。⑤

不过,在这件事上,中国并不准备坚持到底,而是准备了妥协的条件。即如果削减投票权办法付诸实施,任意一年内从基金组织提取资金能够超过可允份额的25%,则中国代表团可做出妥协,赞同之前的办法,即每提取20万美元就减少1票。⑥ 对中国来说,如果能有机会使用更多的基金组织资源,减少一些投票权也是值得的。后来的结果是,每40万美元增减一票。而在任意12个月内,会员国在基金组织内购买外汇数量亦不得超过份额的25%。⑦ 在这件事上,中国仍是着眼于更多地利用基金组织的资源,不过收获不大。

---

① 徐建平、林华清:《国际货币金融会议之经过》,《经济汇报》1944年第10卷第5&6期,第101页。
② 《联合国家货币金融会议中国代表团报告》,第79~80页,396~1401(1)。
③ Questions at Issue on the Fund, June 23, 1944, p. 6, BWC1504-04; Meeting in Mr. White's Office, April 26, 1944, p. 2, BWC1523-10.
④ Minutes of Meeting of Commission I, Committee 3, July 5, 1944, p. 2, box 10, RBWA; Kurt Schuler & Andrew Rosenberg, *The Bretton Woods Transcripts*, p. 412.
⑤ Kurt Schuler & Andrew Rosenberg, *The Bretton Woods Transcripts*, p. 411.
⑥ Memorandum, no date, 396(2)-970.
⑦ 财政部财政年鉴编纂处:《财政年鉴》第3编下,(上海)商务印书馆1948年版,第10篇第182页。

针对大国可能垄断决策权的问题,厄瓜多尔代表杜南·巴伦(Duran Ballen)提出折中案,建议决议案的通过需要过半会员国和2/3票数方可,这得到了美国的支持,席德懋亦代表中国接受。[1] 中国在布雷顿森林谈判初期曾提出限制大国权力的主张,尤其警惕出现大国垄断主要权力的情况,不过未能实现。

四、侨汇问题

中国海外华侨向国内的汇款,长期以来都是中国重要的外汇收入,所占比重颇大。从全面抗战开始到太平洋战争爆发期间,外援或外国在华投资、贷款等变得微不足道,侨汇则仍同战前一样极大地帮助了中国调整贸易逆差。[2] 大额侨汇与资本流动密切相关。基金组织章程规定短期项目资金应在国际间不受管制而自由流通,长期项目则否。7月18日上午,第一委员会举行第八次会议,若干国家认为侨汇属于无契约关系的资金转移,应予列入长期项目。法国代表则认为应放宽解释,会议决定由起草委员会考虑侨汇问题。

在第二天举行的第九次会议上,苏联代表提议,短期流动交易不应包括充作家用的小额移民汇款,得到法国、玻利维亚和古巴的支持。[3] 此点对中国影响甚大。中国代表顾翊群据理力争,坚定地声称,侨汇被普遍认为是短期交易。"侨胞赴国外开发经济后,酌量汇款回国以接济家用,按照情理,此种赡养费不仅系商业上的契约,且更为道德上的契约,故应作短期项目论。"他的发言很快引起了诸多与会代表的共鸣,希腊毫无保留地支持中国的提议,荷兰、加拿大、埃及强烈支持中国的观点,印度、萨尔瓦多等国亦认为中国代表团的理由充分而予以赞同。会议中间曾有代表怂恿英国货币专家罗伯特逊教授起而反对,但他则称,"本人兹站在一位经济学者之立场,主张将侨胞汇款列入短期项目,而不应将之列入长期项目"。全场为之鼓掌不已。顾翊群感慨万千,称:"罗氏忠于学术之立场,实值得吾人之赞佩……唯具有智慧者方能下适当的道德判断,且亦唯具有智慧者方更可能伸张正义。"[4]后来,古巴代表建议删除移民一词,得到中国认可;委员会最

---

[1] Minutes of Meeting of Commission I, Committee 3, July 5, 1944, p.4, box 10, RBWA.
[2] 林满红:《评介张著〈抗战时期及战后中国的通货膨胀螺旋〉》,张玉法:《中国现代史论集》第09辑,(台北)联经出版事业公司1985年版,第300页。
[3] 《联合国家货币金融会议中国代表团报告》,第55~57页,396~1401(1)。
[4] 顾翊群:《危机时代国际货币金融论衡》,第112~113页。

后将文字表述稍加修改,予以通过。① 对此,后来中国财政部总结称:"虽有苏法等国反对,经数日反复辩论,终以我方理由正大而获通过。"②法国著名经济学家、其后担任国际货币基金组织第六任总裁的拉罗西埃尔(Jacques de Larosière)认为,针对苏联的立场,中国做了最强有力的论证。③

与侨汇相关,会议针对流动交易汇兑管制问题也进行了激烈的讨论。基金组织意在取消对于国际流动资金的限制性措施,但特别规定了数项例外,最重要的一条即:在战后过渡时期,会员国尤其是都市被暴敌侵占之国家,仍可维持其汇兑限制办法,以安定国内经济。基金组织成立后5年,会员国应与基金组织协商取消汇兑限制。对此,孔祥熙称:"我国战后百端待举,为求经济之稳定,或有继续管理汇兑之必要,故我方对于此点贡献意见颇多。"④

五、国际银行问题

关于国际银行资源的运用,分为经济发展与经济重建两种。经济发展对应未受战火破坏的国家,如南美各国、印度等;经济重建对应遭受敌国占领的国家,主要分布于欧亚大陆。对于国际银行资源侧重于经济发展,还是经济重建,各国说法不一,争论激烈,讨论结果则是不分轻重给予同等待遇。但是苏联与波兰认为,"对于一国都市区域被暴敌摧残者,银行放款时,应特别减轻其负担,加速此等区域复兴工作之完成",中国代表亦表赞成,第二委员会通过后载入条文。⑤

关于国际银行资本认缴额,因为苏联等国不愿缴纳与基金组织份额相等的额度,故给会议带来了麻烦,尤其是使美国左右为难。7月21日上午十时多,各国代表团团长开会,讨论银行认缴额问题。印度对于苏联拒绝认缴等同于基金组织份额的行动十分愤慨,并拒绝了美国提高认缴额的呼吁。面对各国代表,美国财政部副部长文森无奈地说:"银行认缴给我们带来了很大的负担,不是美元的负担,而是立法上的。据我的计算,现在离88亿美元的目标还差5700万美元。我们希望你们能承担起这些责任。"在这种情况下,中国代表冀朝鼎立即发言,称"中国愿意增加5000万美元,认缴6亿美元"。这使文森激动万分,称"(中国的表态)非常好。我们会很高兴地记

---

① Meeting of Commission I, 9:00 pm July 19, 1944, pp. 12–19, box 40, RBWA; Corrected Minutes of Meeting of Commission I. July 19, 1944, Doc. 519, box 5, RBWA.
② 财政部财政年鉴编纂处:《财政年鉴》第3编下,第10篇第182页。
③ Kurt Schuler & Andrew Rosenberg, *The Bretton Woods Transcripts*, p. XV.
④ 《联合国家货币金融会议中国代表团报告》,第72~73页,396~1401(1)。
⑤ 《联合国家货币金融会议中国代表团报告》,第115~116页,396~1401(1)。

住这一点",随后古巴和加拿大等国相继提高认缴额,总数达到足额,会议顺利结束。按孔祥熙的说法,各国对中国感情最佳。①

六、白 银 问 题

作为用银大国,中国对白银的态度将在很大程度上影响会议对于白银问题的讨论,因而,中国代表的态度受到各方关注。支持白银的国家或群体寄希望于中国为银本位制或金银复本位制出头发言。1944年6月中旬,一位来自美国伊利诺伊州库克县的名为缪尔(John R. Muir)的人致信席德懋,称对中国问题极感兴趣,极力支持中国说服英国和美国恢复银本位制度。②反对白银的人对中国极为警惕。7月1日,英国财政部驻华代表霍伯器(Edmund L. Hall-Patch)注意到,孔祥熙很有可能会提出有关白银的"不切实际"的计划,如果他与墨西哥人联手,则英国将会遇到大麻烦。③ 尽管事后的历史表明,这个判断反映的是英国对于中国的无知,但也体现出中国在白银问题上具有重要的发言权。

第三委员会第一小组委员会讨论白银问题,支持与赞成的意见都有,争论激烈。如玻利维亚曾建议,各国初始缴纳额的1/4使用白银,④主张白银在基金组织内发挥一定作用,得到古巴的支持。⑤ 墨西哥认为黄金未来必然会更为稀缺,提出将尤尼塔斯定值1/4盎司黄金(价值9美元)和2盎司白银(价值1美元)。⑥ 当然,也有一些国家(如菲律宾)认为白银不应在基金组织中扮演任何角色。⑦

中国并不看好白银作为货币的价值,拒绝将主要货币与白银挂钩。自1935年中国实施法币改革后,白银在中国仅被用于铸造辅币。1944年6月23日,在抵美后举行的记者会上,记者提的第一个问题便与货币本位有关。孔祥熙幽默地予以回应,称:"你们知道的,黄金很有用,我曾卖给摩根索很

---

① 《抄电(六)》,1944年7月22日,国民政府档案,761-00120。
② To Mr. T. M. Hsi, June 19, 1944, box 122, AYP.
③ Hall-Patch to Ronald, 1st July 1944, FO 371-40916.
④ Memorandum of a Meeting on the International Stabilization Fund in Mr. White's Office, July 17, 1943, BWC1338-06.
⑤ Memorandum of a Meeting on the International Stabilization Fund in Mr. White's Office, August 23, 1943, BWC1340-02.
⑥ Memorandum of a Meeting on the International Stabilization Fund in Mr. White's Office, June 1, 1943, BWC1341-31.
⑦ Answers to Questions for Comment by the Technical Experts, July 8, 1943, BWC1342-08.

多白银,他回馈我一些黄金。"摩根索马上补话称:"都是公平交易!"①在场的记者哈哈大笑,孔祥熙也借此巧妙地表达了中国对于白银的疏远态度。7月4日,孔祥熙在声明中直言,重建币制时,中国政府拟以白银与镍铜为辅币,而不主张将其应用于货币储备,②再次表明了中国对于白银的态度。7月10日,第三委员会设立三个特设委员会,第一个为白银应用国际货币特设委员会,中国代表李国钦任发言人。③ 最终,产银大国墨西哥的金银并用提议为大会否决。④

七、敌产处置及被劫掠财产的归还问题

第三委员会第二小组委员会讨论处理敌产及战时被劫掠财产问题,涉及被占领国家被掠夺的贵金属、货币与证券及其向中立国转移问题。虽然在之前的布雷顿森林谈判中并未涉及这一主题,但它与中国关系重大,中国代表团向大会提交备忘录供其考虑:

> 第一,黄金和白银。轴心国从被侵略国掠夺了巨量金银,必须采取措施使这些金银尽快物归原主,阻止其被运到其他地方(即中立国)——尽管轴心国已经尽可能地这么做了。
>
> 第二,货币。轴心国不仅偷盗货币,还夺取印制货币雕版,制造伪币。应重视此类货币的流通情况,在多数情况下,无法将这些伪币与自由地区流通的合法货币区别开来。尽管该问题只与个别国家有关,但由于此类货币也可能为他国人民所持有,因此这也是一个国际攸关问题。
>
> 第三,证券。敌人入侵速度是如此之快,以致原属联合国家人民的证券被大量掠走。这些证券多为政府和个人持有,由被占领国政府或其他机构发行。其中许多是可转让且能够凭票取款的。显然,这些证券应尽可能地返还给原持有人,而不使敌人或非法持有人将之变现。对于将它们与之前由轴心国人民持有的证券进行区分也是一个问题,这在和平协定中应予以特别考虑。国际社会需要关注这些问题,联合

---

① "Has the Bretton Woods Conference Begun?", *The Commercial and Financial Chronicle*, June 29, 1944.

② Summary of Statement by Dr. H. H. Kung, July 4, 1944, p.4, 396(2)-970.

③ Minutes of Meeting of Commission Ⅲ, Other Measures for International Monetary and Financial Cooperation, July 10, 1944, BWC710, Ansel F. Luxford Papers.

④ 顾翊群:《国际货币会议与国际货币问题》,载梁庆椿:《国际货币论集》,重庆:中国农民银行经济研究处,1945年,第11~12页;《联合国家货币金融会议中国代表团报告》,第63页,396~1401(1)。

国家应采取共同政策来保护此类人群的利益。①

　　中国认为尽早解决这些问题是重要的,包括将财产归还联合国家政府及其人民。因此,中国代表团提议成立一个小型的国际专家委员会,研讨该问题,并推荐可供相关国家考虑和采纳的政策与措施,得到一些国家的支持,波兰亦提交了意见。② 同时,中国代表团考虑到,战争结束之时,敌国手中必然还掌握着联合国家发行的大量货币。如果他们拿此类货币在国际货币市场上倾销,必然会扰乱国际货币的稳定,并危及基金组织创建的基础。因此,为保障会员国利益,确保基金组织的成功,特提出以下建议供会议讨论:(1)除非得到基金组织的正式通知,基金组织会员国同意不与非会员国发生直接的外汇交易——包括货币与可流通证券。(2)利用黄金或其他经核准的证券,非会员国可从基金组织处获得会员国货币或证券。③

　　这一有关敌人资产及掠夺财物的内容后来形成布雷顿森林第六决议案,得到美国与中国政府的完全赞同。中国曾建议由联合国家通知各中立国政府,公正轴心国在其国内的资产及由轴心国逃往其国内的资金,并采取措施予以取缔。④ 但由于联合国家此时尚不是国际组织,会议最后号召所有与会国单独通知。美国于1944年10月17日正式对中立国发出照会,中国亦采取合作步骤。⑤

八、《布雷顿森林协定》的通过

　　1944年7月22日下午六时,协调委员会开会,通过《布雷顿森林协定》,并建议闭幕大会予以采纳。⑥ 随后,摩根索举办闭幕晚宴,邀请全体代表、秘书和工作人员参加。由于在七时突然收到苏联将其银行认缴额提到12亿美元的消息,摩根索过于激动,将晚宴时间从七时半推迟到了八时,当晚到会600多人。⑦ 在宴席上,中国财政部部长孔祥熙坐于发言人之位,两侧为其他各国代表团团长,孔氏被推代表44国代表团发言,向罗斯福总统

---

① Memorandum submitted by the Chinese Delegation for Consideration by Commission Ⅲ, July 7th, 1944, box 122, AYP.
② Matters submitted to Commission Ⅲ of Possible Interest to the Press, no date, BWC591-02.
③ Memorandum, no date, box 122, AYP.
④ 《吴国桢致蒋委员长》,1944年10月21日,外交部,数位典藏号:020-050205-0116。
⑤ 《主席来代电,第24630号》,1944年10月27日,外交部,数位典藏号:020-050205-0116。
⑥ Resume of Meeting of Coordinating Committee, July 22, 1944, box 5, RBWA.
⑦ 在感谢斯捷潘诺夫带来的好消息时,摩根索特意用苏维埃社会主义共和国联盟的全名来称呼苏联,这是较为罕见的。Conversation, July 22, 1944, box 53, RBWA.

及美国人民干杯致敬,其致辞获得热烈之掌声。① 摩根索特别对中国过去恪守信用之精神表示崇敬,并提及过去桐油借款,中国在作战之时即提前还清,守信用之精神,实为难能可贵。② "彼在举杯祝与会44国及列席之丹麦时,曾获如雷之掌声"。③

晚九时四十五分,摩根索主持布雷顿森林大会闭幕式。在凯恩斯的提议下,全体一致通过《布雷顿森林协定》。大会气氛如文森所言,"我们一起走向胜利,我们一起走在和平的大道上"④。美国总统罗斯福的信件也得到了宣读,信称代表们"已为持久和平及安全之殿堂筑牢两大基石。他们业已表明,联合国家的人民能够携手合作规划和平事业,一如他们在应对战争时做的那样"。⑤ 之后,包括丹麦观察员在内的各国代表团团长依次在《布雷顿森林协定》上签字,中国由孔祥熙代表签字。至此,虽会期延迟三天达到22天,但布雷顿森林会议顺利闭幕。会议圆满解决了过去历次谈判未能解决的经济问题,从而以历史上最为成功的会议之一载入史册。

综上所述,中国代表团在布雷顿森林会议上的活动主要集中于七个方面,将中国方案的诸多内容写入协定之中:(1)奋力争取份额数量,这是最重要的工作。最终,中国在基金组织与国际银行中分别认缴5.5亿美元及6亿美元,位居第四,获得指派常任执行董事的资格,中国提议为执行董事配备代理董事的建议也得到采纳。(2)战后初期过渡时期设置方面,有两项重要内容。其一,延缓确定货币平价,最后得到大会认可。被敌国侵占的国家加入基金组织时,法定币值可从缓决定,货币汇兑管制亦得延续。其二,在中国所期待的货币复原贷款方面,亦取得突破,国际银行章程允许这种例外情况的存在。这两项是中国长期追求的目标,中间一度被宋子良认为不可能实现,但终在会议上得偿所愿。这显示中国的主张在国际范围内有广泛的支持。(3)侨民汇款系涉及中国国际收支的重大项目,中国极力争取,成功将其列入短期资本流动项目,无需基金组织的监管可自由流通,在一众国家的支持下闯关成功。(4)关于银行贷款的利用问题,中国支持将其侧重于经济重建。会议讨论结果虽为重建与发展并重,但又特别规定,银行放款时应注意考虑减轻战争受损国的负担。(5)关于白银问题。中国

---

① 《美财长摩根索宴会席上,孔副院长代表各国发言》,《中央日报》(重庆)1944年7月24日,第2版。
② 《联合国家货币金融会议中国代表团报告》,第142页,396-1401(1)。
③ 《世界银行基金,苏增加摊额》,《中央日报》(重庆)1944年7月24日,第2版。
④ Verbatim Minutes of the Closing Plenary Session, July 22, 1944, pp. 1-2, 8, box 5, RBWA.
⑤ Letter for Henry Morgenthau, Jr., July 22, 1944, box 5, RBWA.

明确表示白银仅做辅币,不做储备货币。(6)关于处理敌产及向中立国追讨被劫财产问题,中国与各国意见一致,并在会后迅速付诸实施。(7)关于中国形象的宣传问题。会内会外,中国代表团做出多方面努力,不仅向与会各国展示出中国作为大国的新形象,也明确说明了中国能够跻身于大国行列的根本原因,系在于对艰苦抗战的坚持。

布雷顿森林谈判,尤其是最后阶段的布雷顿森林会议,筹划了对战后世界极其重要的货币金融秩序,这在人类历史上是一个全新尝试。在世界经济事务当中还从未有过这样的先例,它标志着国际合作已经步入超越诸如国家安全和军备控制等传统领域的新时代。① 值得一提的是,布雷顿森林谈判本身烦琐晦涩,中国代表团在与他国代表沟通时,付出了极大的辛劳。如凯恩斯在7月22日闭幕大会上所言,它涉及高深的学问、复杂的技术,"吾人须同时完成经济学者、政治家、金融家、宣传家、新闻记者、律师、甚至预言家之重任"。② 在这个过程中,中国既以积极的姿态参与了布雷顿森林谈判,也以坚定的态度捍卫了本国利益,对布雷顿森林两大机构的创建作出了卓越的贡献。

第四节 国内外对于中国参加布雷顿森林会议的反应

布雷顿森林会议受到反法西斯各国的欢迎,使世界经济合作有了一个光明的开始,两大机构是"人类历史上空前的创作,也是最近一二十年来世界经济学者理想的实现"。若将来发扬光大,没有一国不受裨益。③ 这几乎得到了当时人们的一致认可。如陈光甫认为《布雷顿森林协定》对于世界持久和平切实可行,极富远见,它标志着国际经济关系的新起点。美国代表团成员、参议员托比(Charles Tobey)亦持此类看法。④

一、中国在国际范围内得到积极评价

最终通过的《布雷顿森林协定》毫无疑问有着中国的印迹,这也得到国

---

① [美]孔华润主编,张振江等译:《剑桥美国对外关系史》下,新华出版社2004年版,第191页。
② 《联合国家货币金融会议中国代表团报告》,第144~145页,396~1401(1)。
③ 丁忱:《国际货币金融会议之成就》,《思想与时代》1944年第38期,第20~21页。
④ Letters, February 15, February 19, 1945, Q275-1-2774,上海商业储蓄银行陈光甫在美国期间关于参加国际商业会议并对国际货币计划表示意见,上海档案馆藏。

际社会的积极评价。会议前夕,美国加州一份报纸称,当下最具意义的事件便是将于7月1日开始的世界货币会议,有40余国参加,美国、英国、苏联和中国已经先行达成临时协议。① 突出了包括中国在内的四大国的重要性。对于中国在会议上的收获,路透社新闻以大标题称,中国名列基金组织五大执行董事国之一。报道称,5个份额最大的国家可向执委会派出执行董事,他们分别是美国、英国、苏联、中国和法国。② 另外,美国《时代》杂志公开报道了中国增加国际复兴与开发银行认缴额的举动,称各国在银行中的认购额与它在基金中的份额相同,主要例外即美国、中国和加拿大三国,其认股额增加10%至15%,③展现了负责任的态度。

会后,有美国学者高度评价了中国在会议上所扮演的角色。1944年9月,奥斯丁·格雷发文称,在布雷顿森林会议上,中国获得了西方过去从不愿承认的地位,不仅在政治与军事上名列四强,在经济与金融上亦被承认为四强之一。进一步地,因为中国的行动,远东地区的人们越来越多地成为历史进程中的主体而越来越少地成为客体。这一趋势在布雷顿森林得到承认并得到加强。④ 承认中国在构建布雷顿森林体系上扮演了重要角色,是一个很高的评价。美国代表团技术专家戈登韦泽也称:"布雷顿森林会议取得了令人瞩目的成就……中国代表对方案的某些内容尤感兴趣,较之原先的方案,它们能更好地满足他们的需求。他们急切地推动方案得到采纳,并将成为一个全面参与者。"⑤一句话,戈登韦泽承认,中国曾作出努力,使方案的关键内容符合本国利益。

二、中国代表团的态度

布雷顿森林会议结束前夕,孔祥熙接见中央社记者,畅谈国际合作、中美友谊及中国形象问题。孔祥熙认为,中国从几个方面扮演了积极的角色:

---

① "Report Big Four Agree on Returning to Gold", *San Pedro News Pilot*, Volume 17, Number 77, 3 June 1944, p. 4.

② "China is one of 5 Directors of Monetary Fund", July 16, 1944, Reuter Bretton Woods, NH, Q275-1-2183,上海商业储蓄银行有关战后复兴计划等——世界经济货币等问题(中、英文),上海市档案馆藏。

③ "Shock Absorbers", *Time*, July 31, 1944, p. 85.

④ Austin Grey, "The Monetary Conference and China", *Far Eastern Survey*, Vol. 13, No. 18 (September 6, 1944), p. 166.

⑤ E. A. Goldenweiser, Bretton Woods, November 22, 1944, p. 1, box 36, Folder 11, Item 3, Marriner S. Eccles Papers, The Washington Years, Part 2, https://fraser.stlouisfed.org/archival/1343/item/460964, accessed on April 25, 2022.

其一,履行促进国际合作的任务,中国对于美国政府与人民具有一种特殊之友谊,中国希望与世界其余国家合作;其二,为协助全球人民能友好相处、享受生活,中国已在此次会议中作出让步与牺牲,美国代表团之发言人及其他与会国家已予公开承认;其三,为保证和平与繁荣可以持久,中国不仅求取本身之利益,且亦应立己立人,各国应互信互助,尤须协助弱者与不幸者。吾人惟有以此种展望,始能希望此后生活于和平之中。如无此等原则存在,此次会议及以后各项会议之成就,均将成为泡影。① 面对国内媒体,孔祥熙所强调的仍是中国重建与发展问题。

国民政府金融顾问杨格对于中国代表团的表现也持肯定态度。会议结束当天,他致信其友称,基于国际合作原则,布雷顿森林会议通过的方案较过去版本有实质性的改善,为个别国家的恢复所做的过渡安排,如致力于复兴及重建币制等,最终使方案富有弹性。② 几天后,在致中国财政部次长俞鸿钧的信中,杨格称"大会在良好的气氛中推进,从总体上来看结果是好的。作为一个被占领国家,中国在确定汇率的时机问题上,争取到了相当大的余地。在会场上,当中国代表解释其特别境况时,其他国家的代表极愿予以满足……中国代表团在布雷顿森林干得不错,所有人都精力充沛";另外,关于战后中国如何复兴的问题,他称:"在战后初期的紧急复兴阶段,中国应暂时避免使用基金组织的资源,而是更多地利用手上已有的美元与黄金。未来,中国被英美冻结的款项会解冻,它们亦能加强中国的外汇地位,再加上复兴与开发银行也会为已立项工程所需的进口物资提供支持,因此,中国外汇地位将会好转。"③甚至多年以后,杨格对于中国代表团在会议上的努力仍然是赞誉有加。1954年5月,他在致顾翊群的信中称,(当年的中国方案)最为重要的是强调战后首先实施货币复原措施,在外部援助的支持下,以合适的政策重建币制。对于永久性稳定协议而言,这是更为治标的举措。当谈判推进时,(美国)许多要点都发生了改变。幸运的是,最终文本比美国最初的草案灵活了很多。④ 有趣的是,同样是针对中国在布雷顿森林谈判中的努力,他公开发表的一些看法与此很不一样。

中国代表团技术专员、世界贸易公司董事章植将会议文件一读再读,甚至自夸"将会议中从头至尾之文件(高达一尺),完全看过者,在我国人士方

---

① 《孔副院长谈货币会议,感谢同盟国援助我国》,《中央日报》(重庆)1944年7月24日,第2版。

② To Dr. W. W. Cumberand, July 22, 1944, box 122, AYP.

③ To Dr. O. K. Yui, July 27, 1944, box 122, AYP.

④ To Y. C., May 28, 1954, box 92, AYP.

面,植当为第一人"。从致力于中国及早实现工业化的角度,他提出若干注意事项:第一,"此次会议中所决定的基金及银行,将来如能成立开业确为一划时代之组织。此后在国际金融方面,是各国中央银行之性质。金融的整个组织,亦将因基金与银行之设立,而有调整之必要。此宜为我国人士所加以注意";第二,贸易方面,中国应设法改善关税政策,鼓励出口市场,提倡海外航运保险事业,辅助侨胞生产事业,以增侨胞汇款,"使在长期间我国国际收支可以常趋平衡,当为我方参加基金之基本义务";第三,在财政方面应设法平衡预算,改善租税制度,巩固公债信用;第四,在生产方面使中国工业化,"得在最经济最有效之条件,循序进展,拟具精密的计划,以在国际复兴建设银行中借用大批款项,同时,区分民营国营,使人知所适用";第五,在法律方面,使外人来华投资得有公平的保障,"现有公司法方面,应加以修正。凡属此类问题,均为我方参加国际货币基金及银行应有之准备工作"。① 从中国代表团报告看,这些建言得到了孔祥熙的认可和采纳。②

三、国内舆论的积极评价

与会议参与者的观点类似,国内舆论界大都肯定中国参与布雷顿森林谈判的意义。由于时差及战时通讯延迟的影响,中国媒体对于布雷顿森林会议的报道有两天的时间差,但做到了持续跟踪,广泛报道,且多持正面评价。舆论多认为,会议超出对于货币事务的影响,对世界和平与繁荣多有助益。经济学家赵兰坪称:"国际货币会议已告成功,其成就不以狭义货币问题为限,对于战后各国之经济复兴,亦能发生相当作用……今后世界和平,实利赖焉。"③ 舆论同样重视中国在经济方面所收获的利益,认为中国自谈判所得,特别是国际货币合作与国际长期投资,对于中国战后的稳定币值和利用外资,对于中国财政金融,皆有极大助力。一些具体好处是显而易见的,如:

---

① 光字第199号函,1944年8月7日,Q275-1-2428,上海商业储蓄银行章午云、李桐村在美向陈光甫报告有关国际情况、世界贸易公司情况的函件,上海市档案馆藏。
② 关于中国应对《布雷顿森林协定》做何准备,章植的五点建议与中国代表团报告的五点建议基本一致,仅个别内容略有出入。鉴于他在与陈光甫的通信中曾透露,"此次赴货币会议,须做一详尽报告","有四万字以上","关于金融货币会议之经过,植曾作一报告"等,综合推断,布雷顿森林会议中国代表团报告应由章植于1944年7月底8月初起草,交孔祥熙审阅修改后定稿,1945年2月底寄发国内,全文以孔祥熙的名义写就。参考《联合国家货币金融会议中国代表团报告》第278~285页,396~1401(1);光字第198、199、201号函,1944年7月31日、8月7日、8月21日,Q275-1-2428,上海市档案馆藏。
③ 赵兰坪:《国际货币问题之回顾与前瞻》,《经济汇报》1944年第10卷第5~6期,第10页。

第一，国际货币基金组织与投资银行可以消除国际通货竞争，推动国际贸易的正常发展，促进国际资本的合理流通，对于急谋经济建设的中国，显然有良好的影响。一方面，它能保持汇价的安定，另一方面又能充分取得经济建设所需要的物资与技术，此次中国参加国际货币基金组织，必能取得各会员国的密切合作，继而协助稳定法币对外价值。[1]

第二，战后中国重建必然费时，因南洋华侨财产的重大损失，重建的费时费力，侨汇必然减少，而经济建设，有赖国外器材的输入，入超数量，必现激增。今既有短期通融与长期资本的合作，鼓励外资输入，借重外国的资金技术，则可弥补国际收支的差额，充实我国人力物力，协助经济建设。这对于国际收支多属逆差的中国，显然有良好的影响。[2]

第三，中国准备在战后最短时间内实施工业化政策，而《布雷顿森林协定》对于工业化有着重大的裨益。国民政府对于工业化非常重视，陈光甫称"向具热心"。按照1943年的估计，五年工业计划，中国约需资本15亿美元，甚至有人估计需要40亿美元。[3] 无论如何，战后工业建设计划非常庞大，要付诸实行，必然有大量机器及工业物资进口，且需要筹措大量工业资金，故在战后若干年中，贸易逆差及入超趋势，必然更甚，长时间的失衡，可能性至大，这有赖于世界银行国际长期投资政策的运用以资调剂，从而维持国际收支的均衡，其意义不言而喻。[4]

第四，各国复员与建设之际，可设立"过渡时期"。在过渡时期内，不必给法定币值，中国可继续实施对于经常外汇交易的限制。两个机构"对于吾国战后的稳定币值和利用外资将有很大的帮助，所以吾们的拥护是毫无疑问的"[5]。我国战后建设工作之范围，既甚广泛，则须藉国际金融之合作，以达目的，自不待言。[6]

第五，与负担的义务相比，中国在《布雷顿森林协定》中的收获要大得多。中国可以用国币自基金组织购买外汇，短期资金可借之数达1.3亿余

---

[1] 王逢辛:《论国际货币基金之建立及其意义》，《财政评论》1944年第12卷第1期，第23~24页。

[2] 彭瑞夫:《论战后国际货币合作与中国》，《三民主义半月刊》1944年第5卷第5期，第17~18页。

[3] 何品、宣刚编著:《陈光甫日记言论集》，上海远东出版社2015年版，第203页。

[4] 曾纪桐:《怀特战后货币计划与国际银行计划》，《东方杂志》1944年第40卷第4期，第20页。

[5] 吴纪先:《写在"联合国货币金融会议"闭幕以后（三）（美国特约航空通信）》，《华声》1944年第1卷第4期，第23页。

[6] 何廷光:《国际货币金融会议与中国》，《银行通讯》1944年第11期，第8页。

美元,并且可持续借用数年之久。就中国所需短期资金来说,这个数目足以满足中国的实际需要。重建与建设方面,中国提出的计划如果合理,则自国际银行可借贷额似不应较平均分摊的数目40亿美元为少。这个数目对于中国战后经济建设的帮助是很大的。①

从更大的意义上说,布雷顿森林会议通过的国际通货计划,利用国际合作,为生产落后的中国解决国际收支失衡所需的短期资金来源,是增进人类的整体福利。具体来看,就中国摊额5.5亿美元而言,中国可用黄金购买外汇,每年不得超过1.375亿美元(摊额之25%),这样我国每年所融通额,可得1.375亿美元,并可继续将近5年,仿照中国在战前国际收支失衡情形而论,已足应付中国短期资金的需要。据谷春帆估计,"自1937年夏秋之交,到1938年底维持汇率,大致用去美金2亿元,1939年春,中英平准基金500万镑,约合美金2500万元,于四五六三个月中,几乎耗尽。这些自然是资本逃逸时期的极端例子,而中国每年所需美金,亦不过1亿余元",战事结束以后,举办建设,对于短期资金需要略增,但据过去经验,上述融通额已足应付了。

世界银行现金及其信用贷款额,可达420亿美元之多。如此庞大的资金,对于世界各国开发建设,将有莫大利益。这与中国战后工业化政策,正相配合。中国既可获得长期投资,则中国战后经济建设的资金,可得解决的途径。另外,由于中国可指派常务执行董事,从而与美英苏三国共同参加最高管理机构,则将来在国际金融地位上,可以发挥领导作用,于中国战后经济建设的前途较有裨益。②

中国的负担,亦在可承受范围之内。刘大钧称,基金组织"摊额之一部分以黄金缴付,虽似加重我国之负担,而实则有利无害"。按官有黄金及美国货币净额10%计,缴纳黄金不过美金数千万元。③ 虽然中国抗战极其艰苦,黄金与外汇尤其珍贵,但也足够应付这笔费用。据美国财政部估计,1943年中国黄金与美元储备达7.5亿美元。④

四、国内的批评声音

也有一些声音认为,中国在布雷顿森林谈判中付出了巨大代价,得不偿

---

① 伍启元:《国际货币金融会议与中国》,《财政评论》1944年第12卷第4期,第15~16页。
② 朱中忠:《国际货币金融会议与战后中国》,《陕行汇刊》1944年第8卷第5期,第3~4页。
③ 刘大钧:《国际货币基金方案之检讨》,《经济汇报》1944年第10卷第5~6期,第4页。
④ Moggridge, Donald, *The Collected Writings of John Maynard Keynes*, Vol. 23, *Activities 1940-1943, External War Finance*, London:Cambridge University Press, 2013, p. 281.

失,但这种认识不多,在当时并非主流。金融学家李荣廷认为,中国的会议所得实际难以满足中国经济建设的需要。他认为,中国战后工业化,需要长期巨额资金的支持,国际银行仅担负短期资金调节与保证的责任,与中国的需求距离尚远。此次会议,"对于基金资源之黄金价值,决定保持不变。任何会员国之通货,不论其面值及外汇价值,如何变动,其黄金价值,决不变动……此一硬性规定,对于中国战后紧缩通货及调整外汇,将施加相当的限制"。李荣廷担心,中国战时法币面值贬低甚巨,如果战争结束即确定币值,将"使国家永久遭受国际羁绊,陷于万劫不复之境域"。① 实际上,如果中国援引过渡时期条款,则这一担心即是多余的。从事后的发展来看,直到法币退出历史舞台,中国也没有为其确定平价,因而,李荣廷的看法是过于悲观了。

有人担心,布雷顿森林机构会更为重视欧美地区,未必能满足中国的需求。银行的"投资能力毕竟太小,充其量不过 100 亿美元。据说会场中颇有偏重建设欧洲各国的空气,如果建设欧洲占 70 亿,中国在这 30 亿之中能分几何,确是疑问。西人轻视东亚之习俗,恐怕非一朝一夕所能破除……吾人决不可专事企望大量外资来建设中国,必须切切实实就国内资源想办法才对"。② 丁忱担心国际银行在贷款方面会有阴谋论,这一点也不稀奇。在过去的百年间,中国见过西方太多的阴谋,受过无数伤害。但他明显小看了国际银行的贷款能力。也有学者认为中国以让步换来国际合作。中国先是遭遇基金摊额减少,而后撤销保留条件。"中国这种处处为国际合作着想而不斤斤计较小我利益的精神,充分表现中国大国的风度。我们盼望盟邦对待中国这种精神,能够有良好的反响,将来对中国的利益,能有更大的同情的考虑。"③

五、就中国利用《布雷顿森林协定》提出的建议

对于如何利用《布雷顿森林协定》推动中国未来的发展,职能官员与专业人士提出了非常实际的建议,其中强调最多的是稳定法币币值。1944 年下半年,法币价值较抗战前期计已贬值到不足五百分之一,完全脱离官价,而"抗战以后对外收支长期的巨额逆调,既为事所难免。故汇率维持于一较稳定水准,决非易事"。④ "吾人应急起直追求取国内币值之安定,物价之

---

① 李荣廷:《国际货币会议与中国》,《经济汇报》1944 年第 10 卷第 5~6 期,第 30~31 页。
② 丁忱:《国际货币金融会议之成就》,《思想与时代》1944 年第 38 期,第 25 页。
③ 伍启元:《国际货币金融会议与中国》,《财政评论》1944 年第 12 卷第 4 期,第 16 页。
④ 勇龙桂:《对于国际货币金融会议应有之认识》,《行务通讯》1944 年第 5 卷第 12 期,第 2 页。

平稳,则对我国战后经济建设,始有厚望。"①对于法定币值如何订定的问题,学者们主张,应顾及当时法币对美元、英镑、卢布的购买力平价,还应设法增加黄金的生产量。② 彭定基强调,须兼顾法币的国内外价值。对外价值有赖国际合作,对内价值依赖本国财政收支的平衡。"必须举国上下,以最大之努力,策求国家预算之平衡,国内物价水准之安定,甚且进而促国际收支之均衡,然后其对内价值,始能趋于一定。"③

作为中国参与布雷顿森林谈判的实际领导者,孔祥熙也很注意有效地利用《布雷顿森林协定》的成果加速战后重建。"中国战后急务之一,为巩固法币信用,安定人民生活……基金之运用,当为其最重要之关键。又国际银行的目标,适与中国求取大量资金的需求相合,其条文明确规定,一切借款担保,完全依照借款计划本身价值,绝对避免一切政治考虑,也决不附有任何政治条件。依此条件,中国当能获得大量之资金,以供复兴开发之用。因此,孔祥熙建议中国批准该协定,并预计美国在辩论后也会通过。"④

1945年5月25日,已调任国民政府文官长的吴鼎昌收到《布雷顿森林协定》并仔细研读,看到协定"对于会员国权利义务之规定,平允无疵,诚为国际间未曾有之杰作……积以岁月,实于国际永久和平裨益匪浅",中国应迅速批准并提前做好各项准备。除了上述章植所提五点之外,吴鼎昌又提出若干具体建议。对于国际货币基金组织,他提出要研究过渡时期的货币汇兑限制办法。当前法币币值为5万元合黄金一两,20法币兑一美元,两者是否匹配,法币定值到底多少,应"由财政部密设币制委员会,慎聘少数品学兼优的专家,在部长的主持下,予以慎密研究确定办法"。对于国际复兴与开发银行,"中国极应研究准备(贷款事宜),以期动作迅速","中国复兴事业,当以恢复交通为急,开发事业,当以振兴水利为主,应由财政部会同主要机关,先拟具交通借款计划,水利借款计划,其他暂缓……于银行成立时,首先提出",以争得先机。⑤

---

① 朱中虑:《国际货币会议与战后中国》,《陕行汇刊》1944年第8卷第5期,第5页。
② 吴纪先:《写在"联合国货币金融会议"闭幕以后(三)(美国特约航空通信)》,《华声》1944年第1卷第4期,第23页。
③ 彭定基:《从国际货币基金宣言展视今后基金之运用》,《裕民》第8期,第44页。
④ 《联合国家货币金融会议中国代表团报告》,第273～275页,396～1401(1)。
⑤ 《国民政府文官处函行政院为贵院呈送国际货币基金协议国际复兴建设银行协议案请转签署盖玺后发还等情业经陈奉签署盖玺检件函达查收转发》,1945年10月31日,数位典藏号:001-064300-00025-011。

六、中共对于布雷顿森林会议的关注与评价

值得一提的是,中国共产党对布雷顿森林会议持续予以密切关注,重庆出版的《新华日报》和延安出版的《解放日报》对会议全程做了跟踪报道,在一定程度上代表了中共对国际货币金融的态度。两大报主要关心四个问题:

其一,中国在会议上的收获。《解放日报》对此进行了持续报道。在国际货币基金组织内,"中国摊额为5.5亿美元,居第四位。基金组织将设董事会,有董事12人,其中一席属于中国"。①"世界建设及开发银行正式摊派额,我国为6亿美元,居44会员国之第四位。"②这奠定了中国在战后国际秩序中的地位。对于中国在基金内份额减少的事实,《解放日报》并无报道。此外,两大报热切支持国际合作,多次撰文称颂。美国财政部部长摩根索7月1日在布雷顿森林会议开幕式上的发言,以"国际合作"为主轴,《解放日报》予以全文刊登。③

其二,中国在未来发展中如何处理外援与自力更生的关系问题。注意到中国将在国际秩序中获得大国地位以后,《新华日报》不无敏锐地看到,中国的发展并不能全然依赖于外援,中国"必须克服国际贸易中不利的情况……发展生产,固然有赖于盟国的长期资金、技术和物资的援助,更重要的还是以救火一般的速度,来挽救当前工业生产与出口的农业生产之衰落"④。这一点与《中央日报》的看法一致。该报1944年7月26日的社论称,虽然中国竭力支持国际经济合作,但"国际经济合作有一个根本的前提,就是中国经济的自力更生。中国不能够自力更生,就没有方法接受国际的投资,更没有方法发展国际的贸易"。⑤ 可以说,在中国自立问题上,两者的看法高度一致。

其三,中共两大报与《中央日报》和《大公报》等媒体不同的是,他们不止关注中国,还注意到与中国类似的经济落后国家的诉求,尤其是落后国家的工业化问题。如印度参加国际货币金融会议代表团,向大会提出第二建议,主张利用基金组织协助经营落后国家发展工业,如印度和中国等。印度代表洁迪(R. K. Shanmukham Chetty)说:"国际货币基金组织现仅供给欧

---

① 《布里敦会议上,国际货币基金分配完成》,《解放日报》(延安)1944年7月18日,第3版。
② 《战后国际银行组成,摊派基金90亿元》,《解放日报》(延安)1944年7月24日,第3版。
③ 《盟国战后经济合作,共同保证世界繁荣》,《解放日报》(延安)1944年7月6日,第3版。
④ 《论国际货币基金》,《新华日报》(重庆)1944年4月27日,第2版。
⑤ 《国际合作与自力更生》,《中央日报》(重庆)1944年7月26日,第2版。

洲、南美洲以及其他久已建立工业而还在建设并发展的国家,但并未用来建立如印度所建议的在经济落后国家的新工业。"如果想提高亚洲数亿人民的生活水准,则必须大规模援助促其自身的工业化。印度的修正建议案,主张使农业国家从英美两国获得其工业发展必需的资本和货物,"希望大会能透过该修正建议,而见诸实行。但修正案竟遭美国反对,此实让我国惊异而失望。大会不顾亚洲各国的希望和热忱,到今天对经济政策还没有远见的表示实属可悯"①。墨西哥代表苏利兹提出意见,"世界银行半数资源及基金用于建设事项,余则用以发展若干拉丁美洲共和国及若干远东国(包括印度在内)等经济落后之国家。拉丁美洲国家愿协力合作,协助建设受战争蹂躏之区域。"②

其四,中共还特别关注苏联对于会议的态度。两大报除了报道苏联参加会议人员、苏联在份额上的态度以外,还报道了《中央日报》和《大公报》所没有的内容,即苏联在会议上的抗争。美国以"摊额的确定以会员国黄金储量和产量为基础"为由,要求各国公布黄金数据,苏联表示,虽然他们掌握有确切的数字,但并不同意宣布黄金存额及产量。③ 在份额问题解决之后,美国称,苏联政府并不反对现行办法,且极愿与其他联合国家合作。货币基金会将有董事12人,苏联占据其中1席。④

从对外宣传方面,中共欢迎布雷顿森林体系的建立,但对于其前途则表达了谨慎乐观的态度,认为"国际货币金融会议设立国际建设与开发银行和国际货币基金组织的行动,仅为创造自由前途所必须的国际行动广泛计划中的第一步"⑤。重要的是,中共特别关注经济落后国家及中国在未来世界秩序中的发展与命运。对于此前中国方案的核心诉求,以及中国代表团在布雷顿森林谈判中与美国的交涉,即聚焦于中国及类似处境国家与美英等发达国家的不同需求,可以说,中共与当时中国的有识之士不谋而合。他们的建议和评论在一定程度上推动了中国代表团在布雷顿森林谈判中提出更适合中国重建与发展的提议。借此,中共也丰富了在国际货币问题上的理论认知。

---

① 《出席货币会议印度代表,提出第二修正建议》,《新华日报》(重庆)1944年7月9日,第2版。
② 《印财长在国际金融会上称期望战后美予印财政援助》,《解放日报》(延安)1944年7月14日,第3版。
③ 《国际货币金融会议上货币平准基金讨论完毕》,《解放日报》(延安)1944年7月12日,第3版。
④ 《布里敦会议上国际货币基金分配完成》,《解放日报》(延安)1944年7月18日,第3版。
⑤ 《国际货币金融会议闭幕》,《解放日报》(延安)1944年7月25日,第3版。

就中共内部而言,对待布雷顿森林体系的态度更为慎重,我们从张闻天的报告中可见一斑。当时兼任中共中央材料室主任的张闻天关注到了布雷顿森林会议的召开,敏锐地意识到了它的重要性。1944年8月中旬,他以新闻报道为资料来源,撰写了相关分析文章供中共中央参考。文章长达16页,分为七大部分,简要说明了布雷顿森林体系的来龙去脉及中国应采取的态度,全文剖析深刻,颇有见地。

在报告中,张闻天指出,美国怀特计划的目标并非如它所标示的那样简单朴素,它实际上是要把全世界各国组织为庞大的美元集团,由美国左右各国的对外汇兑及汇率,避免各国用外汇管理与汇率贬值来抵制美国商品的输入,从而使美国商品与资本通行于全世界。张闻天敏锐地指出,美国计划对英国很不利,而且首先针对英国。这是当时的舆论很少强调的,经济界人士一般把美英方案并列处理。就国际秩序而言,张闻天认为,布雷顿森会议的结果反映了美国在世界资本主义经济中的统治地位。美国的世界地位表现在:世界自由贸易,是以美国为主的自由贸易;国际经济合作,是在美国领导下的经济合作。苏联参加布雷顿森林体系,不但证明这种参加对苏联有利,而且也对美国和其他国家的和平合作有利。这也说明美苏能够互相促进,不干涉对方内政,两国有着共同的利益。而对于中国经济重建与发展问题,张闻天看到,中国向国际货币基金组织支付4500万美元摊额,即可于战后取得5.95亿美元外汇,这笔约6亿美元的外汇可支付4年。这是好的一面,代价则是中国政府战后不能自由变动汇率,不能施行外汇管理。有关过渡时期的规定只是短时间的临时通融,不能长久。而从国际银行借款,只能根据"纯经济立场",因此,究竟能借到多少还要看战后中国政府的信用。从长远来看,由于放弃外汇管理,不能采取关税保护政策,中国民族工业发展可能遇到不可克服的困难。从国际银行可能获得的借款,如何使用而不损害中国在国际上的独立地位,对于国内人民真正有利,还是需要考虑的问题。简言之,中共承认战后中国建设十分需要友邦,尤其是美国的经济援助。来自布雷顿森林机构的援助对于真正民主的中国和友邦,一定有利。①

中共所忧虑的是,在国民党政府现状不变的情况下,谁能保证友邦战后所给予中国的经济援助,不被同样用来进行内战?② 中共的看法得到很多

---

① 《国际货币金融会议述评(1944年8月13日)》,中共中央党史研究室张闻天选集传记组编:《张闻天文集(1939—1948)》3,中共党史出版社2012年版,第152~167页。
② 中共中央党史研究室张闻天选集传记组编:《张闻天年谱》下,中共党史出版社2000年版,第711页。

经济学家的支持。经济学家勇龙桂称:"政治的民主,尤为保障经济的民主之条件。是故吾国参与国际货币金融之协定,应以提高政治效率为准备与努力之起点。"①后来的事实证明,这一担心并非杞人忧天。

---

① 勇龙桂:《对于国际货币金融会议应有之认识》,《行务通讯》1944年第5卷第12期,第3页。

综　论

布雷顿森林谈判肇启了战后新秩序的构建历程,不仅见证了美国的崛起,也见证了中国在国际社会中尝试扮演更重要的角色。2019年7月,法国中央银行庆祝布雷顿森林会议召开75周年,法国财政部部长勒梅尔(Bruno Le Maire)称,从1944年7月一开始,布雷顿森林体系的两大支柱就为美国和欧洲所控制,但是(如今)全球化、反全球化、日渐增长的民粹主义以及新兴经济大国如中国的崛起为这一秩序持续带来考验。① 他这句话代表了西方政界对中国的整体无知。战后,国际货币基金组织与世界银行固然长期为美国所主导,但中国要在布雷顿森林机构中注入本国主张,并非现在才发生的事,至少在时间上明确早于法国。换句话说,国际货币基金组织与世界银行面临改革要求,并不是一件稀罕事。在两大机构酝酿创建之时,美国的主张就面临着包括中国在内的各国要求修正的呼声,且最终在《布雷顿森林协定》中得到体现,布雷顿森林体系不单是美国意志的产物。② 这也使得布雷顿森林体系与战前由大国完全主导的秩序有很大不同,本质而言它是一个新秩序,如古巴代表盛赞它具有"划时代意义",法国代表认为它"在历史上开创了一个新时代"。③

一、中国在布雷顿森林谈判中的历史印迹

诚然,在布雷顿森林谈判及其后很长一段时间内,国外舆论及学术界并未集中讨论中国在谈判中所扮演的角色,中国国力长期较弱应是主要原因。当时中国深陷于抗日战争之中,首要目标为民族的生存与国土的光复,将侵略者赶出中国为重中之重。但绝不能说中国不重视战后问题,在布雷顿森林谈判中是个可有可无的角色。如赫莱纳所言,中国在布雷顿森林体系的

---

① Reuters Staff, "Reinvent international monetary order or face Chinese dominance: France", July 17, 2019, 参见 https://www.reuters.com/article/us-g7-economy-france-idUSKCN1UB2MZ, accessed on December 19, 2020。
② 得益于金中夏论文在西方的翻译出版,如今西方社会也有人开始意识到,中国欲在全球金融体系治理中发挥更大的作用,不是现在才有的做法。中国当年参与制订国际货币基金组织规则之时,便已积极参与其中。Nick Edwards, "China's IMF Ambitions Revealed in New Archive Report", *South China Morning Post*, 20 July 2015.
③ Verbatim Minutes of the Closing Plenary Session, July 22, 1944, pp. 6, 15, box 5, RBWA.

构建过程中,实际上发挥了举足轻重的作用。① 不过,他认为由于中国支持的条款同时也得到其他代表团的支持,中国在布雷顿森林会议上的精确影响难以判定。② 这一看法有待商榷。仅研究中国在布雷顿森林会议上的表现,确实难以评述中国的作用,但如果综合考察中国参与布雷顿森林谈判的全程,对比最初诉求与最终所得,该问题则迎刃而解。从前文可知,中国对于战后事务有明确的主张,事关中国发展的核心利益,在布雷顿森林谈判之初即已提出。中国在布雷顿森林会议上向美国施加的压力,仅为对美长期交涉的一部分,充分认识到这一点非常重要。

(一) 首次在战后秩序中确定大国地位及发展保障

稳定的国际经济秩序是世界和平与发展的基础。就战后秩序构建而言,布雷顿森林谈判意义重大。这不仅因为它发生在联合国创建之前,也因为相对于政治与军事来说,经济在国际秩序构建中更具根本性意义。美国财政部部长摩根索在会议第一天就告诫美国代表,"这是我们第一次有机会向世界展示,我们想在世界性会议中做点什么"。③ 对美国如此,对中国又何尝不是。如果说中国"以领衔国的身份签署《联合国家宣言》这一国际文件,是从未有过的事情,令中国朝野各方颇感自豪",④那么中国参与布雷顿森林谈判则是近代以来第一次能够坐在国际谈判桌的核心位置,向各国代表提出不同于美英的主张,并在世界历史上留下鲜明的印迹。

中国参与布雷顿森林谈判,首要成就是在战后国际经济领域中确定了四强之一的身份,将战时所获国际地位延续至战后世界,为中国在其他国际机构中获得类似地位奠定了基础。即便中国份额在布雷顿森林会议上有所减少,也不能削弱它的历史意义。会议上中国与美国、英国和苏联并列的国际形象,在西方媒体中亦曾出现。英国《泰晤士报》曾撰文称,《布雷顿森林协定》的命运取决于美国与他国的合作程度,即其与英国、苏联和中国的会谈是否能够取得成功。⑤ 对于英国主流媒体而言,将中国与英国和苏联并列并不容易,从侧面显示出中国大国地位在英国社会得到某种程度的承认。这也是中国大国形象在西方舆论中的一次罕见亮相。

在这之前,中国四强之一的地位更多的是名义上的或政治性的。在战

---

① [加]埃里克·赫莱纳著,张士伟译:《布雷顿森林被遗忘的基石:国际发展与战后秩序的构建》,中译本"序言"。
② Eric Helleiner, *Forgotten Foundations of Bretton Woods*, p. 199.
③ Instruction of American Delegates-Fund, July 1, 1944, p. 22, box 8, RBWA.
④ 王建朗:《抗战时期中国的"大国外交"》,《中国经营报》2020年9月14日E01版。
⑤ "Monetary Fund Quotas", *The Times*, July 17, 1944, p. 3.

时的特殊环境下,它甚至是临时性的,随着战争走向结束而日益受到多国挑战,并不稳定。在中国代表的坚持交涉下,《布雷顿森林协定》彻底排除了英国的异议、法国和印度的挑战,以明确条文确定中国份额列于第四;随着各国代表在《布雷顿森林协定》上签字,这一地位得到与会四十余国的赞同。在苏联拒绝参加布雷顿森林体系之后,中国的地位上升到第三。与战前的国际地位相比,可谓天壤之别,与战后在其他国际机构中的地位相论,也毫不逊色。仅仅这一地位的确定,足以令中国参与布雷顿森林谈判这一历史事件永载史册。

其次,中国参与布雷顿森林谈判,不仅是要将战时所获大国地位延续到战后,更要为发展成为真正的世界大国建立制度上的保障。这是过去的研究较为忽视的。借助布雷顿森林谈判,中国不仅支持构筑一个平等、和平与发展的世界新秩序,更要为建设一个富强康乐的中国营造良好的国际环境。① 建立世界经济新秩序,为中华民族的复兴创造条件,是中国人无可推卸的责任,②这在当时已是社会共识,这也是当时的世界潮流。罗威称,发展中国家希望其发展诉求能体现于(战后)和平计划之中。③

中国在布雷顿森林谈判中主要聚焦于与战后重建有关的内容,特别是份额数量、战后初期的货币复原、过渡时期及货币平价的设定等问题,它们对于中国战后重建与发展至关重要。也正是基于这一原因,中国在谈判伊始就明确了在谈判中要达成的目标,主动拟订方案,积极主动地与美国展开交涉。利用布雷顿森林谈判主要参与国的身份,中国能够先行索取重要文件,及时开展双边交涉,同美国保持密切的联系和频繁的磋商。这些都为维护本国利益和巩固大国地位创造了条件。赫莱纳所称的,作为罗斯福所设想的四大国之一,中国在战后国际货币规划中发挥了突出作用(prominent role),④亦指这个层面。

从结果来看,中国代表团的确为中国争取到了重建与发展乃至实现工业化的有利条件,这对于经济落后国家十分有利。孔祥熙事后向蒋介石报告时,充分肯定了中国在布雷顿森林谈判中的收获。布雷顿森林体系中的两大机构对中国整个经济均有极大裨益:

---

① 《联合国家货币金融会议中国代表团报告》,第287页,396～1401(1)。
② 朱偰:《战后世界经济之新秩序》,《青年杂志(重庆)》1943年第1卷第6期,第8页。
③ Eric Rauchway, *The Money Makers, How Roosevelt and Keynes Ended the Depression, Defeated Fascism, and Secured a Prosperous Peace*, p.169.
④ Atish Ghosh, & Mahvash Qureshi, *From Great Depression to Great Recession: The Elusive Quest for International Policy Cooperation*, Washington DC: International Monetary Fund, 2017, p.111.

第一,战后初期中国得以保留汇率管制。汇率管制(即中国管理汇兑本位)问题曾是谈判中最难解决的问题之一。孔祥熙认为,这本属不得已而为之,最终取得了重要突破。待基金组织成立后,"中国法币有外汇准备为保障,亦有各国共同维护之基金组织为后盾,价值必能日趋稳定,经过过渡时期三年五载后,中国当可放宽管理汇兑办法"。甚至在战后过渡时期后,中国仍可继续施行汇兑管理办法,以求本国经济之稳定,但应与基金组织协商,在可能范围内逐渐放宽并解除限制。

第二,中国在确定币值与获取外资方面取得制度保障。虽然法币需要与黄金或美元发生一定联系,以保持价值稳定,但中国无须在基金组织通知30日内确定其价值,而是可与基金组织另行商定确定汇率的日期;在贸易通融方面,中国可用法币向基金组织购买外汇,每年达1.375亿美元,最高可达11亿美元,这将极大地便利中国的进口;中国境内被敌人摧残之都市区域,复兴工程应为国际银行特别优先考虑。从国际银行内借到的款项,可在任何国家内支用。中国一切复兴开发计划,不论工商农业,如不能在他处获得借款时,均可送请国际银行酌借款项。这就为中国战后重建提供了重要保障。

第三,在基金组织管理方面,中国肩负了重大职责。除向基金组织和国际银行各派出理事与副理事外,因为系份额最多的5个国家之一,中国还需要向两大机构派遣执行董事及副执行董事。前者是会员国派驻两大机构的代表,后者则是由大国及其他少数国家派出的权力代表,他们组成执委会管理两大机构。另外,两大机构可在中国设立办事处,中国技术人员可在两大机构任职。两大机构所持有的法币,可由中国中央银行代为保管,两大机构所持有的一部分黄金及其他资产,亦将存入中国中央银行。①

并不是说所有的目标都实现了。中国在谈判之初曾讨论过的一些问题,如取得与苏联类似的国际地位,限制大国权力在国际秩序内的过分集中等,最后都没有实现。其原因是复杂的,结果是现实的。尽管如此,中国在布雷顿森林谈判中的收获契合了当时的国情,表现在不仅获得了体现大国地位的权力,还冲破美国的限制,为发展成为真正的大国建立了若干保障,而这也为处境类似的国家的发展提供了条件,使战后秩序带有新的特征。如金艾美(Amy King)所言,"中国能够在关键问题上抵制美国……像中国这样的非西方国家及经济不发达国家能够上升到领导地位,标志着从帝国

---

① 根据相关内容总结,参见《联合国家货币金融会议中国代表团报告》,第159~256页,396~1401(1)。

到新的国际秩序的根本转变,这种秩序——尽管并不完美——承认这些国家的声音、经验和地位"①。

(二) 中国对于布雷顿森林体系的贡献

诚然,美国以其庞大的黄金储量②、强大的军事实力为后盾使布雷顿森林谈判主要围绕怀特计划展开,以之为蓝本构建了布雷顿森林体系。③ 英国、中国等国提出的凯恩斯计划、战后国际货币计划,以及加拿大、法国和挪威等国方案均没能像怀特计划一样被拿到布雷顿森林的主谈判桌之上。但不可忽视的是,这些国家仍通过多边与双边谈判展开对美交涉,促成了对于怀特计划的重大修改,发挥了不可缺少的建设性作用。实际上,上述各国与美国在长远目标上并无根本性冲突,它们都致力于建设一个持久和平与经济繁荣的世界,但在短期目标上则存在需要协调的种种问题。其中,中国主要关心的是经济弱国的重建与发展问题,为此提出一系列主张,并将其大部分写入《布雷顿森林协定》,为布雷顿森林体系的建立作出了重要贡献。

首先,中国提出系统方案,注重引入外国资本,使经济落后国家的重建或发展利益受到国际重视。在布雷顿森林谈判中,提出方案的国家,除

---

① Amy King,"Power,shared ideas and order transition:China, the United States, and the creation of the Bretton Woods order", *European Journal of International Relations*, first Published August 24, 2022.

② 1941年2月,美国财政部黄金存量达222亿美元,约占世界的76.6%。参见 Haas to White, February 12, 1941, box 4, CFHW。此时至1944年,世界黄金产量逐年下降,1944年的产量(750吨)甚至不足1940年(1130吨)的2/3。参见 Table 90 Gold, League of Nations Economic Intelligence Service, *Statistical Year-book of the League of Nations*, 1942–1944, Geneva:1945, p.175。美国财政部持有的黄金在1942年达到顶峰,为227.37亿美元,布雷顿森林会议开幕前下降到211.73亿美元,计算可知其当年占世界黄金总量约64%(不含苏联黄金数据,否则这一比例将下降),仍是一个非常惊人的数字。参见 US Treasury Department, *Annual Reports of Secretary of the Treasury on the State of the Finances for the Fisical Year Ended June 30, 1944*, Washington:Government Printing Office, 1945, p.776。怀特直言,美国储存在诺克斯堡(Fort Knox)的黄金是美国在布雷顿森林会议上处于强有力地位的原因。参见 Instruction of American Delegates-Fund, July 1, 1944, p.30, box 8, RBWA。

③ 美国主导布雷顿森林体系的表现之一即是双挂钩(double-pegged)制度。实际上,布雷顿森林协定对此并无明文规定,与之最接近的论述出自第4条第1部分,"各会员国法定币值,应用黄金或用1944年7月1日所用成色重量的美元表示"。一个"或"字使美国"自然而然地"确定了美元在世界货币舞台上的中心地位,自此美元与黄金并驾齐驱,成为世界一般通货。再加上1934年美国《黄金储备法》(Gold Reserve Act)将金价维持在35美元每盎司,并一直保持到布雷顿森林会议召开,才有了人们经常提到的双挂钩制度。参见 US Department of State, *United Nations Monetary and Financial Conference, Final Act and Related Documents*, Washington DC:Government Printing Office, 1944, p.31;国际货币基金复兴建设银行协定全文,第9页,396–1402(1)。

中国外,共有美国、英国、加拿大、法国和挪威五国,它们皆非经济落后国家,所提方案并无意于解决此类国家的诉求。怀特计划初公布之时,德国官员批评称,该计划完全放弃所有的货币管制、废弃各种双边和多边清算协议,将使穷国或经济不发达国家不能限制购入,令他们置于富裕大国的怜悯之下。① 这一说法不无道理。美英方案莫不以稳定战后国际汇率、实现积极就业、扩展战后贸易为目的,②符合发达国家的利益。与之对照,中国是将落后国家的重建和发展作为核心诉求,所提方案弥补了美国对于经济不发达国家和地区的忽视,③符合多数国家的利益。如美国召集华盛顿技术专家会谈时,澳大利亚派出的代表库姆斯(Herbert C. Coombs)为澳大利亚战后重建事务总负责人,④埃塞俄比亚借布雷顿森林谈判之机向美国国务院提出5000万美元的重建与发展贷款。⑤ 1943年5月中旬,英国与流亡伦敦的欧洲诸国讨论战后货币计划,达成共识:除非在救济、重建、资本流动和贸易原则方面取得进展,否则货币问题无法解决。⑥ 波兰流亡政府财政部部长格罗斯费尔德(Ludwik Grossfeld)致信摩根索称,他强烈相信,无论从政治、经济还是社会视角看,致力于重建与发展的外国投资的条款,将被证明是解决战后世界各种问题的最重要和最紧急的措施之一。作为资本贫乏的国家,波兰尤其欢迎致力于长期信贷的国际机构的建立。⑦ 这些看法与中国并无本质不同,其意义均不言自明。1944年初,杨格致电在美国国务院工作的弟弟,亦称"希望中国方案能得到(美国)全面的考虑,因为对大多数强调金融复原的国家来说,它都是一个更为可行的计划"⑧。中国坚持与美国交涉该目标并取得成果,是中国对经济落后国家和殖民地所作出的一项重要贡献。

多数经济弱国虽然有重建和发展的需要,但议价能力较弱,有赖于其他大国的支持。这些国家多在1943年3月4日之后知晓怀特计划,在当年5月参加国际粮食会议时便与美方讨论战后货币事务。但因为种种原因,他

---

① To Secretary of State, April 15, 1943, BWC1338-04.
② 《外交部:联合国平衡基金会方案》,无日期。Box 2, Victor Hoo Papers, Hoover Institution Archives, Stanford University, CA, USA. To Secretary of State, April 16, 1944, BWC1519-50.
③ 杨格称,美英方案对于中国及其他战争受损国短期内完全无用,亦从侧面论证了中国方案的重要意义。参见 James R. Fuchs, *Oral History Interview with Arthur N. Young*, p. 108。
④ Chifley to Morgenthau, 24th March, 1943, BWC1338-03.
⑤ Memorandum of a Meeting in Mr. White's Office, July 9, 1943, BWC1340-09.
⑥ Bernstein to White, May 11, 1943, BWC1341-32.
⑦ Grossfeld to Morgenthau, 4th February 1944, BWC1343-01.
⑧ To John, January 5, 1944, box 78, AYP.

们大多无力提出本国方案,而是依据本国情况,就美国计划的某一方面询问美国的具体立场,请美国做出解释或说明,在此基础上小心翼翼地提出某些诉求,尽量避免与美国的目标相抵触。本质上是在技术与细节层面完善怀特计划。相对而言,中国在这一过程中很好地利用了其政治地位上的优势,比其他落后国家拥有更大的发言权。在中国等国坚持不懈地交涉之下,美国最终深刻意识到了落后地区的重建与发展问题。布雷顿森林会议即将闭幕之时,美国代表文森称,与会代表们不会有人认为,美国没有意识到这个世界已被战争破坏得面目全非,美国不会不知道那些被占领国家的凄惨状况。美国将与那些饱尝侵略之苦的民族站在一起。① 最后通过的《布雷顿森林协定》,相对于最初的怀特计划,明显更为重视经济落后国家的发展。

其次,对于美国致力于追求的战争结束立即实现货币稳定这一目标,中国成功地使布雷顿森林会议予以部分搁置,使一些国家可设置过渡时期,从而得以暂时绕过立即确定固定汇率的安排。推迟确定货币平价是中国方案的实质性内容之一,也是中国对美交涉最为艰难的事项之一。在这一过程中,中国也得到诸多国家的支持,他们在不同的场合先后向美国发出类似的声音,特别要求在汇率管制上的自由。中国的参与和坚持无疑大大加强了这一合力。

1943年夏,在与美国代表会谈时,澳大利亚明确表示很难放弃汇率管制措施,其现行汇率可能不适合于战后情形。当汇率有调整需求时,应给予该国以同情性的考虑。② 加拿大建议成立委员会负责汇率谈判工作,③墨西哥支持由委员会审议的做法,称某国是否出现需要调整汇率的根本性失衡,应由有资格的独立专家组成的委员会决定。④ 其代表蒙特罗斯(Antonio Monteros)特别建议,在基金组织运行的头几年内,汇率的确定应有更大的灵活性,尤其是针对被占领的国家。初期汇率的更改应仅需会员国内简单

---

① Statement by the Honorable Fred M. Vinson, at the Executive Plenary Session, July 20, 1944, box 5, RBWA.
② Memorandum of a Meeting on International Stabilization Fund in Mr. White's Office, May 5, 1943, BWC1338-03.
③ Memorandum of a Meeting on International Stabilization Fund in Mr. White's Office, June 18, 1943, BWC1339-02.
④ Memorandum of a Meeting on International Stabilization Fund in Mr. White's Office, May 25, 1943, BWC1341-31.

多数的同意。①

有一些国家提出了更为具体的做法。比利时代表认为,在变更汇率问题上,应赋予新解放的国家比其他国家更大的自由,如可单方面调整汇率,幅度不超过25%。② 挪威建议,应在解放后的一个月内,或第一次大选后确定汇率。在汇率确定之前,不与基金组织发生交易。而被占领国家在解放后的2年内,可单方面更改其货币与尤尼塔斯的汇率。③ 菲律宾同样支持更为灵活的汇率。被占领国家的经济经历了不同程度的通胀与混乱,由于各种原因,有些国家在一开始只能武断地确定一个汇率。在这种情况下,基金组织不应禁止那些明显不能运作的汇率进行调整。④ 荷兰代表称,在最初重建金融体系时,允许更大的灵活性是必要的,因为各国确定为起点的汇率很大可能需要调整。⑤ 在与美方沟通时,这一观点被包括中国在内的各国反复提出。在基金组织开始运行时,汇率的调整不应面临太大困难,因为并无多少信心和基础确定明确的汇率。对于被占领国家尤其如此,因为政府对于其被占领土地的货币形势并无直观了解。对此,美国曾答应考虑特别条款,⑥修正汇率调整条款,使处于军事占领之下的国家在头几年内更为容易地调整汇率。⑦ 但面对各国的有限交涉,美国始终没有给出具体做法。

暂缓确定货币平价事宜与经济重建密切相关,可谓中国的核心诉求之一。中国不仅在华盛顿技术专家会谈时向美方提出这一问题,在后续谈判中更是展开锲而不舍的交涉,终于在布雷顿森林会议上使美国作出让步,为弱国争取到了推迟确定货币平价的权利,甚至促使世界银行的币制贷款最终也成为现实。

---

① Memorandum of a Meeting on the International Stabilization Fund in Mr. White's Office, May 26, 1943, BWC1341-31.
② Memorandum of a Meeting on the International Stabilization Fund in Mr. White's Office, June 7, 1943, BWC1338-05.
③ Memorandum of a Meeting on the International Stabilization Fund in Mr. White's Office, June 7, 1943, BWC1342-04.
④ Answers to Questions for Comment by the Technical Experts, July 8, 1943, pp. 5-6, BWC1342-08.
⑤ Some Observations on the Subject of International Payment Agreements, by Crena de Iongh, April 24, 1943, BWC1341-32.
⑥ Memorandum of a Meeting on the International Stabilization Fund in Mr. White's Office, April 27, 1943, 11:00AM, BWC1341-32.
⑦ Memorandum of a Meeting on the International Stabilization Fund in Mr. White's Office, April 28, 1943, BWC1341-32.

最后,中国夯实了战后秩序的和平基石,这是其久被遗忘的二战贡献之一。

第二次世界大战的目标有二:一是赢得对轴心国的战争胜利,二是赢得战后的持久和平。后者实为盟公认的更为重大的战争目标和使命。通过谈判协商建立布雷顿森林体系,强调弱国的发展权,推动世界的均衡发展并实现普遍繁荣,正是这个使命的一部分。在谈判中,孔祥熙强调,"货币金融会议所商讨之要题,乃与世界和平之百年大计有关,货币金融为建立和平世界一最重要之布置","余信君等必皆同意,吾人非以所获和平中包括国际币制之合作,并能鼓舞裨益国际投资以促经济复兴并发展,不能遽谓已获致和平"。① 在接受《纽约时报》记者约翰·克赖德(John Crider)专访时,他也称,达成创建国际货币基金组织与世界银行的协议,对于战后任何国际组织都是一个基本前提,否则世界又要回到经济民族主义盛行的战前时代,成为战争的大祸根。② 这些呼吁最终引起了美国的重视。文森称,"吾人不仅在战事上可以获胜,并能在战后建设一较为完善之世界",③"在真正国际合作之基岩上,为和平构建经济基石"。④ 显然,中国的努力使这块基石更加稳固。

此外,布雷顿森林谈判使怀特计划转变为各国接受的布雷顿森林体系,而中国对弱国利益的强调使得布雷顿森林体系更具弹性,更加适应战后初期各国可能出现的新情况,而不至于因战后初期的各种突发事件导致国际体系迅速走向分崩离析的局面。中国的主张与做法,缓解了弱国在战后初期的压力。考虑到布雷顿森林体系直到1958年才正常运转,那么可以说中国的主张具有一定的前瞻性。

遗憾的是,并非中国的所有观点都为布雷顿森林会议所接受,最终形成的布雷顿森林体系仍有一定的局限性。徐蓝曾指出,目前的和平是带有强权政治和霸权主义色彩的不够公正的和平,目前的发展也是在一定程度上牺牲发展中国家利益的不够均衡的发展。实际上,如何改变这种不公正和不均衡,正是摆在这些国际组织面前的最根本的任务。⑤ 而这正是现有国

---

① 《孔祥熙氏代表答词》,《中央日报》(重庆),1944年7月3日,第2版。
② Monetary Confab "Real Test" for Postwar Cooperation, July 3, 1944, Q275-1-2183, 上海市档案馆藏。
③ 《联合国家货币金融会议中国代表团报告》,第26、143页,396～1401(1)。
④ Statement of Secretary Vinson at the Bretton Woods Signing Ceremonies, December 27, 1945, BWC743-08.
⑤ 徐蓝:《试论第二次世界大战后国际秩序的建立与发展》,《世界历史》2003年第6期。

际秩序在当年形成时便隐含的缺陷。如果当初中国的主张得到更多的采纳,这种不公正和不均衡可能会大大减少。

(三) 中国在布雷顿森林谈判中取得成绩的原因

时光荏苒,如今人们多有中国在当年的谈判中对美保持密切合作甚至妥协退让的认知,对其中的坚持交涉却基本遗忘,这是令人遗憾的。大众可能会产生疑惑,缘何中国能够坚持对美交涉？原因如下:

1. 中国参与布雷顿森林谈判的具体工作由孔祥熙而非蒋介石负责,这给了孔祥熙以最大的权限实施对美交涉

当然,这并非说蒋介石不重视国际币制问题,相反,他很重视这一问题。谈判初期,蒋介石屡屡指示相关部门研究美英方案,甚至亲自索要美国方案予以查看。正是在他的过问和侍从室的督促下,财政部与孔祥熙迅速启动了对国际货币问题的研究与对策拟定工作。但在中国具体采纳何种对策方面,蒋介石并没有明确指示。谈判中后期,蒋介石对于布雷顿森林谈判的关注相对前期而言明显不足,在档案中较少看到他的批示,但他对于孔祥熙则始终全力支持。由此可见,蒋介石对这一问题的重视是粗放型的,在具体的对策制定与谈判问题上,主导权实际落在了孔祥熙身上。①

究其原因,蒋介石尽管在内政外交方面是战时中国最高决策者,②但在布雷顿森林谈判问题上缺乏系统成熟的看法,对于如何利用外国资本与技术建设国家等内容常常讳而不谈。③考察战时蒋介石的经济主张,有两本书绕不过去,它们都出版于1943年。其一为《中国之命运》。蒋介石认为中国经济建设以工业化为当务之急,而孙中山的实业计划是唯一宝典和准则。又认为,不平等条约的废除,将使中国能够以独立自由的地位,迈进于经济独立"自力更生"的大道。④ 尊崇孙中山并无问题,但将中国工业落后

---

① 孔祥熙去职后,蒋介石开始更多地插手经济事务。杨格称,"蒋介石自己不太懂经济计划之类的问题,这对中国而言是不幸的"。January 19, 1946;"蒋介石本人不懂金融,在做决定时也不与懂金融的人商量,这是中国极大的遗憾"。February 18, 1946, China Diary, 1929-1947, box 113, AYP.
② 吴景平认为,蒋介石是战时中国内政外交的最高决策者,但在争取美国财经援助事宜方面,一度由行政院副院长兼财政部部长的孔祥熙负责。参见吴景平:《政商博弈视野下的近代中国金融》,上海远东出版社2016年版,第282页。
③ 方勇认为,蒋介石具备一定的国际经济知识储备,在抗战之初就明确认识到中国是"世界经济体系之一部分,深有影响于世界局势并受其影响"。参见方勇:《蒋介石与战时经济研究(1931—1945)》,浙江大学出版社2013年版,第62~81页。然而,也就如此了。蒋介石重视国际经验,多是利用他国经验为其政策背书,很难说他真正具备了国际发展的思想。
④ 蒋介石:《中国之命运》,第139~140、142页。

简单归咎于不平等条约的约束,显然有失全面。其二为《中国经济学说》。蒋介石进一步强调了其对于中国独立发展的认识,对孙中山实业计划做出五点概括,称其"伟大周密,经纬万端",①直言中国将采取民生主义经济制度,将工业革命与社会革命毕其功于一役。② 蒋介石深信,由于中国工业落后,无法与工业发达的各国竞争,因而不能采取自由主义经济制度,在国际贸易方面,中国必须采取保护政策,在工业建设方面,必须采取计划经济制度。③ 总体来说,这种说法符合中国的实际,但相对于孙中山逻辑清晰的论述,蒋介石的观点较为笼统。孙中山的实业计划规模宏大,且从不避讳外国力量在中国发展中扮演的角色。其书最初用英文在国外出版之时,即有利用外国资本与技术开发中国的资源,实现中国经济发展的意图,④"吾欲国际共助中国之发展",当然,这是建立在中外平等关系及得到中国人民支持的基础之上的合作。⑤ 而蒋介石虽然承认"近百年来,中国经济受西洋工商业的影响,发生了历史上最大的变化"⑥,但其论述基本没有涉及利用外国力量发展中国经济问题,对自力更生与外援的关系也没有作出明确界定。

布雷顿森林谈判期间,最能影响蒋介石的人当属孔祥熙。从档案可知,孔祥熙对美国人较为了解,对国际货币事务比较熟悉,是中国参与布雷顿森林谈判的实际领导者、组织者及推动者。如郑会欣所言,孔祥熙执掌了几乎整个抗战时期的国家财政。⑦学术界已有研究对孔祥熙在国家财政中的作用多有关注,但视角多集中于其国内角色,对于他在对外经济政策方面发挥的作用,除外援外涉及不多。⑧ 表面上看,孔祥熙不像是一个强有力的部门

---

① 蒋介石:《中国经济学说》,重庆连锁书店 1944 年版,第 57~60 页。
② 蒋介石:《中国经济学说》,第 52~53 页。
③ 蒋介石:《中国经济学说》,第 47 页。
④ Eric Helleiner, *Forgotten Foundations of Bretton Woods*, pp. 187-189;郑大华:《中国近代民族复兴思潮研究》上,中国社会科学出版社 2017 年版,第 57~58 页。
⑤ 孙中山:《实业计划》,重庆青年书店 1940 年版,第 13~14 页。
⑥ 蒋介石:《中国经济学说》,第 1 页。
⑦ 郑会欣:《国民政府战时统制经济与贸易研究(1937—1945)》,第 133 页。
⑧ 主流看法是,孔祥熙对蒋介石极为顺从,有求必应。但史料表明,在某些经济政策上并非如此。如在抗战后期中美军费垫支谈判问题上,孔祥熙屡次绕过蒋介石,自作主张对美交涉。参见任东来:《被遗忘的危机:1944 年中美两国在谈判贷款和在华美军开支问题上的争吵》,《抗日战争研究》1995 年第 1 期。在预算问题上,据唐纵日记,1943 年底,孔祥熙在行政院预算会议上"大发牢骚,信口批评领袖",使陈布雷"神经甚受刺激,精神极不愉快"。公安部档案馆编著:《在蒋介石身边八年——侍从室高级幕僚唐纵日记》,群众出版社 1991 年版,第 399 页。

领袖,他心宽体胖,常以笑面①示人,一团和气,但这只是表面现象。实际上,他一手抓权,一手抓钱,处事圆滑,精明到骨子里,在十余年的时间里得到蒋介石的充分信任,将国家财政大权牢牢抓在手中。与蒋介石一致,孔祥熙赞同孙中山的经济建设思想,强调中国的大国地位。但与蒋介石不同的是,孔祥熙并不讳谈外国投资,他认为中国进行经济建设必须谋求对外经济合作。②单就国际货币思想而言,孔祥熙言论不多,国内相关研究也是付之阙如。蔡志新研究孔祥熙经济思想时发现,孔祥熙不仅在理论上主张实行保护贸易政策来扶持中国经济的发展,而且以国民政府高级官员的身份在各种场合反复要求实施一些具有保护贸易性质的举措。③ 他之所以如此,很大程度上是因为战时财政工作的艰困。从这个角度倒是可以解释孔祥熙在布雷顿森林谈判中的一些做法。中国从一开始就在方案中确定的目标,如追求高份额、设立过渡时期以完成战后重建、谋求重建贷款等,都是对中国利益至关重要的事项,自始至终基本没有发生改变。中间哪怕遭遇来自上下级的不同意见,如宋子良曾反复劝他不要逆美国之意交涉过渡时期,蒋介石在布雷顿森林会议上也劝他份额5亿美元即可,他也始终不为所动,确如李毓万所言,其个性凡事三思而行,但决定之后即勇敢去做,有毅力,有气魄,绝不犹豫。④

孔祥熙的个性深刻影响到中国对于布雷顿森林谈判的参与,驱使谈判代表坚持对美交涉。对于当时的美国而言,布雷顿森林谈判意味着国际合作与多边主义,⑤表现为美国领导下的各国间的相互谅解和高度协同性。对中国而言,除了国际合作与多边主义以外,还有一层特别的含义,即中国代表团艰苦卓绝地与美国交涉,在谈判中展现出既合作又斗争的坚忍不拔的作风。

2. 以专业群体为代表的社会力量广泛参与讨论,使民意得到充分表达,他们是中国坚持对美交涉的重要推手

孔祥熙虽主导了布雷顿森林谈判全程,且对于谈判目标的把握前后如

---

① 因此面貌,时人取孔祥熙英文名"H. H. Kung"谐音在背后呼其为"哈哈孔"。参见文思主编:《我所知道的孔祥熙》,第204页。目前学界关于孔祥熙的评价呈两极分化之势。有人认为孔祥熙人如其名,庸庸碌碌、目光短浅又嗜财如命;有人认为他称得上是见闻广博、精明能干、建树颇多的历史人物。参见蔡志新:《孔祥熙经济思想研究》,书海出版社2007年版,第337页。
② 蔡志新:《孔祥熙经济思想研究》,第199页。
③ 蔡志新:《孔祥熙经济思想研究》,第292页。
④ 郭廷以、李毓澍、陈存恭、张玉法:《孔祥熙与我:李毓万先生访问纪录》,《口述历史》第1期,第190页。
⑤ How Proposed "Reservations" at Bretton Woods were Dropped? August 24, 1944, p. 3, BWC 1545-19.

一,但对于如何实现这一目标,其方式相对灵活。他重视专业的价值,对于专业群体的意见较为尊重,做到了以他人专业意见之长补己认识之短。① 这些专业人士包括政府职能官员、银行家、经济学家、大学教授及报刊评论员等。对美谈判专家如席德懋与贝祖诒皆出身金融世家,而孔祥熙本人对金融财政工作非常熟悉,无论在应对美英方案,还是起草本国方案,抑或协调与美国的谈判方面,都能及时召集专家会议研讨,听取他们的意见。正因为如此,所以相对其他部门而言,中国财政金融系统的战后规划起步较早,有相对清晰的思路。早在1942年初,财政部就开始研拟美英战时金融合作实践,针对战后中国稳定金融及复兴经济等事项协商具体办法,中央银行甚至研议与同盟各国缔结永久货币协定,维护汇率稳定。② 因为他们深知中国战后所需并非美国所钟情的固定汇率或自由贸易体系,所以当美国怀特计划于1943年2月出示于中国之时,他们已经有所准备,因而能迅速启动对于美英方案的研讨。在中国政府整体忙于抗战的情况下,财政部门对于战后事务的规划做到了未雨绸缪。这种情况的出现,与孔祥熙及早启动专家研拟不无关系。再如,中国方案从起草到正式出台,前后四易其稿,仅历经不到一个月的时间,离开专业群体的广泛参与和社会大讨论的前期铺垫是不可能实现的。

此处还要说明孔祥熙与杨格的关系。国外学者对杨格在中国参与布雷顿森林谈判中扮演的角色评价甚高,有人甚至认为他发挥了主要作用,对中国官员的角色较为忽视。③ 但实际上,一方面,杨格严格扮演了"金融顾问"的角色,他的主要工作是提供专业意见而非决策。从他的日记中可知,无论两人私下长谈还是公开讨论,拿主意的都是孔祥熙。如1944年2月初,杨格建议中国自加拿大获取黄金,以在国内出售来平抑物价,被孔祥熙斥为

---

① 孔祥熙及其家族贪腐,为世人不齿。不过,在一些与对外经济关系相关的决策上,他能尊重专业意见,甚至连胡适都曾为他讲话。1939年冬,坊间盛传宋子文将代孔祥熙任财政部部长,胡适极力反对,向蒋介石报告,"弟向不满孔庸之一家,此兄所深知。然此一年中庸之对陈光甫兄事事合作,处处尊重光甫意见,实为借款购货所以能有如此成绩之一大原因。光甫在美所办各项事业,所以能放手做去无内顾之忧者,多因庸之绝对合作……倘能由介公切嘱庸之屏除手下贪佞小人,令其仍任财部,实与光甫在美借款购货事最为有益。"胡适电陈布雷,1939年11月27日,周谷:《胡适、叶公超使美外交文件手稿》,台北:联经出版事业公司,2001年,第210~211页。另外,孔祥熙在职权之内,也曾注意使工作不受到人情关系和庸员劣吏的掣肘。参见魏文享:《"新税、新人、新精神":抗战时期的直接税人员考训制度》,《近代史研究》2019年第3期。
② 详见本书第一章第三节第一目。
③ 详见本书第二章第二节第二目。

"胡说八道"(talking through my hat)而不予考虑。①另一方面,孔祥熙常将杨格视为其私人助理,不过公私分明的杨格小心翼翼地避免了这一点,他是政府顾问,而非孔家幕僚。如美国召开布雷顿森林会议的消息公布后,已离美3年的杨格非常想去参加,几次询问却未果,后来才得知,孔祥熙要求杨格与他共进退,去则同去,不去则都不去,对此杨格只能服从。而到第二年夏,孔祥熙已不再是财政部部长,他要求杨格与他共同返国,并派人游说,但杨格坚以婉拒,选择在美履行职责,②同时观察中国政局的变动。简而言之,杨格的主要作用是与中国官员和专家合作,在经济方面提供专业意见,起草和完善英文文件,贯彻孔祥熙作为财政部部长的意志。

值得注意的是,专业性在中美两国参与布雷顿森林谈判上都表现得比较明显,双方的沟通是比较顺畅的。

其一,中美两国谈判主导者长期任职财政部部长,与国家领袖关系密切,且获得后者的强力支持。美国方面,摩根索与罗斯福系同乡近邻,关系密切,③至1944年已任职财政部部长10年有余;中国方面,孔祥熙不仅是蒋介石的连襟,还是他在行政院的副手,任财政部部长比摩根索还早两个月,④都具有丰富的财政金融管理经验。此外,两人皆懂政治,有大局观。因此,两国在布雷顿森林谈判中的布局颇具战略远见。摩根索在国际经济领域实施"新政",意在确定美国在战后国际经济秩序中的中心地位;孔祥熙除了力保中国在战后经济秩序中的大国地位之外,格外看重促成中国发展成真正大国的国际保障。两人所关注的重大问题对于两国而言都是根本性及长远性问题,因而产生分歧甚至在某些方面发生冲突在所难免。

其二,布雷顿森林谈判是两国财政部门主导的事件,除一些事务性工作外,美国国务院与中国外交部基本被排除在外。这使两国可以避开外交上的繁文缛节或陈年旧账,直接就战后货币事务展开沟通。美国方面,国务卿赫尔被排除于决策圈之外。助理国务卿艾奇逊虽然参加了布雷顿森林会议,但因为他曾在财政部工作,熟悉财政金融问题,因而一向被财政部视为

---

① February 1,1944,China Diary,1929-1947,box 113,AYP.
② June 2,1944;June 29,1945,China Diary,1929-1947,box 113,AYP.
③ 有一则对话颇能说明两人之间的亲密关系。罗斯福第三次大选前夕,摩根索专门询问罗斯福,"不知道大选后,您是否还需要我留任(财政部部长)?"话间罗斯福眼中泛光,回答说,"我早就跟你说过,你我从达奇斯县(Dutchess County)一路走来,只要我在任,你就在任。如果(哪天)要离开华盛顿,也是我们一起离开。"September 6,1940,Morgenthau Presidential Diries,Vol.Ⅲ,p.650,box 515,PHM.
④ 孔祥熙于1933年4月6日任中央银行总裁,10月29日任行政院副院长,11月1日兼任财政部部长。参见郭荣生编著:《民国孔庸之先生祥熙年谱》,第81页。

自己人。外交部部长宋子文亦被排除在外,驻美大使魏道明扮演的多是传声筒的角色,宋子良虽为宋子文的二弟,但向来与孔祥熙交好。

其三,中美两国方案皆由专业经济学家完成,经过政府多个职能部门的讨论和检验。美国方案主要由怀特起草完善,美联储、对外经济管理局、商务部等部门参与讨论;中国方案则是在专业群体广泛参与的情况下,财政部与中央银行、中国银行等金融部门充分沟通,由孔祥熙与杨格议定文本,最大限度地吸收了专业意见。不应忽视的是,参与布雷顿森林谈判的多数中国经济学家是在美国接受的经济学训练,与美国经济学家有相同的学术背景,彼此非常了解。这也有助于中国对美国的提议作出迅速反应,并提出有价值的对案。①

3. 美国方面的因素

谈判是双向的,中国能够坚持对美交涉与美国亦有关系。布雷顿森林谈判为中国打破美英垄断盟国领导权提供了重大机遇。众所周知,战时美英在军事领域保持了密切合作,制定了统一的大战略,但在战后秩序规划方面,鉴于英国曾是世界霸主的事实,美国并不想与英国分享领导权,其解决方案为同时引入多个国家,以多边方式构建战后秩序。苏联、中国、拉美诸国等遂有更多机会参与这个进程,利用美英矛盾为本国谋取利益。埃里克·罗威称,连穷国(主要是拉美国家)政府都有了讨价还价的机会,他们以支持美国来换取自身利益诉求的实现,而罗斯福政府不得不答应他们。② 金立群也说,世界经济和金融的重心正从伦敦转向纽约……作为新兴力量,美国既有强势表现的冲动,又有团结各国的意愿,所以在很多方面还是比较讲道理的。③

在这种情况下,中国以其联合国家四大国之一的身份,具备着其他经济落后国家所没有的政治优势。中国进入构建战后秩序的核心国家群体,也是中国在战时军事决策层面所没能实现的。作为世界反法西斯战争的领导者,美英苏中在东西方战场共同抗击法西斯国家的侵略,但盟国在军事战略方面的决策却并非四国共享,如盟国战时军事部署与物资分配长期为美英两国所把持。这个决策圈是中国极力想要进入但始终没能做到的。借助布雷顿森林谈判,中国得以进入盟国有关战后秩序的核心决策圈。这主要表

---

① 关于中国对美交涉策略,可参见 Amy King, "Power, shared ideas and order transition: China, the United States, and the creation of the Bretton Woods order", *European Journal of International Relations*, First Published August 24, 2022.

② Eric Rauchway, *The Money Makers, How Roosevelt and Keynes Ended the Depression, Defeated Fascism, and Secured a Prosperous Peace*, p. 169.

③ 金立群:《国际金融体系改革与中国影响力提升》,《金融时报》2021年6月7日,第9版。

现在：提前拿到各种方案，参与了所有的多边会谈，双边交涉渠道始终畅通，与美英苏一起作为布雷顿森林会议的发起国等，实现了在军事决策中无法企及的地位，具备了同美国交涉甚至博弈的条件。

此时美国国内亦有强大的政治力量支持重建优先，与中国的认知具有一致性。当时不少美国人认为，若会员国尚无健全的国内币制，尚未实现经济的恢复，则不可能实现货币价值的对外稳定，不可能有国际间汇率体系的稳定，更不可能有国际贸易的扩展与经济繁荣局面的出现。这个逻辑正是中国在布雷顿森林谈判期间反复向美国阐明的。美国亦非常清楚这个道理。1943年7月，美国学者都鲁克尔称："在工业化政策为举世瞩目之今日，战后可能自给自足的新兴国家，如中国、印度等国，如不能获得充分经济建设发展工业的机会，任何国际货币机构，恐将难于成功。"① 美国伊利诺伊州共和党议员杜威（Charles S. Dewey）提议设立国际合作银行，一家世界级的复兴金融公司（World RFC）。该银行股份除可用黄金购买外，也可用陆海军军火委员会所认定的14种关键原材料购买。这些原材料包括中国钨砂、马来亚锡、荷兰金鸡纳皮、加拿大镍等。银行掌握这些原材料，一方面使银行资本具备实际价值，另一方面可使它们用于工业生产而不是重整军备，还可控制国际卡特尔。② 布雷顿森林会议前夕，美国国会以杜威为首的21名共和党议员发表声明，反对建立"国际平准基金组织"，提议设立重建基金，启动周转金为5亿美元，致力于向外国政府提供稳定币制与重建贷款，支持经济重建。杜威特别说明，5亿美元完全不能满足英国、中国或苏联的需要，还需给予进一步的考虑，如中国在交通材料、开发自然资源的机器方面有巨大的需求，中国需要技术建议与机械设备，需要长期信贷进行重建和新的建设。③ 这说明中国提出的问题与建议，在美国国内也获得相当一批力量的支持。摩根索被推举为大会永久主席时曾发表即兴演讲，称："国际汇兑与投资，断非一国或二国三国家所能支配，必须有多方的永久合作，始能奏效。若谓利用他国穷困而可独享繁荣，天下决无此事。"④ 美国朝野一致承认弱国的发展权利，认识到一个倒在战争废墟之中的贫弱中国，对于布

---

① 朱中慈：《国际货币会议与战后中国》，《陕行汇刊》1944年第8卷第5期，第2页。
② Charles S. Dewey, A Bank of International Cooperation, a World RFC, June 24, 1943, p. 4, BWC1543-07.
③ Congressman Dewey on Post-war International Rehabilitation, May 4, 1944, p. 3, BWC1543-27; Fortnightly Survey of American Opinion on International Affairs, July 4, 1944, pp. 2-3, box 11, Office of Public Opinion Studies, 1943-1975, RG59.
④ 《联合国家货币金融会议中国代表团报告》，第33页，396～1401(1)。

雷顿森林体系和美国并无积极意义。因此,在这样的背景下,美国能够容忍中国提出不同的主张,并且为寻求共同利益而展开长时间的谈判。

(四) 中华民族复兴史上的重要一环

布雷顿森林谈判涉及货币、金融与经济议题,远较军事议题开放,更由于它涉及中国前途与民族复兴,因此谈判消息甫一公开便激起了中国社会的大讨论。中华民族各阶层,包括政府职能官员、金融界、知识界、舆论界和驻外代表等在内的有识之士广泛参与其中,分析美英方案,就中国现实问题的解决寻求对策,互动频繁,影响广泛。[1] 一时间,晦涩难懂的经济学术语风靡于街头巷尾,黄金、汇率、货币战、大国地位、战后秩序等皆成国民话题,蔚为大观。这直接导致的结果便是,中国战后国际货币计划脱胎于中国社会之中,从社会大讨论中汲取了充分的智慧。它的目标与措施深刻契合了中国巩固大国地位、发展经济的需求,促成了近代以来中国首次在国际多边场合就战后秩序重建发出本国声音。

全社会广泛讨论金融货币事务并参与谈判进程,与中国举国上下对民族复兴的期盼密切相关。中国国情与美国有很大的不同。美国经济力量雄厚,生产力水平高度发达,迫切需要在全球建立固定汇率体系,构建自由贸易网络,为战时急剧增加的生产能力找到出路。在美国看来,自由贸易是避免战后出现生产过剩危机的良策,对于促进美国经济增长和维持普遍就业极其重要。而中国长期积贫积弱,生产力落后,再加上日本长期侵华带来的损害,全国面临百废待兴的局面。因此,如何稳定币制,复兴生产,实现工业化,从而跻身于富强国家之列,[2]是中国当时迫切需要解决的主要问题。美国的方案适用于已有成熟工业基础的资本主义国家,英国报纸有言,"从政治方面言之,(美国)为己谋过周",[3]对于类似中国这种尚未实现工业化的国家来说,并不十分有利。如果按照美国的路子走,中国很有可能沦为美国的市场,而工业化遥遥无期,这对于当时的中国社会而言是无法接受的。中国社会对于工业化和大国地位早就抱有强烈的期待,这种期待因为抗战的

---

[1] 华盛顿技术专家会谈期间,陈光甫写给章植的信中称,"美国举行世界币制会议,中国代表郭席宋李已有联名电致政府,报告会商近情,关于份额一节,吾国因缺乏黄金等条件,提议主张加入人口数额为计算标准之一云"。由此可见,外交代表致政府决策人的信息同样能为决策圈之外的政商人士所共享,且后者能够在此问题上掌握一定的发言权。这种互动一直贯穿于布雷顿森林谈判始终。上述史料参见"致午云兄",1943年6月17日,Q275-1-2760,陈光甫与章午云往来函电,上海市档案馆藏。

[2] 《联合国家货币金融会议中国代表团报告》,第157页,396～1401(1)。

[3] 驻英大使馆报告:英美国际货币计划,1943年8月5日,王建朗主编:《中华民国时期外交文献汇编(1911—1949)》第8卷中册,中华书局2015年版,第578页。

进行而更为坚定,全国上下一心要利用抗战带来的重大契机实现民族复兴,促成中华民族在巩固大国地位和寻求发展方面获得保障。

中国参与布雷顿森林谈判,构筑战后国际经济秩序,是中华民族复兴史上的重要一环。各界人士加入大讨论的结果是使中国在谈判中追求民族复兴的目标得到坚定的表达。在支持美国构建健康有序的国际经济秩序的同时,更大份额、过渡时期、货币复原、长期贷款等成为中国参与谈判的主要诉求,作为全国共识构成对美交涉的基础。它的出现不能归功于孔祥熙或杨格个人,也非职能官员或驻外代表等某一个群体,而是包括中共在内的各界声音合力施加于孔祥熙及谈判参与者身上的结果。全社会的广泛参与,是中国同美国展开持久交涉活动的重要前提。在这个过程中,形成了职能官员领导决策,驻外代表负责同其他国家尤其是美国的沟通与交涉,社会各界广泛参与讨论、与政府决策者多方互动、凝聚共识并影响谈判的模式。由此,中国参与布雷顿森林谈判实际成为民间与政府共同参与的外交活动,构成中华民族的集体奋斗史。

综上,我们可以清晰地看到中国参与布雷顿森林谈判的意义,它使中国进行战后重建,以及发展成为真正的世界大国的愿望,在国际制度方面获得保障。美国怀特计划固然支持中国的大国地位,但并没有规划实质性的措施助推中国发展成为真正的世界大国。中国的努力改变了这一点。这也使战后初期建立的布雷顿森林体系更具有弹性,使其避免了建立即崩溃的命运。由此可见,即便美国主导了布雷顿森林体系的构建,但是它也无力完全按其意愿给世界安排一个秩序。二战后初期建立的国际秩序并不回避弱国的发展权益,相对于战前而言具备新的特征,且从诞生的那一刻起就是一个在不断调整中演变的秩序。这是战后秩序的重要特征。

二、中国在布雷顿森林谈判中的国际身份追求与形象塑造

对中国参加布雷顿森林会议,《民国孔庸之先生祥熙年谱》中有句话颇有意味:"我国抗战日期最久,牺牲惨重,与美国合作,非常密切,在亚洲各国,其发言有举足轻重之势,各同盟国对中国的参加,寄以很大的期待。"[1]暂且不论盟国对中国是否寄有很大的期待,但这句话的确代表了著者对于中国国际身份的想象和期待。第一次世界大战前后,中国志在以民族国家的身份参与世界秩序的重建,成为其中平等的一员,[2]却毫无结果。第二次

---

[1] 郭荣生编著:《民国孔庸之先生祥熙年谱》,第189页。
[2] 徐国琦著,马建标译:《中国与大战:寻求新的国家认同与国际化》,第80页。

世界大战爆发特别是太平洋战争爆发以后,中国迎来新的机遇,得以利用此一契机废除不平等条约,进入构建战后秩序的核心圈子,得以追求作为大国的国际身份,塑造崭新的国际形象。

有两大因素推动了中国在布雷顿森林谈判中探索其国际身份。其一是中国政府致力于追求四大国地位,将其作为战时外交的主要目标之一。坚持抗战、谈判废约、在联合国家大联盟中寻求更重要的地位,都是这个努力的一部分。中国参与布雷顿森林谈判,首要目标即是在战后秩序中追求和确保这一地位。其二是专业人士大量参与其中,将有利于中国发展的条款置于正在构建的国际机制之中,助推本国工业化的实现,从而提供了实现大国之梦的经济路径。

(一) 巩固四强之一的国际地位

对中国而言,四强之一的国际地位得来不易,战后初期捍卫并巩固这一地位则更为艰难。

1. 在布雷顿森林谈判中,中国有在国际地位方面减少与苏联差距的意图,但最终结果并不理想

在国际秩序中,各国都有其定位,这种定位往往通过与其他国家建立的某种联系而体现。如美国欲领导并主导战后秩序,就要在份额与权力方面明显超越过去的霸主英国;英国要尽可能多地保留对于国际秩序的影响力,就要确保与美国建立起特殊联系;苏联也在谈判中寻求合适的国际定位,要求份额比英国略少一些;①而中国盯紧的便是苏联。

早在1943年4月,宋子文便明确提醒国民政府,注意苏联国际地位的变化。美国驻华代办范宣德从王世杰处得知,"美英愿意苏联在战后安排中扮演更重要的角色。而中国也应该利用政治上的讨价还价,获得与苏联同样的优势"②。在布雷顿森林会议上,孔祥熙曾称:"盖以苏联份额已增加至12亿美元,而总份额已增至85亿美元,吾方若再减少,势必引起国内舆

---

① Memorandum of Conversation between Mr. Stepanov and Mr. White, July 3, 1944, p. 2, box 55, RBWA。摩根索对于苏联紧盯英国的做法并不理解,他询问助理国务卿艾奇逊,"为什么苏联认为他们的份额应该与英国差不多,或者少一点点也是合理的?"艾奇逊也是丈二和尚摸不着头脑,称"这很难回答。从经济视角来看,我不认为这有什么意义,因为他们不需要这个。而如果从军事权力角度看,他们起码应该和美国一样大。他们已经发展出比我们还强的军力"。参见 Instruction of the American Delegations-Quotas of the Fund, July 3, 1944, pp. 34-38, box 8, RBWA。

② US Department of State, FRUS, 1943, Vol. 1, p. 1070; US Department of State, FRUS, 1943, China, p. 848.

论反感。"①这句话表明,中国代表团有对标苏联的意味。

虽然各国份额的确定经历了复杂的过程,美国也常常调整各国数据,但仍可从现有文献中看到,中苏两国的份额差距在布雷顿森林谈判始末大不相同。最初,美国为苏联和中国设定的份额分别为苏联1.64亿美元和0.86亿美元,②应是仅考虑黄金持有和对外贸易额等经济因素的结果,两国相差不大,为0.78亿美元。后来,中国增加到3.5亿美元,苏联增加到7.63亿美元;1943年6月下旬,中国增加到6亿美元,苏联为9亿美元,差额增加到3亿美元;1944年6月29日,即会议前夕,这一数据又变为苏联8亿美元,中国4.5亿美元。③ 到此时为止,中国份额在大部分时间里都超过苏联的一半,最高时达到2/3。但布雷顿森林会议确定的苏联份额为12亿美元,中国为5.5亿美元,差额达到6.5亿美元。客观地说,同样是作为抗击德日法西斯的主力国家,中国的份额不到苏联的一半,的确令人难以信服。后来由于苏联没有加入布雷顿森林体系,④中国在两大机构内的地位才升至第三。

2.二战结束后,《布雷顿森林协定》的蓝图付诸实施,国际货币基金组织与世界银行加速组建,中国代表积极参加萨凡纳会议,在选址问题上支持美国

1945年11月23日,中国将批准《布雷顿森林协定》的消息正式通告美

---

① 姚崧龄编著:《张公权先生年谱初稿》上,第387页。
② 根据相关数据计算而得。参见 J. Keith Horsefield, *The International Monetary Fund*, *1945-1965*, Vol.3, p.74.
③ International Monetary Fund, Quotas, 29th June 1944, box 41, RBWA.
④ 据美方资料,1945年12月20日,美国邀请苏联作为创始会员国批准《布雷顿森林协定》,12月29日,苏联外交人民委员莫洛托夫回复称,由于战后世界经济发展出现新情况(new conditions),它需要做进一步研究,因而此时不能批准布雷顿森林协定。美国驻苏代办凯南(George Kennan)认为,这封信表明,苏联人视协定为误导性的(misleading)。1946年春,美国敦促苏联派观察员参加萨凡纳会议,称可延期(签字)以使苏联获得创始会员国资格。会议开幕前2天,苏联答复称仍在研究布雷顿森林会议上讨论过的问题,但答应派观察员参会,苏联采购委员会驻华盛顿办事处专员贝斯特罗夫(V. P. Pystrov)及两名秘书承担了这一使命,贝斯特罗夫在会上称,"苏联政府还没有做出任何决定,我们仍在继续研究布雷顿森林协定的复杂问题"。会议决定将苏联创始会员国资格保持到1946年底。1946年8月27日,美国邀请苏联派观察员出席国际货币基金组织与世界银行理事会,但未收到答复。到1947年1月,苏联已经没有同国际货币基金组织和国际复兴开发银行进行过任何联系,也没有关于这两个组织的任何信息了。参见 Soviet Reactions to American Efforts to Bring the USSR into Inter-Allied and International Organizations, January 10, 1947, pp. 26-28. Folder:003321-007-0005, Office of Strategic Services(OSS)-State Department Intelligence and Research Reports, Part 06: Soviet Union, 1941-1949, National Archives; To Secretary of State, January 3, 1946, BWC1325-12;(俄)M. A. 李普金:《20世纪40年代苏联与世界经济秩序的建立》,《冷战国际史研究》第27辑,第100、102页;沈志华:《经济漩涡:观察冷战发生的新视角》,第174～193页。

方,是继美国之后首个完成批准程序的国家。① 至当年 12 月 27 日为止,有 29 个国家批准了《布雷顿森林协定》,这些国家的份额占到总份额的 80%,协定正式生效。12 月 28 日下午,魏道明同其他国家的代表一起在协定生效书上签字。② 中国在签字前一天交纳了占份额万分之一的行政费用,总计 11.5 万美元。③ 布雷顿森林体系(金融体系)由此有了稳固的法律基础和财务保障,布雷顿森林会议确定的两大机构——国际货币基金组织与世界银行成立的条件已然具备。

1946 年 1 月中旬,美国国务院要求中国派出技术专家,讨论成立国际货币基金组织与世界银行事宜。④ 这便是 3 月 8 日召开的萨凡纳(Savannah)会议,会址选在了美国佐治亚州。美国财政部部长文森任大会主席,杜鲁门致信大会,要求各国代表克服困难,在布雷顿森林会议所构筑基石的基础上,建立健康有序的国际经济体系。⑤ 这使人们想起美国已故总统罗斯福关于国际合作的话语。第二天上午十时半,国际货币基金组织与世界银行理事会首次联席会议开幕。文森致辞完毕后,中国代表席德懋代表中国财政部部长、同时也兼任两机构理事的俞鸿钧致答词,表达了全心全意支持会议成功的立场,并指出鉴于遭战争破坏的国家,特别是中国的复兴与重建任务异常繁重,各国只有全力履行在两大机构中的职责,才有可能开启走向国际合作与经济繁荣的新时代。他引用古老的格言"我为人人,人人为我",激励人们不再重复过去的错误,为实现共同的目标而奋斗。⑥ 会议选举产生了国际货币基金组织和世界银行第一届董事会,美国代表当选主席,英国、中国、法国和印度代表当选副主席。⑦ 关于两机构工作人员的待遇,美国技术人员建议,使其具有介于政府机构和私营银行之间

---

① "China Ratifies World Bank Pact", *San Pedro News Pilot*, 24th November 1945, p. 2.
② 《魏道明致外交部》,1945 年 12 月 28 日,外交部,数位典藏号:020-050205-0116。
③ No Title, December 29, 1945, 396(2)-1003(2); To Mr. Luxford, January 17, 1946, BWC634-32.
④ Acheson to AMEM Bassy, January 14, 1946, BWC1324-07.
⑤ Minutes of the Opening Joint Session of the Boards of Governors of the International Monetary Fund and the International Bank for Reconstruction and Development, March 9, 1946, pp. 1-2, BWC8383-03.
⑥ Minutes of the Opening Joint Session of the Boards of Governors of the International Monetary Fund and the International Bank for Reconstruction and Development, March 9, 1946, pp. 6-7, BWC8383-03; BWC2149-02.
⑦ Officers of the Board of Governors, no date, p. 5, BWC577-01; Report of the Nominations Committee to the Meeting of the Board of Governors, March 11, 1946, p. 1, BWC2149-07; BWC8383-12.

的中等收入水平。① 3月16日,席德懋则强调重视人才的价值。他认为,执行董事的智慧与决断对于实现两大机构的伟大目标极为重要,他们负责作出影响世界金融与贸易体系的重要决定,因此,欲吸收最有才干的人进入执委会,非"给之高薪,使他们在美国享有舒适体面的生活"而不能做到。②

在会议上,中国代表积极参加了四个委员会的工作。席德懋当选为选址委员会主席,他的策略是紧跟美国。1946年3月13日,委员会开会。根据《布雷顿森林协定》第一部分第13条,两大机构总部应在美国境内选址,备选地点为华盛顿特区与纽约。英国、法国和印度等国明确支持纽约,认为国际金融机构应与任何会员国的首都保持距离,而纽约作为世界金融与经济中心,能为两大机构与联合国经济及社会理事会的合作提供良好的机会,而且纽约的交通也相当便利。委员会考虑到,一方面,鉴于拟议组织为各国政府间机构,应免受任何私营经济、金融或商业利益的影响,而与此同时国际金融政策的制定权正从纽约转向华盛顿特区,应着重考虑政府决策对于基金组织的影响;另一方面,华盛顿特区能为会员国代表与本国政府沟通提供更好的条件,基金组织官员亦将有机会接触诸多国家的经济数据与资源。③ 加拿大虽然支持纽约,但认为应尊重东道国的意愿,在中国、捷克斯洛伐克和墨西哥等国支持美国的情况下,英国、法国和印度撤回反对意见,两大机构总部均设在美国首都华盛顿特区。④ 3月14日,理事会第四次会议采纳这一结论。⑤ 鉴于美英曾在选址问题上存在尖锐的对立,英国曾希望至少一家机构的总部位于欧洲,后来退而求其次,坚持两大机构的总部设于纽约,但美国政府坚持全部设于华盛顿特区,毫不妥协,中国在这一问题上直接支持了美国。1946年2月,美国政府的一份内部文件显示,几乎所有的外国政府都支持将两大机构的总部设于纽约。⑥ 有鉴于此,中国对美国的支持是非常重要的。

---

① Problems of Savannah Conference, February 20, 1946, BWC1573-05.
② Meeting of the Board of Governors of the International Bank for Reconstruction and Development, March 16, 1946, pp. 7-8, BWC8383-36; BWC2149-29.
③ Report of the Committee on Site to the Board of Governors, March 13, 1946, pp. 1-2. BWC2149-13; BWC8383-18.
④ Preliminary Arrangements, March 1946, pp. 37-38, BWC1573-10.
⑤ Filippo Cesarano, *Monetary Theory and Bretton Woods: the Construction of an International Monetary Order*, New York: Cambridge University Press, 2006, p. 168; Report of the Committee on Site, May 1, 1946, pp. 29-30, BWC577-01.
⑥ Problems of Savannah Conference, February 20, 1946, BWC1573-05.

3. 萨凡纳会议之后,布雷顿森林两大机构相继开业,布雷顿森林体系最终诞生。中国积极参与了初创工作,巩固了布雷顿森林谈判的成果

中国积极参加了两大机构最初的活动,为两大机构及早发挥作用作出了重要的贡献。1946年2月26日,行政院第735次会议决议俞鸿钧任中国驻两大机构理事①,席德懋为代理理事②,代表中国参与两大机构的事务。3月19日,在席德懋的建议下,行政院增派宋子良为银行代理理事,席德懋专任基金组织职务。在执行董事方面,3月26日,行政院第737次会议决议顾翊群为中国驻基金组织执行董事,上海商科大学教务主任兼教授、《上海银行报》总编辑沈元鼎③为银行执行董事,④并拨款7000美元作为二人赴美川资治装及生活办公启动费。⑤ 作为中国驻国际货币基金组织首任执行董事,顾翊群投票权为5750票。他勤于履职,1946年10月到1948年9月,执委会共开会160次,他参加121次,打平了美国代表的参会次数,仅次于印度代表乔什(J. V. Joshi)的134次,远远多于英国代表博尔顿(George Bolton)的35次。⑥ 除此之外,中央银行业务局副局长张悦联⑦任基金组织副执行董事⑧。顾翊群的亲信、中国农民银行总管理处经济研究处处长梁庆椿先后担任基金组织远东部主任、顾问职。⑨ 中国驻世界银行首任执行董事沈元鼎投票权为6250票,同时任会员资格常设委员会主席职。⑩ 1946年11月,副执行董事由张悦联临时兼任,直到1947年12月1日由俞国华

---

① 布雷顿森林体系运行之初,中国驻两大机构理事由财政部部长兼任。1948年6月26日,王云五接任理事职位。同年12月8日,行政院第28次会议决议徐堪接任理事。参考《外交部书邮代电》,1948年7月6日;行政院文件,数位典藏号:014-090201-0099。
② 民国时称候补理事、代理理事或副理事。本书凡直接引用时均保持原貌。
③ 徐友春主编:《民国人物大辞典》,河北人民出版社1991年版,第425页。
④ 《致文官处》,1946年3月1日,3月22日,4月3日,行政院文件,数位典藏号:014-090201-0099。
⑤ 《行政院核定动支35年度第二预备金通知书稿》,1946年8月23日,国际货币基金委员会及国际复兴建设银行经费,数位典藏号:014-040400-0005。
⑥ J. Keith Horsefield, *The International Monetary Fund*, 1945-1965, Vol. 1, p. 167.
⑦ 著名历史学家张芝联(行五)之兄(行二),其父张寿镛为民国著名教育家,上海光华大学首任校长。
⑧ 民国时称候补执行干事、代理执行干事或副执行干事。本书凡直接引用时均保持原貌。
⑨ J. Keith Horsefield, *The International Monetary Fund*, 1945-1965, Vol. 1, p. 259, Vol. 2: *Analysis*, Washington D. C. :1969, p. 621. 相对来说,两大机构创建初期,中国人任职情况要好于当初美国的设计。1942年4月,怀特仅为中国规划了4个职位,职位数不仅少于美国、英国和苏联,亦少于加拿大。参见 Tentative Appointment to Committees on Stabilization Fund /Bank for Post-war Reconstruction of United and Associated Nations, 4/28/1942, box 36, RBWA。
⑩ WB Executive Directors, *First Annual Report*, Washington: September 27, 1946, p. 21.

(Kuo-Hua Yu)接任,俞曾是蒋介石侍从室秘书。1948年4月,曾担任中国首任驻美大使的施肇基(S. K. A. Sze)被遴选为世界银行顾问委员会十成员之一。当年11月28日,张悦联接替沈元鼎任世界银行执行董事①,后者转任财政部政务次长。此外,中国还有若干人士担任基金组织专职官员,如许嵩岭任会计处副处长,王元照任业务处科长,梁庆椿任经研处科长,张景欢任经研处专员,武慧贞任统计专员等。② 除财政部部长外,其他人士皆常驻美国办公。

在布雷顿森林谈判及战后初期,中国积极探索本国国际身份,从做不发达国家的领袖,为弱国说话,到转向集中力量争取并确保大国地位,主动向世界展现出一个热情、合作及具有巨大潜力的国家形象。如国际货币金融机构官方论坛理事长戴维·马什(David Marsh)所言,中国竭力在国际货币基金组织中取得充足份额,成为第四大国,很明显是要在美国之后获得更大的话语权,在变幻莫测的货币金融世界中站稳脚跟。现今中国的一些做法与之没有什么不同,③都是致力于自身发展的同时,推动经济落后国家的发展,使国际秩序更为合理有序,从而为世界带来持久和平与繁荣。

(二) 专业群体与职能官员对中国"经济不发达国家领袖"角色的探讨

中国在追求新的国际身份的过程中,专业人士发挥了重要作用。一方面,他们通过新闻报刊发声,影响舆论,继而引发社会各界的大讨论,从中萌生并提出针对英美方案的各种对策;另一方面,他们积极参与政府所组织的研讨,并发挥重要作用。考虑到他们也有人在政府任职,这加强了他们的地位。如左双文所言,民国时期,民众以空前高涨的热情关注和参与外交事务,对外交问题表达意愿,对重大涉外事件及外交关系发生作用和影响,超过历史上任何一个时段。④ 正是由于中国全社会普遍参与了有关布雷顿森林谈判的讨论,民众的意志成为外交的坚强后盾,中国才能迅速提出不同于美英的战后国际货币计划,及时为后面的谈判奠定基础。

专业人士为中国参与布雷顿森林谈判提供了大量的理论献言,这些言

---

① WB Executive Directors, *Third Annual Report*, 1947-1948, Washington: September 27, 1948, pp. 31, 47, *Forth Annual Report*, 1948-1949, Washington: September 13, 1949, pp. 54-55.
② 《国际货币基金中国执行干事报告书》,1947年4月,第2~3页。国际货币金融会议,数位典藏号:001-060200-00031-006。
③ Nick Edwards, "China's IMF Ambitions Revealed in new Archive Report", *South China Morning Post*, 20 July 2015.
④ 左双文等:《民众、公众舆论与国民政府外交研究(1927—1949)》,安徽大学出版社2011年版,第2页。

论推动当时参与布雷顿森林谈判的人们思考中国的国际身份,尝试在战后秩序中承担与美英不同的国际责任。经济界有观点认为,目前世界上仍有一部分被压迫被歧视的民族,战后他们的经济状况必须改善,全世界各国的经济皆须均衡发展,"否则英美的国际通货计划……终不免再蹈过去金本位的覆辙"。① "力量薄弱之国家,应有相当权力可以保障其劣势之地位",②明确了弱国有重建与发展之权。实际上,协助各国经济发展,并非仅仅是站在中国的立场上论述经济落后国家的主张。"联想到上次大恐慌,除非建立经济平衡发展的和平律",否则持久和平别无第二个途径。③ 美英着眼于长期货币稳定的同时,不应忽视不发达国家对于重建与发展的短期需求而妄自蛮横。伍启元称:"美英所应有者为领导权而非独裁权……英美如欲世界各国稳定其货币并承认英美货币领导权,亦须满足各国之要求以资本供给彼等,即对资本薄弱之国家投资,帮助此类国家完成工业化之大业,权利与义务不可分。"④这与一些国家的看法不谋而合,如比利时虽不反对大国居领导地位,但认为此项地位,责任重于权利,尤以接受《大西洋宪章》之国家必须依照此次战争理想而行,方能负此项责任。⑤ 中国为弱国说话的同时强调了大国的责任,推动了国际关系民主化的发展。

当时的中国固然是一弱国,但并非一般意义上的弱国,其广袤的土地、众多的人口、海量的资源,使其完全具备发展为世界大国的潜力,这在当时也得到广泛的认可。如有观点认为,战后我国对各盟邦所负责任甚大,经济上潜在力量亦厚,⑥"时至今日,世界已非为欧洲或美洲之区域世界……无论就政治、经济、社会、文化或任何方面而言,中国对时代之贡献与影响,直可以20世纪名为中国世纪……中国既为战后主要国家之一,对于战后世界任何主要问题,吾人惟有负起主势的推动责任,而不必自拘于追随的地位"⑦。甚至畅想,"中国为正义而奋斗,在其奋斗成功后,亦仍将本乎正义之观念,对内开发富源,对外谋国际间共同福利之增进也"⑧。以中国为代表的经济不发达国家,秉持国际主义理念,积极在战后过渡时期内完成重

---

① 郑昌镰:《论国际通货计划》,《湖南省银行经济季刊》1943年第4期,第56页。
② 余其同:《国际货币合作之前途与我国立场》,《财政评论》1943年第10卷第1期,第15页。
③ 罗敦伟:《如何稳定战后各国通货:对凯恩斯与摩根索建议的商榷》,《财政学报》第1卷第4期,第11~12页。
④ 伍启元:《战后世界货币稳定计划之分析》,1943年5月,国民政府档案,761-00249。
⑤ 《钱泰伦敦来电》,1943年5月19日,外交部,数位典藏号:020-010122-0028。
⑥ 彭信威:《论英美国际通货计画》,《大公报》(重庆)1943年6月15日,第3版。
⑦ 王振寰:《战后国际货币问题与中国》,《大路》(泰和)1943年第9卷第5/6期,第42页。
⑧ 捷琼:《时论:中国与国际经济》,第772页。

建，在一个长时段上与发达国家共同追求并维持世界持久和平与繁荣，亦是在践行与美英不同的国际责任。

在社会各界参与讨论之外，实际参与决策及谈判的职能官员亦在意识上有着强烈的共鸣。早在联合国家宣言发布之际，中央银行与财政部便着手起草战后国际货币合作大纲，与英美两周不谋而合；在分析美英方案之时，两部门也早于杨格提出对策；1943年2月初，财政部驻美代表席德懋看到怀特计划后忧心忡忡，认为美国计划虽富有远见，但如付诸实施将导致富国凌驾于穷国之上，获得经济主导者的优势，使合作不复存在。① 这代表了很多国家的看法，他们担心英美由此获得过大的权力，从而对他们的主权造成损害。② 荷兰人向中国驻外代表表达了对于大国权力过大的担忧。③ 南美国家哥伦比亚赞同自由贸易，但强调会员国应由两重代表组成，一代表国家，大小国家平等，一代表人民，以人口多少为比例，得到一些国家如秘鲁和智利的支持。④ 苏联也强调，联合国家订立商约，国际上应不分大小，采纳平等原则。⑤ 如何应对美国计划，在最大程度上捍卫本国利益，成为摆在各国代表面前的难题。

驻外代表的焦虑很快就传达到国内，并引起广泛的共鸣。1943年5月21日，财政部范庄会议上，与会人士集中探讨了中国将要扮演的国际角色。前交通部部长张嘉璈特别关注落后国家的发展问题，称落后国家需要经济援助，应该给予其优先权，希望国际货币会议对此有明确规定。财政部次长顾翊群认为，中国只有赢得小国和不发达国家的支持，才有力量同大国谈判，弱国的支持对中国工业重建与复兴亦有好处。对西方非常了解的贝祖诒称，我们的情况很难，除非中国获得弱国的支持，提出代表中国和其他弱国利益的观点。"作为四大国之一，也许中国有必要成为经济不发达国家的领袖"，否则只能仰仗英美鼻息，难有作为；财政部次长兼中央信托局局长俞鸿钧甚至认为，无论从政治上还是经济上看，中国作为四大国之一，都应关注工业不发达国家，并主动召集此类会议。几位来自不同背景的重要人士都明确中国要担当引领落后国家发展的责任，他们的发言引起了孔祥熙的注意。他称，中国"必须取得弱国和强国的合作"，任何议题都应在最

---

① Wire from Mr. Hsi Te-mou, February 7, 1943, box 78, AYP.
② To Dr. H. H. Kung, June 9, 1943, box 78, AYP.
③ 《金问泗伦敦来电》，1943年7月3日，外交部，数位典藏号：020-010122-0028。
④ 《李迪俊波哥大来电》，1943年8月22日，外交部，数位典藏号：020-010122-0028。
⑤ 《傅秉常莫斯科来电》，1944年2月21日，外交部，数位典藏号：020-010122-0028。

终协议达成前提出,"我们需要为弱国说话",①而提出方案最能表达弱国的利益。作为经济不发达国家中唯一提出方案的国家,中国发挥"弱国代表"的作用理所当然。据前文可知,中国方案的核心内容与社会舆论总体保持一致,表明这一身份认知在当时亦成为参与这一历史进程的人们的共识。

布雷顿森林会议上,这一共识突出表现在中国对于较大份额的追求及良好重建环境的营造上。中国坚持将份额列于前四并得以实现,是战时所获大国地位在战后世界秩序方案中的首次落实。正是因为在布雷顿森林谈判中的成功实践,中国才能在联合国制宪大会上更进一步。1945 年,在旧金山联合国制宪会议上,中国代表团强调国家和种族平等、国家主权和民族独立,积极为弱小国家伸张正义,成为中国对联合国的一个独特贡献。而这正源于中国对布雷顿森林谈判的参与,是战时中国一以贯之的外交活动。②当前中国主导建立亚投行及发起"一带一路"倡议,以实际行动支持他国经济发展,暗合当年中国在布雷顿森林谈判中讨论过的使命。在现阶段,重视并处理好与其他发展中国家的关系,对于在国际范围内争取支持,营造良好的国际环境有利无害。尽管 70 余年已经过去,我们处在非常不同的历史阶段,但经济落后国家面临的问题比较类似,主要是生产与发展性资本短缺和技术落后等问题。一般来说,离开大国的支持,这些问题仅靠弱国自身难以完全克服。

(三) 中国新国家形象的建构与回响

为塑造崭新的国际形象,中国代表团在布雷顿森林会议内外做了广泛的宣传,意在强化各国对于中国大国地位的认识,改变他们对中国的惯常看法。如孔祥熙向蒋介石所报告的:"对我国批评善意恶意皆有……现正分途说明,情形尚佳,所幸我方此来人员均称干练,各方感想颇佳,国际环境不错。不论会议是否圆满成功,总期得一良好印象,以作将来国际会议基础。"③

身为中国代表团团长的孔祥熙是参会人士中官衔最高的一位,集行政院副院长、财政部部长兼中央银行总裁等要职于一身。同时,作为国民政府主席蒋介石④的全权代表,孔祥熙的一举一动都代表了中国的形象。在布雷顿森林会议上,孔祥熙参与了会议的领导工作,是大会指导委员会的一

---

① Summary of Conference, May 21, 1943, box 78, AYP.
② 徐蓝:《试论 20 世纪亚太地区国际格局的演变》,《首都师范大学学报(社会科学版)》2014 年第 3 期。
③ 《抄电(二)》,1944 年 7 月 6 日,国民政府档案,761-00120。
④ 1943 年 8 月 1 日,国民政府主席林森去世以后,蒋介石任国民政府代主席,同年 9 月 13 日正式就职。参见刘寿林等编:《民国职官年表》,第 391 页。

员，在大会开幕式、闭幕式及摩根索召集的闭幕晚宴上，孔祥熙都被公推出来，代表各国致辞，足以看出中国在会议上的受重视程度。孔祥熙在会议内外的发言①，主要目的有三：一为赞颂会议为战后世界的重建、发展与持久和平奠定基础，他在大会开幕式、闭幕式以及闭幕晚宴上的发言都反映了这一点；二为宣传中国抗战，强调中国大国地位，并希望各国理解中国抗战的艰难处境，纪念全面抗战七周年的演讲即为此意；三为拉进中美关系，盼望美国政府加大援华力度，美国社会加大对中国投资，反映在 7 月 4 日的公开声明中。经过中国代表团会内会外的广泛宣传，外国媒体对于中国的重建需求有着清晰的理解。华盛顿的一家报纸写道，"被对日战争摧残七年以后，中国对于美国资本发出最强烈的呼吁，承诺以最吸引人的条款使用资金"，并引用中国代表团顾问李铭的话称，无论是短期还是长期资本都会受到欢迎，受中国法律的保护，且投资没有比例限制。②

1944 年 7 月 7 日，适逢中国全面抗战爆发纪念日，当晚九时，中国代表团在饭店大礼堂（约 750 座）举办纪念会，由于事先及当天大会秘书处曾广发通知，③故知晓者众，各国使节到场 500 余人。据中央社报道，联合国货币金融会议当夜举行特别会议，悼念我国阵亡将士，并纪念我国艰苦抗战之七周年，典礼严谨隆重。美国副国务卿艾奇逊主持纪念会，介绍中国代表团团长孔祥熙与前驻美大使胡适依次发表演说。孔祥熙宣扬长期抗战贡献及国际合作的重要意义，胡适强调中国对友邦和盟国的坚定信念，故"不惜七年未忍受长期艰苦，此次联合国货币金融会议，倘能为未来新世界秩序之具体证明，则中国之作战即非徒然"④。"庄严肃穆之听众，如各国外长、财长、国际银行家、财政专家等皆倾听演说。孔氏之演说，将传于全美及欧洲。"听众中除我国全体代表外，尚有 44 联合及联系国家之代表。会场遍悬 45 国国旗，场内和平庄严之气氛与世界上其他部分激烈之战争正成尖锐之对比。各国代表在此和平之气氛中，均已领会中国当前之战况。当晚节日中尚放映美国陆军部所拍之《中国战况》(Why We Fight: Battle of China) 影片。⑤ 参加纪念会的"各国人士均极感动，向中国政府及人民致敬，掌声极

---

① 孔祥熙在会议上的公开致辞与声明，详见附录二。
② Nations Eyeing Uncle Sam for Rehabilitation Financing, *Times & Herald*, November 16, 1944, BWC7971-26.
③ Notice, July 6, 1944, box 3, RBWA.
④ 《国际货币金融会议，纪念我抗战七周年》，《新华日报》（重庆）1944 年 7 月 9 日，第 2 版；《胡适演说盼货币会议勿使我失望》，《大公报》（重庆）1944 年 7 月 9 日，第 2 版。
⑤ 姚崧龄编著：《张公权先生年谱初稿》上，第 387 页；《货币会议纪念我七七，孔副院长发表演说》，《中央日报》（重庆）1944 年 7 月 9 日，第 2 版。

久,对于我国抗战之精神,因此益有认识"。①

7月10日晚间六时至七时,中国代表团在华盛顿山饭店314房间②举办鸡尾酒会,同样是广邀各国代表出席,③与参会代表畅叙友谊。不仅如此,孔祥熙还轮流宴请各国代表团团长,以资联络。④ 可以说,在不影响中国立场的范围内,中国代表团与各方交往时,皆注意维系其对华好感,也确实收获了一定的效果。大会开幕式上,继孔祥熙发言的捷克斯洛伐克财政部部长法伊尔阿本德(Ladislay Feierabend)"起立致辞,语中称颂中国男女战士对自由之贡献"。⑤ 中国全面抗战纪念日前后,美英领袖先后致电蒋介石,罗斯福称"全美人民皆对贵国之精神表示敬意……贵国所树立之榜样,诚予全体联合国家以鼓励",丘吉尔称"吾人未能予吾人之中国盟友以吾人所能希望之协助,……东方之胜利,必须经过苦战,始能获得,多年来遭受屠杀及破坏之贵国,必能再度成为世界文明发展之领导者"。⑥ 美国国务卿赫尔更是发表声明:"吾人重申庄严之誓言:吾人对之永久支持……在胜利结束战事,并建立民主之和平时,吾人能与伟大之中国盟友同处,诚引以为豪。"⑦这不仅肯定了中国人民的抗战事业,对于参加布雷顿森林会议的中国代表而言,亦是一个巨大的鼓舞。

尽管如此,对于中国代表团,东西方文献中反映出的形象有很大不同。与中国代表欲塑造良好国家形象的愿望相反,西方人士在论及中国时较少使用肯定性语言,⑧对于中国代表的看法虽然多样,但总体上以消极印象为主。这些都影响到西方社会对中国形象的认知。

英国对于中国代表团关注不多。迟至1944年7月1日布雷顿森林会议开幕,他们才知道中国代表团团长是孔祥熙而不是宋子文。此前,他们一

---

① 顾翊群:《危机时代国际货币金融论衡》,第219~220页;《抄电(三)》,1944年7月8日,国民政府档案,761-00120;《联合国家货币金融会议中国代表团报告》,第258~259页,396~1401(1)。
② 314房间位于饭店内的天井旁,面积较大,适合聚会。孔祥熙将其与隔壁的316房一同包下使用。详见附录三(3)。华盛顿山饭店布局参见 The Mount Washington at Bretton Woods, no date, box 11, RBWA。
③ Diary, July 12, 1944, box 149, Oscar Cox Papers.
④ 《联合国家货币金融会议中国代表团报告》,第262页,396~1401(1)。
⑤ 《国际货币会议之经过》,《贸易月刊》1944年第6卷第1期,第78页。
⑥ 《美英领袖致蒋主席》,《中央日报》(重庆)1944年7月8日,第2版。
⑦ 《美朝野重申庄严誓言,永久支持中国》,《中央日报》(重庆)1944年7月8日,第3版。
⑧ 20世纪40年代,美国国内对于蒋介石政府持有强烈肯定及支持态度的主要是保守主义集团,参见金海:《战后初期美国保守主义权势集团对杜鲁门政府外交政策的影响》,中国社会科学出版社2011年版,第133~178页。

度以为中国代表团由5人组成,由郭秉文率领。① 在英国代表罗宾斯的笔下,孔祥熙过于讲求排场,形象不佳。我们现在仍可从罗宾斯的日记中读到那生动的一幕:1944年7月4日,孔祥熙在布雷顿森林广邀各国代表出席晚宴,"场面盛大,餐桌上摆满了精心烹制的菜肴(elaborate dinner)。主菜牛排厚过3英寸,6平方英寸见方,是过去5年来我吃过的最奢华的食物(most apolaustic meal),孔博士在待客方面急于胜过凯恩斯的心情溢于言表,他赢得毫无悬念"。然后,罗宾斯笔锋一转,将孔祥熙的待客行为与中国的国际地位相联系,"中国在会议上的地位相当虚假(largely bogus),中国在世界上的高位(high place)建立于幻觉之上,不管50年后如何,在当下完全是这样"。对于中国代表团其他成员,他又是另外一种印象,"他们文质彬彬而又坚忍不拔——在郭博士(郭秉文)那里没有自卑情绪——你可与他们自由坦诚地交谈,跟与身边的英国人一样。与我们可怜的印度公民伙伴相比,这是多么大的反差"!②类似地,英国外交官对于孔祥熙在白银问题上的态度较为警惕,但对于贝祖诒则是完全信任,认为后者是中国银行家中最理智和正直的,天生一副金融头脑,在任何金融专家会议中都能表现良好,认为他的话是值得听的。同时,认为顾翊群和席德懋是非常清醒和机敏的(wide awake)。③

可能是西方世界记叙中国代表团的作品太过贫乏,故而凡读过罗宾斯日记的人,无不对晚宴印象深刻。英国天空新闻社的编辑康威(E. D. Conway)显然对此着了迷,他直接将中国代表团一分为二:孔祥熙和他的顾问们。孔祥熙为会议上的大人物之一,中国最有钱的人。"一个局外人应该很有理由相信,孔祥熙来布雷顿森林的真实目的是举办那些奢华无双的宴会",这使已经忍受5年食品配给的英国人目瞪口呆。"医治世界经济的责任则落到他的顾问身上,他们是实际参与会议的人"。④ 不过,康威并没有阐释"孔祥熙的顾问们"具体做了什么,除了语言更为夸张以外,他对中国的看

---

① Hall-Patch to Ronald, 1st July 1944, FO 371-40916; Personnel of Delegates, as known to U.K. Delegation, 19th June 1944, T 231-364, https://centerforfinancialstability.org/atlantic_city.php, accessed on April 22, 2022.

② 4th July 1944, Lionel Robbins, *Bretton Woods Diary*, 1944, https://digital.library.lse.ac.uk/objects/lse:pat524yab, accessed on April 25, 2022. 凯恩斯曾于布雷顿森林会议开幕当晚举办《牛津—剑桥协定》500周年纪念会,孔祥熙作为耶鲁校友出席。参见 Susan Howson, Donald Moggridge eds., *The Wartime Diaries of Lionel Robbins and James Meade, 1943-45*, p. 167。

③ Hall-Patch to Ronald, 1st July 1944, FO 371-40916.

④ E. D. Conway, *The Summit: Bretton Woods*, 1944, p. XIII.

法与70年前的罗宾斯并无本质区别。

在美国代表团眼中,中国的形象也没有那么正面。前文曾有论述,孔祥熙为了中国的国际地位而争取国际货币基金组织6亿美元份额,为了国际合作而认缴国际银行6亿美元资本,但在美国技术专家戈登韦泽看来,这只是为了保住面子。很难说美国代表团其他人没有受到戈登韦泽对中国的刻板印象的影响,当他们讨论起中国时,不免会传播消极的印象,进而影响到学术研究与社会认知。因为我们看到,当时的美国媒体报道参加布雷顿森林会议的大国时,常常有意无意地忽略中国,而以欧洲的法国取而代之。这种现象在美国与"自由法国"关系转好以后尤为明显。1944年12月初,《纽约邮报》就用了"包括苏联、英国、美国和法国在内的44国"的字样。① 哪怕70年之后,纵然世界已发生翻天覆地的变化,但美国媒体叙及当年参加布雷顿森林会议的中国代表时,仍然不乏这样的语言:虽然中国是个虚弱的、饱受战争摧残的国家,但中国人在给小费方面最为阔绰,美国新铸的硬币被他们随手发给志愿者和酒店员工。②

对于其他中国代表,美国人的印象颇不一样。蒋廷黻是中国代表团中的得力干将,当年参加布雷顿森林会议、后来名冠台湾的经济学家刘大中对于蒋廷黻非常敬佩,毫无吝啬地称赞:"蒋廷黻虽然对国际金融没有深切的研究,但他能把握重点,在处理复杂的议案时有条不紊,发言有分量。"③但在美国财政部驻华代表爱德乐眼中,蒋廷黻则是个虚荣和自负的人。④ 宋子良是中国少数参与布雷顿森林谈判全程的代表之一。席德懋曾不止一次向孔祥熙报告称,宋子良的个性对美国官员很有吸引力,很受后者欢迎:"我认为与美国朋友打交道,知道他们的心理是非常必要的,子良对此非常擅长"⑤,"怀特博士尤其强调子良过去的贡献极具价值",等等。不过,美方完全不这样认为,在爱德乐发给摩根索的一份电文中,怀特用蜡笔做一注释进行反驳,称"这不过是席德懋自己的臆想与虚构"⑥。与蒋廷黻和宋子良不同的是,冀朝鼎受到摩根索与怀特的特别欢迎。摩根索专门致信孔祥熙,要求冀朝鼎参加布雷顿森林会议。这可能是由于冀朝鼎毕业于美国哥

---

① New Subtle Attack Started by Bretton Woods Enemies, *New York Post*, December 4, 1944, BWC7971-09.
② Tom Blinkhorn, "Reassessing Bretton Woods, and the Supremacy of the Dollar", *Valley News*, September 7, 2014.
③ 李干:《记蒋廷黻二三事》,《传记文学》第29卷(1976年)第5期,第25页。
④ To Mr. White, July 10, 1944, box 41, RBWA.
⑤ For His Excellency Dr. H. H. Kung, January 12, 1944, 396(2)-955.
⑥ White to Chauncey, May 2, 1944, book 740, part 2, pp. 336, 339, DHM.

伦比亚大学,精通国际货币事务,怀特与他同为学术上的知音;也可能是因为他们有共同的政治倾向,爱德乐为他们搭建起了某种联系,从而使他成为摩根索与怀特所欣赏的人物。

在外国学者较少接触的中文资料中,我们看到的中国代表团则是完全不同的形象。孔祥熙在会议上积极应对,领导有方,中国代表团工作努力,表现不俗。"我国代表团,以先生(孔祥熙)为首,阵容甚为坚强,会议开幕之后,对于摊额分配,争执非常激烈,除美英苏三大国外,对于第四席位,法国和印度都想染指。我代表团据理力争,并在会外向各国代表多方解说,争取到各国代表的同情,遂于大会总表决时,确定我国为第四席位。"中国代表团报告称,孔祥熙每日召集顾问、代表、主任秘书及技术专家在上午九时举行预备会议,"由各代表报告参加会议经过,随即讨论当日议事方针,检讨我国已取步骤,共筹策应未来之方"。从7月1日会议开幕日起至7月22日闭幕日止,"每晨举行会议,迄未间断……工作人员均极努力,工作常至深夜,各员一举一动,有关国际观瞻,尤能恭敬将事,博得各国代表人员之尊重"。孔祥熙"不胜愉快,堪以告慰"。对于最后通过的《布雷顿森林协定》,代表团逐条检讨,详尽考虑和斟酌,认为"如能依照协定条文所载,正式成立开业,在法币发行、稳定币值、发展贸易和重建复兴方面,对于我国战后经济必有极大裨益"。①

关于每日召开会议研讨一事,在其他记录中亦得到证实。张嘉璈在日记中多次记下代表团集体研讨大会议程的情况。② 卫挺生称,每次大会开会前,本国代表团均先开预备会议,决定当前问题应提出之主张。③ 技术专员章植参与了国际复兴开发银行起草委员会的工作,他在写给陈光甫的信中称:"工作极为忙碌,常日以继夜地开会……孔院长在会时,每晨开会讨论会议工作……植此次前去参加,体重减去5磅。"④中国代表团为国鞠躬尽瘁的形象跃然纸上。

有关中外叙事的鲜明对比是非常有趣的,因为它已经超出了真实性问题。双方对于同一批人及同一事件的描述,尽取不同的侧面,反映的是中国与西方对于中国在大战中所获国际地位的不同心态,一方已经迫不及待要使用新的身份,在国际社会中发挥更大的作用,并期望得到世界的认可;而

---

① 《联合国家货币金融会议中国代表团报告》,第257、271、273页,396~1401(1)。
② 参见姚崧龄编著:《张公权先生年谱初稿》上,第386~390页。
③ 卫挺生:《卫挺生自传》,(台北)中外图书出版社1977年版,第123页。
④ 光字第197号函,1944年7月24日,Q275-1-2771,陈光甫与章午云等往来函电,上海市档案馆藏。

另一方总不愿摘下度数颇高的有色眼镜,在面对中国时头脑中呈现的是过去的影像,这是中国形象在双方笔下如此不同的重要原因。要知道,仅仅在一年以前,罗宾斯对中国还完全是另外一种印象。他在联合国家粮食与农业会议闭幕后写道:

> 中国人易于被低估。他们派来参会的代表是高度敏锐及聪慧之人,不带有任何敌意和丝毫的自卑,足以与英国和美国最好的专家相媲美。毫无疑问,在四大国政策的背景下,给予苏联特别关注仅是出于审慎。但我确信,如果我们认为中国是可以忽略的,或仅将之当作二流国家,那我们将犯下一个巨大的错误。自然地,如果世界的未来注定要受到亚洲的影响,我无比坚信,中国的影响力会是其中最大的。因为中国有一种古老的文化——无论其物质和政治层面如何变迁,它在道德层面仍然保持着平衡。在对基本准则和生命真谛的领会上,它完全不亚于欧洲最好的那些(国家)。①

一年多的时间过去,罗宾斯对同他打交道的一些中国人依然非常赞赏,但对中国的看法却发生了 180 度大转弯。中国份额超过了他的想象或许是主要原因。始终纠结于英国、印度及英联邦中小国家份额的罗宾斯,面对中国国际地位的迅速上升以及将延续到战后时代的事实,经济学家的理性荡然无存,展现的是一个落寞帝国对中国的复杂感情。

与此同时,无论是对外还是对内,孔祥熙均没有回避来自西方的批评:"吾人正如其他大多数国家一样,自有其困难与弱点……因作战努力而加重"②,"若干批评,或有事实根据,其余则多系根据恶意之谣言或谅解,吾人并不如若干友人所想象之完美,亦不如若干批评者希望使民众相信者之恶劣"③。因此,无论是对中国新身份的视而不见,还是夸大缺陷或编造谣言,多是过去认知的延续,处于此类叙事影响下的人们自然不会认为中国在布雷顿森林谈判中能发挥多大作用。讽刺的是,孔祥熙及中国代表团在会议上曾着力强化与各国代表交往,目的便是使他们意识到并牢记中国的新形

---

① Susan Howson, Donald Moggridge eds., *The Wartime Diaries of Lionel Robbins and James Meade*, 1943-45, p.54.
② 《在美国参议院演讲词》,刘振东编:《孔庸之(祥熙)先生演讲集》,(台北)文海出版社 1972 年版,第 153 页。
③ 《孔副院长谈货币会议,感谢同盟国援助我国》,《中央日报》(重庆)1944 年 7 月 24 日,第 2 版。

象：中国是世界大国，赞同国际合作，中国赞成与他国平等交往，愿意支持弱小国家，等等。可惜这对于其他国家的影响，并没有如孔祥熙向蒋介石汇报的那样生动有效。

（四）中美关系与中国大国形象的塑造

一个不可回避的问题是，中国新国际身份的取得与美国密切相关。中国成为新的世界大国，固然主要缘于坚持抗战，[1]但亦离不开美国的承认与支持。对中国而言，维持与美国的良好关系有助于国际地位的提升。中国参与布雷顿森林谈判之初，正值中美关系蜜月期。1943年2月，美国财政部的一份文件称："中美双边合作的良好意愿与精神正是美国财政部与中国政府尤其是财政部和孔祥熙关系的写照。在所有的事件中，双方都表达出克服困难、避免误判和给予对方所有可能援助的意愿与急切之情。"[2]在这样的背景下，中国得以迅速切入谈判，进入核心决策圈，稳定了大国地位。但反过来说，中国要想成为真正的世界大国，就不能过度依赖美国，否则难免受其限制。在布雷顿森林谈判中，这一点体现得非常明显。尽管中美关系密切，但美国的政策并非全对中国有利。对于美国损害中国利益，尤其是妨碍中国经济重建与发展的政策，中国没有理由站在美国一边。事实上也的确如此，哪怕在抗战后期中美关系走下坡路的关键时刻，中国亦没有放松交涉。因为除非谋求对方政策上的改变，否则经济复兴得不到保障，中国就只能是形式上而非真正意义上的大国。这使中国注定无法成为美国的顺从伙伴。毫无疑问，中美关系的复杂性影响到中国大国形象的塑造。

现实远比理想严酷。尽管中国早已意识到争取大国地位，为经济落后国家说话和争取国际支持的重要性，但在布雷顿森林谈判期间，中国在国际关系中对美国过于依赖，缺乏友邦的状况并没有发生根本转变。依赖美国这一事实，使中国受制于美国，不利于发挥外交主动性。有两个方面颇能说明问题。其一，对于大西洋城会议参会国，四大国作为发起国皆有资格推荐。中国愿意推荐的有利害关系的国家，如朝鲜和南洋国家，彼时皆为殖民地，最后虽提名朝鲜，却遭到美国的否决，无奈提名了美国中意的国家；其二，在布雷顿森林会议讨论份额问题时，中国处境较为孤立。张嘉璈明确看

---

[1] 博顿认为，相较于美国和苏联，英国与中国在大联盟中固然弱了些，但对于作战来说，其重要性一点儿也不低。参见 James M. Boughton, "The Universally Keynesian Vision of Bretton Woods", Naomi Lamoreaux and Ian Shapiro, editors, *The Bretton Woods Agreements: Together with Scholarly Commentaries and Essential Historical Documents*, p. 81.

[2] China, February 23, 1943, p. 2, box 9, CFHW.

到,"中国处境极为危险,7月15日投票情形(关于份额的最终投票),英有自治联邦赞助,美有中南美国家协助,苏联亦有联邦自治国,法比有领地赞助。中国既无友邦,亦无属地,等于孤立。"①由此,中国在份额问题上的交涉与博弈格外艰辛。

在这种情况下,中国只能将着眼点放在其他国家身上。这在布雷顿森林会议上也有迹可寻。在侨汇问题上,中国的主张就得到一系列中小国家的有力支持,最后顺利通过。孔祥熙对此印象深刻,因而特别注意中国与经济落后国家之间的关系。布雷顿森林会议之后,他致信蒋介石称,尽管"外交方面美国实居领导地位……但我国现居四大之一,战后战时有须与小国联系合作互为声援者必多,此时预为绸缪,将来诸多便利"。② 此后在联合国的筹建过程中,中国将自己视为世界弱小民族的代表,③频频为小国争取利益,④这与中国在布雷顿森林谈判中形成的国际身份认知不无关系,也给后世留下重要启示。加强与弱国和小国的联系,成为中国外交的突破点之一。中国在布雷顿森林谈判中对本国国际身份的探索,为后世中国寻求国际定位做了有益的探索。

三、份额与中国大国地位问题

布雷顿森林谈判之中,份额数量几乎等同于国际地位。各国将份额大小视为衡量该国重要地位与威望的问题。⑤ 令人惊讶的是,对于中国坚持基金组织更高份额的做法,国内学者关注较多的是份额位次而非数量,但通过前文可知,档案揭示的实际情况是位次并无悬念,数量关系甚大。西方学者虽然普遍关注到中国对于更高份额数量的追求,长期以来给出的解释也较为一致,观点却错得离谱。

(一) 对"面子说"的批判

西方传统研究多认为,中国追求高份额是出于维护面子的需要。此处所谓面子,有不顾自身实力强充大头之意。关于面子一说,比较早的论述出自参会的美国代表团技术专家戈登韦泽。1944年7月29日,布雷顿森林

---

① 姚崧龄编著:《张公权先生年谱初稿》上,第390页。
② 孔祥熙致蒋介石,1944年10月27日,叶惠芬:《中华民国与联合国史料汇编:筹设篇》,台北:"国史馆",2001年,第301~302页。
③ 王建朗:《大国意识与大国作为——抗战后期的中国国际角色定位与外交努力》,《历史研究》2008年第6期。
④ 参见金光耀:《中国在联合国创建中的作用及对自身大国地位的认识》,《近代史研究》2013年第6期。
⑤ Economic and Social Problems: Organizational Developments, no date, p. 25, BWC1529-22.

会议闭幕一周之时,他在写给美联储董事参考的一份绝密文件中写道:"中国对其 5.5 亿美元的份额极其失望,主要是由于他们的代表已在中国声称他们将有 6 亿美元,这是中国逆大流在银行内坚持认缴 6 亿美元的原因。这可以使他们说,这个数字是早就定好的,因此保住了面子。"①

戈登韦泽的认知大概缘于孔祥熙在与美国代表团理论时所说的一句话。如前文所述,孔祥熙曾称,美国内外的报纸早已报道中国为 6 亿美元。从字面意思理解,若数量减少的确有面子挂不住的问题。但结合上下文及中国代表与美国人历次交涉时的言论,即知这句话的本意是让美国遵守承诺。实际上,苏联在同美国谈判黄金认缴额减免 25%的问题时,也反复提出美国已作出承诺这一事实。② 但最终结果表明,这种承诺对于美国没什么意义。从后续的演变来看,面子说应该不止是戈登韦泽一个人的观点,③并且它对其后的学术叙事产生了深刻的影响。

西方学术界较少考虑的是,面子说无法解释中国代表的行为。从多边档案可知,将中国对高份额的追求理解为面子问题是一种浅薄的误解,漠视了中国与高份额建立联系的根本原因。实际上,就份额本身而言,5.5 亿美元已令中国很有面子。对内来说,蒋介石曾亲自批示,"贷额能在 5 亿元以上为标准可也"④。据此,5.5 亿美元已属超额完成任务,与最初的设想相比,亦高出不少。对外来说,中国名列四强之一,位居第五的法国相较中国少 1 亿美元,这种安排表明摩根索已经照顾到中国的面子。真正没有面子的是法国,1944 年 7 月 15 日当晚法国代表团团长孟戴斯—弗朗斯的怒不可遏即是明证。由此可见,即便是从 6 亿美元降到 5.5 亿美元,中国亦不存在所谓的面子问题。当时的国内舆论一般认为,中国份额减少固然是大会

---

① Issues at Bretton Woods, July 29, 1944, box 4, The Papers of Emanuel Goldenweiser, Library of Congress, USA.
② 参见张士伟:《布雷顿森林会议与美国对苏合作政策》,《世界历史》2018 年第 2 期。怀特承认,即便所有被敌人占领的国家都享受这一政策,基金组织所收会员缴存黄金额也只减少 1 亿美元左右。Meeting in Mr. White's Office, March 14, 1944, BWC1359.
③ 布雷顿森林会议伊始,英国人在谈到如何应对孔祥熙时称,应寻求中国代表团专业人士如贝祖诒的帮助,这样可在保留孔祥熙面子的情况下把问题解决。参照 Hall-Patch to Ronald, 1ˢᵗ July 1944, FO 371-40916;会后,英国驻华盛顿大使馆官员盖奇(Berkeley Gage)向外交部报告称,"只要我们尽可能地给中国人面子,赞赏他们在所提建议背后的精神,他们就不会太失望,毕竟他们不是一个真正的大国。" To Benito, October 4, 1944, p. 4, FO371/41692, Foreign Office Files for China, 1919-1980, Archives Direct. 基本上,英国人前后表达的意思一致,他们的观察很好地代表了当时西方人对中国的看法。
④ 《货币会议我国位列第四贷额可在五亿元以上为标准》,1944 年 7 月 10 日,蒋中正总统文物,数位典藏号:002-090106-00016-513。

不够公允的表现,但份额名列第四则已给予中国应有的地位,足以欣慰。①最关键的是,布雷顿森林会议重申并加强"四强"领导之形式,"一切重要决议,均系美英中苏四国所决定。会议中对于此种领导之形式,未有反对者"。② 也就是说,中国的国际领袖地位已得到40余与会国家的赞同,这对于一个废除不平等条约还不太久的国家来说已经不是面子问题能说明的了。因此,赫莱纳有言,中国官员如此重视份额的大小,凸显了中国政府极其重视基金组织所赋予的高度象征性价值。中国在布雷顿森林会议上的角色,代表了中国在国际货币事务中影响力的一个高点……标志着国际地位的一个重要转变。③ 将中国追求高份额的努力理解为维护国际地位问题,可谓一语中的。

(二) 中国追求高份额的根本原因

事实证明,争取并维护大国地位,是中国坚持高份额的根本原因。孔祥熙对于份额问题有着清晰的判断,中国对于更大份额的追求首先着眼的是中国在战后的世界地位。1944年7月8日,他在给蒋介石的电报中明言:"(份额)如有减少,则于中国及美国自身均留不良印象……经弟强力表示,美方已允加至5亿,弟复告我国久战八年损失严重,此项摊额有关将来复兴建设……经此表示5亿当无问题,可能再略增加。"④后来又说:"因英苏(份额)均加,立场攸关,故我坚持6亿美元。"⑤

争取更重要的国际地位,是中国参与战后国际货币谈判最重要的出发点和落脚点。1943年4月,外交部部长宋子文就提醒蒋介石,"苏联在平衡基金中心组织中的地位,有可能超出其财政经济状况应得地位,因此,将来中国在此中心组织所占地位非以政治手腕积极奋斗不可"⑥。到布雷顿森林会议开幕前,中国就明确要追求更大的份额,并提出有关6亿美元的经济依据。孔祥熙与美方最后一次交涉份额时说得非常明白:"全部问题在于,

---

① 参见伍启元:《国际货币会议与中国》,《大公报》(重庆)1944年6月18日,第2版;朱中悫:《国际货币会议与战后中国》,《陕行汇刊》1944年第8卷第5期,第4~5页。"按各国议定之摊额,我国认缴美金5.5亿,位居第四。若按战前贸易额计算,则将退居第十位,尚在比、荷、加拿大、印度、阿根廷之后,更无论英美法矣。"参见刘大钧:《国际货币基金方案之检讨》,《经济汇报》1944年第10卷第5~6期,第4页。
② 《国际货币会议之经过》,《贸易月刊》1944年第6卷第1期,第81页。
③ [加]埃里克·赫莱纳、[美]乔纳森·柯什纳编,于海生译:《金钱长城:中国国际货币关系中的权力与政治》,华夏出版社2018年版,第50~51页。
④ 《抄电(三)》,1944年7月8日,国民政府档案,761-00120。
⑤ 《抄电(四)》,1944年7月20日,国民政府档案,761-00120。
⑥ 《外交部长宋子文电呈军事委员会委员长蒋中正为英美编制国际平衡基金方案意义及我国出席此项会议人选之重要》,1943年4月13日,数位典藏号:001-084800-00001-002。

中国只有苏联的一半,你们还要再砍去5000万美元,这是为什么? 这就不是钱的事,我担心他们(世界人民)看不明白。"①表达出对于国际地位被弱化的强烈愤怒。孔祥熙事后致蒋介石的报告中,明确地说明了份额大小与中国国际地位的关系:"我国6亿之数,国内国外均已遍知,今基金组织总额增加到88亿美元,而我国分配额反减,有关国家地位。惟美方一再表示,当始终维持我方第四地位,与第五位相差之数,当在5000万以上,我方认为仍难满意,向其代表严正表示,我国在会议中遇有问题,处处尊重美方意见,以求会议之成功,惟此事有关国家地位,势难缄默。"②除孔祥熙外,对于因抗战而奠定的大国地位,中国代表团亦是有意识地极力维护,"对于基金份额约定数6亿美元在所必争,以示我方严正之立场……经过此次会议后,我国应有之国际地位,益为与会各国所深切认识"③。

一件值得注意的事情是,中国最终认缴国际复兴与开发银行6亿美元额度,超出在基金内的额度5000万美元。这是一个使美方感到意外的地方,④因为该银行可贷款数额与认缴额并无关系。由此可见,如果不是认缴额涉及中国的国际地位,中国并无理由作如此选择。中国代表团顾问、立法委员卫挺生称:"中国既先取得四强之一地位,以后参加任何国际共同事业,无论利害如何,应当不放弃第四地位,以永恒保持其地位。"⑤如果只是为了面子,则大可不必,中国完全可以只认缴5.5亿美元。孔祥熙称:"我国国际地位,向有严正立场,不放弃权利,亦不避免义务。"⑥这种做法明确反映了中国对于自身大国地位的信心和决心,以及主动履行相应国际责任的担当。因此,面子一说掩盖了中国追求大国地位的雄心。

从根本上说,中国国际地位的获得,缘于对艰苦抗战的支持,缘于对盟国先欧后亚大战略的支撑,⑦而绝非如一些人所认为的,是美国扶持和赋予

---

① Fund Quotas-China,July 20,1944,p. 6,box 10,RBWA.
② 《联合国家货币金融会议中国代表团报告》,第92～93页,396～1401(1)。
③ 《联合国家货币金融会议中国代表团报告》,第258～259页,396～1401(1)。
④ 美国代表团一直认为中国会减少在银行内的认缴额。直到布雷顿森林会议快结束时,怀特还认为中国的银行认缴额在4.5亿～5.5亿美元之间,艾奇逊称,即便中国减少认缴额,他也不会去斗争。参见Bank Quotas,July 19,1944,pp. 38-39,box 10,RBWA.
⑤ 卫挺生:《卫挺生自传》,第124页。
⑥ 《联合国家货币金融会议中国代表团报告》,第131页,396～1401(1)。
⑦ 关于中国抗战与盟国先欧后亚大战略的关系,参考韩永利:《战时美国大战略与中国抗日战场(1941—1945)》,武汉大学出版社2003年版。

的结果。① 历史上从没有哪个国家是靠他国扶植而成为大国的。对于中国在世界政治与军事中的地位,美国其实非常清楚。② 中国份额第四,既是美国对中国战争地位的承认,也是当时中国代表向美方一再表达的观点。③ 李国钦称:"我们中国幸亏靠着抗战八年的荣誉,和数千万同胞血肉的牺牲……苏联没有参加,我国位列第三,在两机构中的地位,约在7%左右。"④ 美国学者格雷(Austin Grey)亦明确指出,中国在政治与军事上名列四强,在经济与金融上亦被承认为四强之一,原因在于中国为打败日本作出的贡献,及其巨大的经济潜力。⑤ 虽然布雷顿森林会议正式确立了中国在国际经济领域的大国地位,但仅是名义上的,中国代表团非常明白这一点,因此在会议上极力争取更大的份额,希望在战后能更多利用基金组织的资源,加快经济重建,实现经济发展,以使大国地位尽早名副其实。

(三) 中国份额被减少的根本原因

不能简单地认为,由于孔祥熙等人的过于固执己见及较为短视而失去了美国友谊,最后导致中国利益受损。无论美国如何规划战后世界,对中国的定位如何,中国对于自身利益的坚持都不能使美国的态度发生如此重大的转变。

表面上看,美国削减中国份额的确有现实原因。比如,美国大幅增加了苏联的份额,以吸引苏联参加布雷顿森林体系;⑥美国增加了部分小国(主要是拉美国家)的份额,以取得他们的支持;在总份额增加不多的情况下,其他国家的利益便难以得到保障。一些学者引用了摩根索的言论,称:"如果这只关系到中国,我会毫不犹豫地接受你(孔祥熙)的建议,但还有一批

---

① Fei-ju Beatrice Yang, *The Relationship between the Republic of China and the International Monetary Fund*, 1945-80, pp. 1, 8-9;抗战期间,中国声望在西方民众中日渐升高。如中国驻比利时大使钱泰曾观察到,"丘吉尔演说未及中国,深以为奇,至英国民众对于中国表示好感,殆无疑义。此间颇有将来和会问题由四大国决定之说"。《钱泰来电》,1943年4月28日,外交部,数位典藏号:020-010122-0028。

② Chamber of Commerce of the United States, *The Bretton Woods Proposals*, Washington D. C., 1945, p. 12.

③ Questions at Issue on the Fund, June 23, 1944, p. 1, BWC1504-04.

④ 李国钦、徐泽予:《国际建设银行的组织与国际货币基金的运用》,《上海工商》1946年第3期,第6页。

⑤ Austin Grey, "The Monetary Conference and China", *Far Eastern Survey*, Vol. 13, No. 18(September 6, 1944), p. 166.

⑥ 关于苏联份额的来龙去脉,参见张士伟:《布雷顿森林会议与美国对苏合作政策》,《世界历史》2018年第2期。

对份额表示不满的国家,尤其是法国……"①布鲁姆和伊克斯正是在此基础上立论。布鲁姆称,因为苏联份额的增加,美国只好削减了美国、南非、荷兰和中国的份额。② 但是,这种说法忽略了具体的历史语境。

事实上,布雷顿森林会议伊始,苏联还没有提出12亿美元份额的要求时,美国就只打算给中国4.5亿美元。美国并不缺乏为中国安排6亿美元份额的能力,它只是不愿意这么做。③ 具体来看,美国份额虽稍有下降但仍保持绝对领先,考虑到怀特在布雷顿森林会议首日便说"美国份额不超过27.5亿美元",④因而可以认为美国之前的提法都是策略性的。另外,6月中旬怀特和伯恩斯坦曾表态希望美国的份额为26.36亿美元,最终却多了1亿美元有余,显示美国在安排份额方面并不缺乏额度。⑤ 而南非不愿向基金缴纳过多的黄金,主动放弃5000万美元的份额,这一额度最终被转给波兰和捷克斯洛伐克,⑥荷兰最终获得2.75亿美元,超出美国于1944年初安排的2.5亿美元的额度。⑦

从更广泛的层面梳理中美两国关系,就会发现以上说法不过是说辞而已。美国在会议上武断降低中国份额并非仅为策略性的做法,本质上是其改变了对中国抗战地位的认识所致。从前文可知,美国对于中国份额的安排均是自上而下进行的,以总统和财政部部长等高层的意见为主导。布雷顿森林谈判前期,美国对于中国较为热情,与中国代表联系较多,摩根索主动致电孔祥熙对中国方案表达赞赏之意。就事论事,美国此举有借中国等国之力在战后秩序的规划中平衡英国力量的考虑,但深层次原因则是,此时美国先欧后亚战略的实施正处于关键阶段,美国的军事重心在地中海地区,其战略的成功极其依赖于中国在东方坚持抗战,限制日军在太平洋地区的作战能力。而在美国全球战争资源投放中,中国战场所在的中缅印战区是

---

① Fund Quotas-China, July 20, 1944, p. 1, box 10, RBWA.
② John M. Blum, *From the Morgenthau Diaries*, *Years of War*, 1941–1945, p. 267; Alfred E. Eckes, Jr., *A Search for Solvency*, p. 145.
③ 杨格认为,彼时怀特旨在削弱中国,他为苏联数十亿美元贷款积极奔走的同时,却阻止给中国以援助,所以美方不会配合中国。参见 James R. Fuchs, *Oral History Interview with Arthur N. Young*, p. 72. 此处怀特对于中国份额的处理的确反映了这一点。
④ Instruction of American Delegates-Fund, July 1, 1944, p. 3, box 8, RBWA.
⑤ Meeting, June 19, 1944, BWC1278-04.
⑥ 怀特称,美国给南非较多的份额是由于其国际收支情况良好,实际上他们并不想要过大的份额。参见 Discussion of Quotas, July 9, 1944, p. 26, box 8, RBWA;米克塞尔在回忆录中亦称南非和委内瑞拉不想要过大的份额。参见 Raymond F. Mikesell, "The Bretton Woods Debates: A Memoir", p. 37.
⑦ Fund Quotas, July 14, 1944, box 9, RBWA.

最受忽视的一个,其接收的作战物资之少,与中国在盟国大战略中承担的角色极不相称。① 这促使美国在战后事务规划中积极支持中国,给中国安排配得上其角色的地位。因而,在份额公式出台的初期,在罗斯福的支持下,中国份额被列于第四的位置。

而到 1944 年春,大战形势已经明朗,得益于中国在东方主战场的坚持与牺牲,美国先欧后亚大战略度过了最艰险的阶段。意大利法西斯投降,德国与日本的战败亦成为必然,美军在准备对德作战的同时也加大了对太平洋战场的投入,与之相伴的是,中国在大联盟中的地位渐被弱化。布雷顿森林谈判后期,美国虽然仍然支持中国名列四强,但是态度悄然发生变化。美国政府高层对中国的不满增加,对中国抗战的质疑越来越多,不可避免地影响到美国对于中国在未来国际秩序中扮演角色的考虑。由前文可知,在关于联合宣言的讨论中,中国的角色已被弱化;布雷顿森林会议上,关于中国份额的讨论一再发生变化。给予中国 6 亿美元份额本是美国各界的共识,美国代表团内多人针对怀特的策略提出质疑并强调中国的地位即是明证,但怀特削减中国份额的做法最终得到了摩根索的支持,因为后者与罗斯福对中国抗战的看法发生了改变。

对中国而言雪上加霜的是,正是在布雷顿森林会议期间,美军在太平洋获得了轰炸日本的新基地,对美国而言,中国战场的军事重要性急剧下降。7 月 4 日,正在重庆访问的美国财政部官员弗雷德曼向怀特报告说,昆明的陷落无可避免,美国建造的机场将被占领或归于无用,重庆将完全孤立,中国作为一个军事要素将不复存在。② 几乎与布雷顿森林会议同期发生的华莱士(Henry Wallace)访华及史迪威事件加深了美国对中国的消极印象,再加上中美军费垫支谈判毫无进展,这些很快就反映到美国人与孔祥熙的对话中。7 月 15 日晨,从华盛顿返回布雷顿森林的孔祥熙在中国代表团会议上称,中美关系已发生重大变化,"此次与罗斯福会面,罗氏颇有不快之表示,甚至谓照目前中国情势,将走上崩溃之路"。美国副总统华莱士对孔祥熙的态度也极冷淡。中国前驻美大使施肇基在会议期间来到布雷顿森林,明确说明"美国国务院对于国民政府的看法,极为悲观,认为恐有崩溃之可能"。③ 当美国国务院竭力维护中国四大国之一的地位之时,它也意识到了中国实际力量与其外交地位严重不符的问题。④ 这也印证了中共早先作出

---

① 韩永利、张士伟:《二战期间美国战争资源的对外投放考察》,《世界历史》2010 年第 1 期。
② Irving S. Friedman to White, July 4, 1944, book 750, p. 49, DHM.
③ 姚崧龄编著:《张公权先生年谱初稿》上,第 389～390 页。
④ "Stilwell Arrives Here", *Evening star*(Washington, D. C.), November 4, 1944, p. 2.

的判断,即中国的战后地位取决于战时她自己为胜利所付出的努力。①

讽刺的是,这种转变就发生在孔祥熙向各国强调中国重要战略地位的时刻。这极大地加重了中国在布雷顿森林的谈判难度,从而使得近在咫尺的6亿美元变得遥不可及,甚至在紧接布雷顿森林会议召开的敦巴顿橡树园会议中,中国的地位也出现倒退一步的情况,顾维钧明显感受到"抗日军事受挫,影响国际地位"②。9月中旬,盟国在魁北克召开会议讨论对日作战事务,罗斯福也没有邀请中国代表参加。由此可见,美国对于中国抗战形势的评估,不仅影响着中美关系的走向,对于中国在战后秩序中所扮演的角色亦产生着重要的影响。这也从反面证明,中国抗战是战时中国国际地位得以提升的根本原因。

美国对于中苏两国的抗战认知截然相反,是两国在份额问题上产生天壤之别的重要原因。中国和苏联是抗击法西斯侵略的主要国家,苏联在欧洲抗击和牵制了大部分德军,中国在亚洲抗击和牵制了大部分日军。1943年7月,摩根索在谈到对中国的援助时称:"本届政府视打败日本与中国的解放为主要目标。作为中国的老朋友,我相信我们对于中国的信念与信心会被证明是合理的(will be justified)。"③可见,他是把打败日本作为美国对华政策的首要考虑因素。然而,一年之后,摩根索的信心即消失了。原因在于,他只知道苏联有300个师在抗击德军,④却不知道中国抗战多年,精锐折损严重。1944年,面对日军51万人的疯狂进攻,中国在河南能用于狙击的兵力只有30万人。⑤ 1944年豫湘桂溃败固然有国民党的问题,但亦与中国在长期贫弱状态下持续作战密切相关。正如孔祥熙据理力争时所讲:"经过7年的战争,中国忍受着巨大的痛苦。今天我们被迫与世界隔断,我们花光了积蓄。我们竭力赢得战争以打败我们的共同敌人。"⑥如果忽视这一点,很容易得出中国抗战不力的认识。中国份额不升反降,被远远落在后面,就是这种判断的直接映射。

美国之所以区别对待中苏,是因为两国对美国的意义不同。怀特曾称,

---

① 《努力从事战争,执行吾人目前最高任务》,《新华日报》(重庆)1943年3月23日,第3版;"China Newspapers Criticise Mr. Churchill", *The Argus*(Melbourne), 26 March 1943, p.12.
② 董霖译:《顾维钧与中国战时外交(三)》,《传记文学》第31卷第1期,第120页;顾维钧著,中国社会科学院近代史研究所译:《顾维钧回忆录》5,第405页。
③ For Ambassador Hurley, May 20, 1945, BWC1324-07.
④ Conference in Secretary Hull's Office, January 7, 1944, book 692, part 1, p.30, DHM.
⑤ 张宪文、陈谦平等:《中国抗日战争史》第4卷,化学工业出版社2017年版,第8、11页。
⑥ Financial Settlement with China, July 16, 1944, book 755, part 1, p.15, DHM.

美国对份额的分配反映的是其对各国国力、影响力和不易测算要素的判断。① 这些不易测算的要素，实指对美国的有用性而言。苏联已经在抗德战争中成长为世界大国，美国无法忽视，且罗斯福政府对于战后与苏联合作抱有很高的期待，对于苏联的要求只能尽量满足。而中国国力在抗战中并没有达到这样的高度，在美国看来，中国获得名义上的大国地位已然足够。在美国财政部1944年1月的份额表中，美国29亿美元遥遥领先，英苏中三国份额虽少但依次递减，分别为13亿美元、9亿美元和6亿美元，但在最终通过的份额表上，英苏中份额对比发生了明显变化，分别为13亿美元、12亿美元和5.5亿美元，②足以说明一切。

（四）布雷顿森林谈判与中美关系的实质

中国份额的变化亦反映出大战后期中美关系的实质。废约后，尽管在法律层面中国已经是国际社会中平等的一员，是一个新崛起的大国，但中美两国之间的不平等关系实际上仍然存在，美国主导着两国关系的演变。

在布雷顿森林谈判期间，美国轻视中国的做法时有发生。比如，在发表专家联合宣言时，美国就至少从四个方面表现了对于中国的强势。其一，1944年4月初，摩根索向罗斯福汇报专家联合宣言时称，一旦英国与苏联予以同意，宣言就会向全世界公布。③ 也就是说，在没有征求到中国政府正式意见的情况下，摩根索就默认中国会同意。他说："鉴于中国技术专家已经暗示同意建立货币基金组织，如果我在国会听证会上被问到中国的态度，我会回答'是的'。"④这甚至用傲慢都无法解释这种现象。其二，直到很晚，即联合宣言公布前10余天，美国才把宣言内容出示于中国政府，理由是担心泄密。这种做法直接导致中国几乎没有时间提出交涉。与之对比，英国从一开始就与美国逐字讨论联合宣言，1944年初美国即向苏联出示宣言。考虑到之前泄密曝光美国怀特计划及美国份额公式的都是英国媒体而不是中国媒体，"保密说"很明显站不住脚。其三，联合宣言在华盛顿、伦敦、莫斯科和重庆等联合国家的首都同时发表，本是国际合作精神的彰显，有利于国际反法西斯事业的进行，但摩根索在致美国驻华大使高斯的信中却说："联合宣言在重庆的发表不能（重复不能）早于在华盛顿的发表。联合宣言在华盛顿的发表，与其在重庆发表与否无关。"一句话生动准确地表

---

① Instruction of the American Delegations-Quotas of the Fund, July 3, 1944, p. 42.
② J. Keith Horsefield, *The International Monetary Fund, 1945-1965*, Vol. 1, p. 96.
③ Memorandum for the President, April 3, 1944, box 31, RBWA.
④ To Ambassador Gauss and Adler from the Secretary of the Treasury, April 17, 1944, BWC1513-07.

达了他对中国的轻视。其四,在布雷顿森林会议上,当中国就份额问题提出保留意见时,文森称:"中国人说无法接受,须提交其政府决定。但我知道其政府必定会满意。"① 凡此种种,缘于美国对华外交中极为现实的考虑。美国非常明白,漠视中国感受,减少中国份额,并不会降低中国对于美国的依赖性,因而也就不会对其与中国的关系造成实质性损害。

出现上述情况的原因在于,在战后秩序构建过程中,美国对中国国际地位的考虑与中国对自身国际身份的追求并不一致。抗战后期,美国对蒋介石政府信心不足,只愿维持中国名义上的四大国地位,以帮助美国维护国际关系平衡,服务于其全球利益,美国绝无意愿使中国强大到可以直接挑战它的程度。② 因此,对于中国复兴经济以巩固大国地位的努力,美国不愿给予多少实际支持。布雷顿森林会议期间,爱德乐称:"我们应付给中国多少(垫支军费)主要取决于政治考虑……取决于我们对他们的慷慨程度。"③美国在份额问题上何尝不是如此。在呼吁中国撤回在份额问题上的保留意见时,文森赞扬中国,承认中国面临的困难,却没有像孔祥熙所希望的那样承诺帮助中国,亦是这一问题的明证。另外,中国份额的下降亦反映了国际关系中非常现实的问题,在会议的许多场合,较小的、贫弱的经济体(如拉丁美洲国家、印度和中国)的努力经常受到忽视,④而他们本身的不足却常常被夸大,进而导致对他们不利的结果的出现。

四、布雷顿森林谈判中美交涉的若干认知

中国参与布雷顿森林谈判,追求大国地位,致力于营造对中国发展有利的国际环境。它既取得了重要的成就,又留下了深刻的教训,对当今中国理解其在国际秩序中的定位及扮演的角色有着重要启示。

(一) 国际合作与自力更生

中国参与布雷顿森林谈判,热情支持国际合作,既从国际合作中受益,也为之作出了牺牲。在这个过程中,深刻地认识到国际合作、争取外援与自力更生之间的关系。

综合而论,布雷顿森林体系的建立是国际合作的结果,也为后续的国际

---

① Steering Committee, July 15, 1944, p. 8, box 9, RBWA.
② Sally K. Burt, *At the President's Pleasure: FDR's Leadership of Wartime Sino-US Relations*, pp. 49, 67.
③ Army Expenditures in China, July 14, 1944, book 754, p. 33, DHM.
④ ED Conway, *The Summit: Bretton Woods*, 1944, p. 263.

合作树立了典范。① 布雷顿森林谈判中各国的表现与大萧条期间各国"以邻为壑"的做法形成鲜明对比。凯恩斯称:"(布雷顿森林)会议的成功,是团体的成功。除最后的协定外,尚有更重大的意义,即吾人已表现44国能和衷共济,完成建设性之事业……吾人如本此精神继续完成更大之事业,则未来世界,必有无穷之希望。"②摩根索表示:"此次战争所给予吾人之最大教训,即为世界各地人士,应在共同之目标下打成一片,吾人应于国际合作中获取增进国家利益之保障,惟有国际间采取集体行动,以达到共同目的,而后国家权益之保障才能充分实现。"③

在布雷顿森林谈判中,中国尤其认可国际合作的价值。1943年12月8日,行政院文件称:"须各会员国开诚合作,(战后国际货币计划)方可奏效。倘各会员国仍采用国家经济政策,即令会有尽善尽美之国际收支平衡办法,亦属无济于事,所谓永久和平,恐为梦想。"④包括中国在内的各国衷心支持国际合作,概因当时有一个普遍认识,即如经济学家赵兰坪所言,"1931年以来国际纠纷原因虽多,但各国货币金融之未能合作,实为主要原因之一"⑤。战后初期,资源委员会的一份报告指出,货币与金融领域的国际合作是通往和平与繁荣世界的必要一步。⑥ 如今,布雷顿森林早已成为国际货币合作与稳定的代名词。⑦

国民政府对于中美合作抱有美好的期待,蒋介石与孔祥熙不止一次地说过要与美国紧密合作。对中国来说,中美合作是当时国际合作中最为重

---

① 1944年7月20日下午四时,第一委员会报告委员,加拿大外汇管理委员会主席路易斯·拉士敏斯基(L. Rasminsky)称,尽管美国已同各国在多边或双边场合商讨方案一年有余,但各国在布雷顿森林会议上提出的修正意见仍然多达130余种,有些意见涉及根本性问题,但最后各国仍是和衷共济,视个人意见为小事,视全会成就为大事,获得满意结果,确实是国际合作的一大进步。《联合国家货币金融会议中国代表团报告》,第96页,396～1401(1)。美国众议院银行与货币委员会在辩论布雷顿森林协议时也承认,对于战后国际贸易与投资的恢复而言,国际经济与金融合作是必要的,这种合作最能通过建立国际货币基金组织与世界银行而得到确保。Report from the Committee on Banking and Currency to Accompany H. R. 3314, May 30, 1945, p. 72, BWC2143-04.
② 《联合国家货币金融会议中国代表团报告》,第146页,396～1401(1)。
③ 《联合国家货币金融会议中国代表团报告》,第151页,396～1401(1)。
④ 《行政院签呈》,1943年12月8日,王建朗主编:《中华民国时期外交文献汇编(1911—1949)》第8卷中册,第578～579页。
⑤ 赵兰坪:《国际货币问题之回顾与前瞻》,《经济汇报》1944年第10卷第5～6期,第10页。
⑥ A Study of the International Monetary Fund and the International Bank for Reconstruction and Development, no date, p. 15, 资源委员会,数位典藏号:003-020300-0551。
⑦ James M Boughton & K. Sarwar Lateef, *Fifty years after Bretton Woods: the future of the IMF and the World Bank*, Washington D. C.: International Monetary Fund, 1995, p. 1.

要的内容,依托合作引入美援几成国策。① 1944年6月23日下午四时,孔祥熙在抵美后的首次记者会上说,即将召开的货币会议于中国而言非常重要,期待与美国政府合作,使会议取得成功。② 蒋介石在致罗斯福的信中亦明确表示:"孔博士使命至为重要,对于增强我中美两国以及余与阁下间之友谊合作,深信必有重大之成就。"③对于中国对国际合作的推崇,不止美国财政部官员,甚至美国国会议员及媒体也是心知肚明。④ 7月3日第二次全体大会上,美国代表团成员、共和党参议员托比特意引用蒋夫人访美时的言论来激励各国代表,称"诸位有高尚理想并予以发挥,固属佳事,但欲使高尚理想奏效,吾人必须(合作)使之实现"。⑤ 可以说,在整个布雷顿森林谈判期间,保持对美合作是中国处理对美关系的基础。

那么,在中国与美国发生分歧之时,对美合作是否意味着中国对美国妥协退让,以换得美国长期的支持?对此,我们首先需要考察孔祥熙的立场。在对美合作中,作为中国参与布雷顿森林谈判的实际决策者,孔祥熙扮演了关键的角色。纵向来看,孔祥熙既赞同国际合作,吸收外援,也支持自力更生。在人生的不同阶段,他对二者的认识与倾向有所不同。早在1936年3月,孔祥熙就认识到自力更生的必要性,称:"我们要复兴经济,自力更生政策是最可靠的。我们实行这种政策,并非有拒绝外人投资的意思,因为目前外人没有投资,我们不能坐以待毙。"⑥1943年元旦,他对中央银行及中央信托局全员训话时称:"一个人要强,必须自强,国家亦然……抗战5年,(中国)终于与英国、美国、苏俄等国,获得四大强国的荣誉。但是我们自问,究竟强在什么地方?……应该刻苦自勉,特别要努力,必须分外努力才好。"⑦此类谈话曾发生多次,表明他对于自力更生有着清晰的认识。不过,

---

① 《孔祥熙函蒋中正美国定期召开联合国货币金融会议情形及在美经办财政金融有关事项》,1945年2月3日,蒋中正总统文物,数位典藏号:002-080109-00022-002。

② Secretary's Press and Radio Conference, June 23, 1944, Morgenthau Press Conferences, Vol. 25, Franklin D. Roosevelt Presidential Library & Museum, NY, USA.

③ 《蒋介石致罗斯福》,1944年6月17日。Box27 China, The President's Secretary's File, 1933–1945, Franklin D. Roosevelt Presidential Library & Museum, NY, USA.

④ 美国有报纸关注到孔祥熙放弃在份额问题上的保留条件,不仅刊登其发言全文,还附上了孔祥熙的照片,以此作为中国支持国际合作的重要佐证。参见 How Proposed "Reservations" at Bretton Woods were Dropped? *The Commercial and Financial Chronicle*, August 24, 1944, pp.1-2, BWC1545-19。

⑤ Verbatim Minutes of the Second Plenary Session, July 3, 1944, p.12, box 3, RBWA.

⑥ 《自力更生与经济复兴》,刘振东编:《孔庸之(祥熙)先生演讲集》,第453页。

⑦ 《总裁兼理事长元旦对行局全体同人训话纪要》,1943年1月1日,石涛、何品编注:《中央银行》,上海远东出版社2014年版,第53页。

彼时他认为自力更生重要,是一种被动认知,是在没有外援情况下的无奈选择。就这一点而言,同期陈光甫的看法与之较为类似。1943 年 11 月,孔祥熙召集会议讨论战时及战后对美经济与金融合作的宏大计划。陈光甫提出,健全国内经济的可行办法是投资国内工业如纺织业,改善出口贸易;目标则是自立,如孔祥熙所强调的"经济生经济";尽管如此,维持同(美国)进出口银行的良好关系仍是扩展金融活动的要素,应尽可能维持致力于对美合作的机构。①

布雷顿森林谈判的开启,使孔祥熙有了引入美援的机会。在谈判中,他努力盯紧美援,获取外汇尤其是黄金和美元甚至是他积极参加布雷顿森林谈判的一个出发点。此时的孔祥熙认为,中国要成为名副其实的大国,"美援为根本",②这同样是他的真实想法。为了获取更多的美援,他一直都按期偿还美债,决不拖欠,以维持良好的信用。在孔祥熙的经营下,中国的国际信用度极高,甚至曾在布雷顿森林会议上得到摩根索的当众赞赏。在赴美参加布雷顿森林会议前后,孔祥熙常常向美国社会演讲,鼓励他们加大对华投资。种种例子,不一而足。

上述认知很快发生了变化。孔祥熙在访问美国并大量会晤美国高官以后,思想转向"以自力更生为根本"。孔祥熙痛苦地发现,中美关系虽已进入历史上最好的时期,美援以过去不曾有过的规模流入中国,但如果只是依赖美援或一味讨好美国,在与中国利益攸关的问题上与美国妥协,则新的中国永远不会建成,中国实质性的大国地位没有希望,这样的美援并无意义。此种认识刺穿了中美关系的表象,对于孔祥熙来说是痛苦但却深刻的认知。无独有偶,1946 年初,蒋经国作为蒋介石的私人代表被派往莫斯科与斯大林谈判,常至夜不能寐,忍不住在日记中抒发"我国家之强弱,实操之于我国人之手,努力之时至矣"③。表达了与孔祥熙类似的认识。这反映出那个时代人们对于中国实质性大国地位的普遍渴求。

与孔祥熙经历了曲折的认识不同,国内舆论一直强调自力更生在国家发展中的价值,认为相对于外援,自力更生才是根本性的。布雷顿森林会议期间,就有社评称:"政治或尚可享虚声,经济却是极实际的。无论国际对

---

① To Dr. Kung, November 6, 1943, Q275-1-2872, 上海市档案馆藏。
② 同样地,此类看法不止是孔祥熙所独有。陈光甫也曾说,战后中国经济重建最为迫切的是外汇问题,而只有通过政府之间的安排,中国才有可能获得外汇贷款。这应该代表了当时多数人的看法。Some Notes on Postwar Financing from Foreign Sources, November 6, 1943, p. 1, box 9, Hsiang-hsi Kung Papers, Hoover Institution Archives, Stanford University, CA, USA.
③ 林孝庭:《〈蒋经国日记〉与近代史研究》,《台湾历史研究》2021 年第 1 期。

我货币与投资给了多少的援助,中国在国际上的经济地位,还有赖于自力更生。"①会议闭幕以后,《中央日报》的一篇社论与这种认识不谋而合,其文称:"两大机构的建立对于战后中国币制的安定,资源的开发,与贸易的繁荣都有裨益。国父国际开发中国实业计划,在第一次世界大战后未能实现者,在第二次世界大战结束后可以见诸实行,这是我们应该引以为自慰的。但是我们要知道,国际经济合作有一个根本的前提,就是我们经济的自力更生。我们不能够自力更生,就没有方法接受国际投资,更没有方法发展国际的贸易……要彻底认识战后的经济复兴和发展,要国人辛苦经营,勤劳工作,才有确实的希望。战争越濒于结束,我们的工作必愈趋于艰苦。人助必须自助,自立始能自由。"②《国民公报》同样认为:"无论国际对我货币与投资给了多少的援助,我们在国际上的经济地位,还当自力更生。无论国际经济环境有多么好,外在的条件一定要通过内在的因素,然后才能发展繁荣。"③鉴于这些文章都收入了政府档案,当时的决策者应该也注意到了这些观点,并受到它们的影响。

在这种情况之下,孔祥熙虽然对国际合作抱有极大的热忱,在各种场合大谈合作,但他对于中美分歧的处理并非只是妥协退让。④ 在涉及中国关键利益之处,他以相对坚定的态度坚持同美国交涉,以取得于中国有利的结果。如冀朝鼎所言,中国对国际上一切合作组织,均以极大热忱参加,但并不全盘盲从,而将根据国家利害予以审慎修正。⑤ 例如,对于份额问题,坚持到最后一刻才撤回保留意见;在汇率的确定与保持、过渡期的设置、关于中国在基金组织内的地位,以及特别考虑遭战争破坏的国家的需求问题上,孔祥熙与中国代表团都比杨格所描绘的形象更为坚定。同时,孔祥熙也能注意方式方法,在个别问题上做出让步,在策略上引起美国的同情与支持。为了能与美方直接讨论并增进美国对中国的直观认识,孔祥熙还曾向美国财政部部长摩根索及其助理怀特发出访华邀请,不过被后者以工作繁忙为

---

① 《世界繁荣的原理》,1944年7月6日,国际货币基金会议剪报集,数位典藏号:008-010603-00015-001。
② 《国际合作与自力更生》,《中央日报》(重庆)1944年7月26日,第2版。
③ 《布里敦森林的盛会:国际金融货币会议的成就》,《国民公报》(成都)1944年7月27日,第3版。
④ 如王建朗所言,在一些对国家利益并非十分紧要的问题上,中国采取追随美国的方针。参见王建朗:《大国意识与大国作为——抗战后期的中国国际角色定位与外交努力》,《历史研究》2008年第6期。
⑤ 《冀朝鼎昨讲演国际货币问题》,《中央日报》(重庆)1944年2月1日,第2版。

由婉拒了。①

从根本上说,中国主张的国际合作是双向而非单向妥协,在对中国利益至关重要的安排上,需要美国作出一定的妥协。在过渡时期、货币平价与份额问题上,由于美国不肯妥协,中国与美国所发生的对立贯穿了布雷顿森林谈判全程,以至于在会议后期,孔祥熙对于国际合作的热情大为降低。1944年7月20日,他因为基金组织份额问题找到摩根索,称:"我们就是带着合作精神来这儿的,我们希望看到成功,只要有我们能做的,我们都乐意去做,但我们真的面临一个问题。"②为"促进国际合作计,吾人应勿彼此吹毛求疵,而应了解其他人之问题,并助其解决"③。中国是这样,自然希望美国也是这样。著名学者王象贤也称:"我国向来主张世界大同,对于国际经济合作,在原则上自所赞同。然既欲奠定永久和平,则各国之正常权益,必须兼筹并顾,不容有所偏枯。"④因此,国际合作应该是相互的,面对分歧,中国的选项不可能只是退让,如果美国不能作出相应的妥协,那么中国就难以在短期内立足于新的国际体系之中,对于国际合作难免失望。

由此可见,中国在战时成长为大国,缘于本国对于抗战的坚持。相应地,中国作为一个大国要做到名副其实,从根本上说,仍需依赖于自身的发展,以本国人民的努力为主。外援固然重要,但并非根本性因素。如经济学家彭瑞夫所言:"外的条件一定要通过内的关系,然后始能发展繁荣,达到与联合国经济上真正的平等。"⑤布雷顿森林谈判之后,孔祥熙终于认清了这一点。1945年2月初,他自纽约致电蒋介石,不无深刻地谈到,"综观内外局势,我国现有国际地位,如无自力更生求强之道,希人扶助,不但难达所期,而恐终必失望,有误国家"⑥,联想到布雷顿森林会议期间,他还信誓旦旦地说,"得到外助,实中国战后财政经济之根本问题"⑦。孔祥熙在布雷顿森林谈判前后兜兜转转,前后不过半年即在认识上发生根本性转变,抗战以来所坚持的"依赖外援"的信条被颠覆,教训不可谓不深刻。

---

① For Mr. K. K. Kwok, November 6,1943,396(2)-936.
② Fund Quotas-China, July 20,1944, box 10, RBWA.
③ 《孔副院长谈货币会议,感谢同盟国援助我国》,《中央日报》(重庆)1944年7月24日,第2版。
④ 王象贤:《国际通货计划与我国战后币制》,《虎啸》1944年第1卷第4期,第31页。
⑤ 彭瑞夫:《论战后国际货币合作与中国》,《三民主义半月刊》1944年第5卷第5期,第18页。
⑥ 《孔祥熙函蒋中正美国定期召开联合国货币金融会议情形及在美经办财政金融有关事项》,1945年2月3日,蒋中正总统文物,数位典藏号:002-080109-00022-002。
⑦ 姚崧龄编著:《张公权先生年谱初稿》上,第387页。

(二) 外交目标与压力处理

布雷顿森林谈判期间,中美交涉过程极为艰难,中国代表面临着极大的压力。美国虽高举国际合作大旗,但对于其核心利益寸步不让。实际上,不止中国,其他国家的代表同样面临着来自美国的压力。正是在谈判中,英国凯恩斯计划中最重要的透支原则被否定,英国份额被限定为不到美国的一半;苏联黄金认缴额减免25%的要求本来得到美国技术专家的支持,但在布雷顿森林会议上被撤回;等等。

传统叙事对中国代表有一个批评,认为他们奉行国际合作,对美交涉不力。杨格称,在1943年6月华盛顿技术专家会谈中,中国国内达成了共识,但在华盛顿的中国代表没怎么向美国施压;在随后的两国双边谈判中,中国代表与美方保持一致,在战后初期汇率设定等问题上没有取得进展。①

在联合宣言发布前夕,他写道:"尽管在货币复原问题上施加了压力,但中国同意在4月23日不加修改地发表联合宣言。这里的普遍态度是与美国合作(play with the US),同意美国提出的建议,即使它以后可能不适合中国的情况。"②在布雷顿森林会议上,"代表们起初努力谈判,但(孔祥熙的)指示削弱了他们的努力"③。杨格并非有意制造有关中国的消极论述,他多次、多处(包括专著、口述以及日记)如此记载,表明他本人也是百思不得其解,反复揣摩,甚至多年以后还专门跑到罗斯福总统图书馆和普林斯顿大学翻阅档案④,了解美方对中国方案的态度。联合宣言发布数天后,他写道:

> 尽管该计划对中国而言不合适,或者说极不可行,但对美国的战后帮助寄予厚望,导致了中国对货币计划的不加批判的接受;(中国)急于获得一点份额;摩根索提到的6亿美元(对中国所需而言)可能被认为不够。反过来说,如果有这么多的信贷,就会推迟银行的正常运转。⑤

这个过程对他来说也是一种煎熬。究其原因,可能是他对中国"明让

---

① Arthur N. Young, *China and the Helping Hand, 1937-1945*, pp. 378-379.
② April 17-19, 1944, China Diary, 1929-1947, box 113, AYP.
③ James R. Fuchs, *Oral History Interview with Arthur N. Young*, pp. 109-110.
④ 正是在普林斯顿,他才知道:中国方案最终缩减到37条;孔祥熙1943年7月即指示中国代表,拒绝同意立即确定汇率的观点;他第一次看到弗里德曼对中国方案的评价,批评他没有完全理解方案的内涵。参见 China & IMF, July 16, 1956, box 78, AYP。可见,杨格与中国政府的决策是保持一定距离的。不过,他后来也没改变在这个问题上对于孔祥熙的批评态度。
⑤ April 26, 1944, China Diary, 1929-1947, box 113, AYP.

暗争"的谈判策略认识不够;也可能是他对孔祥熙不够信任,认为其能力不足,傲慢固执,有时甚至愚蠢;①也可能是宋子良的亲美言行给了他过于消极的印象;还有可能是爱德乐等人的误导;等等。多种因素导致他在叙事时夸大了孔祥熙"合作"方面的意涵,并将对美交涉的功劳悄悄延揽到自己身上。

排除杨格论述中个别前后矛盾的地方,我们确实可以看到,在某些场合中国代表较为犹豫,对于中美交涉信心不足。从现有材料来看,对于杨格和其他学者对中国代表团的判断,宋子良的某些做法应该是产生了比较大的影响。这也就带出了两个问题:其一,驻外代表的几封信在多大程度上体现了中国代表的长期努力? 其二,判断一个人物或群体的历史贡献及所扮演的角色时,是依赖个别的材料或行为,还是结合当时的历史背景综合考虑这些人物或群体的所作所为?

第一封信写于1943年8月16日,正值华盛顿技术专家会谈后中美交涉的关键时期。宋子良请中央银行业务局局长郭锦坤将信转交孔祥熙,并劝说孔祥熙支持美国。该信主要有三项内容:首先,赞颂中国方案,称中国追求的部分内容已反映在美国新修订的方案之中;其次,陈述美国对待其他方案的态度,试探不将中国方案移交美国的可能性,"良历次列席会议,深感美方不愿各国另提计划……希望我方采取彼计划为基本原则,在会议中予以有力之协助";最后,陈述中国代表团的难处,要求灵活处理对美交涉事宜,以换取美国对华支持与合作。"良私见我方似应避免冲突与摩擦……似可采明让暗争之策,我国来日之希望,美方极愿协助我方。惟美方过去所提四点为其已定方针,并一再宣布稳定币制基金,仅为经常贸易之用,并非中期、长期投资或救济复兴事业之用"。②

宋子良的意图非常清晰,既然中国的部分主张已经得到满足,为了继续获得美国的支持,并无必要在中长期投资或救济复兴事业上坚持同美国交涉。对此,如果孔祥熙支持了宋子良,那么确实可以认为,中国没有对美方施压。但档案资料显示,尽管宋子良所言属实,但对涉及中国重大利益的事项,

---

① 日记中常有流露,如"在一次讨论物价的会议上,孔祥熙说,'鸡蛋据说是5.6到6元一个,但我2.8元就能买一个。'(他不知道,)当社会上层人士购买时,他们会得到便宜的价格……上层不了解价格的真相",December 7, 1943;"孔祥熙要求我就黑市问题起草电报……我照做了,但意愿没那么强烈,因为它不应该被关闭或受到严重压制",February 10, 1944;"与孔祥熙长谈……他愉快地接受了我关于调整价格与汇率的长篇备忘录,并表示赞赏,但我担心他没有从根本上理解到",May 5, 1944,等等。China Diary, 1929–1947, box 113, AYP.

② 于彤:《关于同盟国战后世界货币金融问题档案选(1943年5月—1946年5月)》,《民国档案》1986年第3期。

孔祥熙并没有让步,而是伺机提出新的交涉。中国后来仍然把修订后的完整方案递交给了美方。由此可见,宋子良的建议得到采纳的仅为策略性的"明让暗争",中国并没有放弃对于货币复原目标的追求,"让"只是交涉的方式,而不是交涉的结果。由于中国与美国在国力上不平衡,且两国谈判不可能在短时间内结束,因此一时没有达成协议并非意味着中国在这一问题上作出妥协。

第二封信写于1944年4月17日,系在中美围绕专家联合宣言紧张谈判的时刻,宋子良致信杨格。中国驻外代表与金融顾问通信不少,但像该信一般措辞严厉的非常罕见。其内容如下:

其一,强调国际货币组织与美国国会的关系。宋子良认为,基金组织的最重要目标是将黄金作为所有会员国货币的基准,防止各国汇率再次出现竞争性贬值的情况。而这缘于美国国会对于黄金和各国健全币制的重视。离开美国国会的支持,基金组织无法建立。

其二,又一次强调基金组织不是提供救济、重建或复兴的机构,并称"美国财政部是否有兴趣于或支持过渡时期亦未可知"。因此,"请求美国政府为中国和其他会员国做出特殊安排,在过渡时期针对汇率做出让步,即便这些安排对我们是合乎逻辑和便利的,我也不能加入这个行列。除非我们能就这些请求得到合适的反馈,否则一味提要求并无用处"。他还援引了孔祥熙曾经的说法,即"如果我们想加入基金组织,就必须确定一个汇率,我们还应尽可能地支持美国的政策和观点",从而明确提出中国的特殊诉求并不具有合理性。

其三,宋子良认为,中国的当务之急是确保份额数量,因为"美国支持我们的观点,即按战争贡献,我们应是四大国之一……中国有4.5亿人口,她的领土和资源远远大于印度和缅甸。她是一个自由的、拥有完全主权的国家,她在战争中的奋斗与牺牲得到了所有自由人民,尤其是我们的美国朋友的明确认可。因此,在份额与投票权方面,中国至少应该比印度和缅甸为多。我认为这是重要的,也是有实质性意义的,真正值得我们去捍卫……中国份额与投票权应始终居于四大国的行列,这对中国和美国都非常重要"。①

这场争论的高潮发生于5月5日。即将返回美国履职的宋子良与杨格在重庆面谈。杨格认为,因美国将固定汇率作为起点,是完全错误的,故中国不能承诺在战争结束以前就货币平价问题与美方达成一致。据其日记记载,他被宋子良吼住(shouted down),"因为他们不愿正视这个问题,也不想因此影响到(中国的)正式成员资格。因为需要很大的帮助,他们还想取悦

---

① To Mr. Young, April 17, 1944, box 78, AYP.

于(play with)美国财政部。"①

这应该是布雷顿森林谈判期间中国驻外代表与国内高层②发生的最严重的冲突,它以宋子良与杨格发生对立的形式呈现出来。宋子良的表现更接近于杨格的评价,即不努力为中国争取利益,向美国妥协较多。电文读起来使人恍惚将宋子良误认为美国代表,尤其是第二点内容,几乎就是放弃一年多来的坚持,向美国作出完全让步。③ 但科学评判宋子良的电文,仍然不能只看信件本身,而应将之放到布雷顿森林谈判的历程中予以评判。事实上,无论宋子良怎么想,中国代表的谈判毕竟受孔祥熙的直接领导与监督,谈判代表并不能决定做什么或不做什么。虽然宋子良锋芒毕露,争论激烈,但仍然只是建议,国内采纳与否与其语气并无关系。从事后的进展来看,宋子良的信并没有带来他想要的结果。此后,中国代表团不仅大力争取份额,在其他中国所关心的问题上,如过渡时期、货币复原以及货币平价等,亦做出了坚定且积极的努力,以一经济弱国之力,取得相对瞩目的成果。由此可知,在评判重要人物的言行时,一定要结合其所处的时空背景,正确解读其动机,并以事件的最终走向予以查证,从而得出相对科学的结论。

中国对美交涉的艰难,也使决策者注意谈判策略的使用。限于国力,中国并不谋求在谈判中一步到位,而是在困难与压力之下采取坚持交涉的方针。④ 值得注意的是,布雷顿森林谈判尤其是布雷顿森林会议期间,正是中国抗战面临极大压力的时刻,此时同美国争取利益尤其困难。中国的策略是,一方面坚持关键利益不放松,一再向美国提出中国的核心诉求;另一方面注意策略与方法,在一些方面照顾美方需求,如孔祥熙将合作(妥协)挂在嘴边,但实际上又是有韧性地与美国展开交涉。⑤ 这两点并行贯穿于布雷顿森林谈判始终。就对美谈判策略而言,苏联与中国并无大的不同。罗

---

① May 5, 1944, China Diary, 1929-1947, box 113, AYP.
② 杨格虽是美国公民,但作为中国政府聘请的金融顾问,战时主要为中国服务,可归于中国财政部高级官员之列。
③ 由此可见,当初委员长侍从室对于驻外代表的担心并不多余。席德懋一再声称,宋子良擅长与美国人打交道,更容易为美国人所接受,应该属实。
④ 著名外交家顾维钧称,弱国外交最有用也是经常要使用的策略就是"拖延时间"。参见金光耀:《以公理争强权:顾维钧传》,社会科学文献出版社2022年版,第623页。
⑤ 同期的英国外交官也注意到了中国的谈判策略。1944年10月,盖奇向英国外交部报告中国代表团在敦巴顿橡树园会议的表现时称,"作为现实主义者,中国人并不期待他们的很多看法会被(立即)接受,他们会安慰自己说,这不过是会谈的初始阶段,在大会上他们总有机会提出自己的看法。"盖奇之前长期担任英国驻华大使馆一秘,对中国非常了解。抛开英国人的立场来看,这的确从侧面反映出中国代表面对谈判的坚韧态度。参见To Benito, October 4th, 1944, p. 4, FO371/41692。

威观察到,在美国需要支持时,苏联会在原则上表示支持,但在具体事项上提出异议,①并在事后继续谋求修订美国的主张,直到美国作出让步,或双方在最后时刻达成妥协。

除了与经济重建和发展相关的议题之外,对于布雷顿森林谈判之中存在的其他一些问题,中国关注较少。究其原因:一是无暇顾及,抗战时期,国民政府能用于规划战后秩序的精力本就有限;二是国力所限,经济发展水平低,在很多非关键问题上无力同美国讨价还价。比如,怀特计划曾规定,如果会员国黄金及可兑换黄金外汇持有额增加,基金组织将要求该国使用增加额的一半来回购基金组织所持有的该国货币,以基金组织持有该国货币不少于其份额的75%为限。英国要求基金组织在实施此点时,照顾该国的季节性波动。② 而对中国来说,本身就缺乏黄金,战后长期致力于战后重建,需从国外大量进口重建物资。因此,至少在重建期内,黄金与外汇出现增加将是不可能的事情,也就没有动力去交涉。还有其他一些问题,如基金组织与银行总部所在地,两大机构所持有的黄金储藏地,等等,中国或没有表态,或直接支持美国的看法。恰如伍启元所言,中国应有大国的风度,一方面对中国本身的困难坦白地提出,对中国应有的权益据理力争,但对小节方面不应斤斤计较;而另一方面,一切主张应从整个联合国家和整个世界着眼,应为国际合作和国际和平而努力。③

从中国参与布雷顿森林谈判的经验来看,面对世界大国强势的国际政策,应两条腿走路。一方面,坚持奉行国际合作的理念,推动互利共赢,切实化解矛盾,将极大地缓解已有压力,而且在大的趋势上,大国合作将始终是世界和平与发展的主要保障。与此同时,对于与本国利益攸关的内容,则应坚持交涉,保持耐心,从一个较长的时间维度内寻求破解之策,才有较大可能获得于国家有利的解决。另一方面,尽力团结其他面临类似处境的国家,甚至具有类似观点的有影响力的重要人物,扩大阵线。2021年6月,美国资深参议员伯尼·桑德斯(Bernie Sanders)称:"要为美中等国劳动人民创造真正的安全和富足,就需要建立一个更加公平的全球体系,这个体系要将人类需求置于商业欲望和军国主义之上。"④此言值得深思。盲目煽动美国

---

① Eric Rauchway, *The Money Makers, How Roosevelt and Keynes Ended the Depression, Defeated Fascism, and Secured a Prosperous Peace*, p. 179.
② Meeting in Mr. White's Office, March 13, 1944, BWC1339-04.
③ 伍启元:《国际货币会议与中国》,《大公报》(重庆)1944年6月18日,第2版。
④ Bernie Sanders, "Washington's Dangerous New Consensus on China", *Foreign Affairs*, May/June, 2021.

与中国对抗,不仅无助于上述目标的实现,也不能使局势朝着对美国有利的方向发展,更不用说在气候方面急需两国密切合作①。而在布雷顿森林谈判中,美国最终认识以中国为代表的经济落后国家对于重建与发展的需求,以实际行动落实国际合作理念是布雷顿森林会议最终成功的不可忽视的原因。美国在承认落后国家发展权的情况下,也为自身谋得经济繁荣局面的到来。这是一笔宝贵的历史经验。

(三) 国民党政府错失战后重建与发展良机

中国在布雷顿森林谈判中扮演重要角色,本是一件值得书写的光辉过往,却长期为世界所遗忘。国民党无力塑造中国作为一个世界大国的新形象,无力承担重建中国并巩固中国大国地位的责任,应是一大原因。②

1. 国民党在国内层面无力发展本国经济

中国在布雷顿森林谈判中所获固然重大,但如果没有配套的国内措施,则亦无处安放。随着孔祥熙的去职和杨格的离开③,国民政府经济部门无力为实施《布雷顿森林协定》做好准备,更不用说利用其所营造的有利国际秩序重建并发展国内经济。对于战时人们所畅想的重建币制,首先采取措

---

① 桑德斯认为,在应对气候危机方面,中美必须合作,这对于地球生命的延续是绝对必要的(absolutely necessary),两国对抗将注定使地球走向毁灭。参见 The US and China must unite to fight the climate crisis, not each other, August 21, 2023, https://www.sanders.senate.gov/op-eds/the-us-and-china-must-unite-to-fight-the-climate-crisis-not-each-other/, accessed on August 28, 2023。

② 此处仅探讨国民党政府的角色。关于美国战略的转换、冷战等原因,可参考 Eric Helleiner, *Forgotten Foundations of Bretton Woods: International Development and the Making of the Postwar Order*, pp. 260-268.。

③ 因孔祥熙身陷贪污弊案,在国民党内外的形象急剧跌落,民怨沸腾,蒋介石亦对之不满,迫使他辞去政府要职。参见郑会欣:《党国荣辱与家族兴衰——析蒋介石与孔祥熙之间的关系》。也有说法认为,罗斯福对孔祥熙以权谋私很是嫌恶,不断施压迫使其辞职。参见张祖葵:《蒋介石与战时外交研究(1931—1945)》,浙江大学出版社 2013 年版,第 83~84 页。还有学者认为,罗斯福以声誉不佳迫使孔祥熙辞职只是借口,实际原因是孔祥熙在一系列对美外交中取得不凡成就,使美国财政当局及罗斯福对他产生不满,为其政治生命的终结埋下伏笔。参见蔡志新:《孔祥熙经济思想研究》,前言第 11 页。孔祥熙最终于 1944 年 11 月 26 日去财政部长职,1945 年 5 月 31 日去行政院副院长职,7 月 25 日去中央银行总裁职,退出国民政府决策圈。对于孔祥熙离开政坛的影响,蒋介石后来评述称,"国家之财政经济与金融事业,江河日下,一落千丈,卒至不可收拾",在一定程度上反映出孔祥熙的去职对于国民党施政的巨大影响。参见汪朝光:《蒋介石的人际网络》,第 105~106 页;郭荣生编著:《民国孔庸之先生祥熙年谱》,第 202、218、220、244 页。由于中美两国都不重视遏制法币通货膨胀问题,杨格心力交瘁,于 1946 年 8 月辞去国民政府金融顾问一职,旋即返美,约一年后再度返回中国受聘为中央银行顾问,但仅维持数月,1947 年 12 月彻底离开中国。参见 Fuchs, James R., *Oral History Interview with Arthur N. Young*, pp. 49, 62, 71, 152, 154-155; Aug. 29, 1946, Aug. 22, 1947, Dec. 11-12, 1947, China Diary, 1929-1947, box 113, AYP。

施稳定法币的内外价值等,国民政府不仅弃之一边,反而一再实施战时非常手段,滥发纸币,导致战后初期国内法币价格一跌再跌,国内经济重建迟缓,美国商品如潮水般涌入,经济发展无从谈起。如《经济周刊》所言,"虽然(中国)地位仅次于美英两国,但法币在恶性通货膨胀中,中国成了美国在亚洲的最主要市场,而中国政府采取的一切经济措施,都不利于出口商人"①。与此同时,中国没能利用国际货币基金组织纠正严重的国际收支失衡。至于畅想已久的重建贷款,更是迟迟没有进展。

实际上,中国具备向世界银行贷款的良好条件。客观上,世界银行贷款能力颇强,其美元贷款额度高达76亿美元。② 银行政策委员会早在1946年5月即已成立,中国执行董事沈元鼎名列其中。③ 沈元鼎对贷款一事颇为积极,④第一时间提醒国内,世界银行自6月起便可接受贷款申请,督促中国早日提出;⑤10月底,将法国、捷克斯洛伐克、波兰、丹麦和智利等国贷款申请信息发回国内参考;⑥1946年底,他回国述职时,亦带回世界银行贷款政策及需注意事项等第一手信息。⑦ 另外,中国渴望的币制重建贷款亦得到世界银行的支持。主观上,早在1945年7月,蒋介石即指示"我国应先拟具借款计划,于银行成立时首先提出",⑧财政部、经济部、交通部、农林部、资源委员会与外交部等部门曾多次开会讨论,研议借款初步计划,一度提出6.88亿美元的贷款需求。⑨ 但直到1949年9月底,各国贷款相继获批,中国却始终没有向世界银行提出贷款申请。其原因较为复杂,或者因申

---

① 娄立齐:《国际货币基金会议的前瞻》,《经济周报》1946年第2卷第11期,第5页。
② Coverage of International Bank's Debentures, March 15, 1946, BWC1531-03.
③ Report of the Committee on Loan Policy, July 24, 1946, 396(2)-1003(2).
④ 1946年8月初,沈元鼎致信行政院长宋子文,报告贷款程序,询问国内贷款计划,并提出具体可行建议。参见《致文公院长》,1946年8月6日,396(2)-1003(2)。
⑤ To NRC-Nanking, June 17, 1946,资源委员会驻美总代表恽震往来函电——第二部分,数位典藏号:003-020100-0278。
⑥ Report of Actions taken by the International Bank for Reconstruction and Development, October 29, 1946, 396(2)-1003(2).
⑦ 《呈钱委员长电》,1946年12月20日,资源委员会驻美总代表恽震往来函电——第二部分,数位典藏号:003-020100-0278。此外,资源委员会技术组长夏勤铎也曾提醒国内,麦克洛伊(John J. McClay)就职世界银行行长后,着重生产事业投资,(美国)进出口银行着重贸易及商业性投资,前者对我较重要。夏勤铎电恽震,1947年3月3日,资源委员会,数位典藏号:003-020100-0228。
⑧ 《蒋介石致宋子文》,1945年7月17日,国际货币金融会议,数位典藏号:001-060200-00031-005。
⑨ Report on Meeting at Ministry of Finance for Discussing Plan for Loan Application from International Bank for Reconstruction & Development, November 26, 1946, 396(2)-1003(2).

请数额过大,或者因计划不够完善,或者因国民党施政中心偏移,或者因世界银行决策较为谨慎,导致国民党政府望而却步,最终没能利用世界银行贷款助力中国重建事业。

2. 国民党政府无力维持中国既有国际地位

尽管战后初期中国代表在两大机构内勤于履职,但总的来说国民党政府在国际货币事务上的表现差强人意,与中国当初在布雷顿森林谈判中的表现判若两国。主要表现在:

其一,在争取份额方面后劲不足。两大机构开业后,法国立即要求将其份额增加50%,达到6.75亿美元,如此则将超越中国而排名第三。作为回应,中国要求提额30%,达到7.15亿美元,①以保持对法优势。经过一番交涉,理事会最终同意法国提高份额,但为了平息中国的不满,仅增加法国份额到5.25亿美元,仍然少于中国;与此同时,中国没能说服理事会提高份额,但又认为理事会对法国的做法"尚属合理",中国的地位得到维持,于是撤回提额申请。② 中国拥有5.5亿美元份额,此后一直保持到中华人民共和国恢复合法席位为止。

其二,国民党政府在向两大机构派人问题上不够重视。一方面,对于关键的执行董事职位,无论派驻基金组织还是银行的人士皆长期驻外,在孔祥熙失势以后远离了国民党权力中心;另一方面,中国派驻两大机构的理事由财政部部长兼任,而战后国民政府财政部部长深陷国内危机,政绩不佳,导致他们很难专注于两大机构的事务。1948年9月,适值国际货币基金组织及世界银行理事会第三届年会召开,中国任轮值主席国,刚刚接替俞鸿钧任两机构理事的王云五决定亲自出席。此时金圆券发行已到关键时刻,他欲借此机会谋求美国贷款,以作为币改后援。9月22日,财政部部长王云五率席德懋、宋子良等人飞往华盛顿,结果大失所望,但10月11日他回国后却称:"希望金圆对美元汇率不变动。曾在会外提及贷款问题,美国对中国非常关心。"③短短一个月以后,金圆券改革即告失败,王云五黯然下台,理事职位随即为新任部长徐堪接替。④

---

① China: Increase in Quota, September 18, 1946, EBD/46/65, IMF Archives.
② Inward Telegram from Mr. Hsitemou, September 30, 1946, 396(2)-1003(2); J. Keith Horsefield, *The International Monetary Fund*, *1945-1965*, Vol. 1, p. 150;财政部财政年鉴编纂处:《财政年鉴》第3编下,第10篇第185页。
③ 《王云五抵国返京》,《大公报》(上海)1948年11月12日,第2版。
④ WB Executive Directors, *Third Annual Report*, *1947-1948*, Washington: September 27, 1948, pp. 31,44,46-47, *Fourth Annual Report*, *1948-1949*, Washington: September 13, 1949, pp. 52,55.

由此,就参与布雷顿森林体系而言,在长达数年的时间里,中国除了履行章程义务、缴纳会费、力保第三的位置以外,并没有取得令人瞩目的成就。特别是法币平价迟迟没有确定,使各国对于中国的大国地位产生怀疑,对中国消极的评价迅速胜过积极的评价,助长了遗忘的产生。

抛开表象,战后初期,蒋介石将工作重心放在军事方面,发动内战,顽固反共,错失和平民主建国良机,是中国没能利用布雷顿森林体系重建国家的根本原因。早在1945年2月,孔祥熙就曾力劝蒋介石:"如我方缺乏适当准备,不能审慎运用此种国际组织,轻则攸关国际观感,重则影响国家信用,致足阻塞今后复兴建设之良机。此则不得不预为恳切陈明。"①然而,言辞虽然恳切,却无济于事。李毓万后来也说,抗战胜利之初乃是我国财政空前最好的时代,可惜负责当局没能充分利用这些库存现金和各种物资来做复兴建设。② 战时中国各界有识之士对于大国之梦的热切追求与激昂情绪,在国民党政府发动内战的现实面前撞得粉碎。

如果说孔祥熙在布雷顿森林谈判中取得成绩,与蒋介石的放权密切相关,那么战后中国没能利用布雷顿森林体系所营造的有利国际环境完成国家重建,则体现出蒋介石本人对于经济问题的深入干预。战后年代,蒋介石基本倒向了美国一边,布雷顿森林谈判中坚持同美国交涉以维护本国利益的精神荡然无存。如美国驻华大使馆二秘谢伟思(John S. Service)所言,"蒋介石选择将命运完全系于美国身上,不止外交关系,还包括军事、经济上的依赖"。③ 蒋介石企图以在国际金融问题上完全支持美国,换取在其支持下发挥大国作用,结果事与愿违。所谓自强自立完全流于表面,国民党政府不仅没能进行重建,反而深陷内战泥潭,货币急剧贬值,"重建自由外汇市场,增强法币地位,发展国际贸易",④争取国外贷款等想法全部落空,法币完全崩溃以后,金圆券改革亦很快破产。1949年8月初,上海被移出国际货币基金组织所持有的黄金与中国国币储藏地,这离它被指定为储藏地

---

① 《孔副院长自美呈国民政府主席》,1945年2月28日,国际货币金融会议,数位典藏号:001-060200-00031-005。
② 郭廷以、李毓澍、陈存恭、张玉法:《孔祥熙与我:李毓万先生访问纪录》,《口述历史》1989年第1期,第175页。
③ "Memorandum of Second Secretary of Embassy in China(Service)", March 20, 1944, US Department of State, *FRUS*, 1944, *China*, Washington DC: Government Printing Office, 1967, p.39.
④ H. H. Kung, "China's Financial Problems", *Foreign Affairs*, Vol. 23, No. 2 (Jan., 1945), pp. 222–232.

还不到 3 年。①

客观地说,中国在布雷顿森林谈判中争取的利益,特别是有关过渡时期的一系列做法,的确保障了中国对于布雷顿森林体系的参与。因此,虽然从战后初期直至国民党政府在大陆倒台,中国在国际货币事务中表现不佳,事关重大的中国货币平价一直没有正式确立,②法币兑换美元官价一再急剧跌落③,中国对于份额的认缴也没有及时完成,④但这些做法都符合两大机构的规定。当然,中国争取过渡时期的初衷是保障战后重建,实现大国之梦,绝非为货币剧烈贬值打开方便之门。从结果来看,国民党政府的施政完全偏离了中国参与布雷顿森林谈判的初衷,极大地损害了中国的国际威望。

在后续的世界历史发展中,主要由于美国的支持,直到 1980 年,在国际货币基金组织与世界银行中"代表中国"的是偏居中国台湾的国民党当局。其在份额上始终原地踏步,导致它在国际经济体系中的地位持续衰落。以在国际货币基金组织的经历为例,当年中国代表历尽艰辛,为中国赢得世界第三的地位,之后相继遭到法国、西德等国的挑战。1958 年底,基金组织大幅调整份额,总额度增加 50%,西德增加至 6.6 亿美元,⑤这一调整于 1960

---

① For Mr. Hsu Kan, August 4, 1949, Institutional Archives, No. 49792. IMF Archives. 1946 年 8 月 26 日,财政部部长俞鸿钧致电世界银行行长尤金・迈尔(Eugene Meyer),称指定位于上海的中央银行作为银行黄金与中国货币的保管处。参见 For the Honorable Eugene Meyer, August 26, 1946, 396(2)-1003(2);1946 年 11 月,国际货币基金组织指定纽约、伦敦、上海、巴黎和孟买五地为其黄金存储地,参见 To Governor Pei, November 11, 1946, 396(2)-1003(2)。
② 1946 年 9 月 14 日,国际货币基金组织通知国民政府确定法币平价,国民政府援引基金组织章程第 20 条,得以暂缓确定。参见 Memorandum Opinion on Article XX, Section 4(d) and Related Provisions of Articles of Agreement, no date, 396(2)-2751。中国驻基金组织首任执行董事顾翊群称,经代理理事席德懋与基金组织协商,后者于 1946 年 12 月 20 日通知中国财政部,决定中国通货平价之期,予以暂时无定期延展。据此,中国继续实施汇兑管理。参见顾翊群:《危机时代国际货币金融论衡》,第 129 页。败逃台湾地区 12 年后,国民党政权终于在 1961 年年中确定货币固定平价。参见 J. Keith Horsefield, *The International Monetary Fund, 1945-1965*, Vol. 2, p. 150。
③ 1946 年 3 月 4 日,法币兑换 1 美元官价由 20 元调整为 2020 元;当年 8 月 19 日,调整为 3350 元;1947 年 2 月 17 日,调整为 12000 元。由于法币平价迟迟没有确定,因此这几次调整都是提前通知国际货币基金组织,并不需要经过其事先批准。参见 Minutes of Meeting 187, November 13, 1947, Executive Board Documents, No. 178398. IMF Archives。
④ 直到 1970 年,国民党当局才全面缴清 5.5 亿美元的份额,此时布雷顿森林会议已经过去 26 年,"过渡时期"远比当初设想得漫长。参见 Catherine R. Schenk, "China and the International Monetary Fund, 1945-1985", Kazuhiko Yago, Yoshio Asai, Masanao Itoh eds., *History of the IMF: Organization, Policy, and Market*, pp. 307-308。
⑤ 《叶公超来信》,1958 年 10 月 9 日,数位典藏号:020-050205-0116。

年正式实施,国民党政权在份额上即被西德超越,丧失了指定执行董事的资格。① 此后,国民党政权的国际地位一路下滑,在基金组织内一度跌到第17位,甚至需要与韩国、菲律宾等国共享一位执行董事,②可谓"战后的不幸发展,叫人不堪回首"③。

如前文所述,布雷顿森林会议仅为中国确定了名义上的大国身份,要成为真正的大国尚需长久的艰苦奋斗与建设历程。可惜,当时的国民党政府既无良策,亦无精力来实现这一点,它承载不起夯实中国大国地位的重任。作为对比,在布雷顿森林谈判中无论表现还是实际地位皆不如中国的法国,战后初期不仅实现了份额的提升,还迅速从世界银行获得一笔2.5亿美元的贷款,重建进程大大加快。④ 中国在布雷顿森林谈判中争取到的利益,并没有帮助中国在建设实质性大国方面立即发挥作用,这是后布雷顿森林谈判时代极为痛心的一件事。孔祥熙在1945年2月初发出的沉痛感慨,没有使蒋介石有所醒悟,这个教训是极其深刻的。

(四) 中共是布雷顿森林谈判的重要参与者

中国对于布雷顿森林谈判的参与是一个跨党派的活动。金中夏最早指出,因为布雷顿森林会议中国代表团中有中共党员的参与,所以在一定程度上所取得的成果也是国共两党合作的产物。中国代表团主任秘书(秘书长)冀朝鼎是孔祥熙的亲信,真实身份却是中共地下党员。从档案文件看,冀朝鼎很可能参加了布雷顿森林会议关键的起草委员会的工作。这体现了共产党人的奉献精神,他们为了捍卫和提高国家的国际地位这一中华民族的共同目标,而默默地与国民政府合作,并充分发挥了个人的才华。⑤

冀朝鼎时任中央银行经济研究处事务长,与怀特在美国财政部任货币研究司司长的职位相当,两人都精通国际金融并擅长处理国际货币事务。布雷顿森林谈判期间,冀朝鼎特别关注战后货币问题,认为"美国为今后世

---

① J. Keith Horsefield, *The International Monetary Fund*, *1945-1965*, Vol. 1, pp. 234,475.
② Bessma Momani, "China at the International Monetary Fund:Continued Engagement in its Drive for Membership and Added Voice at the IMF Executive Board", *Journal of Chinese Economics*, 2013 Vol. 1,No. 1.
③ 王曾才:《评论〈中国参加联合国粮农会议的经过〉》,"中央"研究院近代史研究所编:《抗战建国史研讨会论文集(1937—1945)》下,(台北)"中央"研究院近代史研究所,1985年,第563页。
④ 据中国代表观察,法国人在萨凡纳会议上就致力于在所有会议上扮演更为重要的角色。参见To Dr. T. V. Soong, May 10,1946,396(2)-1003(1)。迄今为止,法国人担任国际货币基金组织总裁达5任之多,合计任期44年,居各国之首。
⑤ 金中夏:《翻阅尘封的档案——纪念出席布雷顿森林会议的中国代表团》,《中国金融》2014年第18期。

界代英国执金融牛耳者,其前途发展至可注意"①。作为孔祥熙高度信任的人,冀朝鼎是中国布雷顿森林谈判的主要参与者之一。这表现在四个方面:首先,财政部曾就布雷顿森林谈判召开多次会议,研讨对策,冀朝鼎都积极参加。比如,在财政部范庄会议中,冀朝鼎曾提出,中国应争取更大的份额,在战后初期可利用美国贷款渡过难关;应就中国的诉求区分重要与一般意见,以吸引(盟国)支持;明确战后贸易政策,以吸引外国商人的支持;等等。② 冀朝鼎一向重视吸引外资,以促成中国的工业化,③从其发言中可见一斑。其次,财政部在准备及修订中国方案时,冀朝鼎都是主要咨询人之一。在布雷顿森林谈判期间,冀朝鼎与杨格就国际谈判通信频繁。再次,冀朝鼎负责准备中国代表团参与布雷顿森林会议的资料,特别是关于中国经济的统计资料,有力地推动了中国代表的谈判进度。④ 最后,中国参与布雷顿森林会议的代表团名单,最早也是冀朝鼎发送给席德懋的,其本人任代表团主任秘书(秘书长)。⑤ 在布雷顿森林会议上,孔祥熙与美国要人会谈时,经常带着冀朝鼎一起,⑥其专业知识发挥了重要作用。由此可见,战时两党的合作比我们已经了解到的更为广泛。

除冀朝鼎的直接参与外,中国共产党高层亦向美国表达了对于国际经济事务的兴趣,并为后者所注意到。1944年11月14日上午,周恩来抵达重庆没几天,便密会美国财政部代表弗里德曼。在后者看来,此举无疑证明了中国共产党人与其他中国人一样,视美国财政部部长为美国政府的二号人物。周恩来以一位负责任的政府官员的口吻称,"延安政府赞同在政治与财政领域的国际合作",并邀请美国代表赴延安访问。在重庆的西方外交官与新闻记者圈子中,温文尔雅且富有魅力的周恩来很受欢迎;⑦通过与弗里德曼的直接对话,他将中国共产党对于国际金融的看法及时传达给了美国政府高层。⑧ 这与此前毛泽东向美国官员表达的观点一致。1944年8

---

① 《冀朝鼎讲世界货币》,《财政评论》1944年第11卷第4期,第123页。
② Summary of Conference, May 21, 1943, pp. 6–7, box 78, AYP.
③ 冀朝鼎:《利用美国资本的途径》,《新经济》1938年第1卷第3期,第65页。
④ Memorandum, May 3, 1944, p. 2, box 78, AYP.
⑤ To Mr. Hsi, June 27, 1944, 396(2)-970.
⑥ 美方档案有多次记载,比如冀朝鼎陪同孔祥熙与美国代表团交涉中国份额问题,参见 Fund Quotas-China, July 20, 1944, box 10, RAST。
⑦ Jay Taylor, *The Generalissimo Chiang Kai-shek and the Struggle for Modern China*, Cambridge: Harvard University Press, 2009, p. 220.
⑧ Interview with General Chou En-lai and His Message to Secretary Morgenthau, no date, book 801, pp. 270–271, DHM.

月23日,毛泽东对正在延安访问的谢伟斯称,中国必须工业化,且须在外国资本与自由企业的帮助下才能实现,而中美两国利益相似且紧密联系在一起。中国共产党志在提高人民的生活水平,比国民党更具合作性,且必须与美国合作。① 从时间线来看,这些认知的形成,应该与张闻天关于布雷顿森林会议的报告密不可分。

从更广泛的层面看,毛泽东与周恩来的表态受到工业化理想的驱动,代表了抗战期间中共对于国际经济与美国的看法。② 早在1937年6月下旬,毛泽东便对访问延安的美国人称:"中国需要美国的帮助,必须利用美国和日本帝国主义之间的矛盾……在对外政策上,我们有可能走到一起去。"③ 1938年,周恩来对来访的英国记者詹姆斯·伯特伦(James Bertram)称:"我们今日的敌人只有日本帝国主义,(对于)同情我们的国家与人民,我们极愿维持最友好的关系……把日本侵略者赶出中国后,我们依然需要外国的经济与技术的帮忙……继续欢迎外国的资本与经营。"④ 1941年初,《新华日报》发表社论,称:"我们以为平定目前的物价粮价,鼓励小规模工业和工业合作,是异常重要的……我们是很欢迎在平等的条件下的外国投资及技术人员的,我们决予以必要的保护,并尊重他们,因为我们共产党人懂得什么是对于中国人民的最有益的外援。"⑤ 美军观察组访问延安时,对经济问题较为熟稔的博古提出,中国经济基础过于薄弱,摆脱半封建的经济形态当属第一要务,这使整个国家对于外援特别是美国资本有强烈的需求,中共愿意看到美国在中国重建与发展中扮演更重要的角色,给外资以极大的自由。这些说法也在其他场合得到毛泽东与刘少奇的支持。⑥ 1944年5月22日,毛泽东在延安公开表示,日本敢于欺负中国,是因为中国没有强大的工业。消灭这种落后,是全民族的任务,"我们共产党是要努力于中国的工业化的"⑦。除此之外,中共媒体对于布雷顿森林会议也给予充分的关注,对于

---

① Interview with Mao Tse-tung, August 23, 1944, book 796, p. 253, DHM.
② 关于中国共产党对于工业化的认知与贡献,参见黄群慧:《中国共产党领导社会主义工业化建设及其历史经验》,《中国社会科学》2021年第7期。
③ [美]托马斯·毕森著,李彦译:《1937,延安对话》,人民文学出版社2021年版,第120页。
④ 詹姆斯·伯特伦著,卓云译:《周恩来谈中共对外政策》,《国际文摘》1938年第1卷第3期,第4~5页。
⑤ 《增进中美友谊:特向居里先生致辞》,《新华日报》(重庆)1941年2月8日,第1版。
⑥ "The Orientation of the Chinese Communists toward the Soviet Union and the United States", September 28, 1944, Joseph W. Esherick, Lost chance in China: the World War II despatches of John S. Service, Beijing: Foreign Languages Press, 2004, pp. 320-323.
⑦ 《共产党是要努力于中国的工业化的》,1944年5月22日,《毛泽东文集》第3卷,人民出版社1996年版,第146~147页。

中国所扮演的角色、所要争取的国际地位,以及为战后重建所做的国际准备,都有充分讨论,所提建议和对策无不对中国重建有利。

事实证明,中国当年在布雷顿森林谈判中的奋斗,对于中国的发展影响深远。布雷顿森林两大机构虽然没能在战后初期助力中国的重建事业,但是为数十年后中国的建设与发展提供了有利条件。主要表现在以下两个方面。

首先,中国改革开放不是加入国际体系,而是重返自己参与创建的体系。中国恢复在国际货币基金组织与世界银行的席位,是中国重返国际经济体系的标志性事件。随着1979年1月中美建交,中国重返国际经济体系的时机越发成熟。1980年4月,国务院副总理邓小平会见世界银行行长麦克纳马拉(Robert S. McNamara)时坦言,"我们很穷,我们同世界失去了联系,我们需要世行帮我们赶上去"。麦克纳马拉则承诺,世行会派出杰出人才帮助中国实现现代化。① 中国恢复在国际货币基金组织和世界银行的合法席位后立即要求增资,国际货币基金组织份额从5.5亿美元增加到18亿美元,投票权18250票,再次超越印度,重新取得单独派遣执行董事的资格。② 中国份额的急剧增长,既是国际社会对中国的庞大体量及在全球经济中的重要性的承认,也是对中国过去数十年份额数量裹足不前的弥补。

其次,布雷顿森林两大机构有力地推动了中国改革开放和经济建设的进行,加快了中国与世界经济体系的融合。20世纪80年代初,随着经济建设的大规模展开,中国需要大量资金,而世界银行几乎是唯一可以提供大量外国贷款的国际组织。③ 世界银行贷款成为中国最初利用外资的主要渠道之一,而中国也迅速成为世界银行的最大借贷者之一,在一些年份里,世界银行贷款甚至占到当年中国直接利用外资额度的一半以上。④ 在90年代,中国连续多年是世界银行的最大借贷者。恢复席位30年来,世界银行对华承诺贷款额达到478亿美元,涉及326个大型项目的建设,⑤其中约百亿美

---

① 谢世清:《中国与世界银行合作30周年述评》,《宏观经济研究》2011年第2期。
② Annual Report of the Executive Board for the Financial Year ended April 30, 1981, Washington D. C. : International Monetary Fund, 1981, Appendix Ⅳ, Executive Directors and Voting Power, April 30, 2016.
③ 凌青:《回忆小平同志指导我国在联合国的工作》,《回忆邓小平》(上),中央文献出版社1998年版,第445页。
④ China and the World Bank, 14 September 2011, https://www.brettonwoodsproject.org/2011/09/art-568894/, accessed on May 30, 2021.
⑤ 金人庆:《加强务实合作,实现互利共赢——纪念中国与世界银行合作30周年》,《中国财政》2010年第18期。

元是无息或利率非常优惠的软贷款。两大机构与中国政府保持密切合作，推进了中国经济开放与融入世界经济体系的进程。① 如萧冬连所言，随着同美国建交和恢复在联合国、世界银行、国际货币基金组织等国际组织的席位，中国逐步从国际体系的"局外人"转变为"局内人"。②

据此，中国再次成为国际秩序的重要参与者和贡献者。在发展的同时，中国不忘承担相应的国际义务，一如当年对于布雷顿森林谈判的参与。100多年前，孙中山曾经设想，未来中国强盛了，要担负"济弱扶倾"的责任，扶持弱小民族。③ 如今，中国早已开始践行这一使命，积极采取有力的行动助推发展中国家的发展。20世纪90年代起，基金组织就开始使用中国资源应对危机，在出资支持一些受危机冲击的成员国时，使用中国资金约30亿美元。④ 冷战结束之后，中国作为参与国际政治经济秩序建设者的作用更为明显。2007年，中国向国际开发协会捐款3000万美元，⑤以助推它面向穷国的软贷款事业。2015年底，中国发起成立亚洲基础设施投资银行，主要为发展中国家的基础设施建设融资。正如中国领导人所反复阐明的，作为发展中国家、"全球南方"的一员，中国坚定维护发展中国家共同利益，推动增加新兴市场国家和发展中国家在全球事务中的代表性和发言权；⑥推动发达国家切实履行援助承诺，让发展成果更多惠及各国人民，共同构建人类命运共同体。⑦

历史证明，中共对于中国如何利用布雷顿森林体系实现工业化有精辟的见解。在全国执政前的数年间，即关注并研究国际货币，准确认识到利用外资问题，为日后的执政积累了经验。在国民党被证明无法带领中国实现工业化之后，中共带领人民完成了社会主义工业化建设。改革开放之后，中国综合国力不断提升，2016年初，中国重新成为两大机构第三大份额国，⑧

---

① James M. Boughton, *Silent Revolution, International Monetary Fund, 1979-1989*, Washington D. C.：2001, p. 45.
② 萧冬连：《关于改革开放起步时期国际环境的考察》，《中共党史研究》2022年第4期。
③ 孙文：《孙中山三民主义合刻》，(上海)富强书局1925年版，第92页。
④ 张之骧：《中国和国际货币基金组织——纪念恢复中华人民共和国在基金组织席位30周年》，《金融博览》2010年第5期。
⑤ 谢世清：《中国与世界银行合作30周年述评》，《宏观经济研究》2011年第2期。
⑥ 《习近平在2023年金砖国家工商论坛闭幕式上的致辞》，2023年8月22日，http://www.news.cn/politics/leaders/2023-08/23/c_1129817742.html，2023年8月23日访问。
⑦ 《王毅就加强"全球南方"国家合作提出四点主张》，2023年7月26日，http://m.news.cn/2023-07/26/c_1129768124.html，2023年8月1日访问。
⑧ *Annual Report of the Executive Board for the Financial Year ended April 30, 2016*, Washington DC：International Monetary Fund, 2016, pp. 89, 131, 212.

在经济上真正确立了世界大国的地位,70余年变虚为实。如徐蓝所言,在中国共产党领导下,中华民族彻底改变了鸦片战争后一百多年积贫积弱、受人欺凌的悲惨命运,经过七十多年砥砺奋进,创造了人类历史上前所未有的发展奇迹,迎来了实现伟大复兴的光明前景。[1] 近代以来中国人民梦寐以求并为之奋斗的伟大梦想已经成为现实。

从一个长时段来看,一方面,追根溯源,中国在两大机构乃至国际经济秩序中的地位缘于当年对布雷顿森林谈判的积极参与。彼时参与谈判的人们极力打造中国战后重建与发展的有利环境,利用国际体系助力中国发展,盼望中国大国身份早日名副其实,如今这一理想终成现实,足以告慰他们当年所付出的艰苦卓绝的努力。以布雷顿森林两大机构为支柱的国际经济秩序最终在中国发展问题上发挥了重要作用,是当年中国参与构筑布雷顿森林体系的重要遗产。另一方面,当年中国代表竭力为《布雷顿森林协定》注入中国方案的内容,关注经济落后国家的利益,推动布雷顿森林体系的合理化,与如今中国在国际经济秩序改革中所扮演的角色并无本质差别。

从国际合作与多边主义的角度,维持国际秩序的稳定,尊重各国的发展,构建人类命运共同体,是人类社会良性发展的唯一选择。正如美国总统罗斯福曾说过的,"布雷顿森林见证不同国籍的人们学会协调既有分歧,如朋友一般共同工作。我们需要做的事情、必须要做的事情,只有通过协同一致的方式才能做到"。[2] 在一定程度上,当年美国能够尊重不同社会制度国家的需求,尊重其他国家求发展的权利与愿望,与各国展开务实的合作,这是布雷顿森林体系成功建立的关键。如今,挖掘这一段几乎被遗忘的历史,不仅重现出中国参与构建战后国际货币秩序这一奋斗历程,亦能为当今国际秩序改革提供有益的历史经验。

---

[1] 徐蓝:《500年世界历史变迁与"百年未有之大变局"》,《世界历史》2020年第6期。
[2] Message for President Roosevelt to the Conference, July 1, 1944, p. 2, box 3, RBWA.

附录一　中国战后国际货币计划[①]

中国大使向国务卿致意。在中国国民政府财政部部长的要求下,非常荣幸地递交中国专家准备的关于联合国家及联系国家平准基金组织方案的备忘录,及中国专家针对美英关于国际货币组织计划的一般审议备忘录。请转致美国财政部。

中国大使馆
华盛顿,1943年9月3日

战后国际货币计划,1943年6月9日[②]

1. 美国国务院于1943年2月1日以关于战后国际货币计划之初步节略草案,在华盛顿递交中国大使,征求中国意见。嗣复于4月初宣布其修正草案。中国政府业已至大之兴趣加以研究,英国政府对于同一论题所提之建议及其后之修正案,亦经中国政府收到。

2. 中国政府为促进战后复兴与各国经济共同进步,并维持和平起见,对于国际经济之密切合作,表示热烈赞助之意,而国际货币计划,应为此种合作之一重要部门,其理至明。中国政府希望连续讨论之结果,将可产生一国际货币机构,以促成其任务。至于战事蹂躏地区之救济与经济复原将如何着手,尚待开发之地区发展资源与提高生活水准所需之长期资本将如何供给,国际基本商品问题将如何处理,以及商业政策将如何规定,中国政府亦望国际协作,促成有效措施。凡此诸端,悉与国际货币方案之成立与实施,关系密切,惟待另立机构办理。

3. 英美两国之币制方案,俱欲于战争状态终了以后,尽速付诸实行。两者均以长期性之计划为主,对于战事甫毕以后整理币制之艰困过渡时期,皆无明文规定。在此过渡时期内,中国与其他国家对于其国内物价之稳定,外

[①] 中国方案自出台以来,其完整内容从未见于任何正式出版物中。因此,本书将其附录于此,供读者参考。方案文本系参考中国台北"国史馆"所藏"联合国平衡基金会设立"档案、美国斯坦福大学胡佛研究所档案馆所藏杨格档案,以及普林斯顿大学图书馆所藏怀特文件,对照确定。

[②] 此部分系孔祥熙上报蒋介石的说明,致美方的中国方案文本不包含本部分前4段内容。

汇水准之决定,以及国家财政之复员,需要至为迫切,赖有详尽之计划,以国际间之金融合作,协助对内方策之推行。此紧接战后之货币复员工作,既将逐渐进为长期性之货币稳定工作,似宜以同一机构兼理其事。倘能发轫之际,即以两事并举为方针,当可藉此洞悉各会员国之问题,增益其经验。俾于长期性工作之实施,更易推行顺利。在战事甫经终止之日,各国利赖国际合作,以谋货币之复员者,其需要之切,显而易见。办理苟有成效,且将使长期性之计划,提高其成功之可能也。

4. 1943年2月1日美国国务院递来之节略,曾谓遭受侵略之民族应获得保证,不致重受前次欧战后汇率骚动与币制崩溃之苦。此一意见,中国政府完全赞同。吾人应于战争期间,尽力维持联合国家之币制,并进而对于战后货币之复员,提出尽量具体之计划。一旦此项计划推动至相当阶段时,当公开宣告,予以一切可能之保证。

5. 据中国政府之意见,美英专家所拟之草案,其目的相同,基本观念与条款亦大部分类似。为促成此项国际货币计划,使紧接战后时期与长期性之需要,兼筹并顾起见,业经财政部转交专家详加研究,由各专家提出《联合与联系国家货币复原与平准基金组织草案》一份,其目的有二:(1)提供具体计划,以适合中国及情形相同国家之特殊需要,尤注意于紧接战后之货币复员时期;(2)对于英美两案,提供若干其他修正,以期获得一致之协议。兹将原案随文附送。查原案内容为融合英美计划与其他方面之意见,并非别出心裁,惟愿以此为讨论张本,而中国政府固无须受其拘束也。①

1943年6月9日

第一部分②
中国专家针对美英关于
国际货币组织计划的一般审议备忘录

原则上,中国政府欢迎战后成立国际货币组织的计划。原因有二,一是它预示着国家之间的合作,二是它代表了国际贸易领域更为自由的实践的回归。中国政府完全意识到,国际货币组织计划的主要目标,对于最大程度地维持国际收支平衡和汇率稳定,具有根本性的意义。不仅如此,如果该货

---

① 按照孔祥熙的指示,本段前加"总体上"之后,构成下文第一部分最后一段,提交给美方。因内容相同,下文予以省略。
② 本部分及下文第二部分为美方收到的中国方案文本。

币组织能将货币复原问题纳入其中,它将取得更大的成功。

尽管美英都希望在战争结束后立即实施其计划,甚至希望战时即予采纳,从而为战后的立即实施做好准备,但他们都没有充分考虑战后初期的货币复原问题。中国政府认为,有必要提前为战后过渡时期的货币复原做好计划,且比美英考虑得更为详细和全面。这对中国来说极其重要。在长期战争中,中国的财政金融体系几近瓦解,因此,中国要参加任何战后货币组织,在这一阶段采纳并实施一个全面有序的项目,是必要的准备。

就货币复原问题而言,价格的稳定、汇率的确定及公共金融的恢复,三者显然是紧密相关的。离开稳定的价格,则汇率与国际收支不可能维持平衡。若无预算的实质性平衡,价格也不可能平稳。反过来说,解决上述所有问题的办法,与该国国内经济、生产、交通和对外贸易的恢复密切相关。相应地,在中国尽可能早地开始救济、复兴和经济重建工作,对于货币改革与金融稳定必不可少。应从多个角度同时入手,以解决这一问题。过渡时期的外部财政援助,不仅有助于中国政府填补财政缺口,实施恰当的货币政策,避免增加市场上流通的货币,还能加强总体经济形势。中国政府已在考虑的措施如下:(1)过渡时期内,消费品及为农业、工业和贸易重建所需的外国商品,应在一定的简易程序下,通过私营渠道进口及办理。根据一个既定协议,所需启动资金来自外国贷款,但从销售中所得的国币收益应上交中国政府。举例来说,此类程序将使位于中国的银行在国外按常规程序开设信贷账户,利用上述外国贷款结算进口商品。国内进口商承销后所获国币利润,在与银行信贷清算,并减去银行佣金后,余款将作为收益上交中国政府。另外,对于特殊情形下的商品,其进口将由中国政府的相关机构承办。(2)关于外汇直接交易。如果战后复兴进程不致延误重开自由外汇市场,那么此类交易将更有效率,更能提振信心。

填补过渡时期财政缺口所需外国援助数额,以及战争结束之时的中国财政经济情况,目前还无法准确预估。现在能够确定的是,战争持续时间越长,则中国金融与经济体系情况越糟糕。同样,对于填补财政缺口问题,目前亦不知中国需要哪些外部资源。尽管如此,随着战争尾声渐近,中国政府也越发有能力就以上问题提出对策。

有关提供开发各国资源的资本条款,虽不是货币计划的直接组成部分,但与其紧密相关,于中国而言有特殊的意义,美英货币计划都涉及这一主题。1943年2月1日,与美国计划一起递交魏大使的备忘录称,"有关致力于提供重建与发展性资本的国际机构草案亦将提请考虑"。英国计划同样提及对于"经济发展需要外部援助的国家对于中长期投资援助"的需求,并强调提前确定"规范这些措施的原则及发挥作用的机构形式"的重要性。中国政府意识到,关于中长期资本的条款将会与货币安排分开讨论,但强调资本条款对中国的极端重要性,它与令人满意的货币复原与稳定计划存在紧密的联系。

虽然美英计划支持在世界范围内尽快移除汇率限制及管控措施,但他们也明确表示,未来采纳何种政策,当然是取决于施加此类管制的各国政府。原则上,中国政府赞同在世界范围内重建自由汇兑市场。不过,由于众所周知的原因,此时本政府无法确定何时能在中国重建自由市场。但本政府期待,战后一旦时机成熟即在中国尽快移除汇率管制。

尽管美英计划支持移除一般交易汇率管制,但它们亦在探索一种可能性,即在总体上对世界范围内的资本流动做永久的控制。两个计划都考虑到,会员国将会彼此合作,对国际资本流动实施管制。不过,这对中国来说将至为困难。在缺乏汇率总体管制措施的情况下,中国无法利用半套机制控制资本的外流。除非允许一切汇兑交易自动进行,否则不大可能只允许"合法的"汇兑交易,资本流动需要政府的许可证。举例来说,那些欲将资本转到国外去的人,显然可用常规渠道出口商品,并将收益留在国外。因此,"普遍许可与当前贸易有关的所有汇款……",如英国计划第 33 条所提到的,会给资本逃离留下后门。英国计划(第 33 条)涉及某种可能性,即寻求比直接控制资本流动破坏性更低的方式,各国"不控制资本的对外流动,却能限制未得流出国许可的资本入境"。美国计划(第六部分)规定,对于实施国际资本流动管制的会员国,所有会员国将限制吸纳此类国家国民的存款、证券或投资,并且全面披露此类信息,以此方式与他国保持合作。此类规定提出一种可能性,即以互惠方式提供信息,使会员国无须实施普遍的汇率管制即可规范资本流动。

美国计划提出,解禁冻结款项需要 2~3 年。英国计划对此规定不明,但预计清算此类款项需要较长的时间。以中国为例,中国海外资产于 1941 年 7 月被冻结,因为这有助于抗战事业,在中国政府的请求下,该政策得到维持。由此,中国海外资产被美英冻结的情况,与他国资产遭两国冻结的情况不同。中国政府希望,中国遭冻结的海外资产不受长期协定的束缚,战争结束后,此类资产可根据中国政府与美英两国政府分别达成的协定,迅速解禁。对于战后中国重建贸易与工业,以及满足其他需求,这些资产都极其必要。

在两大计划中,中国国币都是以黄金定值。中国政府将在当前环境下为之做好准备。美国谋划的大额中央基金,由黄金、货币和证券构成,相比英国谋划的清算同盟,在维持信心方面更好地满足了中国的心理需求。后者以份额应对国际收支的波动。

总体上,……

重庆,1943 年 6 月 9 日

第二部分
联合与联系国家货币复原与平准基金组织草案

一、名称、成员和目标

1. 联合国家及联系国家应合组货币机构名为＿＿＿＿。凡联合国家及联系国家均为基本会员,并得邀请其他国家为会员。

2. 本机构之目的如下:

（1）促进会员国币制之战后复员,并订定健全确定之汇率。

（2）藉准备之充分集中,与国际收支之多面清算,以促进各国币制及汇率之长期稳定,俾有助于国际贸易之复兴与发展及互利之国际资本流动。

3. 本机构应设理事会（以下简称该会）,照本案规定行使职权。

二、货币单位

4. 国际货币单位定名为＿＿＿＿,等于纯金＿＿＿＿格兰或＿＿＿＿格兰姆。本机构之账务应按＿＿＿＿（国际单位）记载之。

5. 每一会员国均应与理事会商定其货币对黄金或＿＿＿＿（国际单位）之比值,除第 17(3) 段规定外,非经理事会认可不得变更会员国币值。如有变动,不得因此令本机构以＿＿＿＿（国际单位）表示之资产价值所有变更。任何会员国货币增值或贬值时,应按其差额向本机构分别退补同值之本国货币或证券。

6. 每一会员国应以其他会员国之清算欠额由本国货币换算为＿＿＿＿（国际单位）存入本机构。

7. 本机构向任何会员国收得之黄金应换算为＿＿＿＿（国际单位）,记入该国之存款账。本机构持有之黄金量与理事会认为应有之适当数额相较,倘有过多过少情事,或理事会判断世界作为货币用途之黄金,其供需关系发生变迁,足以对物价发生扰乱之影响时,理事会应与各会员国政府讨论,采取一国及（或）国际性之适当行动。

三、国际货币之复员

8. 任何会员国之币制,因战事而感受严重之破坏,在本机构开幕时尚不能与理事会确实商定其货币比值者,该会员国得经理事会之同意保留一过渡时期。在此过渡时期中,各该会员国对内应有适当之措施,辅以本机构扶助之下国际措施,以尽力恢复其货币平衡,此项过渡时期,在普通情形之下以二年(姑照此拟)为限。惟在特殊情形之下,得经理事会同意延长之。

9. 凡会员国保留一过渡时期者,其对内之措施,亦以辅助其实施为宗旨。

(1)恢复其币制平衡;

(2)恢复其财政平衡,包括必要之债务整理;

(3)改进其国际收支;

(4)解除其汇兑统制;

(5)试行稳定其汇率,以为商准中枢机构确定汇率之准备。

10. 凡保留一过渡时期之会员国,应尽速向理事会提出过渡时期之暂定计划,说明该国为实行此项计划所可利用之国外资源种类及数额,与达到第9条之目的所需国外资助程度与性质之估计数字。此项计划应预订进度,以每6个月或12个月(姑照此拟)为一期,分期推进以完成其任务。本机构之协助计划,应由各该会员国与理事会尽量提早会商定案,并视发展情形随时修正。各该会员国拟定其计划时,应尽量限制其需要本机构资助之数额。庶此项可资利用之国外资源,得尽量用于建设与发展之生产事业。

11. 凡保留一过渡时期之会员国,得与理事会协定,将所得贷款另立特别账户,以供货币复员之用。理事会并得另予贷款,资助其货币复员。

四、国际货币之稳定

12. 基金数额至少等于_____(国际单位),以黄金及会员国家之货币与证券构成之,由各会员国按本案所定摊额认缴。此项资金应为促进第二条所定各项目的之用。根据公式确定的各项比例应考虑到各会员国缴付黄金的能力。但对于利用过渡时期权利之会员国,其摊缴日期得由理事会另定之。所有摊缴数额一概换算为_____(国际单位)分别记入各该会员国之账。

13. 各会员国应于本机构开幕前,与理事会商定其摊额。但利用过渡时期权利之会员国,其摊额应为临时性质,得依过渡期间货币复原之进步情形予以修正,俟过渡时期满期以前,再与理事会商定其确数。

14. 各会员国摊额之决定应顾及下列条件:

(1)战前进出口总额与国际收支中无形项目之价值暨此等项目所受战后物价水准可能变动之影响。

(2)货币流通额与银行信用。

(3)黄金与国外资产之持有额。

(4)国民所得及该国在世界经济中之重要性。

15. 摊额应依商定之方式每3年修正一次。此种方式应以进出口总值之变动为主要根据,但于例外情形下,前条列举之其他项目得并于顾及。

16. 本机构应为各会员国之中央银行或其他主要金融机关开立账户,以便利国际收支多面清算。处理此种账务时,应按本案规定收付_____(国际单位)与黄金及各会员国货币,本机构得经理事会之核准,为非会员国之中央银行或其他主要金融机关开立账户,并收付非会员国之货币,但此种货币之保有期间,非经理事会之特准不得超过60日,自购买之日起算。

17. 借差之限度照下列各款规定办理:

(1)任何会员国之借差净额,非经理事会之准许,在加入本机构之日起一年以内,不得超过其摊额之百分之……在两年以内,不得超过其摊额之百分之……以后不得超过其摊额之百分之……

(2)倘会员国之借差净额,在第一年内超过其摊额之百分之……第二年内超过其百分之……其后超过其百分之……时,或其借差净额,就各国借差净额总数观察,经理事会认为过多,或增加率过速时,理事会得向该会员国政府建议恢复收支平衡之适应对策。

(3)倘会员国之借差净额,就两年平均计算,超过前款规定之百分率达百分之……以上时,得不经理事会同意,减低其货币对_____(国际单位)之比值,但以自动减低一次为限,且不能超出一个合理的百分比之外。

(4)会员国倘不采用理事会建议之对策,以恢复其国际收支平衡,其借差净额,不得于本条(2)款所定百分率外增至百分之……以上。

(5)理事会得准许会员国之借差净额暂时超过上述限度,但须理事会认为此举对一般国际经济情势有利,而符合下列条件之一:1)便利资本之转移,或外债之支付或整理。2)理事会有理由相信该会员国之未来收支状况可使此项借差净额,于相当期间内,减低至不超过本条(2)款百分率之百分之……

18. 凡悬有借差之会员国,对于借差净额超过其摊额部分,每年应缴1%手续费,但此项净额超过其摊额达百分之……时,应按每年2%缴付手续费。此项手续费,悉以_____(国际单位)缴纳。理事会认为世界经济有过度膨胀情势时,并得增加此项手续费。理事会得要求借差净额超过第17条第(2)款所定之百分率达百分之……以上会员国,对于超过部分,在其能力范围内,提缴黄金及(或)规定之货币及(或)政府债券以作抵押。

19. 上述第17与18条之规定,得由理事会另附条件,适用于利用过渡时期权利之会员国。

20. 凡具有贷差之会员国,对贷差净额超过其摊额部分,每年应缴千分之五之手续费,但此项净额超过其摊额达百分之……时,应按每年1%缴付手续费。理事会如认为世界经济有过度膨胀情势时,得退回此项手续费。会员国贷差净额超过其摊额百分之……达一年以上者,应与理事会讨论对策以恢复其国际收支平衡。此项对策并包括增加国际贷款在内。

21. 借方会员国与理事会磋商后,得自贷方会员国之贷差项下拨借,按双方同意之条件办理。

22. 本机构得经理事会之核准,借入任何国家之货币。

23. 本机构得经理事会之核准,出售会员国之债务,或将会员国之货币投资于其本国市场中之优良短期证券,惟须经该国代表许可。

24. 本机构得依照特别商定之附案,自会员国政府收买战时封存款项。至以前由会员国特请封存之款额,经该国请求解封时,不受附案之约束。

25. 理事会对于_____(国际单位)黄金及会员国货币之买卖应规定买价卖价,酌定其差额,并(或)对此项交易收取小额转移费,为维持开支之用。倘此项收入不足维持开支,理事会得照各会员国摊额,按比例摊派,以每年不超过各国摊额之百分之……为限。

五、管理

26. 本机构之业务由理事会主持之。理事人数不得超过15人(姑照此拟)。由会员国政府所派代表组织之。摊额较多之国家得各派理事一人,候补理事一人。会员国未派有本国人参与理事会者,得派永久代表一人,与该会取得联络。在讨论特别有关该会员国之案件时,并得参与讨论。

27. 理事或候补理事代表各该会员国行使投票权时,其投票权数按下列方式规定:即每一会员国悉有……权,按其摊额每_____(国际单位)加增一权,但每一会员国之投票权数,不得超过总票数五分之一。

28. 下列事项应经该会员国所派理事或候补理事或永久代表之许可:

(1)改变该会员国之汇率。

(2)关于本会以持有之该会员国货币投资于该会员国市场事项。

(3)关于本会以持有之各种证券出售于该会员国市场事项。

本会对于该会员国收支不平衡事项编拟报告或建议书时,该会员国所派理事或候补理事或永久代表得尽量参加。

29. 理事会应派定理事若干人组织执行委员会,常期驻会代行理事会授予之职权。

30. 理事会派定总经理一人,并视其需要,派定协理职员各若干人。

31. 理事会应规定本机构之办事细则。

32. 理事会应每年召开全体会员大会一次,由各会员国个别指派代表参加。全体大会之职权如下:

(1)审定本机构之年报与财务报告。

(2)推选下年度稽核。

(3)核定理事之报酬或津贴。

(4)建议其他事项以供理事会之考虑。

六、附则

33. 为筹商办法,尽速实施本案规定起见,应组织一筹备委员会,由美英中苏四国各派代表一人,其他联合国与协约国共推代表三人组织之。

34. 会员国应承诺下列事项:

(1)不得变更其货币对黄金或_____(国际单位)之比值及与其他会员国货币之汇率。但本案另有规定者不在此限。

(2)审慎考虑理事会关于下列事项之建议:1)关于收支不平衡与其对策事项。2)关于现行或拟议中之经济或货币政策经理事会认为可能妨害其他国家之收支平衡事项。

(3)依照第35条之规定,俟情势许可时,解除外汇之限制与管制。除得理事会同意外,不得对外汇另加限制。

(4)应其他会员国之请求,合作控制其国际资本移动,其办法如下:1)在法权范围内,禁止限制资本转移国家之国民取得存款或其他资产,但经该会员国准许者,不在此限。2)会员国政府请求供给有关此类存款与其他资产之资料时,须充分供给之。3)考虑理事会所建议之其他措施。

(5)不得新订双方清算协定,或将现行双方清算协定展期或实行复式货币办法,但得理事会核准者不在此限。

(6)不得对本机构保有之该国货币限制其使用,但第24条规定之战时封存款项不在此限。

(7)提供本机构业务上所需之资料。

(8)凡重要政策可能影响该国与其他会员国之财政关系者,须向理事会咨询。

(9)对内采取适宜办法,实行其对本会之承诺及协助本会之工作。

35. 理事会应会同各会员国政府,研究国内性与国际性计划之实行,以控制国际资本之转移。凡会员国所有措施合于此目的者,不得认为违反第34条(3)款之规定。

36. 会员国之货币准备,即中央银行或其他银行或国库之存额超过实际需要者,不得存于其他会员国,但经该他国货币当局核准者,不在此列。

37. 会员国得于二年前通知退出本会,但须清偿对于本会之债务。理事得与退出之会员国协定办法,俾得在合理期内清理其债务。

附录二　中国代表团在布雷顿森林会议上的致辞与声明

一、孔祥熙在布雷顿森林会议开幕式上的发言，1944年7月1日①

主席先生、代表诸君、女士们和先生们：

承各代表团推举本人致答辞，深感荣幸。

吾人恭聆罗总统伟论之余，益感美国政府召集此会之诚意，确信此会有助于战后国际经济合作基础之扶植，合乎各国和平及繁荣之利益。总统认为本会之议程为建立和谐有序之世界多种布置中，最切要之一种。吾人完全同意。过去20余年来，吾人备受货币不稳定及贸易失调之不良影响，今后欲谋世界之和平，则和平方案之内，必须包括货币投资方面之国际合作办法，以求各国经济之复兴与开发，此则当为出席本会诸代表之一致意见也。为达到此项目标，必须设置适宜之机构，本会之责任即在成立一种永久性之机关，随世界经济势力之演变，应付此等国际性之问题。

今日吾人当前工作与各国均有密切关系，战后如何复兴各国经济，如何提高生活水准，必须集合组织全世界之生产富源，增产畅流，共同进展。吾人均承认国与国之间有互相依赖之关系，一国之货币金融设施，常足影响其他各国之福利，必须一致行动，方能造成共同繁荣之基础。

货币金融问题，本极复杂，大会工作，自必艰巨，所幸事前技术上已有充分准备，吾人对于参加准备会议之各国技术专家，深感其工作之得力。柏莱顿林集空气清怡，允为会议最佳之环境，必能充满和悦合作之精神。

吾人深知此次会议之结果，与和平之方式及未来年代之幸福，有重大关系，实为一服务民众之稀有机会，自当努力所事，以使会议底于成功也！

---

① 对美国总统罗斯福来书，孔祥熙被推首致答词。Response to President Roosevelt's Message by Hsiang-Hsi Kung, Chairman of the Delegation of China, No. 4, *Journal*, Vol. 1, box 3, RBWA；《联合国家货币金融会议中国代表团报告》，第28~29页，396~1401(1)。

二、孔祥熙在布雷顿森林记者招待会上对美新闻界发表声明，1944年7月4日①

中国抵抗日本企图控制世界之侵略行为，已达七年。盟国参加对日作战以前，中国单独对日作战已达四年。中国已以其所积蓄，及所能生产之资源，全用于共同作战，因战事扩大，中国甚多富庶之省份，及生产中心，为敌所占。敌军所至，劫掠破坏。中国为共同主张之奋斗而忍受牺牲苦难，遂使中国今日遭遇若干超过若干人想象以上之困难。

敌人之劫掠破坏，辅以太平洋战事发生后敌人日益加紧之封锁，遂使重要物品之供应，日益减少。同时国内运输，亦因运输工具及汽油之缺乏，与重要铁路河流公路之被敌人占领，而渐发生障碍。

战时无一国能避免通货膨胀。中国抗战瞬届七年，而货币方面情形之恶化，尚不至如第一次大战时若干欧洲国家之甚。币制之牺牲，仅为中国所作牺牲之一端。对付通货膨胀之最好方法，为大量输入物品。

中国方尽其全力维持税收，而是中国税收之程度，设未为国外所充分认识，不免令余感觉惊讶。1944年预算中之税收，占总支出之52%。但此项税收标准，是否能实现，犹有疑问。最近之战争，尤损害税收，例如最近河南战事，即损害盐类税收项下月入2亿元，再以田赋之征实计算在内，1943年之税收抵支出40%强。其情形与其他盟国相比，毫无愧色，其困难之处，在于主要生产区已为敌所占，而平均每一中国人民之余款额又甚小，故对中国直接发公债，以达到政府所期望之程度，自不切实际。政府遂不得不大部依赖银行之贷款，其结果必然增加购买力，及促成物价之高涨。

目前中国物价之波动，颇不平均。外来物品，远较土产为高，而在一国之内，米价及其他必需品之价格，亦因不能迅速自产区运至消费中心，致参差不齐。据最近电讯：中国西部之农产情形甚佳，价格于新涨后，已见下跌。依过去三四年之情形而论，春季米价变动较剧，盖产区之余米，不能在秋收前迅速运至不足之区。

---

① Statement by Dr. H. H. Kung, Chairman of the Delegation of China, July 4, 1944, No. 15, *Journal*, Vol. 1, box 3, RBWA. "招待会上美国及他国记者百余名出席，其中有若干重要财政评论家，对于孔兼部长之声明，咸表满意，并认孔兼部长所述日本侵略我国后，我国经济上所遭遇之艰苦奋斗情形，乃一公正声明。"参见《联合国货币金融会议逐日记录》，《财政评论》1944年第12卷第3期，第115页。

就汇兑率而论，吾人必须承认战时情形之特殊，任何货币之真价值，皆难于决定。中国政府，认为维持其货币之官定价值，必为维持其作战努力计划中之一部分。改变目前之情况，势必伤害信心，无疑将提高物价。最后之调整，现在尚难预测。中国政府，感觉外侨因物价高涨所遭遇之困难，故在兑换外汇时已给予津贴。

中国政府，因欲就环境所许，维持币制，常重视其货币之准备。英美政府所给之信用贷款，尤其当太平洋战事爆发后所作之大笔信用贷款，对于达成此项目的，甚为有用。中国已偿付若干战时贷款，如1938年2500万美元之桐油贷款，及1941年之英美平准贷款（计美国5000万美元，英国500万镑），皆已偿还。

中国虽将遭受更大之困难，但中国在战后为一战胜国，其恢复币制之希望，远较25年前通货膨胀之欧洲国家为宜。

至白银问题，中国政府对于币制本位愿与其他联合国家，持同一立场。中国自1935年以来，即管制其币制稳定异常。直至日本发动侵略之后，方越常轨，中国政府，重建币制时，拟以白银与镍铜为辅币。

中国期望战后，为经济上之大开发及扩充之时期。其中于从事发展农业，使其现代化而外，且将树立大规模之工业计划。余坚信中国经济上之强大，当为维持和平及改善世界福利之必要条件。久已为人梦想所及之中国市场，余信当战后四亿顾客之购买力提高时，必能成为事实。

第一次大战后，孙总理提出国际开发中国之计划（即《实业计划》），可说明其甚重视与友邦合作之原则，利用外国资金，以开发中国资源。孙总理之遗教，乃中国国策之基础。

余希望美国及其他盟国，在协助战后中国之开发方面，负担积极部分，中国将保护外国之投资。至于美国之参加，中国期望太平洋彼岸之弟兄共和国之能有长期之友好联合，互助合作，中国将欢迎美国工具机械，美国资本，美国工程及技术服务。

余信货币金融会议，能获致协议。此即吾人不辞辛劳跋涉来此之原因。会议成功，对于每一人皆有利。

三、孔祥熙在中国全面抗战七周年纪念会上的演讲，1944年7月7日[①]

日本侵略东北后，集体安全之保障宣告崩溃。侵略者获得奖励，卒致引起此次之世界性战事。东北之沦陷，为珍珠港与新加坡遭受袭击之先锋。七年来之事件，充分证明轴心贪婪无厌，以致全球受死亡与破坏之荼毒。世界之进步力量，鉴于共同之危机，遂在蒋罗丘史等政治家之贤达领导下联合一致，竭全力以阻挠侵略之狂潮。今者破坏和平之罪魁，其横行之日屈指可数，自由正义之目标已获实现之保证，此皆同心协力之结果也。

中国在此次规模空前之战争中，作战最久，历尽艰辛，备受牺牲。然回顾七年之经过，并非徒然，中国军队在其本土打击牵制日军，使澳印等地免受攻击之虞。在全球性之大战中，中国之战略地位，不应加以低估。盖中国乃用以对日发动有效攻击之最重要基地。余知诸君尚忆美国超级空中堡垒轰炸日本之事，而引以自豪，余知诸君今日获悉美机再炸八幡与佐世保时，亦必极感欢幸。此批美国轰炸机所起飞之机场，乃数十万中国爱国男女工人以最简陋之工具所筑造者。此亦日本之所以在华集中大军挣扎力战，以必欲建立较强固之形势，而消灭粤汉湘桂两路沿线之空军基地为一快也。

中国军队之英勇善战，一再表现于战场，最近华军在缅与美英友军并肩作战为其显著者。吾人今日之最大障碍，为装备之缺乏，但若一旦获得适当之装备，则效率必将大增，而能与盟军并肩对日采取有效攻势。第二战场之开辟，将加速欧战之结束，亦即开始加速对日发动攻势，以肃清太平洋上之敌人。美国愈速以供应品运华，则吾人获致最后胜利之期亦愈早。中国获胜后，将本现代科学方法开发资源，中国希望获得现代配备技术援助和资本，以加强战后发展，中国将保护外资。除使农业现代化外，中国还希望施行工业化的扩大计划，但目的并非与其他工业国竞争，而在提高本国人民之生活。

联合国家必须建立国际合作机构，以解决各国际问题。盖欲解决世界战争之原因，舍此莫由。联合一致处理共同问题之国家愈多，则其发生异见之危险愈少。

[①] Address by Dr. H. H. Kung, Chairman of the Delegation of China, July 7, 1944, No. 18, *Journal*, Vol. 2, box 3, RBWA；《货币会议纪念我七七，孔副院长发表演说》，《中央日报》（重庆）1944年7月9日，第2版。

四、蒋廷黻就基金组织份额提出保留意见，1944年7月15日[①]

主席先生（哈里·怀特）：

在听取份额小组特设委员会主席（文森）的动议后，我很犹豫是否要发出与会议不和谐的声音。中国代表团曾努力追求和谐，促成共同事业的成功，但每个代表团都有难处，坦率的个性要求我直接简明地说出中国代表团面临的困境。

会议开幕之前，我们曾被告知基金组织总份额为80亿美元。我们还在中国的时候，就核算了中国的需求与其经济地位，希望获得约7亿美元的份额。在布雷顿森林的这些日子里，我们满怀希望地看到，总份额将增加到80亿美元以上，我们发现，实质性提高一些国家的份额是必要且明智的。如今份额小组特设委员会为中国安排的份额，将导致中国人民的普遍失望。中国代表团被迫发表声明，份额不可接受，建议份额小组特设委员会重新考虑这一问题。

五、孔祥熙在执行全会上的发言，1944年7月20日[②]

主席先生：

余于聆悉凯恩斯爵士之卓越声明、及文森法官之雄迈演说（法官演辞中提及中国尤足感人）后，欣然奉告诸君，中国代表团现准备撤销其保留条件。

吾人作战已历7年，余无须在此奉告敝国之需要，究竟如何庞大。吾人所以提出保留条件者，乃因吾人现面临实际之困难，但派额委员会主席以彼等所遭逢之问题向吾人解释后，敝团即致电本国政府，说明会议所处之困境。中国准备续作牺牲，并与友邦百分百之合作。以便此次会议得获整个成功。

主席先生，余因是得以愉快之心情奉告阁下，吾人现撤销原有之保留条件，并盼曾作保留条件之其他国家亦可撤销保留条件。吾人由是可获一完

[①] Meeting of Commission I, July 15, 1944, 4:45pm, pp. 10–11, box 40, RBWA.
[②] Statement by Dr. H. H. Kung, Chairman of the Delegation of China, at the Executive Plenary Session, July 20, 1944, No. 44, *Journal*, Vol. 6, box 5, RBWA；《货币基金派额案，我撤回保留件，孔副院长发表声明》，《中央日报》（重庆）1944年7月22日，第2版。

全协调,并向世界指明,吾人可为共同利益衷心合作无间。

六、孔祥熙在闭幕晚宴上的发言,1944年7月22日[①]

主席先生及代表诸君:

目前除专家所从事之筹备工作外,整整三星期之劳瘁业已圆满结束。余认为吾人均应感觉欣慰。联合国家代表及专家数百人会集一堂,已拟定两项如此详细与优良之计划,余认为此一事实极足证明,吾人在国际经济合作方面,已获重大进步。最后决议书所包括之协议与决议,确能代表与会各国财政金融领袖及专家之团结意志与努力。

目前吾人已成立协议。余深信在座者无不希望会议结果能从速提交我各国政府以供考虑,俾吾人可以两项国际金融合作机构,不致有不必要之延续。

此一会议亦如同类之每一会议,各国代表团对于若干问题均持不同观点。而本次会议之卓著事实,并非有观点之差异,而系极多代表团均能牺牲其本身之特殊观点,顾及共同利益,成立协议,彼等之保留条件,纵有真正与重要之理由,亦在所不计。余深信吾人均能了解任何一人为国际合作起见,均应付出一份代价,并从容牺牲。然此实系一种投资,可以获得较高之利息。在此次战争之前,如世界各国均按此一原则行事,则战争可能不致发生。

余深信诸君必能忆及罗斯福总统在本会议开幕时之致辞,渠曰:此次会议将测验吾人在和平期间合作之能力,一如在战争期间者然。余今日能告罗斯福总统曰,吾人已通过此一测验,实感快慰。

---

① Text of Dr. Kung's Remarks, July 22, 1944, No. 63, *Journal*, Vol. 7, box 5, RBWA;参见《美财长摩根索宴席会上,孔副院长代表各国发言》,《中央日报》(重庆)1944年7月24日,第2版。

附录三 布雷顿森林谈判中国代表团名单、职务与会议责任

一、华盛顿技术专家会谈,4 人[1]

技术专家(4)

郭秉文(代表团团长)、席德懋、李国钦、宋子良

华盛顿技术专家会谈座次表 [2]

美国财政部 394 会议室

	波兰	捷克			
波兰		斯洛	菲律宾		菲律宾
波兰		伐克	菲律宾		委内瑞拉
郭秉文		澳大利亚	菲律宾		委内瑞拉
席德懋		巴西	法国		埃及
李国钦		巴西	法国		埃及
宋子良		英国	法国		加拿大
挪威		英国	加拿大		加拿大
挪威		英国	美国		加拿大
挪威			美国		荷兰
美国		苏联	厄瓜多尔		比利时
					荷兰
卢森堡	卢森堡	伯恩斯坦	怀特	戈登韦泽	克莱顿 荷兰

---

[1] 《孔祥熙自成都致电蒋委员长》,1943 年 5 月 11 日,数位典藏号:001-084800-00002-001。
[2] Annotated Agenda, no date, BWC1522-03.

二、大西洋城会议(起草委员会日程会议),5+3 人[①]

专家代表(4+3)
蒋廷黻(代表团团长)、席德懋、李国钦、宋子良、郭秉文、顾翊群、贝祖诒
顾问(1)
卫挺生
秘书(7)
席与中[②]、梁民和、李卓敏、罗万森、吴纪光、Miss Dorain, Pearl、Mrs. McConnell, Louise

各国代表在会议任职情况:
指导委员会:蒋廷黻(另外五位来自美国、英国、苏联、墨西哥和法国)
日程委员会:怀特任主席,蒋廷黻任四位副主席之一(另外三位来自英国、苏联和墨西哥)
管理小组委员会:席德懋
第一小组委员会(目标、政策与认缴):蒋廷黻任主席
第二小组委员会(运行):宋子良
第三小组委员会(组织与管理):李国钦

[①] Representatives Attending Meeting in Atlantic City, June 20, 396(2)-970. 其后,郭秉文、顾翊群和贝祖诒三人到达美国后,亦加入会议。《联合国家货币金融会议中国代表团报告》,第265页,396~1401(1)。另,杨格在口述采访中称他作为中国代表团顾问也参加了大西洋城会议。James R. Fuchs, *Oral History Interview with Arthur N. Young*, pp. 113-114,但档案中未见记载。

[②] 席德懋长子,毕业于英国剑桥大学,后获美国哈佛大学硕士学位。曾任职于台湾银行经济研究室,后定居美国。参见宋路霞:《上海滩名门闺秀》,台湾秀威信息科技股份有限公司2008年版,第89页;马学强:《16至20世纪中叶民间文献中有关家族婚姻状况的研究——对江南洞庭席氏家族的考察》,《史林》2016年第5期。

三、布雷顿森林会议,32人①

1. 代表团名单

全权代表/首席代表/总代表/代表团团长(Chief Delegate/Chairman)(**1**)

孔祥熙(Hsiang-Hsi Kung),行政院副院长、财政部部长兼中央银行总裁

顾问(**Advisers**)(**4**)

胡适(Hu Shih),前驻美大使

张嘉璈(Kia-Ngau Chang),行政院高等顾问

李铭(Ming Li),浙江实业银行董事长

卫挺生(Ting-Sen Wei),立法委员

代表(**Delegates**)(**8**)

蒋廷黻(Tingfu F. Tsiang),行政院政务处处长、前驻苏联大使

郭秉文(Ping-Wen Kuo),财政部次长

胡世泽(Victor Hoo/Hoo Che-Tsai),外交部次长

顾翊群(Yee-Chun Koo),财政部次长

李国钦(Kuo-Ching Li),财政部顾问

席德懋(Te-Mou Hsi),财政部驻美代表,中央银行和中国银行董事

贝祖诒(Tsu-Yee Pei),中国银行董事(实际职务为副总经理)

宋子良(Ts-Liang Soong),国货银行总经理,中央银行、中国银行和交通银行董事

---

① 关于中国代表团人数,学界有32人与33人(多见于当时新闻报道)的不同说法,经考证,关键在于中国祥广晋总管理处秘书沈震百(Chen-Pei Shen/Shen Chen-Pai)是否作为代表团成员参与了会议。此人曾出现于美国财政部1944年7月1日编排的中国代表团临时名单中,但在7月9日的正式名单中消失;中国代表团报告没有将其列入;美国国务院虽然将其列入了中国代表团名单,但缺少其住宿信息。因此推断,他曾作为代表团秘书被通报美方,但因为种种原因没有参会。综上,此处不予列入。参见 Provisional List of Members of the Delegations and Officers of the Conference, July, 1944; Officers of the Conference, Members of the Delegations, Officers of the Secretariat, revised to July 9, 1944, box 11, RBWA; Room Directory, Chinese Delegation, no date, Let File No. 54 D 82, box 4, General Records of the Department of State, RG59。《联合国家货币金融会议中国代表团报告》,第266~270页,396~1401页。另外,在布雷顿森林会议召开70周年之际,美国学者舒勒等人整理了一份布雷顿森林会议"最全"名单,所列国代表团名单与当年记录有所出入,多为服务人员,因此没有列入此处的名单中。参见 Kurt Schuler & Mark Bernkopf, "Who Was at Bretton Woods?", July 1, 2014, JEl codes: N40。另,为方便查阅,中国代表的英文姓名皆标注为当时用名。

主任秘书(General Secretary/ Secretary-General)(1)

冀朝鼎(Chao-Ting Chi),外汇管理委员会主任秘书,中央银行经济研究处事务长

技术专员(Technical Experts)(7)

童季龄(Chi-Ling Tung),外贸委员会副主任委员

王元照(Y. C. Wang/Wang Yung-Chao),中央银行秘书

李卓敏(Cho-Ming Li),西南联大经济学教授

章植(Chih Tsang),上海商业储蓄银行董事,世界贸易公司主任秘书

谷春帆(Tsung-Fei Koh/C. F. Kuo/Koh Tung-Fei),邮政总局署联邮处长

胡文元(Vung-Yuen Woo/W. Y. Hu),财政部钱币司币制科科长

阎振田(C. T. Yen),中央银行医务处处长

技术顾问(Technical Consultants)(2)

阿瑟·杨格(Arthur N. Young),中国政府金融顾问

聂普鲁/卡尔·尼普鲁德(Carl Neprud),中国财政部税务司(Commissioner of Customs)顾问

秘书(Secretaries)(9)

陈延祚(Yen-Tsu Chen),中央银行秘书

张似岳(Daniel S. K. Chang),中央银行秘书

陈炳炎(Ping-Yeh Tcheng),中央信托局秘书

李炳瑞(Edward Bing-Shuey Lee),中国驻美大使馆一等秘书

游建文(Kien-Wen Yu),中国驻美大使馆二等秘书

宋以忠(I. C. Sung),世界贸易公司助理司库

罗万森(Wan-Sen Lo),财政部驻美代表办公处秘书

刘大中(Ta-Chung Liu),中国驻美大使馆商务参赞办公室秘书

席与中(Yu-Chung Hsi),财政部驻美代表办公处秘书

以下与会人员不列入中国代表团成员名单。①

新闻界人士(Journalists)(3)

夏晋麟(C. L. Hsia),国民党中央宣传部纽约中国通讯社社长

卢祺新(David Chi-hsin Lu),中央通讯社驻华盛顿记者

林侔圣(Lin Musheng),国民党中央宣传部纽约中国通讯社编辑

---

① Chinese Delegation to the United and Associated Nations Monetary and Financial Conference,396(2)-970.

秘书处服务人员(Members of the Secretariat Staff)(9,含美籍打字速记员5人)

梁民和(Mr. Leung, Mun-Ho)、张泰浩(Miss Chang, Augusta)、郭勤光(Mr. Kuo Chin-Kwan)、吴纪光(Mr. Tsien, Kai-Kwan / Kia-Kwei)①、Mr. Young, A. C.、Miss Li, M. C.、Mrs. McConnell, Louise、Miss Corrigan, Ann、Miss Dorain, Pearl

2. 中国代表参加大会、委员会及小组委员会情况②

(1)大会组织(Conference Organization):6月28日成立,摩根索任会议主席,英国、苏联、中国和墨西哥代表团团长任副主席,中国由孔祥熙代表。③

(2)大会第二小组委员会:章程规则委员会(Committee on Rules and Regulations)④,7月1日成立,孔祥熙任主席。

(3)指导委员会(Steering Committee):7月3日成立,摩根索任主席,委员为10国代表团团长,中国由孔祥熙代表。

(4)协调委员会(Coordinating Committee):7月21日成立,中国由郭秉文代表。

7月3日起,布雷顿森林大会被分为三大技术委员会,各大委员会下设若干小组委员会以及特设委员会,分别讨论各项议题。

(1)第一委员会(Commission Ⅰ),讨论国际货币基金组织,中国由蒋廷黻代表。

①第一委员会第一小组委员会(Committee Ⅰ of Commission Ⅰ),讨论基金组织之目标政策及其分配额,蒋廷黻任主席,中国由宋子良代表;

②第一委员会第二小组委员会(Committee Ⅱ of Commission Ⅰ),讨论基金组织之运用,中国由贝祖诒代表;

③第一委员会第三小组委员会(Committee Ⅲ of Commission Ⅰ),讨论基金组织之组织与管理,中国由席德懋代表;

④第一委员会第四小组委员会(Committee Ⅳ of Commission Ⅰ),讨论

---

① 此处中英文似不匹配。依据中国代表团报告,此处只能是吴纪光。英文姓名或有印刷错误。

② Final Act, July 1 to July 22, 1944, pp. 10—12, box 5, RBWA.

③ Conference Organization, June 28, 1944, box 1, RBWA.

④ 该委员会系7月1日大会开幕式上成立的旨在处理会议组织事宜的小组委员会之一,目标是审查会议章程与规则。此处小组委员会与7月3日之后在各大委员会下成立的小组委员会职能不同,后者负责处理专业经济问题。

基金组织之形式与地位,中国由胡世泽代表;

⑤关于经常开支的外汇管制特设委员会(Ad Hoc Committee of Commission Ⅰ on Article Ⅸ, Section 4(Exchange Controls on Current Payments), July 10),中国代表顾翊群任主席。

(2)第二委员会(Commission Ⅱ),讨论国际复兴与开发银行,中国由顾翊群代表。

①第二委员会第一小组委员会(Committee Ⅰ of Commission Ⅱ),讨论银行之目标政策及其股本,中国由席德懋代表;

②第二委员会第二小组委员会(Committee Ⅱ of Commission Ⅱ),讨论银行之运用,中国由贝祖诒代表;

③第二委员会第三小组委员会(Committee Ⅲ of Commission Ⅱ),讨论银行之组织与管理,中国由宋子良代表;

④第二委员会第四小组委员会(Committee Ⅳ of Commission Ⅱ),讨论银行之形式与地位,中国由李国钦代表。

3. 第三委员会(Commission Ⅲ),讨论其他国际金融合作事件,中国由李国钦代表。

①第三委员会第一小组委员会(Committee Ⅰ of Commission Ⅲ),讨论白银问题,中国代表任报告员;

②第三委员会第二小组委员会(Committee Ⅱ of Commission Ⅲ),讨论敌产及被劫财产问题;

③第三委员会第三小组委员会(Committee Ⅲ of Commission Ⅲ),讨论其他国际金融合作事宜;

④白银用作国际货币特设委员会(The Use of Silver for International Monetary Purposes),中国代表李国钦任发言人。①

---

① Minutes of Meeting of Commission Ⅲ, Other Measures for International Monetary and Financial Cooperation, July 10, 1944, BWC710, Ansel F. Luxford Papers; Kurt Schuler & Andrew Rosenberg, *The Bretton Woods Transcripts*, pp. 526-527, 901.

四、中国代表旅居情况①

华盛顿山饭店 (Mountain Wahshington Hotel)		克劳福德旅舍 (Crawford House)		枫林旅舍 (Hotel Maple Woods)	
房号	姓名	房号	姓名	房号	姓名
314-316	孔祥熙	26	卫挺生、夏晋麟	22	郭勤光
300	陈延祚、张似岳	118	童季龄、王元照	26	李炳瑞
302	蒋廷黻	122	李卓敏、章植	27	宋以忠
304	张嘉璈	125	李国钦、席与中	87	张嘉璈
306	席德懋、宋子良	137	谷春帆、胡文元	95	李铭
308	冀朝鼎、阎振田	139	罗万森、刘大中	25	秘书处美籍服务人员
400	陈炳炎、游建文	148	杨格	36	
400A/401	胡世泽	149	尼普鲁德	116	
401/421	郭秉文、顾翊群	151	贝祖诒	说明： ◇ 张嘉璈、李铭后搬至枫林旅舍，原房间成为其办公室 ◇ 胡世泽、郭秉文、顾翊群曾分别更换房间		
401A	李铭	175	梁民和			
501	张泰浩	176	林俸圣			
356	主会议室	103	秘书处美籍服务人员			
300A	普通会议室	121					
363		◇ 个别代表如胡适未安排房间				
363A						

① Room Directory, Chinese Delegation, no date; Directory of the United Nations Monetary and Financial Conference, July 4, 1944; Revised Directory of the United Nations Monetary and Financial Conference, July 12, 1944, Let File No. 54 D 82, box 4, General Records of the Department of State, RG59. 个别代表房号与中方同名文件有出入，因美国国务院版本系会议期间统计，故推测中方版本为事先安排，中间有所调整，因此以美国国务院版本为准。

五、萨凡纳(Savannah)会议,7人[①]

代表(3)

俞鸿钧(O. K. Yui),中国财政部部长,国际货币基金组织及国际复兴与开发银行理事(Governor of the Fund and the Bank)

席德懋,国际货币基金组织副理事(Alternate Governor of the Fund)

宋子良,国际复兴与开发银行副理事(Alternate Governor of the Bank)

技术助理(4)

王元照、席与中、Deson Sze、Yih Loh

两大机构总部选址委员会(the Committee on Site),中国代表席德懋任主席。

[①] 财政部部长俞鸿钧未赴美国,实际缺席会议,参见 Members of the Delegations, China, May 1, 1946, BWC577-03, pp. 1-2。

附录四 布雷顿森林会议各国代表团团长及其职务[①]

序号	国家	代表团团长	当时职务	会后职务	代表团人数
1	澳大利亚	莱斯利·梅尔维尔 Leslie G. Melville	澳大利亚联邦银行经济顾问	两机构执行董事、基金组织副理事	5
2	比利时*	卡米尔·格特 Camille Gutt	财经大臣	国际货币基金组织总裁	7
3	玻利维亚*	勒内·卡尔德隆 René Ballivián Calderón	驻美大使馆金融参赞	玻利维亚工业银行行长	1
4	巴西*	阿图尔·科斯塔 Arthur de Souza Costa	财政部部长	两机构理事	13
5	加拿大*	詹姆斯·埃斯利 James Lorimer Ilsley	财政部部长	两机构理事、司法部部长	13
6	智利*	路易斯·巴罗斯 Luis Álamos Barros	中央银行董事	内政部部长、财政部部长	7
7	中国*	孔祥熙 Hsiang-hsi Kung	行政院副院长兼财政部部长、中央银行总裁		32
8	哥伦比亚*	卡洛斯·耶拉斯·雷斯特雷波 Carlos Lleras Restrepo	前财政部部长	联合国经社理事会副主席、哥伦比亚总统	5
9	哥斯达黎加*	弗朗西斯科·罗斯 Francisco de P. Gutiérrez Ross	驻美大使、前财政商务部部长		4
10	古巴*	爱德华多·蒙特利 Eduardo I. Montoulieu	财政部部长		10
11	捷克斯洛伐克*	拉迪斯雷·法伊尔阿本德 Ladislay Feierabend	财政部部长		6
12	多米尼加*	安瑟莫·卡佩罗 Anselmo Copello	驻美大使、多米尼加储备银行前行长		3

[①] 参见 Officers of the Conference Members of the Delegations, revised July 9, 1944, p. 29, box 11, RBWA。

续表

序号	国家	代表团团长	当时职务	会后职务	代表团人数
13	厄瓜多尔*	埃斯特万·卡尔博 Esteban F. Carbo	驻美大使馆金融参赞	两机构理事、世界银行副执行董事	2
14	埃及*	萨尼·贝 Sany Lackany Bey	前副审计长		6
15	萨尔瓦多*	奥古斯丁·莫兰 Agustín Alfaro Morán	中央储备银行董事、咖啡种植园主		3
16	埃塞俄比亚*	布拉塔·梅德恩 Blatta Ephrem Tewelde Medhen	驻美公使		3
17	法国*	皮埃尔·孟戴斯-弗朗斯 Pierre Mendes-France	法兰西民族解放委员会财政委员	两机构执行董事，法国总理	8
18	希腊*	基里亚科斯·法弗莱瑟斯 Kyriakos Varvaressos	希腊银行行长	世界银行执行董事	6
19	危地马拉*	曼努埃尔·莫拉莱斯 Manuel Noriega Morales	哈佛大学经济学交换研究生	两机构理事、经济部部长、危地马拉银行行长	1
20	海地	安德烈·利奥托 André Liautaud	驻美大使		2
21	洪都拉斯*	朱利安·卡塞雷斯 Julián R. Cáceres	驻美大使	两机构理事	1
22	冰岛*	马格努斯·西古尔森 Magnús Sigurðsson	冰岛国家银行总经理	世界银行理事	4
23	印度*	杰里米·雷斯曼 Jeremy Raisman	英印政府财政委员		8
24	伊朗*	阿布·埃布特哈吉 Abol Hassan Ebtehaj	伊朗国家银行行长	两机构理事，国际货币基金组织中东部主任	4
25	伊拉克*	易卜拉欣·卡马尔 Ibrahim Kamal	参议员、前财政部部长		4
26	利比里亚	威廉·丹尼斯 William E. Dennis	财政部部长		4
27	卢森堡*	乌格斯·加莱 Hugues Le Gallais	驻美公使	两机构副理事，国际货币基金组织副执行董事	1
28	墨西哥*	爱德华多·苏亚雷斯 Eduardo Suárez	财政部部长		7

续表

序号	国家	代表团团长	当时职务	会后职务	代表团人数
29	荷兰*	约翰·拜恩 Johan Willem Beyen	荷兰政府金融顾问	两机构执行董事、外交部长	12
30	新西兰	沃尔特·纳什 Walter Nash	财政部部长、驻美公使	新西兰总理	5
31	尼加拉瓜*	吉尔勒莫·萨卡萨 Guillermo Sevilla Sacasa	驻美大使	世界银行理事	3
32	挪威*	威廉·基尔豪 Wilhelm Keilhau	挪威银行董事		5
33	巴拿马*	吉尔勒莫·阿朗戈 Guillermo Arango	巴拿马投资服务公司总裁	驻美大使	2
34	巴拉圭	塞尔索·委拉斯凯兹 Celso R. Velázquez	驻美大使、前财政部副部长		2
35	秘鲁*	佩德罗·贝尔特兰·埃斯潘托索 Pedro Gerardo Beltrán Espantoso	候任驻美大使、前秘鲁中央储备银行第一副行长	秘鲁总理	8
36	菲律宾联邦*	安德烈斯·索里亚诺 Andrés Soriano	财政、农业和商务部长		4
37	波兰*	卢德维克·格罗斯费尔德 Ludwik Grossfeld	波兰流亡政府财政部部长	议员、航运和外贸部长、外贸商会主席	8
38	南非联邦*	弗兰克·吉埃 S. Frank N. Gie	驻美公使		4
39	苏联	米哈伊尔·斯捷潘诺夫 Mikhail S. Stepanov	对外贸易部副人民委员		11
40	英国*	约翰·凯恩斯 John Keynes	财政大臣经济顾问	两机构理事、世界银行副行长	15
41	美国*	小亨利·摩根索 Henry Morgenthau, Jr.	财政部部长		45
42	乌拉圭*	马里奥·阿塞韦多 Mario La Gamma Acevedo	财政部专家、蒙得维的亚大学金融学教授	世界银行理事	2
43	委内瑞拉*	鲁道夫·罗哈斯 Rodolfo Rojas	财政部部长		5
44	南斯拉夫*	弗拉基米尔·里巴尔 Vladimir Rybář	驻美代办		1
	合计				302

布雷顿森林会议观察员

序号	国家/组织	人员	当时职务	会后职务	人数
1	丹麦*	亨瑞克·霍夫曼 Henrik de Kauffmann	丹麦驻美公使①	丹麦无任所大臣	2
2	国际联盟经济、金融与运输部	亚历山大·拉夫德 Alexander Loveday	主任		2
3	国际劳工局	爱德华·费伦 Edward J. Phelan	代理主任		2
4	联合国家粮农过渡委员会	爱德华·特温迪曼 Edward Twentyman	英国代表		1
5	联合国家善后救济署	费勒 A. H. Feller	总顾问	联合国首任总顾问	2

* 国际货币基金组织与世界银行的创始会员国(Original members)。该资格须同时满足两个条件：(1)参加布雷顿森林会议(2)在1946年12月31日前批准《布雷顿森林协定》。据此，包括丹麦在内，两大机构共有40个创始会员国。截止到2023年7月31日，国际货币基金组织拥有会员190个，② 世界银行会员189个。③

---

① 有些著述误将丹麦当作布雷顿森林会议第45国。二战期间，丹麦虽遭纳粹德国占领，但没有像其他欧洲国家一样在伦敦成立流亡政府，因此并未受到邀请。驻美公使霍夫曼以私人身份参加布雷顿森林会议，非正式地代表丹麦。布雷顿森林会议亦将丹麦归于观察员行列。

② List of Members, https://www.imf.org/external/np/sec/memdir/memdate.htm, accessed on July 31, 2023.

③ Member Countries, https://www.worldbank.org/en/about/leadership/members, accessed on July 31, 2023.

附录五　中国参与布雷顿森林谈判大事记

1940 年

7月25日	德国提出冯克计划,在欧洲推行所谓"新秩序"
12月1日	凯恩斯提出《反制德国"新秩序"的建议》

1941 年

1月30日	《反制德国"新秩序"的建议》提交丘吉尔
7月26日	罗斯福颁布第8389号行政命令,由当日市场开始营业时冻结日本在美国的全部资产,断绝美日贸易,同时冻结中国在美资产
8月14日	美英发布《大西洋宪章》
9月8日	凯恩斯提出《战后货币政策》《关于国际货币联盟的一些建议》备忘录,由针对德国转向美国
12月14日	摩根索指示怀特起草关于建立盟国间平准基金组织的备忘录
12月29日	怀特提出《盟国间货币与银行建议草案》

1942 年

1月1日	《联合国家宣言》公布,美国、英国、苏联和中国四大国领衔签字
1月4日	中国财政部研拟美英战时金融合作实践,提出中美英在金融方面的合作设想
1月25日	凯恩斯四易其稿,正式提出《国际清算同盟计划》,即凯恩斯计划
1月30日	中国中央银行经济研究处拟具《我国与同盟国经济配合问题建议大纲》
5月初	怀特修正《盟国间货币与银行建议草案》为《联合及联系国家平准基金和国际复兴与开发银行》草案,即怀特计划
5月7日	英国战时内阁批准凯恩斯计划,并准备向美国提出谈判要求
5月14日	外交部拟定战后国际经济合作之原则及办法大纲修正案

5月15日	摩根索向罗斯福汇报怀特计划
7月17日	英国财政部驻美代表菲利普斯(Sir Frederick Phillips)拜访国务院,表达英国愿立即就战后经济事务与美国做非正式会谈的愿望
7月21日	美国决定采取多边方式讨论战后国际货币计划
8月28日	英国驻美使馆参赞奥佩将凯恩斯计划非正式递交美国国务院与财政部,称其仅为专家讨论稿
9月10日	英美第一次讨论"凯恩斯备忘录"(Keynes Memorandum)
10月6日	怀特就凯恩斯计划书面提出技术问题,经国务院转交英国,计11个问题
10月12日	英国表态反对美国与中国和苏联讨论怀特计划或凯恩斯计划
10月13日	摩根索与怀特访问英国,为期两周。其间,怀特第一次见到凯恩斯,作非正式会谈
11月25日	英国书面返回详细回答,同时将修订后的凯恩斯计划(11月9日版)递交美国

1943年

1月9日	英国菲利普斯向国内报告,美国拒绝凯恩斯计划,并准备同中国、苏联等国开启多边会谈
1月11日	中美、中英新约签订
2月1日	美国将怀特计划送达中国、英国与苏联驻美大使馆
2月3日	中国驻美大使魏道明将美国方案通过航空邮件寄回国内
2月7日	英国将凯恩斯计划递交中国
2月8日	席德懋拜访美国财政部,就怀特计划作首次交涉
3月4日	摩根索向澳大利亚、加拿大、巴西、南非等33国发送怀特计划
3月6日	宋子文首次向蒋介石报告美国怀特计划,促其重视
3月24日	蒋介石索要美国怀特计划,请王世杰、吴鼎昌研究并提出报告
3月25日	陈布雷向蒋介石寄出美国怀特计划全文 陈光甫向蒋介石报告美国怀特计划概要
4月1日	罗斯福重申,因美国尚未赢得战争转折点,时机不成熟,反对公开怀特计划
4月5日	吴国桢向国防最高委员会报告美英计划 英国《金融新闻》泄密刊登怀特计划全文,消息迅速传遍世界
4月6日	摩根索召开记者会,向全球公开美国财政部战后货币平准基

	金组织方案
4月7日	《纽约时报》全文刊登怀特计划
4月8日	英国公开凯恩斯计划
4月12日	《中国时报》报道,尽管中国热切地期盼国际合作,但它不会忽视本国利益或其经济地位的特殊性,引起美国注意
4月13日	吴鼎昌向蒋介石陈述关于美英计划的报告
4月18日	中央银行提出针对美英计划的研究报告
4月21日	中国财政部针对美英计划出台备忘录
4月22日	范宣德拜会王世杰,饮茶并畅谈美英计划
4月23日	杨格提出关于美英计划的备忘录
4月24日	王世杰向蒋介石呈送美英计划研究报告
4月27日	中国银行提出备忘录
4月28日	孔祥熙在其公馆召集银行与金融专家会议,讨论美英货币计划 美国邀请埃及、冰岛、伊朗和利比里亚四国讨论怀特计划
5月11日	梁庆椿提出《国际复兴金融公司方案》
5月11日	孔祥熙选定郭秉文、宋子良、席德懋和李国钦代表中国出席华盛顿技术专家会谈,得到蒋介石的支持
5月15日	四联总处提出备忘录
5月18日	中国战后国际货币计划一稿出炉,共7章36条
5月18日	联合国家粮食与农业会议在美国弗吉尼亚州温泉市开幕,中国代表团由10人组成,郭秉文任团长,席德懋、邹秉文、沈宗瀚等人为代表,6月3日闭幕
5月20日	美英分别在华盛顿(伦敦)和重庆与中国互换新约批准书,即日生效
5月21日	钱永铭、陈光甫针对美英计划分别提出建议
5月21日	孔祥熙召集范庄会议,与会专家一致认为,中国的主要任务是实现战后复兴与工业化,并在国际货币安排中取得有利地位
5月25日	孔祥熙召集专家讨论中国战后国际货币计划一稿,强调中国需求
5月28日	中国战后国际货币计划二稿出炉,共6章40条 英籍中国海关总税务司梅乐和辞职回国
5月30日	国防最高委员会国际问题讨论会提交备忘录
6月2日	中国战后国际货币计划三稿出炉,共6章41条
6月8日	孔祥熙组织会议,讨论中国战后国际货币方案、审阅中国代表

团组成及代表团训令等

6月9日	中国战后国际货币计划第四稿出炉,仍为6章41条。孔祥熙将计划主体由财政部变更为中国政府,使之成为国家正式方案
6月15日	华盛顿技术专家会谈开幕,19国参加,为期3天
6月22日	美国财政部内部方案将中国份额调整为6亿美元
7月10日	怀特计划修订版问世
8月9日	中国驻华盛顿代表收到中国战后国际货币计划
9月3日	中国将再次修订的战后国际货币计划(共6章37条)送达美国国务院及英国、苏联驻华盛顿大使馆,并提出,"关于战后货币的计划推动至相当阶段时,当公开宣告"
9月14日	摩根索专门致信孔祥熙,赞扬中国战后国际货币计划
9月17日	怀特对席德懋、宋子良称,针对中国所期望的长期投资及救济复兴诸问题,已定分别另设机构研讨
9月20日	杨格致信孔祥熙,称修订后的怀特计划有所改进
10月1日	美国财政部将《战后建设长期投资联盟国际银行计划草案大纲》送达中国驻美大使馆
10月7日	英国向美国提出《关于平准基金组织起草委员会指令原则的宣言草案》,共6页13条
10月8日	怀特公开承认正在拟定《联合国家银行暂行方案》
10月9日	美国宣布将与盟国协商战后建立国际银行
10月11日	怀特首次将《联合国家银行方案》出示于魏道明,要求保密
10月27日	凯恩斯致电席德懋,称非常赞叹中国方案所展现的智慧
11月5日	怀特会见席德懋、宋子良,称美国正在起草新的基金组织方案,新方案将融合英国、中国等国的建议
11月9日	44国在美国白宫签署《联合国家善后救济总署协定》
11月10日	联合国家善后救济总署第一届大会在美国大西洋城召开,中国代表团由蒋廷黻率领参加,12月1日闭幕
11月26日	在与中国专家沟通的基础上,杨格完成关于国际银行方案的分析报告

1944年

2月5日	孔祥熙任中国银行董事长
2月23日	罗斯福呼吁尽快召开联合国家正式货币会议

3月10日	斯大林称,此时建立联合国家组织以考虑战后经济合作事务是非常方便而又可行的
4月3日	摩根索向罗斯福报告与盟国会谈情况,告之建立国际货币基金组织的路线图
4月6日	怀特向席德懋出示关于建立国际货币基金组织的联合宣言概要
4月11日	怀特将关于基金组织的专家联合宣言初稿交给席德懋
4月14日	孔祥熙召集专家会议,讨论拟议国际货币协定
4月18日	美国财政部将"关于国际复兴与开发银行的联合宣言"送达中国
4月19日	孔祥熙决定支持美国发表联合宣言,但决定"对于未达成一致的问题,仍将与美国交涉"
4月21日	宋子良在重庆向蒋介石报告国际银行交涉与组织事宜 摩根索在华盛顿召开记者会,称中国份额为6亿美元左右
4月23日	中国重庆各大报刊公开发表《联合国家专家对于建立国际货币基金的联合宣言》,其他33国同时在其首都发布
4月24日	中国财政部组织专家研讨关于国际复兴与开发银行的联合宣言
5月25日	在怀特与艾奇逊的陪同下,摩根索赴白宫向罗斯福报告国际会议事宜,后者任命摩根索为美国代表团团长
5月26日	美国正式向43个国家发出邀请,7月1日在美国新罕布什尔州布雷顿森林召开联合国家货币金融会议
5月31日	孔祥熙决定由蒋廷黻率团参加大西洋城会议
6月8日	孔祥熙向蒋介石报告中国围绕战后国际币制问题对美交涉成果
6月9日	中国提出邀请朝鲜参加布雷顿森林会议问题,后来不了了之
6月14日	晨七时四十分,杨格自渝先行赴美
6月16日	国民政府颁令委派孔祥熙为国际货币金融会议特命全权代表 英国代表团从伦敦启程,乘玛丽王后号(Queen Mary)赴美,中国代表郭秉文随行,6月23日抵达纽约
6月19日	大西洋城会议开幕,历时十天
6月23日	美国东部时间晨九时二十分,孔祥熙率中国代表团部分成员抵达华盛顿,历时四日有半
6月27日	孔祥熙与魏道明拜访罗斯福,递交蒋介石致罗斯福函件,并与

附录五　中国参与布雷顿森林谈判大事记

	之讨论中国作战问题、经济情形及其他各种问题
	参加大西洋城会议的中国代表提出,货币体系遭受战争严重损害的会员国,可在六个月的过渡时期内经基金组织同意,推迟确定货币平价
6月28日	大西洋城会议决定由摩根索任布雷顿森林会议主席,英国、苏联、中国和墨西哥代表团团长任副主席
6月29日	美国将中国份额安排降至4.5亿美元
7月1日	晨八时半,中国代表团抵达华盛顿山饭店
	正午,各国代表团举行团长会议
	下午三时,布雷顿森林会议开幕,摩根索宣读罗斯福来信,孔祥熙第一个致答辞
	摩根索当选为大会永久主席,孔祥熙为章程规则委员会主席
7月3日	上午十时,委员会会议正式开始。作为主席,蒋廷黻主持第一委员会第一小组委员会会议
	下午六时,中国代表团举行闭门会议,讨论货币平价问题。对于各国份额,皆主张中国为第四强国,对于规定各国之汇兑率,均主张从缓
7月4日	孔祥熙对美新闻界发表声明,说明中国困难形势和战后需求
	中国代表团举办晚宴,邀请各国代表参加
7月5日	席德懋发布中国关于执行委员会的声明
	孔祥熙参加记者会,谈尼龙业给中国丝绸业带来的影响
7月7日	晚九时,中国代表团在华盛顿山饭店大礼堂举办中国全面抗战七周年纪念会,艾奇逊主持,500余人出席,孔祥熙与胡适发表演说,并播映美国陆军部影片《中国战况》(*Battle of China*)
7月8日	晨,中国代表团开会,均主张坚持6亿美元份额,再向美国交涉
	午后,怀特告知郭秉文,以前估计中国可得4.7亿份额,现可得5.2亿至5.5亿美元之数
7月9日	中国代表团开会,均仍主张坚持6亿美元份额
	孔祥熙会见摩根索,后者允当竭力帮忙
	大会特设小组委员会讨论占领国家的初始汇率平价问题
7月10日	蒋介石亲拟电文指示,"中国地位列在第四位,贷额能在5亿元以上为标准可也"
	第一委员会成立关于经常开支的外汇管制特设委员会,专门

	处理外汇管制问题,顾翊群任主席
	孔祥熙乘飞机离开布雷顿森林,下午二时五十分抵达华盛顿,摩根索亦于同日赴华盛顿。晚间,孔祥熙找其继续交涉中国份额问题
	晚六时,中国代表团在华盛顿山饭店314房间举办鸡尾酒会
7月11日	中国就货币平价问题提出意见,请各国代表关注
7月12日	午间,孔祥熙第四次拜会罗斯福
	中国代表团开会,讨论出席参加讨论银行各小组之人选与分配
	摩根索返回布雷顿森林
7月13日	布雷顿森林会议第一委员会终日讨论份额,无果
	中国代表团开会讨论国际银行案
	晚十一时,孔祥熙乘火车返回布雷顿森林
7月14日	傍晚,摩根索做出最终决定,为中国安排5.5亿美元份额
7月15日	晨,中国代表团开会,孔祥熙报告华府之行
	席德懋、宋子良见摩根索与文森,要求维持份额6亿美元,无果
	下午四时,布雷顿森林会议第一委员会通过各国份额表,中国为5.5亿美元,蒋廷黻当即代表中国提出保留意见
7月16日	中国代表团开会,孔祥熙对削减中国份额表示不满,谓美亦不足恃。张嘉璈表示,中国处境极为危险,应顾虑今后中国在世界上的地位
	孔祥熙与摩根索共进午餐,后者要求中国撤回保留意见,为孔祥熙当场拒绝
7月17日	孔祥熙与摩根索共进午餐,提出让与苏联5000万美元份额,既彰显中苏友谊,亦可解决中国份额问题,摩根索接受
7月18日	苏联拒绝中国的提议,坚持在美苏关系框架内解决其份额问题
	中国代表顾翊群据理力争,使侨汇列入短期交易
7月19日	中国代表团开会,孔祥熙报告苏联拒绝接受中国分让货币基金份额5000万美元
7月20日	孔祥熙会见美国代表团,要求后者正视中国需求,得到肯定答复。而后孔祥熙在布雷顿森林执行全会上撤销保留条件
7月21日	中国主动上调国际银行认缴额5000万美元
7月22日	晚七时,苏联同意在国际银行内提高认缴额至12亿美元
	晚八时,摩根索欢宴各国代表,600余人参加,孔祥熙代表各国致谢辞

	晚十时,布雷顿森林会议闭幕
7月27日	中美工商协会在纽约华尔道夫饭店欢宴孔祥熙,参加者千余人
8月13日	张闻天完成《国际货币金融会议述评》并呈中共中央
8月23日	毛泽东在延安会见谢伟斯,称中国必须工业化,需要外国资本与外国企业的帮助,以提高人民的生活水平
11月10日	国际通商会议于美国纽约开幕,陈光甫、贝祖诒等人代表中国参加,11月18日结束
11月14日	周恩来在重庆会见弗里德曼,赞同在政治与财政领域的国际合作
11月26日	俞鸿钧继任中国财政部部长

1945年

2月28日	孔祥熙将《联合国家货币金融会议中国代表团报告》连同《布雷顿森林协定》中英文本自美国寄呈蒋介石
5月21日	俞鸿钧向蒋介石呈送《联合国家货币金融会议中国代表团报告》及《布雷顿森林协定》中英文本
5月31日	孔祥熙辞去行政院副院长职务
7月6日	杜鲁门接受摩根索的辞呈,后者于7月22日正式离任,文森继任美国财政部部长
7月8日	孔祥熙自美返国
7月31日	杜鲁门签署《布雷顿森林协定》,之前由美国第79届国会通过,授权美国加入国际货币基金组织与世界银行 中国国防最高委员会第164次常务会议决议通过《布雷顿森林协定》,交立法院审议
8月15日	经中国立法院外交委员会、财政委员会与经济委员会审察批准后,立法院第四届第282次会议通过《布雷顿森林协定》
10月17日	宋子文报请蒋介石签署《布雷顿森林协定》
10月24日	联合国成立
12月6日	《美英财政协定》签字
12月20日	英国下院通过《布雷顿森林协定》
12月27日	29个国家批准《布雷顿森林协定》,协定生效,中国驻美大使魏道明代表中国签字
12月29日	苏联称,世界经济形势出现"新情况",需做进一步研究,以此拒绝在《布雷顿森林协定》上签字

1946 年

3月4日	中国法币官价兑换1美元由20元调整为2020元
3月8日	两大机构理事就职会议(萨凡纳会议)开幕,3月18日闭幕
3月9日	国际货币基金组织与世界银行理事会首次联席会议开幕
3月14日	理事会第四次会议通过决议,两大机构总部地点均设在美国首都华盛顿
4月19日	中国驻国际货币基金组织执行董事顾翊群自上海启程赴美,同月28日抵达华盛顿
4月21日	凯恩斯因心脏病去世
5月1日	怀特辞去美国助理财政部部长职务,专任美国驻国际货币基金组织执行董事
5月6日	国际货币基金组织12名执行董事就任并召开首次会议,比利时人卡米尔·格特当选国际货币基金组织首任总裁兼执委会主席,文森当选为理事会主席
6月18日	美国人尤金·迈尔就任世界银行首任行长
6月25日	世界银行正式营业
8月	顾翊群被推举为国际货币基金组织执委会临时主席
8月19日	中国法币兑换1美元官价由2020元调整为3350元。8月15日告知基金组织,8月17日得到后者许可
9月2日	杨格辞去中国政府金融顾问职务,乘船返回美国
9月27日	国际货币基金组织与世界银行理事会首届年会在华盛顿开幕,10月5日闭幕
12月20日	国际货币基金组织通知中国财政部,中国通货平价确定时间,暂时无限期延展。中国得以利用过渡时期办法管理汇兑事务

1947 年

2月17日	中国法币兑换1美元官价由3350元调整为12000元,16日中国通知基金组织,后者未予反对
3月1日	国际货币基金组织正式营业
3月17日	迈克罗依(John J. McCloy)继任世界银行行长
5月8日	法国完成国际货币基金组织首笔提取
5月9日	法国取得世界银行首笔贷款,系2.5亿美元重建贷款
8月22日	杨格受聘中国中央银行顾问职,自洛杉矶抵达上海

12月12日　杨格离开中国

1948年

8月16日　怀特因心脏病去世
8月19日　蒋介石在南京发布"财政经济紧急处分令"。要求以金圆券为本位币,每元含金量0.22217克,法币以300万元兑换1元金圆券,金圆券总发行额不超过20亿元
9月22日　国际货币基金组织及世界银行理事会第三届年会,中国任轮值主席国,王云五率席德懋、宋子良等人出席会议

1949年

8月4日　上海被移出国际货币基金组织所持有的黄金与中国国币储藏地

1952年

1月24日　席德懋病逝于美国纽约

1967年

2月6日　摩根索去世于美国纽约波基普西(Poughkeepsie),毗邻于罗斯福长眠之地海德公园(Hyde Park)
8月16日　孔祥熙心脏病发作,于美国纽约去世

1980年

4月17日　中华人民共和国恢复在国际货币基金组织代表权
5月15日　中华人民共和国恢复在世界银行代表权
12月28日　中国在国际货币基金组织份额增至18亿美元,由第十七位跃居第八位

1984年

7月19日　杨格于美国加州克莱蒙特(Claremont)去世

2010年

4月25日　中国份额(股本)重新回到世界银行第三位

2015 年

12 月 25 日　亚洲基础设施投资银行于北京成立,金立群任行长

2016 年

1 月 27 日　中国份额再次增加,重新回到国际货币基金组织第三位
10 月 1 日　人民币被纳入 SDR 一篮子货币,系继美元、欧元、日元和英镑之后的第五种货币

参 考 文 献

外 文 文 献

I. Unpublished Archives

International Monetary Fund Archives, Washington DC, USA

    Bretton Woods Conference Files

    Ansel F. Luxford Papers

    Edward M. Bernstein Papers

    Richard B. Brenner Papers

National Archives, College Park, MD, USA

    RG56 Records of the Bretton Woods Agreement, 1938–1946 (RBWA), General Records of the Department of the Treasury

    RG56 Records of the Assistant Secretary of the Treasury, 1934–1945 (RAST), General Records of the Department of Treasury

    RG56 Chronological File of Harry Dexter White, 1934–1946 (CFHW), General Records of the Department of Treasury

    RG59 United Nations Monetary & Financial Conference, Bretton Woods, NH, July 1944, General Records of the Department of State

Hoover Institution Archives, Stanford University, Stanford, CA, USA

    Arthur N. Young Papers (AYP)

    Hsiang-hsi Kung Papers

    T. V. (Tzu-wen) Soong Papers

    Victor Hoo Papers

    Chiang Kai-shek Diaries

Seeley G. Mudd Manuscript Library, Princeton University, Princeton, NJ, USA

    Harry White Paper (HWP)

Franklin D. Roosevelt Presidential Library, Hyde Park, NY, USA

    The Papers of Henry Morgenthau, Jr. (PHM)

    The Diaries of Henry Morgenthau, Jr. (DHM)

    Official File

    Oscar Cox Papers

Manuscript Division, Library of Congress, Washington DC, USA

The Papers of Cordell Hull

The Papers of Emanuel Goldenweiser

United Kingdom National Archives, Kew, UK, downloaded from https://centerforfinancialstability.org/atlantic_city.php

FO 371-40916 Bretton Woods July-August 1944

FO 371-40917 Bretton Woods July 1944

T 231-359 Conference related May-June 1944

T 231-363 Preconference Papers for Atlantic City and Bretton Woods circulated to Allied Delegations June 1944

T 231-364 Shipboard and Atlantic City Minutes June 1944

T 247-29 Keynes March-August 1944

Ⅱ. Published Documents

Schuler, Kurt & Rosenberg, Andrew, *The Bretton Woods Transcripts*, New York: Center for Financial Stability, 2012.

Schuler, Kurt & Canning, Gabrielle, *Just Before Bretton Woods: The Atlantic City Conference, June 1944*, New York: Center for Financial Stability, 2019.

McJimsey, George, *Documentary History of the Franklin D. Roosevelt Presidency*, Vol. 40, the Bretton Woods Conference, 1944, Bethesda: LexisNexis, 2008.

US Department of State, *Foreign Relations of United States (FRUS)*,

1942, Vol. 1, Washington DC: Government Printing Office, 1960.

1943, *China*, Washington DC: Government Printing Office, 1957.

1943, Vol. 1, Washington DC: Government Printing Office, 1963.

1944, Vol. 2, Washington DC: Government Printing Office, 1967.

1944, *China*, Washington DC: Government Printing Office, 1967.

1945, Vol. 2, Washington DC: Government Printing Office, 1967.

1946, Vol. 1, Washington DC: Government Printing Office, 1972.

US Department of State, *United Nations Monetary and Financial Conference, Final Act and Related Documents*, Washington DC: Government Printing Office, 1944.

US Department of State, *Proceedings and Documents of the United Nations Monetary and Financial Conference*, Vols. 1-2, Washington DC: Government Printing Office, 1948.

US Senate, *Morgenthau Diary (China)*, Vols. 1-2, Washington DC: Government Printing Office, 1965.

Moggridge, Donald, *The Collected Writings of John Maynard Keynes*,

Vol. 23, *Activities 1940-1943, External War Finance*, London: Cambridge University Press, 2013.

Vol. 25, *Activities 1940-1944, Shaping the Post-War World: The Clearing Union*, London: Cambridge University Press, 2013.

Vol. 26, *Activities 1941-1946, Shaping the Post-War World: Bretton Woods and Reparations*, London: Cambridge University Press, 2013.

Horsefield, J. Keith, *The International Monetary Fund, 1945-1965*,

Vol. 1: *Chronicle*, Washington DC: 1969.

Vol. 2: *Analysis*, Washington DC: 1969.

Vol. 3: *Documents*, Washington DC: 1969.

Boughton, James M., *Silent Revolution, International Monetary Fund, 1979-1989*, Washington DC: 2001.

IBRD Executive Directors,

First Annual Report of IBRD, Washington, DC: September 27, 1946.

Second Annual Report of IBRD, 1946-1947, Washington, DC: September 11, 1947.

Third Annual Report of IBRD, 1947-1948, Washington, DC: September 27, 1948.

Fourth Annual Report of IBRD, 1948-1949, Washington, DC: September 13, 1949.

International Monetary Fund,

Annual Report of the Executive Board for the Financial Year ended April 30, 1979, Washington DC: 1979.

Annual Report of the Executive Board for the Financial Year ended April 30, 1981, Washington DC: 1981.

Annual Report of the Executive Board for the Financial Year ended April 30, 2016, Washington DC: 2016.

Report of the Indian Delegation to the United Nations Monetary & Financial Conference at Bretton Woods, Delhi: The Manager of Publications, 1945.

IMF, *The First Ten Years of the International Monetary Fund*, Washington DC: 1956.

U. S. Department of Treasury, *Annual Report of the Secretary of the Treasury on the State of Finances, for the Fiscal Year Ended June 30, 1943*, Washington, DC: Government Printing Office, 1944.

Esherick, Joseph W., *Lost chance in China: The World War II despatches of John S. Service*, Beijing: Foreign Languages Press, 2004.

Boughton, James M. & Lateef, K. Sarwar, *Fifty years after Bretton Woods: the Future of the IMF and the World Bank*, Washington, DC: International Monetary Fund, 1995.

Gorodetsky, Gabriel ed., *The Maisky Diaries: Red Ambassador to the Court of St James's, 1932-1943*, New Heaven: Yale University Press, 2015.

III. Books & Papers

Acheson, Dean, *Present at the Creation: My Years in the State Department*, New York: W. W. Norton & Company Inc., 1948.

Acsay, Peter J., "Planning for Postwar Economic Cooperation, 1933-1946", PHD Dissertation of Saint Louis University, 2000.

Aronsen, Lawrence, *Postwar Perceptions of the China Market: A Study of American Business Attitudes, 1943-1949*, A Thesis for the degree of Master of Arts, Simon Fraser University, 1974.

Black, Stanley W., *A Levite Among the Priests: Edward Bernstein and the Origins of the Bretton Woods System*, Boulder: Westview Press, 1991.

Blum, John M., *From the Morgenthau Diaries, Years of War, 1941-1945*, Boston: Houghton Mifflin Company, 1967.

Boecking, Felix, *No Great Wall: Trade, Tariffs, and Nationalism in Republican China, 1927-1945*, Cambridge: Harvard University Asia Center, 2017.

Bordo, Michael D. & Eichengreen, Barry, *A Retrospective on the Bretton Woods System: Lessons for International Monetary Reform*, Chicago: The University of Chicago Press, 1993.

Burt, Sally K., *At the President's Pleasure: FDR's Leadership of Wartime Sino-US Relations*, Boston: Brill, 2015.

Carter, Zachary D., *The Price of Peace: Money, Democracy, and the Life of John Maynard Keynes*, New York: Random House, 2020.

Cesarano, Filippo, *Monetary Theory and Bretton Woods: The Construction of an International Monetary Order*, New York: Cambridge University Press, 2006.

Chamber of Commerse of the United States, *The Bretton Woods Proposals*, Washington DC, 1945.

Conway, ED, *The Summit: Bretton Woods, 1944, J. M. Keynes and the Reshaping of the Global Economy*, New York: Pegasus, 2014.

Conway, ED, *The Summit: The Biggest Battle of the Second World War, Fought behind Closed Doors*, London: Little, Brown Book Group, 2014.

Cosgrove, Julia Fukuda, *United States Foreign Economic Policy toward China, 1943-1946*, New York: Garland Publishing, Inc., 1987.

Dennett, Raymond, & Johnson, Joseph E., ed., *Negotiating with the Russians*, Boston: World Peace Foundation, 1951.

Dormael, Armand V., *Bretton Woods, Birth of a Monetary System*, London: MacMillan Press, 1978.

Eastman, Lloyd E., *The Nationalist Era in China, 1927-1949*, New York: Cambridge University Press, 1991.

Eckes, Jr., Alfred E., *A Search for Solvency: Bretton Woods and the International Monetary System, 1941-1971*, Austin: University of Texas Press, 1975, reprinted in 2012.

Ferris, John & Mawdsley, Evan ed., *The Cambridge History of the Second World War*, Vol. 1, *Fighting the War*, Cambridge: Cambridge University Press, 2015.

Fuchs, James R., *Oral History Interview with Arthur N. Young*, Pasadena, California, February 21, 1974, Harry S. Truman Library & Museum.

Fuchs, James R., *Oral History Interview with Dr. John Parke Young*, Pasadena, California, February 21, 1974, Harry S. Truman Library & Museum.

Gardner, Richard N., *Sterling-Dollar Diplomacy: Anglo-American Collaboration in the Reconstruction of Multilateral Trade*, Oxford: Clarendon Press, 1956.

Ghosh, Atish, & Qureshi, Mahvash, *From Great Depression to Great Recession: The Elusive Quest for International Policy Cooperation*, Washington DC: International Monetary Fund, 2017.

Goodman, Lawrence & Schuler, Kurt, *Bretton Woods: The Founders & The Future*, New York: Center for Financial Stability, 2019.

Grey, Austin, "The Monetary Conference and China", *Far Eastern Survey*, Vol. 13, No. 18 (September 6, 1944)

Helleiner, Eric, *Forgotten Foundations of Bretton Woods: International Development and the Making of the Postwar Order*, Ithaca: Cornell University Press, 2014.

Hobson, Oscar R., "Bretton Woods", *The Spectator*, Vol. 173, Issue 6057 (July 28, 1944).

Howson, Susan, Donald Moggridge eds., *The Wartime Diaries of Lionel Robbins and James Meade, 1943-45*, London: Palgrave Macmillan UK, 1990.

Hull, Cordell, *The Memoirs of Cordell Hull*, Vols. 1-2, New York: MacMillan Co., 1948.

Irwin, Douglas A., etc, *The Genesis of the GATT*, New York: Cambridge University Press, 2008.

Jacobson, Harold Karan & Oksenberg, Michel, *China's Participation in the IMF, the World Bank, and GATT: Toward A Global Economic Order*, Ann Arbor: University of Michigan Press, 1990.

King, Amy, "Power, shared ideas and order transition: China, the United States, and the Creation of the Bretton Woods Order", *European Journal of International Relations*, Vol. 28, Issue 4, December 2022.

Kung, H. H., "China's Financial Problems", *Foreign Affairs*, Vol. 23, No. 2 (Jan., 1945).

Lamoreaux, Naomi & Shapiro, Ian, editors, *The Bretton Woods Agreements: Together with Scholarly Commentaries and Essential Historical Documents*, New Haven: Yale University Press, 2019.

Lim, Sheryl, *Re-emerging on the International Stage: China's Role in the Creation of the United Nations, 1942-1945*, A graduating thesis submitted in partial fulfilment of the requirements for the degree of Bachelor of Arts (Honours), University of British Columbia, 2018.

Liu, Xiaoyuan (刘晓原), *A Partnership for Disorder: China, the United States, and Their Policies for the Postwar Disposition of the Japanese Empire, 1941-1945*, Cambridge University Press, 1996.

McKinnon, Ronald I., *The Unloved Dollar Standard: From Bretton Woods to the Rise of China*, Oxford: Oxford University Press, 2013.

Mikesell, Raymond F., "The Bretton Woods Debates: A Memoir", *Essays in International Finance* (Department of Economics, Princeton University), No. 192, March 1994.

Mikesell, Raymond F., *Foreign Adventures of an Economist*, Eugene: University of Oregon Press, 2000.

Mitter, Rana, *Forgotten Ally: China's World War II, 1937–1945*, New York: Houghton Mifflin Harcourt, 2013.

Moreira, Peter, *The Jew Who Defeated Hitler, Henry Morgenthau Jr., FDR, and How We Won the War*, New York: Prometheus Books, 2014.

Morgenthau, Henry, Jr., "Bretton Woods and International Cooperation", *Foreign Affairs*, Vol. 23, Issue 1 (Jan 1, 1944).

Oliver, Robert W., *Bretton Woods: A Retrospective Essay*, California Seminar on International Security and Foreign Policy, Discussion Paper No. 105, June 1985.

Rauchway, Eric, *The Money Makers: How Roosevelt and Keynes Ended the Depression, Defeated Fascism, and Secured a Prosperous Peace*, New York: Basic Books, 2015.

Rees, David, *Harry Dexter White: A Study in Paradox*, New York: Coward, McCann & Geoghegan, 1973.

Sachsenmaier, Dominic, *Global Perspectives on Global History, Theories and Approaches in a Connected World*, New York: Cambridge University Press, 2011.

Schild, Georg, *Bretton Woods and Dumbarton Oaks: American Economic and Political Postwar Planning in the Summer of 1944*, New York: Palgrave Macmillan, 1995.

Schild, Georg, *Bretton Woods and Dumbarton Oaks: American Postwar Planning in the Summer of 1944*, Doctoral Dissertation submitted to the University of Maryland, College Park, 1993.

Schuler, Kurt & Bernkopf, Mark, "Who Was at Bretton Woods?" July 1, 2014, JEl codes: N40.

Scott-Smith, Giles & Rofe, J Simon, *Global Perspectives on the Bretton Woods Conference and the Post-War World Order*, New York: Palgrave Macmillan, 2017.

Steil, Benn, *The Battle of Bretton Woods: John Maynard Keynes, Harry Dexter White, and the Making of a New World Order*, Princeton: Princeton University Press, 2013.

Taylor, Jay (陶涵), *The Generalissimo Chiang Kai-shek and the Struggle for Modern China*, Cambridge: Harvard University Press, 2009.

Varg, Paul A., *The Closing of the Door: Sino-American Relations, 1936–1946*, East Lansing: Michigan State University Press, 1973.

Ven, Hans van de, *China at War: Triumph and Tragedy in the Emergence of the New China*, Harvard University Press, 2018.

Ven, Hans van de, *Negotiating China's Destiny in World War II*, Stanford University Press, 2015.

Wei, George C. X. (魏楚雄), *Interest, mentality, and strategy: Americans and China's Economic Reconstruction, 1944–1949*, Washington University in St. Louis, ProQuest Dissertations Publishing, 1996, ProQuest No. 9704457.

Wei, George C. X. (魏楚雄), *Sino-American Economic Relations, 1944–1949*, Westport: Greenwood Press, 1997.

Woods, Randall B., *A Changing of the Guard: Anglo-American Relations, 1941–1946*, Chapel Hill and London: University of North Carolina Press, 1990.

Yago, Kazuhiko, Asai, Yoshio, Itoh, Masanao eds., *History of the IMF: Organization, Policy, and Market*, Tokyo: Springer, 2015.

Yang, Fei-ju Beatrice, *The Relationship between the Republic of China and the International Monetary Fund, 1945–80*, Doctoral Thesis for M. Litt. Degree, Cambridge University, 1996.

Young, Arthur N., *China and the Helping Hand, 1937–1945*, Cambridge: Harvard University Press, 1963.

Young, Arthur N., *China's Wartime Finance and Inflation, 1937–1945*, Cambridge: Harvard University Press, 1965.

Young, John Parke, *Conference at Bretton Woods Prepares Plans for International Finance*, Washington DC: Government Printing Office, 1944.

Zanasi, Margherita, *Saving the Nation, Economic Modernity in Republican China*, Chicago: The University of Chicago Press, 2006.

Ⅳ. Journals & Newspapers

The Shanghai Evening Post and Mercury

the China Critic

China Weekly Review

Far Eastern Survey

the China Quarterly

The Commercial and Financial Chronicle

Evening star

The Argus

中 文 文 献

一、未刊原始文献

中国第二历史档案馆(南京)

396(2)—923 英美财部代表有关币制来信

396(2)—936 宋子良、席德懋请示孔祥熙电底稿

396(2)—952 国际币制会议及基金讨论报告

396(2)—955 孔氏有关国际基金来信

396(2)—956 孔氏英文来电

396(2)—957 报告与财部接洽及基金会议经过
396(2)—961 席德懋关于国际货币基金会议情况致郭锦坤函电(英文),1944年
396(2)—970 财政货币会议杂件
396(2)—973 有关基金进行事项来电付底
396(2)—974(1)席德懋出席国际货币会议事项文件(英文),1943年
396(2)—974(2)席德懋出席国际货币会议事项文件(英文),1944年
396(2)—975 财政部孔氏训令副本
396(2)—977 席致郭电副本
396—1401(1)联合国家货币金融会议中国代表团报告
396—1402(1)国际货币基金复兴建设银行协定全文
396—2119 席致宋子文电附寄刊物及汇报近况,1944年
396—2121 郭秉文来信索取国际基金资料,1944年
396—2122 致美财部信件有关索阅资料及送件通知,1943年
761—00120 孔祥熙在美国参加货币会议情况之来电,1944年
761—00243 平衡基金
761—00249 王世杰币制方案

中国"国史馆"(台北)

001-084800-00001 联合国平衡基金会设立(一)
001-084800-00002 联合国平衡基金会设立(二)
001-060200-00031 国际货币金融会议
020-050205-0116 国际货币金融会议等

上海市档案馆(上海)

Q320-1-(1406-1419)联合国金融财政会议议事录
Q275-1-2774 上海商业储蓄银行陈光甫在美国期间关于参加国际商业会议并对国际货币计划表示意见

二、已出版档案文献

王建朗主编:《中华民国时期外交文献汇编(1911—1949)》第8卷中册,中华书局2015年版。

本书编委会编:《中国抗日战争时期外交密档》第1、8卷,人民日报出版社2017年版。

中国第二历史档案馆:《中华民国史档案资料汇编》第5辑第2编外交,凤凰出版社2010年版。

中国第二历史档案馆:《中华民国史档案资料汇编》第5辑第3编财政经济(五),凤凰出版社2010年版。

秦孝仪:《中华民国重要史料初编——对日抗战时期》第三编《战时外交》,(台北)中国国民党中央委员会党史委员会,1981年。

中国国民党党史会:《国防最高委员会常务会议纪录》第5、6册,台湾近代中国出版

社1995年版。

洪葭管主编:《中央银行史料:1928.11—1949.5》下,中国金融出版社2005年版。

财政部财政年鉴编纂处:《财政年鉴》第3编下,商务印书馆1948年版。

中国银行总行、中国第二历史档案馆编:《中国银行行史资料汇编》上(1912—1949年)二,档案出版社1991年版。

彭晓亮、董婷婷编注:《钱新之往来函电集》,上海远东出版社2015年版。

石涛、何品编注:《中央银行》,上海远东出版社2014年版。

叶惠芬:《中华民国与联合国史料汇编:筹设篇》,台北"国史馆"2001年版。

王铁崖编:《中外旧约章汇编》第3卷,生活·读书·新知三联书店1962年版。

刘寿林等编:《民国职官年表》,中华书局1995年版。

郭荣生编著:《民国孔庸之先生祥熙年谱》,台湾商务印书馆1981年版。

刘振东编:《孔庸之(祥熙)先生演讲集》,台湾文海出版社1972年版。

姚崧岭编著:《张公权先生年谱初稿》上,社会科学文献出版社2014年版。

中共中央党史研究室张闻天选集传记组编:《张闻天年谱》下,中共党史出版社2000年版。

中共中央党史研究室张闻天选集传记组编:《张闻天文集(1939—1948)》第3卷,中共党史出版社2012年版。

中共中央文献研究室编:《毛泽东文集》第3卷,人民出版社1996年版。

周谷:《胡适、叶公超使美外交文件手稿》,台湾联经出版事业公司2001年版。

徐友春主编:《民国人物大辞典》,河北人民出版社1991年版。

孙文:《孙中山三民主义合刻》,(上海)富强书局1925年版。

公安部档案馆编著:《在蒋介石身边八年——侍从室高级幕僚唐纵日记》,群众出版社1991年版。

顾维钧著,中国社会科学院近代史研究所译:《顾维钧回忆录》5,中华书局1987年版。

顾翊群:《危机时代国际货币金融论衡》,(台北)三民书局1972年版。

蒋廷黻著,谢钟琏译:《蒋廷黻回忆录》,(台北)传记文学出版社1984年版。

何品、宣刚编注:《陈光甫日记言论集》,上海远东出版社2015年版。

李振广编:《民国外交:亲历者口述实录》,中国百科全书出版社2012年版。

刘国铭编:《中国国民党百年人物全书》上、下,团结出版社2005年版。

秦孝仪编:《"中华民国"名人传》第1~5册,(台北)近代中国出版社1984年版。

全国政协文史和学习委员会:《孔祥熙其人其事》,中国文史出版社2017年版。

王世杰:《王世杰日记手稿本》第4册,(台北)"中央"研究院近代史研究所,1990年。

卫挺生:《卫挺生自传》,(台北)中外图书出版社1977年版。

文思主编:《我所知道的孔祥熙》,中国文史出版社2003年版。

严如平、熊尚厚主编:《民国人物传》第1~9卷,中华书局1996年版。

郭廷以、李毓澍、陈存恭、张玉法:《孔祥熙与我:李毓万先生访问纪录》,台中李毓万宅邸,1965年11月,《口述历史》1989年第1期。

财政部财政研究委员会:《安定国际金融计划》,(南京)财政部财政研究委员会,1947年。

曾纪桐:《战后国际币制论》,(上海)中华书局1946年版。

关稼农编:《战后之世界》,(永安)中华出版社1944年版。

蒋介石:《中国之命运》,(重庆)中正书局1943年版。

蒋介石:《中国经济学说》,(重庆)连锁书店1944年版。

交通银行总管理处编译:《国际货币基金与国际银行文献》,(重庆)中华书局1945年版。

金仲华编:《1944年的世界》,(重庆)中外出版社1945年版。

孔祥熙等:《抗战与外交》,(重庆)独立出版社1939年版。

梁庆椿:《国际货币论集》,(重庆)中国农民银行经济研究处,1945年。

孙中山:《实业计划》,(重庆)青年书店1940年版。

伍启元:《由战时经济到平时经济》,(上海)大东书局1946年版。

伍启元:《战后世界币制问题》,(重庆)青年书店1943年版。

姚崧龄:《国际货币制度之检讨》,(重庆)商务印书馆1946年版。

朱斯煌编:《民国经济史》,(上海)银行学会编印,1948年。

闫勇、贺江枫、张聚国:《孔祥熙回忆录(一)》,《南开史学》2022年第2期。

任骏:《孔祥熙出席布利顿森林货币会议期间致蒋介石密电》,《民国档案》2009年第3期。

于彤:《关于同盟国战后世界货币金融问题档案选(1943年5月—1946年5月)》,《民国档案》1986年第3期。

三、专题论著、论文

[加]埃里克·赫莱纳著,张士伟译:《布雷顿森林被遗忘的基石:国际发展与战后秩序的构建》,人民出版社2019年版。

[加]埃里克·赫莱纳、[美]乔纳森·柯什纳编,于海生译:《金钱长城:中国国际货币关系中的权力与政治》,华夏出版社2018年版。

[美]孔华润主编,张振江等译:《剑桥美国对外关系史》下,新华出版社2004年版。

[英]罗伯特·斯基德尔斯基著,相蓝欣、储英译:《凯恩斯传》,生活·读书·新知三联书店2006年版。

[美]托马斯·毕森著,李彦译:《1937,延安对话》,人民文学出版社2021年版。

[美]伊莉莎白·埃克诺米、米歇尔·奥克森伯格编,华宏勋等译:《中国参与世界》,新华出版社2001年版。

[美]周锡瑞、李皓天编,陈骁译:《1943:中国在十字路口》,社会科学文献出版社2016年版。

蔡志新:《孔祥熙经济思想研究》,书海出版社2007年版。

崔国华主编:《抗日战争时期国民政府财政金融政策》,西南财经大学出版社 1995 年版。

方勇:《蒋介石与战时经济研究(1931—1945)》,浙江大学出版社 2013 年版。

韩永利:《战时美国大战略与中国抗日战场(1941—1945)》,武汉大学出版社 2003 年版。

胡德坤主编:《反法西斯战争时期的中国与世界》(全九卷),人民出版社 2015 年版。

金光耀:《以公理争强权:顾维钧传》,社会科学文献出版社 2022 年版。

金海:《战后初期美国保守主义权势集团对杜鲁门政府外交政策的影响》,中国社会科学出版社 2011 年版。

李超民:《中国战时财政思想的形成(1931—1945)》,东方出版中心 2011 年版。

马建标:《冲破旧秩序:中国对帝国主义国际体系的反应(1912—1922)》,社会科学文献出版社 2013 年版。

牛军:《历史的回声:二战遗产与现代东亚秩序》,人民出版社 2015 年版。

齐锡生:《剑拔弩张的盟友:太平洋战争期间的中美军事合作关系(1941—1945)》下,社会科学文献出版社 2012 年版。

任东来:《争吵不休的伙伴:美援与中美抗日同盟》,广西师范大学出版社 1995 年版。

上海发展研究基金会编:《国际货币体系再思考:布雷顿森林会议 70 周年后》,上海远东出版社 2014 年版。

沈志华:《经济漩涡:观察冷战发生的新视角》,(香港)开明书店 2022 年版。

舒建中:《多边贸易体系与美国霸权:关贸总协定制度研究》,南京大学出版社 2009 年版。

宋路霞:《上海滩名门闺秀》,台湾秀威信息科技股份有限公司 2008 年版。

陶文钊:《战时美国对华政策》,人民出版社 2015 年版。

陶文钊、杨奎松、王建朗:《抗日战争时期中国对外关系》,中国社会科学出版社 2009 年版。

汪朝光:《蒋介石的人际网络》,社会科学文献出版社 2011 年版。

王丽:《杨格与国民政府战时财政》,东方出版中心 2017 年版。

王立新:《踌躇的霸权:美国崛起后的身份困惑与秩序追求(1913—1945)》,中国社会科学出版社 2015 年版。

王淇:《从中立到结盟:抗战时期美国对华政策》,广西师范大学出版社 1996 年版。

王在帮:《霸权稳定论批判——布雷顿森林体系的历史考察》,时事出版社 1994 年版。

王真:《抗日战争与中国的国际地位》,社会科学文献出版社 2003 年版。

吴景平:《民国人物的再研究与再评价》,复旦大学出版社 2013 年版。

吴景平:《政商博弈视野下的近代中国金融》,上海远东出版社 2016 年版。

徐国琦著,马建标译:《中国与大战:寻求新的国家认同与国际化》,四川人民出版社2019年版。

杨天石、侯中军编:《战时国际关系》,社会科学文献出版社2011年版。

瑜亮:《孔祥熙》,香港开源书店1955年版。

张嘉璈著,于杰译:《通胀螺旋:中国货币经济全面崩溃的十年》,中信出版社2018年版。

张宪文、陈谦平:《中国抗日战争史》第4卷,化学工业出版社2017年版。

张玉法:《中国现代史论集》第9辑,台湾联经出版事业公司1985年版。

张振江:《从英镑到美元:国际经济霸权的转移(1933—1945)》,人民出版社2006年版。

张祖奎:《蒋介石与战时外交研究(1931—1945)》,浙江大学出版社2013年版。

赵志辉:《罗斯福外交思想研究》,安徽大学出版社2009年版。

郑大华:《中国近代民族复兴思潮研究》上、下,中国社会科学出版社2017年版。

郑会欣:《国民政府战时统制经济与贸易研究(1937—1945)》,上海社会科学院出版社2009年版。

中国社会科学院近代史研究所编:《民国人物与民国政治》,社会科学文献出版社2009年版。

"中央"研究院近代史研究所编:《抗战建国史研讨会论文集(1937—1945)》下,(台北)"中央"研究院近代史研究所,1985年。

周勇、(荷)张克雷:《走向平等:战时重庆的外交界与中国现代外交的黎明曙光(1938—1946)》,重庆出版社2017年版。

邹进文:《民国财政思想史研究》,武汉大学出版社2008年版。

左双文:《抗日战争时期国民政府外交决策研究》,团结出版社2015年版。

左双文等著:《折冲之道:以颜惠庆、傅秉常、张忠绂等为中心》,社会科学文献出版社2021年版。

左双文等著:《民众、公众舆论与国民政府外交研究(1927—1949)》,安徽大学出版社2011年版。

[英]罗伯特·斯基德尔斯基著,相蓝欣、储英译:《凯恩斯传,1883—1946》,生活·读书·新知三联书店2006年版。

公安部档案馆编著:《在蒋介石身边八年——侍从室高级幕僚唐纵日记》,群众出版社1991年版。

顾翊群:《危机时代国际货币金融论衡》,台湾三民书局1972年版。

蒋廷黻著,谢钟琏译:《蒋廷黻回忆录》,台湾传记文学出版社1984年版。

何品、宣刚编注:《陈光甫日记言论集》,上海远东出版社2015年版。

李振广:《民国外交:亲历者口述实录》,中国大百科全书出版社2012年版。

刘国铭编:《中国国民党百年人物全书》上、下,团结出版社2005年版。

秦孝仪编:《中华民国名人传》第1~5册,台湾近代中国出版社1984年版。

全国政协文史和学习委员会:《孔祥熙其人其事》,中国文史出版社2017年版。

王世杰:《王世杰日记手稿本》第4册,(台北)"中央"研究院近代史研究所,1990年。

卫挺生:《卫挺生自传》,台湾中外图书出版社1977年版。

文思主编:《我所知道的孔祥熙》,中国文史出版社2003年版。

严如平、熊尚厚主编:《民国人物传》第1~9卷,中华书局1996年版。

郭廷以、李毓澍、陈存恭、张玉法:《孔祥熙与我:李毓万先生访问纪录》,台中李毓万宅邸,1965年11月,《口述历史》第1期(1989年10月)。

财政部财政研究委员会:《安定国际金融计划》,(南京)财政部财政研究委员会,1947年。

曾纪桐:《战后国际币制论》,(上海)中华书局1946年版。

关稼农编:《战后之世界》,(永安)中华出版社1944年版。

蒋介石:《中国之命运》,(重庆)中正书局1943年版。

蒋介石:《中国经济学说》,(重庆)连锁书店1944年版。

交通银行总管理处编译:《国际货币基金与国际银行文献》,(重庆)中华书局1945年版。

金仲华编:《1944年的世界》,(重庆)中外出版社1945年版。

孔祥熙等:《抗战与外交》,(重庆)独立出版社1939年版。

梁庆椿:《国际货币论集》,(重庆)中国农民银行经济研究处,1945年。

孙中山:《实业计划》,(重庆)青年书店1940年版。

伍启元:《由战时经济到平时经济》,(上海)大东书局1946年版。

伍启元:《战后世界币制问题》,(重庆)青年书店1943年版。

姚崧龄:《国际货币制度之检讨》,(重庆)商务印书馆1946年版。

朱斯煌编:《民国经济史》,(上海)银行学会编印,1948年。

戴乾定:《参加国际货币基金组织前后》,《中国金融家》2010年第2期。

高作楠:《参与构建战后国际货币金融秩序:中国与布雷顿森林会议》,《民国档案》2018年第2期。

胡陇凯:《罗斯福政府内部组织争夺战后金融外交政策掌控权之研究》,《淡江国际与区域研究半年刊》2013年第2卷第1期。

金中夏:《翻阅尘封的档案:纪念出席布雷顿森林会议的中国代表团》,《中国金融》2014年第18期。

金中夏:《布雷顿森林体系的历史回顾与反思》,中国人民大学国际货币研究所:《IMF研究动态》2014年合辑,2014年12月。

施建生:《凯恩斯对战后世界金融的策划》,《台湾经济研究月刊》2006年第8期(第29卷)。

王建朗:《大国意识与大国作为——抗战后期的中国国际角色定位与外交努力》,《历史研究》2008年第6期。

王丽:《重建战后金融体系的努力:国民政府与国际货币基金组织》,《史林》2015年第1期。

郑会欣:《党国荣辱与家族兴衰——析蒋介石与孔祥熙之间的关系》,《南京大学学报》2011年第5期。

范育瑄:《美国在建立世界银行决策过程之角色(1941—1944)》,淡江大学美洲研究所硕士学位论文,2016年。

胡陇凯:《美国倡建国际货币基金之决策过程》,淡江大学美洲研究所博士学位论文,2014年。

张雅堂:《罗斯福政府在创建布列敦森林体系决策过程之研究(1941—1944)》,淡江大学美洲研究所美国研究组硕士学位论文,2011年。

四、民国报刊

《财政学报》《财政评论》《金融周报》《经济周报》《经济汇报》《银行通讯》《贸易月刊》《中央日报》《大公报》《国民公报》《东方杂志》《解放日报》《新华日报》《益世报》《传记义学》《国闻周报》《国民公论》《每周评论》《国民外交》《外交月报》《当代评论》《北平周报》《新世界》《时事月报》《统一评论》《中华月报》《行健月刊》《改进》《虎啸》《银钱界》《陆大月刊》《革命与战争》《行务通讯》《中美周刊》《中农月刊》《经济建设季刊》《四川经济季刊》《人文科学学报》《湖南省银行经济季刊》《中国经济》《中国世界经济情报》

后　　记

在布雷顿森林会议召开80周年之际出版本书,我感到非常高兴。

在第二次世界大战后国际秩序的构建中,特别是在经济层面,中国扮演了怎样的角色?这一直是我感兴趣的话题。早在十余年前,我便写成一篇文章,初步阐释了中国与战后国际经济组织的创建问题。但在当时也就仅此而已了——苦于资料的不足,尽管兴趣浓厚,但只能予以搁置。若干年后,2016年初,业师韩永利教授建议我继续这个主题的研究,关注中国与布雷顿森林体系的创建问题。这使我受到极大的鼓舞,再次明确了研究方向。恰好,此时机遇的大门打开了——不仅在于国际范围内的学者对于本书研究主题兴趣日浓,还在于多边资料的获取有了更大的可能性。2017年夏,胡德坤教授课题组赴南京中国第二历史档案馆查阅资料,我有幸名列其中,发现中央银行档案中包含了中国参与布雷顿森林谈判的核心文献;2018年夏,我跟随韩永利教授赶赴美国多地查阅档案,在胡佛研究所档案馆发现了一座金矿——阿瑟·杨格文件。在他保存的一百多盒档案中,有若干部分是关于中国参与布雷顿森林谈判的文献,这与孔祥熙文件一起,极大地补充了国内档案的不足,令人欣喜。另外,自美国罗斯福图书馆、美国国家档案馆等处也多有收获。一些数字化档案也极大地丰富了本项研究,中国台湾"国史馆"及"中研院"近史所档案馆的线上档案,加上国际货币基金组织的数字档案等,与笔者之前获取的纸质档案形成互补。在2021年赴上海市档案馆查阅布雷顿森林会议议事录文件后,我关于档案搜寻的历程基本完成闭环。在综合分析了这些不同来源的一手文献后,中国参与布雷顿森林谈判的故事渐渐清晰起来,本书的写作也就有了可能。

由于档案收集的原因,本书的构思与写作经历了很长时间。在这个过程中,我也发现了中国参与布雷顿森林谈判的核心问题。那就是,当时中国参与谈判不止是政府行为,它能取得重要成绩是全社会广泛参与的结果。这也改变了我最初的设想,将论述主角由中国政府转向以政府职能官员、经济专业人士和驻外代表为主体的群体,他们三者之间的互动不仅促成了中国方案的提出,还确保了中国在参与国际谈判之时,同时力争本国近期与长远利益,坚持博弈,直到取得成绩。由此,中国参与布雷顿森林谈判,也就构成了中华民族复兴史上的重要篇章。

本书能够出版，首先我要衷心感谢国家社科基金前后 8 位匿名评审专家，他们非常专业且十分负责。专家们在肯定书稿价值的同时，均提出了非常中肯且极有价值的长篇意见，高屋建瓴，有些则是一针见血、非常犀利地指出问题之所在。来自评审专家的意见既增强了我的信心，亦极大地启发了我的思考，没有这些意见，本书的价值将大打折扣。虽然我至今还不知道评审专家的真实姓名，但他们对学术负责的态度深深感染了我，促使我在项目立项后对书稿做了大刀阔斧的修改与补充。在之后约三年时间里，我补充未完成章节，重写综论，几乎每一页都有所修订，最终全书新增约八万字，同时原稿较为冗余的部分约两万字被删除。"作者在修订过程中对评审专家提出的问题进行了较为仔细的修改，评审专家提出的问题已经不复存在"，结项反馈鉴定意见中的这句话是对我修订工作的最大肯定，也鞭策我将修订工作进行到出版前夕。另外，向英文期刊的投稿，也是在匿名评审专家"向国际学界发出中国学者的声音"的建议下进行的。

　　本书成书既久，要感谢的师友有很多。武汉大学胡德坤教授、韩永利教授、彭敦文教授、徐友珍教授和潘迎春教授等，一直都非常关心并鼓励我的学术成长，感谢自不待言。黑龙江大学李朋教授、首都师范大学梁占军教授、华中师范大学梁军教授对我的书稿亦多有关心，一并感谢。感谢上海师范大学李文硕教授、王雯菲教授和刘晓晨教授，以及中南民族大学方长明教授、武汉大学杨国安教授和陆建忠教授的热情相邀，使得本书的部分内容得以以讲座的形式提前向学界报告。感谢中国人民大学王召东教授，同他的对话不仅令人开心，还富有启发。此外，感谢武汉大学关培凤教授和熊芳芳教授分别主持的青年学者团队对我的信任和支持。感谢加拿大滑铁卢大学埃里克·赫莱纳和澳大利亚国立大学金艾美教授，他们对我的研究给予高度肯定的同时，亦提出中肯意见。另外，以本书部分内容形成的论文曾参加若干学术研讨会，如"世界现代史研究中的重大问题与热点问题"学术研讨会，第六届青年史学家会议，第三届全国世界史中青年学者论坛，第一、二届武汉大学—复旦大学学术讨论会，以及中国第二次世界大战史研究会历届年会等，会议专家的评议意见使我受益匪浅，非常感谢！

　　在文献查找方面，感谢国家留学基金委与胡德坤教授课题组的大力支持，使我能够赴中美多地查阅档案。感谢同门张愿，他组织了韩永利教授美国查档之旅，我们师生三人度过了一段愉快的时光；感谢浙江大学博士生易恒，在访问美国斯坦福大学胡佛研究所时，他在自身非常繁忙的情况下，帮我找到了珍贵的杨格日记；感谢首都师范大学姚百慧教授和华东师范大学韩长青教授提供了上海市档案馆的信息；感谢武汉大学研究生张义钊、班晓杰和曾泳心，他们或者在赴台湾高校交流时帮我查找了不少当地文献，或者利用在台湾的关系帮我获取了近史所档案馆保存的线下档案；感谢我的学生王旭辉、陈庄、李照珂帮助收集资料，特别是李照珂，她认真负责、文字功底一流，曾帮我通读全书，完善书稿。因为时间漫长，此处的列举实乃挂一漏万，敬请多多谅解。一言以蔽之，正是在众多师友的帮助下，本书的多边文献基础才得以夯实。

最后，我特别感谢我的家人和朋友，他们的无私支持与关心是本书能够完成的最大保障。本书责编岳改苓老师特别负责，态度认真，业务熟练，待人诚恳，在自身面临困境的情况下，仍然坚持做好有关本书出版的每一项工作，非常感谢！

基于以上，在书稿出版之时，我深觉自己是非常幸运的。当然，这倒不是说本书就完美无缺了，相反，它仍然存在很多问题。因此，我十分期待学界的反馈与批评。未来，我也将以同样的状态继续我的研究，力争在第二次世界大战史和现代国际经济关系史领域做出一点成绩。

张士伟

2024 年春于珞珈山

责任编辑：岳改苓
装帧设计：姚　菲

图书在版编目（CIP）数据

新秩序的肇启：中国与布雷顿森林体系的诞生：1940—1946 / 张士伟著 . —北京：人民出版社，2024.6
ISBN 978-7-01-026371-7

Ⅰ.①新…　Ⅱ.①张…　Ⅲ.①国际货币体系—研究　Ⅳ.① F821.1

中国国家版本馆 CIP 数据核字（2024）第 045087 号

新秩序的肇启：中国与布雷顿森林体系的诞生（1940—1946）
XIN ZHIXU DE ZHAOQI: ZHONGGUO YU BULEIDUN SENLIN TIXI DE DANSHENG
（1940—1946）

张士伟　著

人民出版社出版发行
（100706　北京市东城区隆福寺街 99 号）

北京汇林印务有限公司印刷　新华书店经销
2024 年 6 月第 1 版　2024 年 6 月北京第 1 次印刷
开本：710 毫米 × 1000 毫米 1/16　印张：22.75
字数：388 千字

ISBN 978-7-01-026371-7　定价：112.00 元

邮购地址 100706　北京市东城区隆福寺街 99 号
人民东方图书销售中心　电话（010）65250042　65289539

版权所有 · 侵权必究
凡购买本社图书，如有印制质量问题，我社负责调换。
服务电话：（010）65250042